U0556418

编校实务指导丛书

话说汉字

周 奇 / 编 著

图书在版编目（CIP）数据

话说汉字 / 周奇编著. — 北京：中国书籍出版社，2022.1

（编校实务指导丛书 / 王平主编）

ISBN 978-7-5068-7841-8

Ⅰ.①话… Ⅱ.①周… Ⅲ.①汉字–基本知识 Ⅳ.①H12

中国版本图书馆CIP数据核字(2020)第071451号

话说汉字

周　奇　编　著

责任编辑　杨铠瑞
责任印制　孙马飞　马　芝
封面设计　闰江文化
出版发行　中国书籍出版社
地　　址　北京市丰台区三路居路 97 号（邮编：100073）
电　　话　（010）52257143（总编室）　（010）52257140（发行部）
电子邮箱　eo@chinabp.com.cn
经　　销　全国新华书店
印　　刷　三河市顺兴印务有限公司
开　　本　710毫米×1000毫米　1/16
字　　数　420千字
印　　张　30.25
版　　次　2022 年 1 月第 1 版　2022 年 1 月第 1 次印刷
书　　号　ISBN 978-7-5068-7841-8
定　　价　72.00 元

序　言

在使用汉字和研究汉字上，我与作者周奇先生有着基本相同的经历。我们都是从上世纪 50 年代就开始并且一直从事书刊的编辑工作。退休后，我们又一起参与中国出版工作者协会的教育工作委员会和校对研究委员会工作，从事编校人才培训和校对理论研究。我们长期共事，相互支持，相互切磋，长达半个世纪。

周奇先生是位淡泊宁静、忠于职守的编辑。职责岗位的文字工作属性，促使他从认真使用汉字逐步走上积极研究汉字的道路。上世纪 90 年代初期，我们在一起筹办全国青年校对培训竞赛活动时，他就计划写一本关于辨析汉字正误的书，并着手积累资料。如此看来，《话说汉字》的孕育诞生，确实是“十年辛苦不寻常”了。

近日，我终于看到并通读了这本书。首先想到的是，此书于此时问世，甚合时宜，希望有更多的使用、研究汉字的人能读到它。我以为，这本书有其独到之处。它既不同于《错别字手册》，又有异于《语言学》，而是取二者之长，写成既有一定深度的理论性，又有资料精当的实用性的汉字知识普及读物。这本书的读者对象，应该不限于编辑校对，包括凡是从事文字工作的，诸如记者、中小学的语文教师和各类文秘人员。我所以这样说，因为我确信这本书的内容既有他们所需要的知识性，又有帮助他们纠正汉字使用常见错误的实用性，还有为他们乐于接受的可读性。这三者的结合，正是这本书的特点。这个特点的形成，是多种因素的综合，主要是作者的自身经历和写作此书的旨趣、态度、方法等方面的优势。当然，这只是就其主流或基本上做到而言的，不是说完美无缺。

我认为，这本书的特点主要表现在如下三个方面：

其一，精心独到，具体而微。作者千方百计为读者着想，精心构思了为读者求知所需又喜闻乐见的书名和内容框架。全书分三大块：汉字说源；汉字说例；汉字说趣。“说源”包括汉字的起源、演变、结构、含义的引申和偏旁部首等知识。“说例”是本书的主要部分，占70%篇幅，内容包括对新闻媒体和出版物中发生率较高的读错、用错的字例的辨析，并对容易混淆的形似字、音同字、义近字进行对比分析。“说趣”的篇幅不多，但通过炼字、对联、谐音、谜语等汉字独特的游戏性、益智性功能的例话，让读者从趣味中领悟汉字的奥妙。这样，一本字数不算多的书，却大体具备汉字知识的方方面面。

其二，针砭误区，标本兼治。这是作者写作本书的旨趣。据我所知，作者有半个世纪使用汉字的经历，在使用汉字的实践过程中，曾经不自觉地走进由汉字形、声、义结构的复杂性所形成的种种误区，但他察觉后，便苦学慎用，逐步从这些误区中走了出来，尤其是做编辑工作后期和退休后参与编校培训和校对理论研究，对汉字知识进行了较为系统的学习，阅读了包括甲骨文研究、古籍校雠学在内的许多汉字学著作，并对现代汉字使用出错规律进行了比较深入地研究，因而对汉字有了较为系统的理性认识。正是凭借这样的经历，使本书具有针砭误区、标本兼治的特色。这种特色突出地反映在“说例”上。“说例”中列举的汉字使用错误实例，常见于媒体和出版物，有些是见惯不怪的习惯性错误，纠正这类错误有着普遍意义。难能可贵的是，作者没有停留在一般的纠错正误上，而是进行“理据的溯源分析”，帮助读者知道错在哪里，为什么是错的，知其然又知其所以然。这就是我说的“标本兼治”。

其三，在实证和思辨相结合上下功夫。这是指作者写作本书采用的基本方法。作者对书中提出的每一个问题、每一个观点、每一个概念，以至每一个字例的探讨，都抱着“打破砂锅璺（问）到底”的精神，力求做到言皆有出、事皆有据，往往为一字一词而旁征博引。

例如讲每一对容易混淆的形似、音同、义近的字，都尽可能列出它们各自的本义、引申义、假借义以及本音、变音，用古今名著中的引语作论据，加以分析、论证，还力图用发散的思辨力，对实证及被证明的事物从正面、反面和各个侧面，从深层、浅层和各个层面进行思考辨析。

这本书在内容和写法上，对目前市场上流行的同类书都有所突破，很值得一读。当然，前面说过，它也不是完美无缺的。例如有些字例的结构和含义，学界还有不一致之处，这大都应归于学术上的争鸣，作为普及性读物，不宜介入。还有一些尚有不同见解的问题，如何用商榷的态度表述自己的见解，以便给读者留下再探索的空间。

孙培镜

［本书作者附识］

这是孙培镜先生的一篇遗作，是他读了拙作《话说汉字》初版后撰写的推介文章。孙先生大学毕业后，做过语文教师，1952 年从华东调到中国青年出版社做编辑。我跟孙先生共事，始于 1959 年，那时我初涉图书编辑工作，还是个助理编辑。因此，孙先生无论是编辑工作经验和语言文字造诣，都是我的老师。后来他调往文物出版社出任编审，并主编《革命文物》杂志。他退休后，应邀担任中国版协教育工作委员会副主任，我也应邀担任委员，协助他培训校对人才。我退休后，又和孙先生一起组建中国版协校对研究委员会，我任主任，他任顾问，再次跟他共事多年。孙先生写的这篇文章，对拙作给予的肯定，是对我的热情鼓励；他含蓄地指出拙作的缺点和不足，是对我的真诚指点，这些对我这次重新编写《话说汉字》都有很大的启发。我把孙先生的这篇遗作，作为本书的序言，一来寄托对先生的思念，二来表示对先生真诚指点的谢意。

目　录

下　编　汉字说趣

写在前面

这是一本普及汉字基本知识的书，又是一本辨析常见错别字的书，还是一本讲述汉字趣味故事的书。

我为什么要编写这么一本书呢？这得从我的职业讲起。

同汉字的关系，以职业来划分，我不是研究者，而是使用者。

我做了40年编辑工作，可以说是一辈子用汉字为大众服务。虽然天天同汉字打交道，却不敢说真正认识它、掌握它，还是免不了读错音、写错字、用错字。积半生之经验，深知汉字博大精深，真正认识它、掌握它，得心应手地使用它，是很难很难的。

退休后，应中国出版工作者协会之邀，组建并主持校对研究委员会，做起研究校对的工作。校对以猎错改错为目的，其主要任务就是发现并改正原稿和校样上的错别字。要发现错别字，首先就得知道哪个是错字，哪个是别字，为什么断定它是错字、是别字，应当怎样改正，不免咬文嚼字起来。

古代文字学家认为：汉字有三个要素，一个是形，一个是声，一个是义。汉字结构的各种方式，都是形、声、义的结合方式。汉字形、声、义的结合方式，有一个明显的规律，那就是清代文字学家段玉裁概括的两句话：音生于义，义著于形。“音生于义”，是说汉字的读音是由它的含义决定的，这是因为汉字是以表意为主的音意结合的文字。“义著于形”，是说汉字的含义是由它的形体结构表示的，这是因为汉字的基本“元件”是以形表义的象形字。古代文字学家据此提出辨析汉字的基本方法：审形，明义，知音。就是说，要了解一个汉字的正确形体、正确含义、正确读音、正确用法，必须从审形入手，通过对形体结构的辨析，去寻找内含的理据因素，从而了解它的含义和读音，了解它与他字的本质区别。但是，汉字经历几千年的演变，字形发生了讹变，尤其是现代简化汉字，许多象形字讹变成了“记号”，难以进行“审形”辨析。因此，对汉字的审形，必须追溯字源去寻找汉字的理据因素，现代文字学家称此为“理据的溯源分析”。于是，我读了一些汉字学、训诂学、校雠学著作，翻阅了一些古代和现代的字书，以及关于甲骨文、金文、小篆的研究著作，并且运用这些知识来作汉字辨析。

在担任中国出版工作者协会校对研究委员会主任的 14 年里，年年都参与新闻出版总署的书刊编校质量检查，搜集了上千个常见错别字，并且分析这些字被错用的原因和内在规律。我发现，这些字被错用的频率非常高，主要原因有二：其一，形体近似、读音相同、含义接近的字最容易混淆错用；其二，许多汉字一字多音、一字多义，许多汉字多字同音、多字同义，而人们往往只知其一不知其二，因而自觉不自觉地错读错用。有鉴于此，我便将常见错别字整理分类，并且对常见错别字逐一进行“理据的溯源分析”。对这些字的辨析，我受益匪浅，不仅纠正了自己对一些字的误读和错用，而且了解了这些字的演变和发展，知其一又知其二，知其然又知其所以然，从而增强了使用汉字的敬畏感和自觉性。

1999 年 8 月，我应邀到江西给编辑、校对人员讲课，在讲到书面材料语言文字错误时，通过对常见错别字的辨析，介绍了“理据的溯源分析”方法。江西教育出版社副编审刘年珍，对我的辨析很感兴趣，执意要我将讲稿扩展成书出版，2004 年 4 月，我的辨字笔记《话说汉字》出版了。书出版了，我却诚惶诚恐，生怕我的辨析误导了读者，于是时常拿出来检查，发现了一些错误和不妥。这使我更加不安起来。

岁月匆匆，一晃 14 年过去了。2018 年岁末，我大病一场，做了个大手术。出院后，自觉馀年未多，应当赶紧做点什么，于是打开电脑，开始重新编写《话说汉字》，花了整整一年时间，终于在岁末完成了。书稿完成后，又在电脑搁置了一年，这一年时常打开电脑，反复审读修改。新本仍采用旧本的结构，还是分为上、中、下三编：上编“汉字说源”，就是讲述汉字的源流及其演变。分为七章，从汉字的起源、汉字的演变、汉字的结构、汉语的字与词、汉字含义的引申、汉字的偏旁部首、汉字的简化七个方面，先给读者介绍一点浅显的汉字知识。这是进行汉字辨析必须掌握的基本知识。这一编除增写“汉语的字与词”一章外，仍以旧本为基础，内容作了修改和补充。中编“汉字说例”，是重新编写的，内容集中在对字的辨析上，就是拿常见错别字作为实例，运用“上编”的知识进行“理据的溯源分析”。按照汉字使用出错的规律，分为六章，分别辨析数字和容易写错、容易误读、容易用错的字，以及近义词含义和用法的细微差别。辨析错别字时，均将错字、别字与正字对比，进行审形、析义、辨音。因为辨析的字词（包括正与误）近千，所以占了全书篇幅的70%。下编“汉字说趣”，就是通过有趣的故事，讲述汉字特有的趣味性。跟“上编”一样，增写了“同音与谐音”一章，也对旧作了修改和补充。下编分为五章，分别介绍有关炼字、对联、同音与谐音、谜语和杂体诗的轶文趣事，目的在于让读者从趣味中悟出汉字的奥妙，增强学习汉字的兴趣。

我在开头一句就说了，我不是汉字研究者而是汉字使用者。我在本书中对一些字词的辨析，不是对这些字词的全面诠释，而是我学字和用字的一些感悟和心得。或许正因为如此，它不同于汉字学著作，对和我一样学习和使用汉字的读者会有点儿启迪。

从一定意义上说，这本书是我学习汉字的笔记，自然用了我读过的书中的知识和材料，并根据自己的理解加以引用和发挥，虽然两次编写花费了数年时间，仍然难免存在不妥，如果我引用错了，理解错了，发挥错了，当然是我的责任，欢迎读者批评指正。

作者

2021岁末于怡然斋时年九十

上编 汉字说源

汉字是怎样产生的?

它经历了怎样的演变?

它的结构、它的含义、它的读音有哪些奥秘?

产生于远古的文字，不止是汉字，但是，其他的文字都消失在历史长河中,为什么唯独汉字历经6000多年,始终保持旺盛的生命力?

本编共七章，分别探讨汉字的起源，汉字的演变，汉字的结构，汉语的字与词，汉字含义的引申，汉字的偏旁部首以及汉字的简化，将带你走进汉字源流的时空隧道，从远古走到现代，一路探究汉字的奇妙和奥秘。

第一章 汉字的起源

关于汉字的起源，古代学者众说纷纭，什么“八卦说”（汉字起源于八卦）、“结绳说”（汉字起源于结绳）、“仓颉造字说”（汉字是一个名叫仓颉的人创造的），仔细分析，这些说法全都不可信。

先分析“八卦说”。八卦是古代占筮（占筮即占卜，用龟甲、蓍草判吉凶祸福）的符号，共有八种符号，不过是“—”“--”两种符号的排列组合（图 1–1），不可能发展成笔画丰富、结构复杂的汉字。

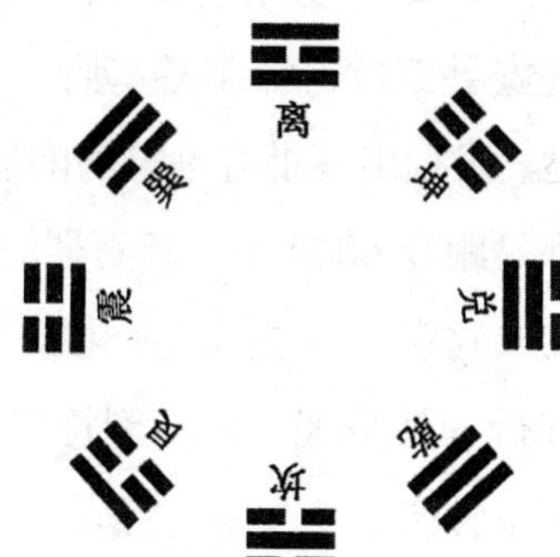

图 1–1 八卦符号

再说“结绳说”。结绳是原始社会人们记事的方法，在绳子上打结作为记号，帮助记忆已经发生的事。结绳记事更不可能发展成为文字。

“仓颉造字说”简直神乎其神。说是黄帝有位史官叫仓颉，他有四只眼，上观天文，下察地理，聪明绝顶。黄帝命他创造文字，以便记录史实。他抬头看天，见星辰组成各种图案，月亮时缺时圆；低头看地，见龟背纹理构成图形，兽足禽爪印迹各式各样。于是，他从中受到启发，创造了象形文字。可信吗？当然不可信。因为：

第一，历史上是否真有仓颉其人，就是个问题。黄帝时代是个传说时代，那时是否有文字，至今没有找到真实的凭据。

第二，考古发现，至商代晚期才有了比较成熟的文字，那就是甲骨文，比传说的黄帝时代晚了两千年。学者们推断，早期文字大约产生于夏末商初，不可能是黄帝时代创造的。

第三，甲骨文里，同一个字有多种写法，字形并不统一。这说明早期文字绝对不是哪一个人创造的。所以，鲁迅先生说："且由众手，全群共喻，乃得流行，谁为作者，殊难确指，归功一圣，亦凭臆之说也。"（《鲁迅全集·汉字学史纲要·第一篇》）

那么，汉字是哪里来的呢？自20世纪20年代以来，考古工作者的不断发现，为我们提供了清晰的答案。

1921年，考古工作者在河南省渑池县仰韶村，发掘出埋藏在地下的远古陶器，陶器上有彩绘几何图形花纹。1953年，考古工作者又在西安市东郊半坡发掘出一座远古村落，出土一批有刻符的彩陶（图1–2）。接着，又在陕西省临潼县姜寨（图1–3）、零口、垣头，长安县五楼，郃阳县莘野，铜川市李家沟和甘肃省宝鸡市北首岭等地，发掘出一批有刻符的陶器（图1–4）。这些陶器具有共同的特征，都是距今6000多年新石器时代的文物，因此，考古学家给这些遗址的文物定名为"仰韶文化"。考古工作者把陶器上的刻符临摹下来，进行分类整理，发现刻符多达112种，其中有些刻符很像后来的殷商甲骨文。

图1-3　临潼姜寨出土陶器刻符

图1-2　西安半坡出土陶器刻符

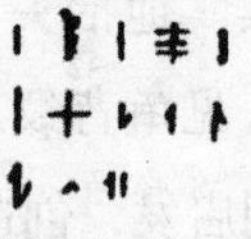

图1-4　零口、垣头、五楼、莘野、李家沟等地出土陶器刻符

这些远古陶器刻符，是不是原始的文字呢？专家们的意见不大一致：有的认为是原始文字；有的认为不是原始文字，但对汉字的产生肯定有影响；有的认为其中的一些刻符同甲骨文里数字的构形相似，很可能就是汉字数字的前身。

1959年，考古工作者在山东省宁阳县堡头村和泰安市大汶口一带，又发现了原始陶器刻符。接着，又在莒县陵阳河、诸城县前寨等地发现类似陶器刻符。这些地方出土的文物产生的年代，经科学测定，晚于仰韶文化时期，距今5000多年，被命名为“大汶口文化”。这个时期的陶器刻符更接近文字，尤其是在陵阳河出土的驼尊上的四种刻符，恐怕不能说它们不是原始文字（图1–5）。专家们认为，这四种刻符，“跟古汉字相似的程度是非常高的，它们之间似乎存在一种一脉相承的关系”。

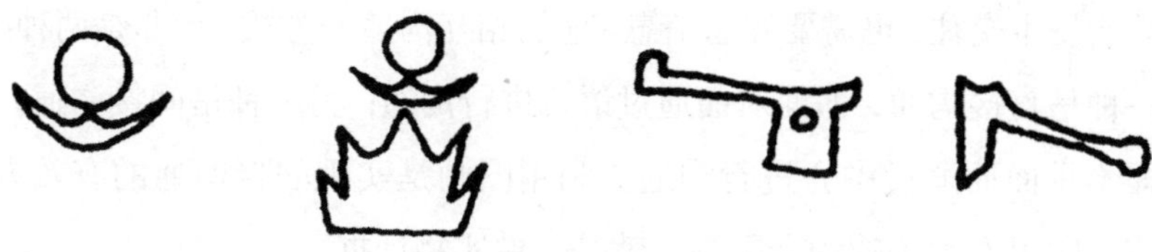

图1–5 陵阳河出土陶器刻符

有的专家认为：是原始“旦”字，像一朵白云托着太阳跳出地平线，表示新的一天到来了。也有的专家认为：应是原始“炅”字，上面是“日”下面是“火”，表示光亮和热的意思。是“旦”或“炅”的异体字，下面加了一座“山”。是原始“戉”字。戉即钺，一种像板斧的兵器。是原始“斤”字。斤即斧，也是一种兵器。

原始陶器刻符，给我们传递一个重要信息：汉字起源于图画。

远古时代的人们，主要依靠狩猎为生，狩猎的工具只是木棍、石头等原始工具，因而整天为填饱肚子而奔忙。在那样的生活条件下，他们的作画，只是为了记录某件事情，或传达某种信息，这种图画起着一定的文字作用。所以，这种图画可以称为“文字图画”。

右面这幅图画（图1–6），是北美一位印第安女子刻在赤杨树皮上的，是一封图画情书。图画的左

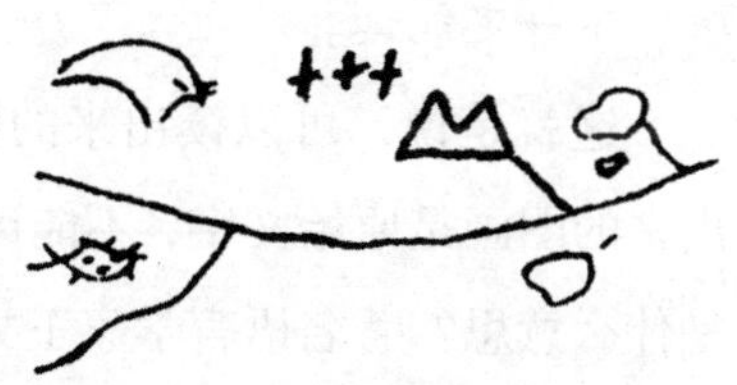

图1–6 印第安女子约会图

上方画着一只熊，那是写信人的图腾（原始社会氏族用一种动物图画作为本氏族的标志），左下方画着一条泥鳅，那是收信人的图腾。图画的上方画着三个十字和一个尖顶屋图案，代表天主教堂。右边上下各画了一个不规则圆形图案，代表湖泊。分岔的线条，代表大路小路。靠近大路尽头有两个很小的记号，表示两人约会的地点。那女子用这幅图画表达了对情人的思念，向她的“泥鳅”发出约会信号。可以说，表情达意准确而完整。虽然这幅约会图画发生在近代的北美洲，却使我们窥见我们远古祖先的生活情景。一个部落的人们，在一起狩猎，在一起生活，需要相互沟通。几个部落之间，总会发生交往，也需要互通信息。他们相互沟通的方式，无非是两种：一种是直接沟通，即面对面通过语言进行沟通；另一种是间接沟通，即不见面而通过中介进行沟通。利用图画是实现间接沟通的有效方式。印第安女子的约会图画，就是一件实物证据。

图画记事，图画示意，不但可以帮助人们交流，还可以帮助人们记忆。但是，这种方式毕竟有很大的局限，难以表达复杂的、抽象的信息，难以准确地表达思想情感。因此，就有了在图画的基础上创造文字的需求。早在6000多年前，中华民族的先民们就开始了创造文字的漫长历程。

那么，文字和图画有什么本质区别呢？

唐代书画理论家张彦远在他的《历代名画记》中提出“书画一体”论，认为书（文字）画的区别在于：书传意，画见形。

现代文字学家唐兰先生说过一段十分精辟的话，他说：

> 文字本于图画，最初的文字是可读出来的图画，但图画却不一定能读。

这就是说，可以读出来的图画，才具备文字的基本特征，能读出来的图画是原始文字，不能读出来的图画只是图画。“能读出来”是什么意思？著名语言学家王力主编的《古代汉语》这样解释：“图画里表示的概念固定了，线条简略了，成为形象符号，而且和语言里的词发生了联系，有了一定的读音（这一点很重要），才成为文字。”印第安女子的那幅约会图画，虽然表达了一定的意思，起到了传递某种信息的作用，但它不是文字。文字，即使是原始文字，也应有相对固定的形体、读音和含义。陵阳河陶器上刻画的“[illegible]”，在多个陶器上出现，说明它的形体是公众认同的；它可以读出来，是“旦”或“炅”字；它有明确的含义，表示“新的一天到来了”，或表示“光亮和热”的意思。所以说，它是原始文字，虽然还没有完全脱离图画，但不是图画，是文字图画。

文字和图画的区别，首先是形体不同：图画追求形似，而文字只求象形。文字和图画的功能，更是大相径庭。正如张彦远所说的：书传意，画见形。文字组合起来可以记录语言，拆开来是一个个独立表意的字。用文字来记事，不但准确，而且简要。比如，某次狩猎，猎获了 3 头野牛、10 只野鸡、8 头鹿，如果用图画来记录，就得画上 3 头野牛、10 只野鸡、8 头鹿，而用文字来记录就简单多了，只需写“三牛十雉八鹿”6 个字。

汉字起源于图画，但汉字发展却是脱离图画。最初的文字，大多是象形字，还有点儿图画意味。经过漫长的演变，由陶文、甲骨文、金文到小篆、隶书、楷书，汉字越来越符号化，并且创造了大量非象形的会意字和形声字，文字就彻底脱离了图画。从图画到文字图画再到脱离图画的文字，从汉字初创、确认、使用到逐渐规范统一，我们的祖先为之奋斗了 5000 多年。

产生于远古的象形文字，不止是汉字，还有诞生于大约 5500 年前的古苏美尔文字，诞生于大约 5000 年前的古埃及文字，和诞生于大约 4500 年前的古印度文字。但是，古苏美尔文字、古埃及文字和古印度文字，先后消失在历史长河中。从远古一直流传、发展至今，始终保持旺盛生命力的文字，只有汉字，这是人类社会的奇迹。汉字系统，源远流长，博大精深，不仅是中华民族的瑰宝，也是全人类的瑰宝。

第二章　汉字的演变

至今发现的最早的比较成熟的汉字，是商代的甲骨文。甲，即龟甲；骨，即兽骨；甲骨文，就是刻在龟甲、兽骨上的文字（图 2–1）。商代是奴隶制王国，建立于公元前1600年左右。那时，生产工具不再是木制、石制，而是金属制造。同仰韶文化、大汶口文化相比，商代文化已经大大进步了，已经进入到青铜器时代。古书上说："惟殷先人，有册有典，殷革夏命。"约公元前 1000 年，商的国王盘庚，把国都迁到殷（今河南省安阳市小屯村一带），从此，商又称作"殷"。"殷先人"指的是盘庚的祖先，他革了夏的命，推翻了夏王朝。"有册有典"是说商王朝把这段革命史载入史册。这说明夏末商初就已经有了可以记述历史的文字了。但是，几千年过去了，还没有发现商代早期的史书。殷商晚期确有比较成熟的文字，这是甲骨文告诉我们的。

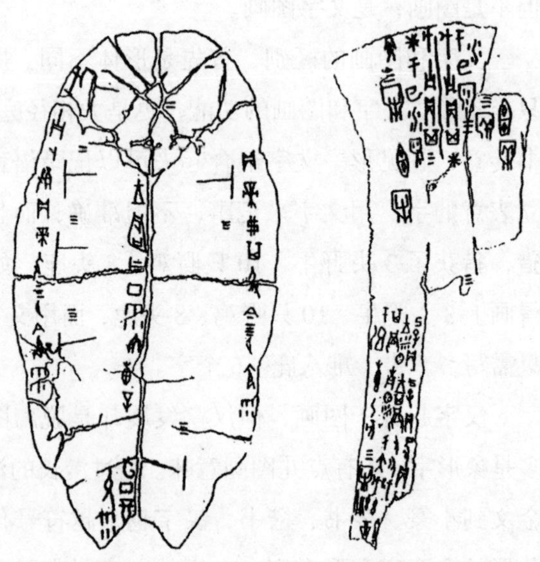

图 2–1　龟甲刻辞　牛肩胛骨刻辞

甲骨文是清代内阁学士王懿荣偶然发现的。那是光绪二十五年（1899），有一天，王懿荣患了疟疾，医生给他开了药方，药方中有味药叫"龙骨"。家人把药买回来，王懿荣打开药包，把"龙骨"

取出看，意外地发现上面刻有很像汉字的符号。他左看右看，不认得是什么字，便叫家人到药铺里把所有龙骨全买回来。这件奇事立即引起学者们的关注。11年后，人们终于知道了龙骨的出土地是安阳的小屯村，而那里正好是殷商的都城，于是把甲骨文命名为“殷墟甲骨文”。经过几十年的不断考古发掘，总共出土甲骨15万片，发现4500个单字，经文字学家反复辨识，已经破译出1700个字（图2–2）。

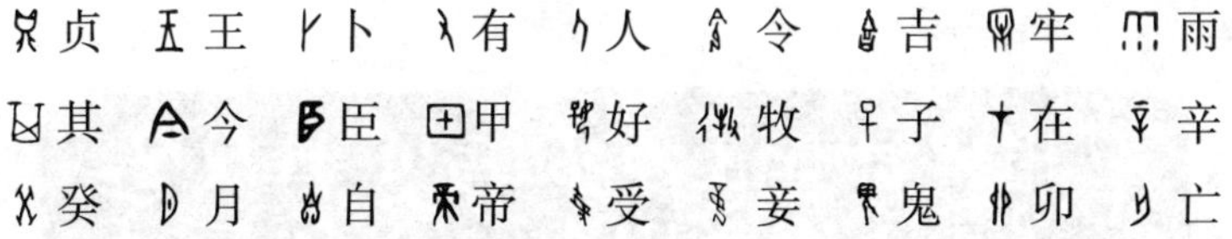

贞 王 卜 有 人 令 吉 牢 雨
其 今 臣 甲 好 牧 子 在 辛
癸 月 自 帝 受 妾 鬼 卯 亡

图2–2 甲骨文破译27例

商代人为什么在甲骨上刻字呢？原来商代人迷信鬼神，包括国王在内，办事之前都要占卜问吉凶。为此，国王身边养了一批从事占卜的人，称他们为“贞人”。据甲骨文记载，从武丁（中后期国王）到帝乙（晚期国王）的270余年中，朝廷共有“贞人”121人。他们一方面用龟甲为朝廷占卜，一方面将占卜的时间、结论（叫作“卜辞”）及事后的验证，用文字记录下来。当时没有纸、笔、墨等书写材料，“贞人”便将文字刻在龟甲、兽骨上。他们将民间流行的文字收集起来，加以整理、筛选、改造，同时，在使用过程中不断创造新字，这样，就逐渐形成最早的文字系统。

商代的文字载体，除了甲骨，还有青铜器，即将文字铸在青铜器上，这种文字通称“金文”。金文与甲骨文，形体大致相同，其差异在于：金文笔画粗壮，有的甚至呈

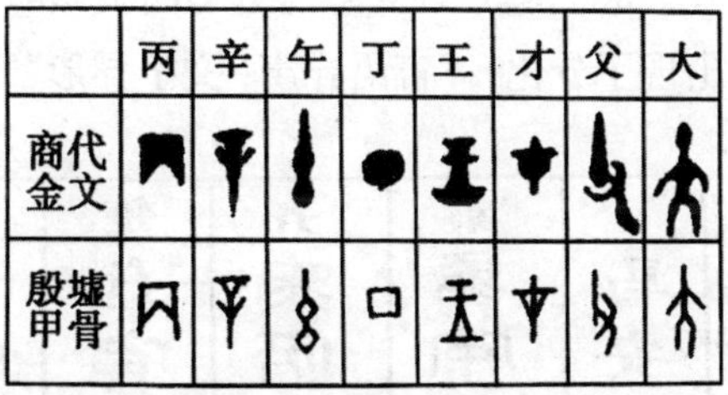

	丙	辛	午	丁	王	才	父	大
商代金文								
殷墟甲骨								

图2–3 商代金文与甲骨文笔画比较

块状；甲骨文的笔画是单线条的（图 2-3）。

殷商之后，西周也有甲骨文，但出土的数量很少。西周文字的载体主要是青铜器，西周晚期是金文的鼎盛时期，铭文篇幅长，布局整齐，字形漂亮。所以，古文字学家把西周金文作为汉字演变的第二个阶段。

周原本是商的一个诸侯国，远在西北（今陕西岐山一带），文化比商落后。周武王灭商建立周朝后，全面继承了殷商文字，所以，西周金文与殷商甲骨文是一脉相承的（图 2-4）。

图 2-4 西周初期麦方鼎铭文

西周从灭商到东迁（东迁后史称“东周”，又称“春秋战国时期”），共 250 余年。这 250 余年，汉字发展很快，字形也发生了很大的变化，到了西周晚期，文字已经线条化、平直化、符号化了（图 2-5）。

	王	才	辛	人	生	大	侯	父
西周早期	[illegible]	[illegible]	[illegible]	[illegible]	[illegible]	[illegible]	[illegible]	[illegible]
西周晚期	[illegible]	[illegible]	[illegible]	[illegible]	[illegible]	[illegible]	[illegible]	[illegible]

图 2-5 西周早期、晚期字形变化比较

春秋时代的文字，在继承西周文字的基础上，进一步完成线条化、规整化的演变。到了战国时代，东周王权式微，诸侯争霸，形成了秦、齐、燕、楚、韩、赵、魏七国争霸的局面。由于国家分裂，语言文字出现了分化，“言语异声，文字异形”，语音和字形各不相同（图 2-6）。

	秦	齐	楚	燕	韩	赵	魏
马	[illegible]	[illegible]	[illegible]	[illegible]	[illegible]	[illegible]	[illegible]
安	[illegible]	[illegible]	[illegible]	[illegible]	[illegible]	[illegible]	[illegible]

图 2-6 战国时七国文字形体比较

秦始皇消灭齐、楚、燕、韩、赵、魏六国，建立大一统的秦王朝后，立即推行了一项重大政策：书同文。废除六国文字，以秦国文字为基础，删繁就简，形成规范文字，颁布全国推行。这种规范文字，称作“小篆”，又称“篆书”（图 2–7、2–8、2–9）。

图 2–7、图 2–8、2–9 秦始皇《峄山刻石》拓片、《会稽刻石》拓片、《泰山刻石》拓片

图 2–9 《泰山刻石》据说是秦宰相李斯所书，是标准的小篆

小篆形体工整对称，笔画圆转舒展，展现出一种书法曲线美。从此，汉字不再是画出来的，而是写成的。这是汉字演变史上的一个里程碑。

秦代仍以青铜器为文字载体，但开始大量采用竹简。竹简上的文字不是用刀刻上去的，而是用笔写上去的，因而出现了篆书草率写法。这种写法称作“俗体”。俗体将篆书圆转笔画改为方折笔法，虽然字体保持篆书的结构，但书写风格有了明显的差异。其实，俗体早在战国时代就已在民间流行。后来，俗体演变成新的字体“隶书”。隶书彻底破坏了篆书中遗存的图画意味，而且许多字的形体由于简省、合并、讹变，破坏了原先的结构，就使汉字完全革除了象形性。这是汉字演变史上最重大的变革，所以史称“隶变”。

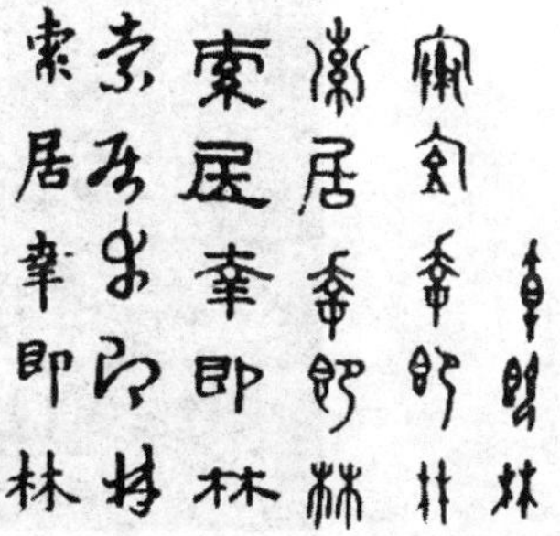

图 2–10 楷草隶篆金甲书法比较

隶变从秦代开始，到汉代完成。在隶变过程中，又出现了一种草率写法，这种写法史称“草书”（图 2-10、2-13）。草书出现在西汉，到三国时已经成为流行书体。魏晋时代又出现了介乎草书、隶书之间的书体，比草书规整，比隶书草率，这种书体史称“行书”。与此同时，一种全新书体开始流行，它的形体结构和隶书基本相同，但没有隶书的波势和收笔处的上挑。到了唐代这种全新书体终于成熟了。

漢 字 源 遠 流 長 博 大 精 深

漢 字 源 遠 流 長 博 大 精 深

图 2-11 隶楷书法比较

这种书体，字形方正工整，结构匀称严谨，笔画平直丰满，可以作为学习写字的楷模，因而有了“楷书”这个名称（图 2-11、2-12）。至此，方块型的汉字完全定型了。

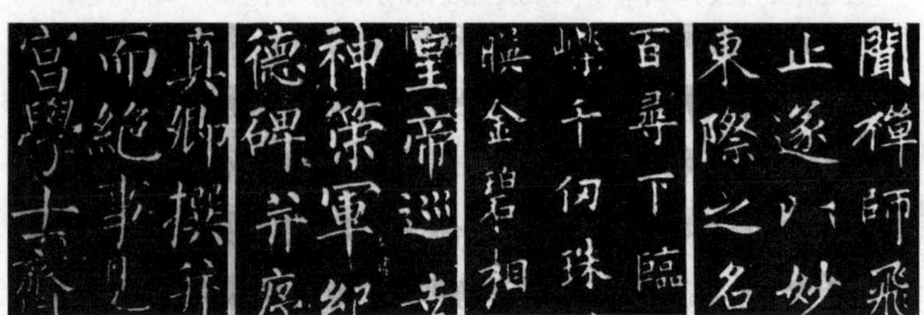

图 2-12 颜真卿、柳公权、欧阳询、赵孟頫楷书书法欣赏

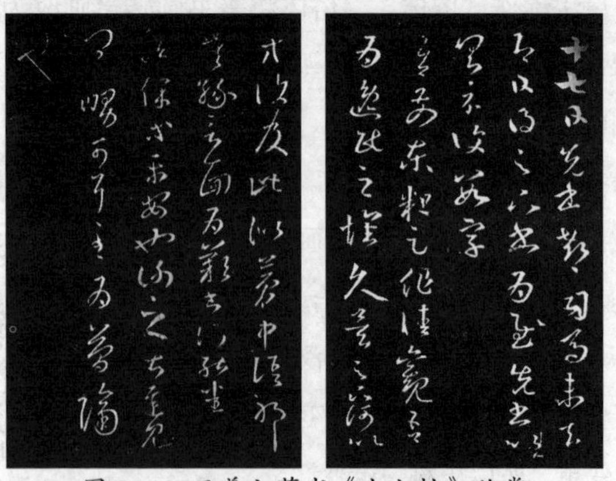

图 2-13 王羲之草书《十七帖》欣赏

第三章　汉字的结构

汉字的创造，走过漫长的路程，从文字图画到图画文字，再到甲骨文、金文、小篆、隶书、草书、行书，至楷书定型，历经5000余年。

我们祖先的造字，并不是先研究造字方案，做好汉字结构的设计，然后才去造字的，而是在生活中，有了这种需要就去造这个字，有了那种需要再去造那个字的。你也造字，我也造字，大家一交流，得到公认的字就流行开来。到了殷商时代，出现一批专事占卜记事的“贞人”（可以说是当时的“知识分子”），他们出于占卜记事的需要，收集民间流行的文字，进行筛选、整理、改造，同时，根据新的需要创造新字。西周以后，生产日益发展，社会日益进步，作为知识分子的“士”阶层，从百姓中分离出来，专门从事文化教育工作。他们在继续创造文字的同时，开始对汉字符号系统进行分析研究，至汉，终于总结归纳出被称为“六书”的汉字结构规律。

“六书”是什么意思呢？这里的“书”，既不是“书本”，又不是“书写”，也不是“书法”，而是“造字”。“六书”就是汉字的“六条造字规律”，或者说是“六种造字法”。“六书”的具体内容是：象形，指事，会意，形声，转注，假借。

下面，对“六书”一一详加阐述。

一、象形

汉字是由图画符号演变而成的，最早的一批字是象形字。

何谓“象形”？象形的意思是：按照物的形体，画出表示物的文字符号。

我们祖先在创造文字的时候，“近取诸身，远取诸物”，以人本身和动物、自然事物为对象，用抽象的线条笔画，勾勒人和物的形体，画出不同事物的典型特征。这样造出来的字，外形像物，但不是物的图画，而是对事物的一种抽象（图 3–1）。

图 3–1 图画与文字之比较

有些字从正面勾画物的外形特征。例如：

日——（甲）（篆）　月——（甲）（篆）

山——（甲）（篆）　水——（甲）（篆）

矢——（甲）（篆）　皿——（甲）（篆）

鱼——（甲）（篆）　车——（甲）（篆）

有些字从侧面勾画人或物的外形特征。例如：

人——（甲）（篆）　子——（甲）（篆）

犬——（甲）（篆）　马——（甲）（篆）

隹——（甲）（篆）　女——（甲）（篆）

鸟——（甲）（篆）　鹿——（甲）（篆）

有些字只勾画或突出物的局部外形特征。例如：

牛——（甲）（篆）　牛的头部。

羊——（甲）（篆）　羊的头部。

竹——（甲）（篆）　只画竹叶。

面——（甲）（篆）　面即脸，突出眼部。

止——（甲）（篆）　趾即脚，突出脚趾。

象——（甲）（篆）　象的侧影，突出象的长鼻子。

还有一类象形字，勾画的是物的形体特征，表示的却不是物本身，而是它的象征意义，可以说是“借物喻事”。例如：

高——（甲）（篆）

勾画的是高亭的外形特征，表示的却是“高”这个概念。

凸——（篆）

勾画的是凸出物的形象，表示的却是“凸起”这个概念。

凹——（篆）

勾画的是坑的形象，表示的却是“凹进”这个概念。

大——（甲）（篆）

勾画的是人伸臂直立的形象，表示的却是“大”这个概念。

终——（甲）（篆）

甲骨文勾画的是丝头打结的形象，表示的却是“最后”“尽”的概念。小篆“”不是象形字，而是从丝冬声的形声字。

现代语言文字学家给这类字取了个新名称：象事字。因为它们外形虽然象物之形，表示的却是事物的象征意义。但是，从字的结构方法上看，它们仍然是象形字。象形字是独体字，也有少数象形字例外，是合体的，这类字可以称作“合体象形字”。眉、巢就是典型的合体象形字。

眉，小篆作“”，“目”上“”是眉毛的象形，眉上的“”是额头纹理的象形，额纹、眉毛、眼睛合体，表示眉毛的在“额下目上”，含义就是“眉”。

巢，小篆作“”，下面是树的象形，中间是鸟巢的象形，鸟巢上面的“”是三雀伸头的象形，树、巢、雀合体，表示“鸟在树上栖息”，含义就是“巢”。

这类合体象形字，虽然是“合体”的，却是一个整体图画文字，具备“象物之形”的特征，所以仍然是象形字。

象形字含有明显的象形因素，又有明确的含义和语音，加之笔画少，构字功能强，因而多数成为合体字的“字根”，90%的汉字是由这类字根构成的。古代识字教育，是从认识“人、手、竹、刀、尺、山、水、田、马、牛、羊”等象形字开始的。熟悉这类有字根作用的独体字，掌握它们的含义和语音，可以触类旁通，认识一批合体字。

二、指事

用象形的方法，只能表示有形之物，难以表示无形的事，所以造字功能十分有限。我国最早的字典——东汉许慎编纂的《说文解字》，共收字 9353 个，其中的象形字只有 364 个。我们的祖先很聪明，又发明了后世称作“指事”的造字法。

何谓“指事”？指事的意思是：借助客观形体，加注主观意念。说得通俗一点儿，就是借一个象形字，在它上面标注表示主观意图的符号，创造出新的文字。清代文字学家段玉裁这样解释象形与指事的区别：“象形者，实有其物，日月是也。指事者，不泥其物而言其事，上下是也。” 上、下是两个典型的指事字。上，甲骨文作“𠄞”，在“⌣”上标注表示“物”的符号“-”（金文改作“丄”，小篆改作“𠄞”，隶变为“上”）。“⌣”表示地面，“-”表示物在地上，含义为“上”。同理，下，甲骨文作“𠄟”，“-”在“⌢”下（金文改作“丅”，小篆改作“𠄟”，隶变为“下”），表示物在地下，与“上”相对，含义为“下”。上、下二字的引申义也是相对的：头顶为“上”，脚底为“下”；山顶为“上”，山麓为“下”；升为“上”，降为“下”；进为“上”，退为“下”。

指事造字有两种类型：符号指事、形象指事。

1. 符号指事：在象形字上标注主观意图的符号，表示新的概念。例如：

刃——小篆作“刃”。刀是刀的象形字，在刀口处加一点，表示此处是刀锋利的部位，创造新字“刃”。

本——小篆作“本”。木是树的象形字，在木下部加一横，表示此处是树的根部，创造新字“本”，因为根是树之本。

甘——小篆作“ㅂ”。ㅂ是口的象形字，在口内加一点，表示味甜，创造新字“甘”，甘是甜的本字。

寸——小篆作“彐”。彐是手的象形字，在手腕下边加一点，指出此处为“寸口”（中医切脉的部位），寸口与手掌的距离是古代度量的单位：一寸。

末——小篆作“朩”。在木（树）顶加一横，表示此处是树梢，创造新字“末”，末字的本义就是树的末梢，后泛指物之端、梢。

2. 形象指事：在象形字上标注象形符号，表示新的概念。例如：

须——小篆作“須”。頁是头的象形字，在头的一侧（面颊）加注表示毛的象形符号“彡”，创造新字“须”（胡须）。

身——小篆作“身”。人是人的象形字，侧立的人加注突出腹部表示“躯体”的象形符号“ϵ”，创造新字“身”（身体）。

母——小篆作“母”。女是女的象形字，在女字中间加注表示一对乳房的象形符号“丷”，创造新字“母”（母亲）。

未——小篆作“未”。在木上加注新枝象形符号“∪”，表示枝繁叶茂，创造新字“未”。饶炯在《部首订》中解释说：“未从木，重其枝叶，指事者，言其时万物滋长。”

三、会意

指事造字法，也有局限性，造不出多少字。在《说文解字》的9353个字里，指事字只有125个，仅占总数的1.34%。我们的祖先继续探索，又发明了更有创造力的造字法——会意。

何谓会意？“会意”有两层意思：一是合体，即将两个或多个独体字（象形字、指事字）组合成一个合体字；二是会意，即合体字的含义由组成合体字的独体字共同表示。就是说，会意字是合体字，要弄清它的含义，必须了解它的构成字符各自的含义，以及它们之间的意义联系。例如：

从——小篆作“𠨧”。由两个人字组合而成，两个人字排列成一前一后，象征“两人相随”，此即“从”字的含义。

雀——小篆作“雀”。由小、隹二字组合而成。隹，小篆作“隹”，是短尾鸟的象形字。小隹，即小鸟。大鸟为鸟，小鸟为雀。

从和雀，是两种不同类型的会意字：从是“以形会意”，即通过“两人相随”的形象，来体现它的含义。雀是“以义会意”，即通过“小”“隹”两字的意义联系，来表示它的含义。下面分类举例详述：

1. 以形会意。以形会意的会意字，要仔细观察其构成字符的形象，进而揣摩它的含义。例如：

止——小篆作“止”。止，即趾，代表脚。象形独体字。

步——小篆作“步”。两止（脚）一前一后，会意为“行走”。

涉——小篆作“涉”。在水中“步”，表示在水中行走，会意为“徒步渡河”。

陟——小篆作“陟”。步字左旁加山（阜，土山，用作偏旁变形为左“阝”），象征登山，会意为“登高”。

降——小篆作“降”。左旁是山，右旁的“步”倒写，象征往山下走，会意为“落下”。

又例如：

门——小篆作“門”。门的象形独体字。

闩——小篆作“閂”。“一”是横木的象形符号，门内加横木，会意为“门横关”，即插在门内使门推不开的横木，又称“门闩”。

闪——小篆作“閃”。门内现人，会意为“探头窥视”（窥闪），引申为“侧身躲避”（闪避）等。

问——小篆作“問”。门内现口，会意为“咨询”，引申为“询问”（问候），“审讯”（审问）等。

闻——小篆作“聞”。门内有耳，表示“听而得其声”，会意为“知声”，即“听见”。引申为“听见的事情”（见闻，新闻），“名望”

（令闻，闻人）等。

再例如：

集——原作“雧”。木上三隹，隹即鸟，三代表多数，群鸟栖树，会意为“聚集”。后来木上的三隹，简化作一隹而成“集”。

益——小篆作“䀆”。下面是“皿”，盛水的器具；上面是横写的“水”字；皿中水满外流，会意为“溢”。益是溢的本字。

2. 以义会意。以义会意的会意字，要仔细揣摩它的构成字符的含义及构成字符之间的意义联系，进而推断出它的含义。例如：

实（實）——“宀”是房屋的象形符号，“貫”义为钱财；屋里充满钱财，会意为“充实”。

嵩——山而且高，会意为“高山”。

尖——上小下大，会意为“锐”。

歪——不正为歪。

掰——用双手把物体分开。

会意字里，有些以义会意的字，内涵深邃，只从字面上揣摩，难以体会其深刻含义。因为：

——有的反映了上古时代的人们对远古的追思，记载着远古的历史。州、昔就是这类会意字的典型代表。远古有过特大洪水时期，《尧典》这样形容当时的洪水：“浩浩滔天”“荡荡怀山襄陵”。《孟子·滕文公上》也说：“当尧之时，天下犹未平，洪水横流，泛滥于天下。”先民们为避洪灾，择水中高土而居，并从事农耕为生。先民的这种生活情景，后来产生了两个会意字：州，昔。

州——甲骨文作“𝌆”，小篆作“𝌆”，都是指事兼会意字，在川字上加圈（隶变改为点），表示“大水中之高土”。《说文解字注》这样解释州字的含义：“水中可尻（居）者曰州。……一曰州，畴也，各畴其土而生也。”这就是说，州字的含义有二：一曰“民居水中高土”；二曰“各畴其土而生”。即居住并从事耕作的地方。

昔——甲骨文作“[illegible]”，金文作“[illegible]”，都是会意字，从“[illegible]”

从日。“巛”表示“滔滔洪水”，日，表示往古，巛日合体，表示“被水围困的日子”。一个“昔”字，描述了洪水滔天、怀山襄陵的情景，蕴藏着后人对远古的历史记忆。

——有的反映了我国古代的道德传统和文人心态，圣、愁、信、德就是这类会意字的典型代表。

圣——小篆作“聖”，繁体作“聖”。都是由耳、口、人、土四个象形字组合而成的。从表面看，是一个人站在地上竖起耳朵听别人讲话。它的深层含义是“闻声知情”（《说文解字》）。它告诉我们：什么是圣人？圣人就是脚踏实地、倾听人民呼声，洞察民情的人。一个圣字，蕴涵着多么深刻的哲理！

愁——由秋和心组合而成，会意为“忧”。忧愁是一种心理活动，所以从“心”。但是，为什么要用“秋”来表示“忧愁”呢？秋，一年四季中的第三季，从自然运转来说，是个开始落叶、逐渐寒冷的季节，草木凋零，气象萧瑟，寒气逼人，容易使人产生愁绪。清末女革命家秋瑾有句名诗：秋风秋雨愁煞人！她借自然之秋寓国家民族的危亡，表达自己忧国忧民的忧愁。古代文人常用秋比喻苍凉，比喻衰老，比喻肃杀，比喻国家破碎，比喻身世飘零。所以，唐代诗人刘禹锡说：“自古逢秋悲寂寥。”古代文人“因秋而生愁，因愁而悲秋”，在他们心中，秋、愁分不开了。宋代文人吴文英这样解释“愁”字：“何处合成愁？离人心上秋。”他的这番解释，不是很耐人寻味吗？

信——由人、言二字组合而成，表示“人言为信”。所谓“一言既出，驷马难追”，说了话要算数，不能食言，这就是信字的含义。诚实，守信，是中华民族的优良道德传统。用“人”和“言”组成“信”，反映了传统的道德观念。

德——右旁直、心二字，合体为“悳”。悳是古德字，表示为人心要正直。后来为了强调不但心要正直，还要身体力行，做到心行一致，便在“悳”的左旁加个表示行动的“彳”，并将“悳”上的“直”

变形为“𢛳”，创造新字“德”。所以，德字的含义就是“德行”，即道德品行。

《现代汉语词典》这样解释“会意”的含义：“字的整体意义由部分的意义合成。”字形是合成的，字义也是合成的。这就是会意字的基本特征。解析会意字时有个概念：从某从某。例如“信”从人从言，“德”从彳从直从心。表示这个字的含义是由某和某合成的。

会意字里，有不少字不是纯会意的，兼有指事、形声的特征，这类字称作“会意兼指事字”“会意兼形声字”。例如：

画，小篆作“畫”，繁体作“畫”，会意兼指事，从聿从田另加注“凵”。聿，笔本字；田，表示图形，聿、田合体，会意为“绘画”。在“田”（图形）四周加注的指事符号“凵”表示画的四界。所以，这个“畫”兼“画”（图画）、“划”（繁体作“劃”，本义“区分”）二义。后来画、划二字分工，画字不再表示“区分”义。但表示“用笔类物做出线或作标记”意思，划同画。

张，小篆作“張”，会意兼形声，从弓从长长亦声，本义“施弓弦”（《说文解字》）。弦未拉开时，弛而短；拉开后弦显得长了很多。在张字里，长字有两项功能：一表意，二表音，所以，张读长的近似音。

四、形声

随着生产的发展和社会的进步，人们的社会交往日益增多，语言也日益丰富起来，用象形、指事、会意的方法造字，已经不能满足社会的需求，一种新造字法——形声造字法就应运而生了。

形声法同会意法一样，也是用两个以上独体字组合而成新字。其不同点在于：构成会意字的独体字，共同表示新字含义；而构成形声字的独体字，有的起表义作用，有的起表音作用。起表义作用的，也不一定表原字义，大多只表“类义”，即表示新字与它那一类事物有关系。因此，形声字里起表义作用的独体字，多数成了一类字的“部首”；起表音作用的，不一定表原字音，大多只表近似音。这样一来，就冲破了象形、指事、会意的束缚，大大增强了造字的创造力。秦汉以后汉字大发展，主要是用“形声法”创造新字的。到了东汉许慎编纂《说文解字》时，汉字已经发展到近万个，形声字占了其中的80%。形声法的发明，在汉字发展史上具有划时代的意义，从此，汉字由以表意为主向音意结合发展。

构成形声字的独体字，起表义作用的叫作“形符”，又叫“形旁”；起表音作用的叫作“声符”，又叫“声旁”。解析形声字时有个概念：从某某声。从某，表示某字是表义的形符；某声，表示某字是表音的声符。例如：“符”字就是个形声字，从竹（变形为“⺮”）付声。从竹，表示符与竹有关系。符，本义“符节”。符节是古代朝廷派遣使者或调兵遣将时用作凭证的信物，最初的符节是竹片制成的。付声，表示符字的读音与付字相同或近似。符，音fú，是付（fù）近似音。

形声字结构，有三个基本模式：上下结构，左右结构，包围结构。

形声字的形符和声符的组合排列，有八种基本类型：

（1）上形下声，如草、篮、晨、雾。

（2）下形上声，如娶、璧、岱、裘。

（3）左形右声，如松、屿、裤、猿。

（4）右形左声，如鹅、剑、翅、郊。

（5）内形外声，如辫、腐、鹰、蜃。

（6）外形内声，如固、衢、匾、衷。

（7）形偏一隅，如疆、颖、哉、脩。

（8）声偏一隅，如旗、徒、望、飓。

从结构模式看，（1）（2）是上下结构，（3）（4）是左右结构，（5）（6）是包围结构，（7）（8）有点特殊，（7）是上下结构的特殊模式，（8）是左右结构的特殊模式。以颖、望二字为例：颖，从禾顷声，形符“禾”偏于一隅，在左下角，这是左右结构的特殊模式；望，从月从人从土亡声，象征人站在地上举头观月，声符“亡”偏于一隅，在左上角，这是上下结构的特殊模式。

解析形声字时，首先要分辨清楚它的结构模式和组合排列方式，从而找到哪个是表义的形符，哪个是表音的声符，然后将形、声、义结合起来分析。

形声字的特点是音意结合。音意结合，容易识读，容易记忆。看了它的形符，大致可以猜出它属于哪类事物；看了它的声符，大致可以猜出它属于哪个音节。现代化学家给化学元素的汉语名称造字，用的就是形声法。例如：铀（U）、镭（Ra）、钛（Ti）、氧（O）、氮（N）、氟（F）、硅（Si）、硒（Se）、硫（S）、汞（Hg）。这些字中，金、气、石、水是形符，起表义作用，看到它们的形符，就知道它们分别属于金属、气体、非金属固体、液体。这些字中，由、雷、太、羊、炎（淡省水）、弗、圭、西、㐬（流省水）、工是声符，看到它们的声符，可以大致知道它们的读音。形声字的这种优越性，为汉字识读提供了方便。但是，事物总是一分为二的，如果我们以为“扁字认一边，长字认一截”，简单地以形符和声符为依据去识读形声字，就往往会发生错误，甚至闹出笑话。

分析了象形、指事、会意、形声四种造字方法，我们就可以知道，汉字有如下三个特点：

第一，汉字起源于图画。清代文字学家段玉裁说过：“仓颉之初作书，依类象形，故谓之文[①]。其后形声相益，即谓之字。文者物象之本，字者言孳乳而浸多也。”这段话对汉字的源流作了十分精辟的概括。最初造字，依类象形，造出一批象形字，这类字直接源于图画，所以称作“文”；后来，古人发明了指事法、会意法和形声法，

① 文，象形，本义“错画”，即两纹交互，交错之画。字，会意，从宀从子，表示“子在屋内”，本义“乳”，即分娩。段玉裁云：“独体曰文，合体曰字，统言之则文字可互称。”

用两个或多个“文”组合创造合体新字，字就渐渐多了起来。所以说，“文者物象之本，字者言孳乳而浸多也”。象形字虽然数量不多，但它是指事字、会意字和形声字的构成元素，或者说是合体字的“字根”。几千年来，汉字数量发展到五万多个（《汉语大字典》收字56000个），汉字的书写形式也不断变化，许多字失去了原来的形态，但是，汉字系统仍然是象形的，即使是形声字的声符，也是借用象形字，而不是另造注音符号。所以，如果把合体字拆开来，恢复它们原来的形态（甲骨文、金文、小篆），就能清晰地看出它们都是象形字。

第二，汉字是单音节文字，这是因为汉语词的音节形式是以单音词为主的，这样就形成一个字读一个音节、表示一个词的基本格局。

第三，汉字是表意字，不同于表音字，它是用一定体系的象征性符号表示词或语素的，不直接或单纯地表示语音。汉字的读音是由字义决定的。

五、转注

“六书”中的“转注”和“假借”，其实并不是造字方法，不能创造新字，它们与汉字的结构没有直接关系。所以，汉字的结构方法只有四种：象形，指事，会意，形声。

文字学家一致认为：转注和假借是用字方法。为什么这样说呢？

先说“转注”。何谓转注？古今学者的见解颇多分歧，至少有九种不同的观点。本书不是关于文字学的学术著作，所以不去讨论谁是谁非。这里只介绍一种一听就明白的说法：转注是一种特殊的形声字。特殊在哪里？前面说了，一般形声字的含义，与形符的含义并不相同，只是“相类”。例如：江、河、湖、海四字的形符都是“水”，但是，不能把江、河、湖、海释义为“水”，因为它们不是同一概念，“水”的科学概念是“最简单的氢氧化合物”。只能说，江、河、湖、海都和“水”有关系，都是“水这一类”的事物。但是，有些形声字却特殊，它们的含义与形符的含义相同，因此，这些字可以相互做注。最典型的是考、耆、耄、耋四个字，它们都以“老”做形符，含义也都是“老”，所以，古今字典都把考、耆、耄、耋释义为“年老”。这类特殊的形声字，就是转注字。

六、假借

何谓“假借”？东汉文字学家许慎给“假借”下的定义是：“本无其字，依声托事。”这句话的意思比较容易理解。“本无其字”，是说有些词造不出字来；“依声托事”，是说依照这个词的发音，借一个同音字，让它表示这个词义。假和借是同义词，同义反复，“假借”即借。

还是举例来说吧。

东、南、西、北是四个方位词，没有办法创造恰当的字，怎么办？借四个同音字来充当。

东，甲骨文作“”，象形字，像用绳子把口袋捆在一根木棍上，本义是“物”。现代汉语把物品叫作“东西”，这个“东西”保留了“东”字本义。后来，“东”被借走表示跟西相对的方位——东。

西，金文作“”，小篆作“”，也是象形字，像一个挂在树枝上的鸟巢，它是“栖”的本字。后被借走，用来表示跟东相对的方位——西。“西”被借走后，又创造形声新字“棲”（今简化作“栖”）。

南，甲骨文作“”，象形字，像一种容器，因“其音觳然”，转作乐器。郭沫若同意这个释义，他在《甲骨文字研究》中指出：“由字之形象而言，余以为殆钟镈之类之乐器……钟镈皆南陈，故其字孳乳为东南之南。”小篆作“”，《说文句读》认为是形声字，从𣎵羊声，本义作“任”解，是“壮实”的意思。古音南任相近，故南夷之乐曰任。后来，南字被假借成了跟北相对的方位词。

北，甲骨文作“[illegible]”，小篆作“[illegible]”，都是会意字，两人背靠背，是“背”的本字。后被假借，用来表示跟南相对的方位——北。“北”被借走后，又创造新字“背”（会意，从北从肉）。但北字的引申义“败”（打了败仗转身退却）仍被保留下来。例如：“连战皆北”中的“北”含义就是“败”。

假借字在汉字里为数不少，一些含义抽象的词，大多是用假借字来表示的。《中文形音义综合大字典》编纂人高树藩认为：“假借字纯音符，多以别义相假。中国文字，唯代词、连词、介词、助词等四类词不曾创造，皆假借为之。”这话不无道理。例如：

亦，小篆作“[illegible]”，是指事字，在“人”（“大”是人伸臂直立的形象）的两腋处各加一点，是“腋”的本字。后被假借作副词，表示“同样”“也是”，本义消失，又用形声法创造新字“腋”，替代被借走的“亦”字。

他，小篆作“[illegible]”，形声字，从人它声，读若驼，本义“负荷”（《说文解字》）。后被借走用作代词“第三人称”。

和，金文作“[illegible]”，小篆作“[illegible]”，都是形声字，从口禾声，本义“相应”（《说文解字》）。后被借作连词（同“与”）、介词（引进相关或比较的对象）。

然，会意字，从肉（变形为“夕”）从犬从火（变形为“灬”），会意为“烧”，后被借走充当连词，如“然后”“然则”。用作表示转折的连词“然而”中的“而”，也是假借字，原本是象形字（[illegible]），象颊毛之形，本义“胡须”。如按原字原义解释，“然而”当释为“火烧胡须”。然、而被借走，又创造了“燃”“须”两个新字。后来，“须”也被借走，充当助动词“须要”，又造新字“鬚”。现代汉字简化，又废“鬚”，恢复“须”的本义。

可见“假借”神通广大，有了新词新语，无须再造新字，借一个同音字就成了。因此也可以说，假借是一种特殊造字法。

给后人阅读造成困难的是另一种“假借”，训诂学称之为“通假”。何谓通假？文字学家给出的定义是：本有其字，同音假借。请注意：假借和通假都是“同音假借”，但它们的性质有本质的区别。假借的定义是“本无其字”，同音假借，因为词义抽象造不出字来，才采用“同音假借”的办法来解决。而通假是“本有其字”又去假借的。既然“本有其字”，还“假借”干什么？现代著名语言文字学家王力教授一语点破：是古人写了错别字。古人写作，一时忘了某字，便写一个同音字替代。这就造成古籍里出现许多错别字。现代训诂学家洪诚在《训诂学》一书中指出：“因为假借的字，形音义都是很熟悉的，很容易使人望文生义，发生误解。必须取音弃形，才能知其意。”后代注家在注释古籍时，碰到这些错别字，不得不揣摩词义句意，推测此字应该是什么字，从而找到合乎情理的解释，然后批注“某通某”。语言文字学家给这种现象起了个名称：通假。古籍里的通假现象，给思想文化传承造成了障碍，可以说是贻害后人。

第四章 汉语的字与词

讨论汉字，自然涉及字跟词的关系。

刘勰在《文心雕龙》里说：“因字而生句。”吕叔湘、朱德熙在《语法修辞讲话》中说：“构成句子的是词，不是字。”这两种观点哪个正确？其实都是正确的。因为刘勰是古代学者，他说的是古代汉语；吕叔湘、朱德熙是现代学者，他们说的是现代汉语。这样回答还是让人不明白。现代语言学家王力主编的《古代汉语》指出：“我们随便把一篇古文翻成现代汉语，就会发现译文比原文长了许多。这主要是因为古代汉语的词汇里以单音词为主，而现代汉语的词汇以复音词（主要是双音词）为主。”单音词指的就是字。

《语法修辞讲话》认为：字不等于词，字是形体和声音单位，而词是意义单位。如果一个字也是意义单位，那么这个字就同时是一个词。我们管它叫单音词。在讲到字与词的区别时，该书举例说：“如‘人’‘手’‘吃’‘喝’，每个字都是有意义的，所以都是词。‘言’‘语’‘民’‘义’这些个，说在嘴里，听在耳朵里，意义都不明确，都只是字，不是词；只有‘言语’‘语言’‘文言’‘口语’‘人民’‘农民’‘民主’‘主义’‘意义’这些才有明确的意义，才是词。”“言语”“语言”等，称作复音词。在现代汉语里，有些字不再是意义单位，所以吕叔湘、朱德熙说“构成句子的是词，不是字。”

但是，在古汉语里，形声义是统一的，每个字都有一定的意义，上述言、语、民、义四个字都是有明确意义的，都是意义单位，因而都是词，而且都是常用词。

言 小篆作“𧥢”，会意字，从二从舌，二是古上字，“自舌而出者，言也。”（郑樵《通志》）所以，言字是意义单位，含义就是“说，说话”。例如《论语·乡党》：“食不语，寝不言。”句中的“言”就是本义：说，说话。由说话引申为“谈论，评论”。例如《左传·僖公四年》：“楚子使与师言曰。”《左传·僖公三十年》：“佚之狐言于郑伯曰。”《战国策·赵策》：“胜也何敢言事。”苏轼《日喻》“故世之言道者，或即其所见而名之。”四句中的“言”，不是一般地说话，而是谈问题，表示意见，即“谈论”“评论”。这是从“说，说话”引申出来的新义。由评论又引申为“言论、见解”。例如《论语·公冶长》：“听其言而观其行。”《盐铁论》：“夫药苦于口利于病，忠言逆于耳而利于行。”诸葛亮《出师表》：“陛下亦宜自谋，以咨诹善道，察纳雅言。”三句中的“言”，指的都是“言论，见解”，成了名词。由见解又引申为“著作”，例如“百家之言”。“一个字”“一句话”，在古文里常用“言”来表示，例如“五言诗”即五个字一句的诗，“一言以蔽之”即“用一句话来说”。

语 小篆作“䛀”，形声字，从言吾声，《说文解字》释义为“论也”。论有交谈的意思，所以“语”也有“说话”的含义。上引的“食不语，寝不言”中的“语”和“言”是同义词，都是“说话”。但在古文里，“语”多表“告诉”“议论”“叙说”义。例如《左传·隐公元年》：“公语之故，且告之悔。”“语之”即告诉他。《论语·述而》：“子不语怪力乱神。”“子不语”即孔子从不谈论。《史记·秦始皇本纪》：“有敢偶语《诗》《书》者弃市。”“语《诗》《书》”即议论《诗》《书》。

言和语，本义都是“说”，但是不能说“言”等同“语”，因为二字在书面语言中用法不同。它们的区别在于：“直言曰言，论难曰语。”（《毛传》）这句话是什么意思呢？《古代汉语》这样解释：“言”是自动地跟人说话，“语”是回答别人的问话，或和人谈论一件事情。例如《左传·僖公三十年》：“佚之狐言于郑伯曰”，这是佚之狐主动向郑伯进言。《左传·宣公二年》的“叹而言曰”，是主动地慨叹。这些地方的“言”都不能换成“语”。上引“公语之故”，是回答别人的问话，是“告诉”的意思，“子不语怪力乱神”，是说孔子从不跟人议论神鬼。这些地方的“语”，也不能换成“言”。

民 金文作“𠨧”，小篆作“𠬝”，都是象形字。关于民字的本义，有多种解释。《说文解字》释义为“众萌”。“众萌”是什么意思？古代学者有的认为“民”是“萌”的本字，借为“民众”的“民”。有的认为“民”字“本象草木萌芽之形，亦略似民众对君上顺服之状”。有的认为“言众庶无知也”。尽管三说解释不同，但他们的共识是：“民即民众，即人”。《诗·大雅·生民》：“厥初生民，时维姜嫄。”《左传·成公十三年》：“民受天地之中以生。”二句中的“民”都指人、人类。古代“民”又指有别于君主、群臣百官和士大夫以上各阶层的庶民。张衡《东京赋》：“民忘其劳，乐轮其财。”顾炎武《日知录》卷八：“官愈多而民愈扰。”二句中的“民”指的都是庶民，跟帝王、官吏相对，又称“百姓”。郭沫若考证“民”字的金文，认为“作一左目形，而有刃物以刺之。”又说：“周人初以敌因为民时，乃盲其左目以为奴征。”意思是民字的含义是充当“奴隶”的俘虏。梁启超也认为“民之本义为奴虏。”

义 小篆作“羛”，繁体依篆作“義”，今简化作“义”。《说文解字》认为，“义”是“仪”的本字：“从羊从我，己之威仪也。”即礼节、容貌。如“仪式”“仪仗”“仪表”“仪容”“仪态”。后来义字的本义被后造字“仪”替代，而转而表示他义。《汉语大字典》列出的义项多达十几项，如“宜”“正当，正派”“善，好”“利益，功用”“品德的根本，伦理的原则”“平，公正”“公益性的”“死节，殉难”“克己推让”“行为超出常人的”“名义上的”“意义，意思”等等，这些义项都可以在古籍中找到书证，有些义项现代汉语仍然使用，如“主义”“正义”“义利”“义气”“义务”“义工”“义诊”“义举”“义演”“义不容辞”“义无反顾”“义正词严”等。

在古文里，我们也会发现复音词，例如《淮南子·齐俗》里有“朋友”一词，就是个复音词。比《淮南子》成书年代早得多的《论语》也用过“朋友”这个复音词，例如《论语·学而》：“与朋友交，而不信乎？”但是，朋字的甲骨文作“[illegible]”，王国维在《说珏朋》中认为：“殷时玉与贝皆货币也……其用为货币及服御者，皆以小玉小贝而有物焉以系之，所系之贝玉，于玉则谓之珏，于贝则谓之朋。”这就是说，“朋”是古代的货币单位，古代有“五贝为朋”之说，即五个贝串在一起叫作“朋”。作为“朋友”的“朋”，据训诂学家洪诚考证，本作“倗”，后借“朋”为“倗”，朋是倗的假借字，朋兴而倗废。古文字学家还认为，“朋”与“友”含义并不相同：“同门曰朋，同志曰友”。因为“同门”，引申出“结党”；因为“同志”，引申出“友好”，于是产生了“朋党”和“友党”两个词。“朋党”指争权夺利、排斥异己而结合起来的集团，“友党”指共同对敌、友好合作的党派。

语言学家朱德熙认为：“文字是记录语言的。就汉字跟它所记录的对象汉语之间的关系来看，汉字代表的是汉语里的语素。”而汉语的语素是单音节的，用单音节的汉字来记录单音节的汉语语素，两者是适应的。汉字又是形、声、义的结合体，不仅是形体和声音的单位，同时也是意义单位，在多数情况下，字就是词。我们说的“字义”，实际上是说这个字所表示的词义。

单音词向复音词发展，是社会发展的需要。复音词更接近口头语言，表达的词义更精确，表义功能更丰富。古代读书、写作是士以上的上层人的事，随着时代的不断发展，识字、阅读、写作，越来越成为普通百姓的事。因此，人们要求文章明白如话，见词明义，让人一读就明了，一听就明白。于是书面语言渐渐向口头语言接近，出现了“白话文”。白话文最早出现在南北朝，代表作品是《世说新语》。后世白话文日益发展，出现了许多广为流传的优秀作品，例如《西厢记》《水浒传》《西游记》以及各种《演义》。古代“白话文”发展成为近代汉语。现代白话文始于“五四”前后，陈独秀、李大钊、鲁迅、郭沫若、茅盾、巴金等作家，用现代白话文进行写作，开创了新的白话文时代。现代白话文发展成为现代汉语。现代社会发展迅猛，新事物层出不穷，古汉语词汇的单音词难以表达现代的新事物，更为准确表义的复音词就成了现代汉语的主要表达形式。例如，“言”衍生出“言语”“语言”“言谈”“言论”“言行”“言喻”“言情”“言辞”，“义”衍生出为“正义”“道义”“情义”“意义”等等一系列新词。

但是，现代汉语以复音词为主，并不是说古代的单音词就都不再有用了。还是以“言”“义”二字为例，现代汉语里仍然常用的“听其言，观其行”“言者无罪，闻者足戒”“言不及义”“三言两语”“千言万语”“言简意赅”“言而有信”“言不由衷”“言过其实”“言外之意”“言之不预”“言出法随”“大义灭亲”“义不容辞”“舍生取义”“见利忘义”“义形于色”“义正词严”等等，因为它们仍有丰富的表现力，成了成语、惯用语的语素，融入现代汉语。

复音词是两个或多个字合成的，所以又叫“合成词”。两个字合成的叫作“双音词”，三个以上字合成的叫作“多音词”，统称“复音词”。在复音词里，字是结构新词的要素，所以叫作“词素”，又叫作“语素”。它不同于拼音符号，而是参与表义的要素。例如，“观测”“观察”“观望”“观景”“观摩”“观点”“观念”“宏观”“微观”，都跟“观”的本义“看”有关系，但是由于构成双音词的另一个词素不同，它们的含义就不同甚至大不相同。因此，研究现代汉语依然要从研究汉字入手。

第五章　汉字含义的引申

汉语里有多少个词？恐怕谁也说不清。随着经济发展和社会进步，不断会有旧词旧语失去生命力，也不断会有新词新语产生。《现代汉语词典》第5版，增加了6000条新词，全书收词达到65000多条。可是，全本词典收字并未增加，仍然是10000个。10000个字，表达65000个词义。这正表现了汉字的优越性。汉语新词在不断增加，而字并没有随之增加，现代汉语常用字不过3500个，加上非常用但有时会用的字，统称“通用字”，也不超过10000个。用1万个字来表示几万个词义，一字一义当然不行，只有一字多义。这里说的“一字多义”，是说同一个字，在不同的词语和语境里可以表示不同的词义。

举个例子来说：安，是个会意字，从宀从女，表示“女孩子独自坐在深屋里”，会意为“宁静”。“安静”“安宁”两个词用的就是本义。但是，安字在其他书面语言里，表示的都不是“宁静”：在“坐立不安”中表示“安定”，在“安于现状”中表示“满足”，在“转危为安”中表示“平安”，在“安身立命”中表示“有所寄托”，在“安步当车”中表示“慢慢地”，在“安分守己”中表示“老实规矩”，在“安详”中表示“从容，稳重”，在“安眠”中表示“熟睡”，在“安放”“安置”中表示“置放”，在“安排”中表示“有序”，等等。你看，同是一个“安”字，在不同词语和语境中竟能表示如此多词义。如果把“安”字的这些后起义跟本义“宁静”联系起来，你会发现它们之间有一种“血缘”关系。语言文字学家将这些后起义称作“引申义”。

何谓“引申”？引，即由来、出发点；申，即扩张、发展；合起来“引申”，就是从本义出发，扩展它表示多种词义的功能。还是以“安”字为例：“宁静”是它的本义，“安定”“满足”“平安”“有着落”“慢慢地”“老实规矩”“从容，稳重”“置放”“有序”等词义，都是从本义出发扩展（引申）出来的。词义的引申，意味着语言的变迁和丰富化。

再举 4 个常用字例：

例 1．网。网是当今很时髦的词，什么互联网、物联网、网站、网址、网页、网民、网友、网校、网络经济、网络教育、网络文学、网络银行、网购等等。网原是个象形字，含义就是“用绳线等编制成的捕鱼捉鸟的器具”。后来把像网一样的东西也称作“网”，如“蜘蛛网”“发网”。到了现代，出现了“像网一样纵横交错的组织或系统”，也用“网”来表示，如“通信网”“电网”“交通网”“灌溉网”。随着“互联网”的诞生，衍生出网站、网民等一系列新词。用“网”的纵横交错形态来描述电网、交通网、互联网这类新生事物，既贴切，又形象，充分显示“网”字构词的巨大功能。

例 2．海。海，形声字，从水每声，本义“大洋靠近陆地的部分”。海的面积大，无边无际，因而引申为“空阔”（如“海阔天空”），又引申为形容大的器皿或容量（如“海碗”“海量”），比喻“连成一片的很多同类事物”（如“人海”“林海”“火海”）。由“容量大”引申为“毫无节制地”，如“海吃海喝”。海比江河湖泊深，因而“海”成了“深厚”的形容词，于是有了“情深似海”“恩比海深”等词语。海底深不可测，很难抵达，因而人们用它来比喻根本做不到或极难做到的事，于是有了“海底捞月”“海底捞针”等词语。江河湖泊都可能干涸，海却永不枯竭，因而人们用“海”来形容意志坚定、爱情坚贞，于是有了“海枯石烂，此心不移”的“山盟海誓”。海上运输是对外交往和贸易的重要手段，因而人们把国外称作“海外”，把从国外归国创业或求职者称作“海归”。

例 3．长。长，甲骨文作“[illegible]”，金文作“[illegible]”，小篆作“[illegible]”。

甲骨文和金文都是象形字，象人一头长发之形，本义就是“长”，跟“短”相对。小篆是会意兼形声字，从兀从匕亡声。兀，有高远义；匕，化的初字；时久则变化，故“长”义为“久远”。这是《说文解字》的观点。后代文字学家不同意此说，认为“当以生长为本义”，说小篆“[illegible]”里面的“一”表示土地，“[illegible]”象小苗破土而出之形。应当说，两说都是对的。因为“长”是一形二字，有二音二义：一个音 cháng，本义“两点的距离大”；另一个音 zhǎng，本义“生长”。其引申义，分别由上述二字的本义出发扩展：

——由长短的“长”，引申为“时间久远”（如“长久”“长远”“长别”“长假”“长期”“长夜”“长年累月”）、“岁数大”（如“长寿”“长生不老”）、“长距离的”（如“长行”“长途”“长征”“长驱”“长跑”）、“空间辽阔”（如“长空”“长天”）、“特长，优点”（如“专长”“长于”“擅长”“长处”“长项”）、“能起长远作用的”（如“长策”）、“多余的”（如“长物”）、“死亡”（如“长辞”“长眠”“长逝”）等。

——由生长的“长”，引申为“增进，增加”（如“长进”“长见识”“长力气”“吃一堑长一智”）、“辈分大的”（如“长辈”“长者”“长亲”）、“排行大的”（如“长子”“长孙”“长房”）、“行政单位或军队的官吏”（如“长官”“首长”“省长”“军长”）、“在学识或品行方面有进步”（如“长进”）等。

例4．操。操，形声字，从手喿声，本义“把持”（《说文解字》），用通俗话说，就是“抓在手里”，如“操刀”。从“抓在手里”这个意义扩张开来，就引申出“掌握，把握”（如“稳操胜券”）、“从事”（如“重操旧业”）、“控制”（如“操纵”）。由“从事”又引申出“用心料理或筹划某事”（如“操持”）、“按着程序和要求从事生产劳动或其他活动”（如“操作”）、“从事一件工作费神劳力”（如“操劳”“操神”）、“做事过于急躁”（如“操切”“操之过急”）。由“掌握”又引申“操练”，如军事队列或技能操练，体育技能操练，操练的目的是为熟练地掌握。操字还有一个义项：操行。“操行”指为人做事的行为品格。由此衍生出一系列词语，如“操守”“节操”“贞操”“风操”“情操”等。

很多字，从本义出发引申出新义，又从新义出发引申出更新义，如此扩展下去，逐渐形成引申系统。把这个系统画成图表，很像一株枝繁的大树。树干，代表“本义”；大枝，代表从本义出发引申出的新义；大枝上又生出的小枝，代表从新义出发引申出的更新义（图4-1）。

引申义与本义之间，有一种直接的渊源关系，但各个引申义之间，尤其是由引申义再引申出来的新义之间，却不一定有什么关系，甚至风马牛不相及，完全看不出它们之间的渊源关系。所以，理解一个字的引申义，不但要进行理据的溯源分析，还要注意它的语言环境，不这样做就可能误解字义。举一个最典型的例子：《论语·子张》记载了孔子的门生子夏的两句名言：“仕而优则学，学而优则仕。”如今很多人误解了其中的“优”“仕”二字的含义，因此对这两句名言作出错误的解释。尤其在“文化大革命”中，把“学而优则仕”作为“读书做官论”妄加批判。先说“优”，小篆作“[小篆字形]”，繁体作“優”，形声字，从人憂声，本义“饶”。饶，本义“饱”。段玉裁说：“饶者，甚饱之词也。”能饱食者，说明家境富裕，所以直接引申出“富裕”和“有余”二义。由富裕引申为“条件好”（优越）、“能压倒对方的有利形势”（优势）、“自以为比别人好的心理”（优越感）。由有余引申出“悠闲”（优游）。由“优越”又引申出“出众”（优秀）、“质量好”（优质）、“风

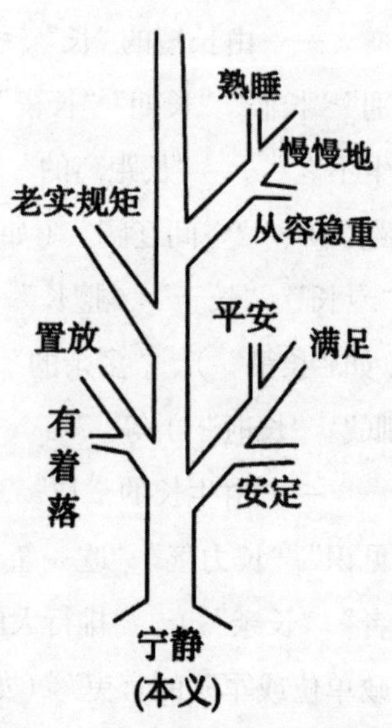

图 4-1 安字引申系统示意图

景好”（优美）、“待遇好”（优厚）。由悠闲又引申出“办事迟疑”（优柔寡断）。由此可见，优字是个多义词，“优秀”是它的远引申义。不能看到“优”就解释为“优秀”。再说“仕”，也是形声字，从人士声。对这个字，古今释义不一样。在孔子生活年代，仕字的含义是“做事”。《诗·大雅·文王有声》里有“武王岂不仕”句，《荀子》里也有“移而从所仕”句。两句中的“仕”，都不是“当官”，而是“做事”。段玉裁在《说文解字注》里特地指出：“训仕为入官，此今义也。”他说得很明白：把“仕”释义为“做官”，是“今义”，而不是本义。据此，我们可以知道，“仕而优则学，学而优则仕”的正确含义是：已经工作的人，有余力要继续学习；做学生的人，有余力要到社会上做点儿事。子夏说的确实是至理名言！宋代大儒朱熹特别称赞这两句话，他说：“然仕而学，则所以资其仕者益深；学而仕，则所以验其学者益广。”译成现代汉语就是：已经工作的人继续学习，可以补充知识，有助于把工作做得更好；做学生的参加社会实践，可以检验自己学到的知识，有益于学得更好。遗憾的是，今人误把今义当古义，只知“优”就是“优秀”，“仕”就是“做官”，又把子夏两句名言支解，砍去“仕而优则学”，把“学而优则仕”歪曲为“读书做官论”，并且妄加批判。

了解汉字的本义及其引申义，有两个好处：一是对我们阅读古文有很大帮助，二是为我们辨析汉字使用的正误提供了科学的方法。古文尤其是上古文籍中的许多字用的是本义，如果用今义来解释古义，就解释不通。例如《诗》曰：“塞向墐户。”“塞向”中的“向”是窗户，“塞向”即关闭窗户。向字的甲骨文作“[illegible]”，金文作“[illegible]”，分明是在房子的后壁开一个窗口，所以向字的本义是“窗户”。但是，在汉字发展过程中，向字后来有了许多新义，例如“方向”。古时房屋坐北朝南，朝南开户（门），朝北开向（窗），直接引申出“方向”。方向有“对着”的意思，对着又有“面向”“背向”两种情况：由“面向”衍生出“朝向”“向上”“向前”“向好”“向学”“向日”“志向”等词；由“背向”衍生出“相向”“反向”“向背”等词。“向背”直接意思是：两人相背，各自朝着不同方向。后来人们借用这个词表示“拥护和反对”，这就是“人心向背”的由来。又如《庄子·养生主》：“庖丁为文惠君解牛。”《左传·宣公四年》：“宰夫将解黿。”“解牛”“解黿”中解的字的含义都是“剖分”，这是解字的本义。解字的小篆作“䚷”，是用刀分割牛的意思。由剖分引申为“分裂”（解体）、“涣散”（解散）、“消散”（解冻）。《荀子·非十二子》：“闭约而无解。”“约”本义“绳结”，“解约”即解开绳结。荀子用“解结”比喻解释古书中难懂的话。由此引申出“晓悟”，即理解、解说、解析。又引申为“见识”（见解）、“开放”（解放）等等。向、解等字含义的演变，告诉我们一个道理：汉字的引申义源于本义，抓住本义就抓住了纲，抓住本义去说明各种引申义，就会处处都通。凭什么辨别本义呢？主要凭字形，分析字形，能说明字的本义。所以段玉裁主张：认识汉字必须“审形，明义，知音”。但是，汉字变化无穷的引申功能，又给识字用字增加难度。所以，认识汉字必须知其一又知其二，如果要想把汉字吃透，还必须知其然知其所以然。

第六章 汉字的偏旁部首

杨先生、黄先生初次见面，握手之后互通姓氏。杨先生说："敝姓杨，木易杨。"黄先生说："敝姓黄，草头黄。"两位先生都把自己的姓氏报错了。因为，木易不是杨，黄非草字头。杨，形声字，从木昜（阳本字）声，应该是"木昜楊"（昜今简化作"𠃓"，楊类推简化作"杨"）。黄，金文作"黄"，是象形字，象佩玉之形，不是合体字。郭沫若在《金文丛考》里指出："黄即佩玉……后假借为黄白字，卒至假借义行而本义废，乃造珩若璜以代之。"这类错误，可以说是习惯性错误，说的人和听的人都不以为是错的。这是为什么呢？要明白其中的道理，必须研究汉字偏旁部首的学问。

前面说了，汉字可以分为两大类：一类是独体字，另一类是合体字。独体字包括象形字和指事字，是不能拆分的；合体字是由两个或多个独体字组合而成的，是可以拆分的。合体字的各个组成部分，叫作"偏旁"。偏旁有两种：一种表示字义，叫作"形旁"，又叫"形符"；一种表示字音，叫作"声旁"，又叫"声符"。形旁相同的合体字，所表示的事物或行为有一定的内在联系。比如，以木为形旁的合体字大都与树木有关系，以水为形旁的合体字大都与水有关系，以人为形旁的合体字大都与人的言行有关系。东汉学者许慎在编纂《说文解字》时，把同一形旁的合体字归为一类，由作为形旁的字打头，还给它取了个名称：部首。后世学者把许慎的部首法称作"据义归类"，即把字形与字义联系起来归类。随着汉字的演变发展，又出现了一种新归类法，叫作"据形归类法"，即不管字义，只着眼于字形，把字形中便于辨认的部分，或者专门规定的某一部分，定为"部首"。"据义归类"和"据形归类"两种部首法，在后世辞书中同时使用。

例如《现代汉语词典》中，“丨”“丿”“丶”“亠”“彐”等，都是“据形归类”，这类部首都不是字，只是汉字的一个笔画或一个组成部分，都不起表义作用。《现代汉语词典》的部首有201个，“据形归类”的部首只占极少数，多数部首还是承继许慎的“据义归类”。所以，研究汉字源流，辨析汉字形义，必须依据“据义归类”来解析部首。

作为合体字的偏旁，尤其是充当部首的独体字，在汉字演变过程中，有的改变了原来的形体，有的变成几个形体，有的省去一部分，有的甚至变得面目全非了。演变的趋势是：笔画少，符号化。虽然许多偏旁符号化了，但它们仍然代表原字，在合体字里或者表义或者表音。有的独体字在汉字演变过程中被假借表示别义，但作为合体字的偏旁却大都仍表示本义。所以，要想了解合体字的音义，就必须知晓组成合体字的偏旁本字的音义，掌握合体字的结构方式，这叫作“审形，明义，知音”。

下面举例解析若干常用的或变形的偏旁部首，来说明审形、明义、知音的道理。（括号内为变形偏旁）

人（亻）

人，甲骨文作“?”，金文作“?”，小篆作“?”，都是象形字，像一个人的侧身。人字用作合体字的偏旁，上下结构的大都用“人”，如拿、企、众等；左右结构的大都用变体“亻”，如估、仕、倾等。古代汉语字书把“亻”归入“人部”。现代汉语字典，则分作“人”“亻”两个部首。无论是用“人”还是用“亻”，其含义都还是“人”，都表示这个合体字跟人的言行有关系。例如：仄，会意字，从人从厂，表示“人在厂下”，会意为“侧倾”。企，会意字，从人从止，止即趾，人止合体，表示人“举踵（脚尖着力，脚跟抬起）而望”，“企望”即本义。仁，会意字，从人从二，会意为“对人亲善”。伯仲二字，都从人，本指兄弟中的老大和老二。

大，象形字，象人正立之形。《说文解字》：“天大，地大，人亦大，故大象人形。”其含义是“与小相对”。但是，充当合体字的偏旁，有的仍然表示“人”。例如：夫。《说文解字》：“夫，丈夫也。从大，一以象簪也。”这里说的“丈夫”，指成年男子。高鸿缙在《中国字例》中解释说：“夫，成人也。童子披发，成人束发，故成人戴簪。”又说，“童子长五尺，成人长一丈，故曰丈夫。”又如：央，从大从冂，人在冂内，会意为“中央”。

厂　广

厂，甲骨文作“𠂆”，金文作“𠂆”，小篆作“𠂆”。甲骨文是象形字，很像凸出的岩石形成的棚或洞。金文、小篆形体都像甲骨文，只是变得线条化了，义同甲。这个字今被借作“廠”的简化字。作为合体字的偏旁，它跟“廠”没有关系，也不读chǎng，而是读hǎn，含义是“可以住人的厓岩”。厂字头的合体字，直接或间接与厓岩、棚洞有关系。例如：原，会意字，从厂从泉，表示“泉水从厓岩流出”，会意为“泉水源头”。原是源的本字。后来造了“源”字，原就失去“泉水源头”的本义，但保留了“本”的含义，如“原本”“原始”等。又如：厩，形声字，从厂既声，义为“马棚”，也泛指牲口棚。

广，在厂上加一点，表示在厂下造屋。这个字今被借作“廣”的简化字。作为合体字的偏旁，它跟“廣”没有关系，也不读guǎng，而是读nā。因为它的含义是“造屋”，所以，广字头的合体字大都与房屋有关系。例如：店，形声字，从广占声，义为“做买卖的处所”，即商店。又如：席，会意字，从庶（省去“灬”）从巾，庶也从广，庶巾合体，会意为室内坐垫。如“炕席”“座席”。

匕　七

丿、乚相接为“匕”，丿、乚相交则为“七”。相接，一撇不出头；相交，一撇要出头。这是匕、七的区别所在。

匕，象形字，含义同“比”。匕，小篆作“𠤎”，是“反人”的形象，两个反人合体，形似两人比肩，就成了“比”，义为“比较，并列”。另一说是匙的象形字。用匕尝甘（甜），就成了“旨（小篆作“旨”，从匕从甘）”，含义为“味美”。有种短剑，剑头像匕，故名“匕首”。

⺊，化字的初文，本义“变”。用⺊作形旁的合体字，含有“变”义，如“化”“讹”；用⺊作声旁的合体字，读音同化或近似化，如“花”“华”。

阝（在左）阝（在右）卩（㔾）

两个“阝”，作为合体字的偏旁，形体完全一样，只是所在位置不同：一个在左边，一个在右边，俗称“左耳”“右耳”。还有一个“卩”，俗称“单耳”。其实，它们都跟“耳”不相干。

先说阝（在左）。它是阜字的变形。阜，本义“土山”。以“阜”（阝）为部首的字，大多与“土山”有关系。例如：阿，大土山；阻，山势陡峻险要难通，引申为“隔断”“停止”；降，从高处退下，引申为“落”（降落）、“后”（以降）、“屈服”（投降）；陡，崖壁峭绝；陟，登山；际，两峰相会处，引申为“边”（边际）、相接之处（春夏之际）。

再说阝（在右）。它是邑字的变形。邑，本义“诸侯的封地”“大夫的采地”，后来，国都、地方区域、县也称作“邑”。以邑（阝）为部首的合体字，大多与古代邦国、地域、姓氏有关系。例如：邦，国家；邱、邵、邯、祁、郅、郎、郢、鄂、邹、邬、邓等，都是古代国名、地名；古人以地名为姓，所以上述国名、地名大都成为姓氏；邻，本是周时地方行政区域中的基层组织，引申为“亲近”“邻居”“连界之国”等义；郭，外城；郊，城外。

最后说“卩”。关于它的含义，古代字书有两说：一说是象形字（㔾），象人跪地之形，含义就是“人”。一说是古节字。《玉篇》：“卩，瑞信也，今作节。”瑞信：符节。古代符节一分为二，一半留在朝廷，一半由地方行政长官执持，朝廷派员巡视地方，持朝廷之节作为信符。卩还有个变形：㔾。卩和㔾都可以充当合体字的偏旁。“卩”含义有二，但充当合体字的形旁，大多表示“人”。例如：却，形旁“卩”表示“人”，从人从去，会意为“后退”“推辞”“去掉”。又如：卸，从人从止午声，表示人停车解马，会意为“放下”“解除”，如“卸货”“卸妆”。又如：卷，形声字，从㔾龹声，会意为“膝曲”，用作动词表示“把东西弯转裹成圆筒形”。古代的竹简和帛书都是卷起来存放的，因而成了“书本”的代词，如“手不释卷”。

丌

丌，小篆作“丌”，象形字，音 jī。从形体上看，有点儿像现代的茶几，是上古时代置放物品的底座，所以，《说文解字》释义为“下基也”。后来不单独作字，只做合体字的偏旁，但仍表示原字音义。例如：丌与田合体为“畀”，会意字，从丌从田，将物品（田）置于丌上，表示“给与”的意思，如“畀以重任”。《现代汉语词典》把“畀”归入“田”部，其实，“畀”跟“田”没有关系，显然是“据形归类”的。“畀”又与“自”组成合体字“鼻”，在鼻字里起表音作用。鼻字常错写作“鼻”，就是因为不知道鼻“从自畀声”（畀“从丌从田”），而把畀字的偏旁“丌”错写作“廾”。

彳 亍 行 辵（辶）廴

彳，小篆作“彳”，象人的股、胫、足三属相连之形，音 chì。亍，小篆作“亍”，彳的反写，音 chū。彳亍合体而为“行”。行，本义“步趋”（《说文解字》）。《说文解字》认为：彳、亍均为“行”之半。明代出版的《正字通》则认为：“左步为彳，右步为亍，合则为行，凡行，彳先，亍必随之。”总之，彳亍合体为“行”，彳亍为偏旁的其他合体字，大都跟行有关系。例如：役，持殳（一种冷兵器）巡行，本义“戍边”。徐，本义“安行”，即安步慢行。街，本义“四通道”（《说文解字》），即城市的大道。衍，本义“水朝宗于海”（《说文解字》），即水在行中，水循河道流汇于海。

辵，音 chuò。关于它的含义，《说文解字》认为是“乍行乍止”。王筠在《说文解字句读》中提出异议：“许君（《说文解字》作者许慎）以字形有止，遂说以乍止，非也。”他认为：“辵与行同意（义），行不能左行而右止，辵不能前行而后止，止只是足耳。”《广雅》

和《玉篇》也不同意“乍行乍止”说，《广雅》释义为“奔”，《玉篇》释义为“走”，在古汉语里，奔和走是同义词，都是“疾行”。辵作为合体字的偏旁，很少用“辵”本字，而是变形为“辶”；很少表“乍行乍止”义，而是表“行走”义，如“逃”“追”“逸”“迈”“进”等。

廴，小篆作“廴”，彳字的变形，下面一画拖了个尾巴，这个尾巴表示“不停地走”。所以，廴字本义为“长行”。随着汉字的演变，廴字的本义渐废，而被赋予“引”的含义。延、建二字，都以廴为偏旁，两个廴都表“引”义。延，本义“延长”，引申为“（时间）向后推迟”。建，本为“立朝律”（《说文解字》），即建立典章法度，引申为“创立”“兴造”“提出”等义。

尸 歹

为什么把尸和歹放在一起？因为尸、歹二字的本义十分接近。

先说尸。尸，小篆写作“尸”，象人卧之形，人卧后永不起，就成了“死人之躯体”。所以，尸字的本义就是“死人之躯体”。“尸体”“尸首”“尸骨”“尸骸”“死尸”“僵尸”“尸检”等中的“尸”，都是本义。但是，“尸”作为偏旁在合体字里，却多表示“人”。例如：居、屋、尿、履、尺、咫等字中的“尸”，表示的都是“人”：居和屋，是人的住所；履，人穿的鞋；尿，是人的排泄物；尺、咫都是长度单位，而决定尺、咫长度的标准是“人体”，因为“周制以人体为法”。

再说歹。歹，甲骨文作“歺”，小篆作“歺”，都是指事字，将“骨”下的“冃”（肉字的变形）剔除一部分，表示“剔肉置骨”，本义“残骨”（《说文解字》）。残骨即骨殖，义同尸骨。歹字的这个本义并未流行，流行于世的是别义：坏，恶。如“歹徒”“歹意”“歹毒”“为非作歹”。但是，歹作为偏旁在合体字里，却多表示本义“死亡”。例如：死，从歹从人（变形为“匕”），义为“生命终结”；殁，从歹从殳，义为“死亡”；殃，从歹央声，义为“灾祸”；殉，从歹旬声，义为“以人陪葬”；歼，从歹韱（今简化作“千”）声，义为“尽灭”；殍，从歹孚声，义为“饿死”。

凡 卂

凡、卂二字，整体形象相似，其差异在于：凡，首笔是一撇，中间是一点；卂，首笔是一竖，中间是一横。

凡，金文作“ㅂ”，是周围总括之形，故有“所有，大概，纲要”之义，如“凡是”“大凡”“举凡”“凡例”。表示“普通”“平常”的“平凡”“凡庸”“凡夫”是引申义。凡字不是部首，用作合体字的偏旁，多表音，如帆、矾、钒。小篆作“冃”，是会意字，从二从及。段玉裁在《说文解字注》里解释说：“二，偶数，乃天地之大数；及，取括束之义；二及合体，聚括之谓。”这就是说，金、篆形体虽有异，含义却相同。

卂，金文作“卜”，小篆作“卂”，《说文解字》说它“飞而羽不见”。就是说，一只鸟飞过去了都看不清它的羽毛，形容它飞得特别快，故义为“疾飞”。《玉篇》认为：卂即迅。两种释义意思差不多。卂与言合体为“讯”，卂是声旁；卂与辶合体为“迅”，卂兼表义表音。

户 门 鬥

户和门，都是门。古代称单扇门为“户”，称两扇门为“门”，所以，《说文解字》说：“半门为户。”但是，户字的引申义比门字广。例如：“不出户，知天下。”句中“户”即室。又引申为“家”，一户即一个家庭。以户为偏旁的合体字，大都与门、室、家有关。例如：启，繁体作“啟”，会意字，从户从手从口，表示“用手推门”，会意为“开”。又如：扇，本义“扉”，用竹苇编制的门，后被“扉”取代而转作门、窗的量词。关门、开门都会生风，因而将摇动生风的工具称作“扇”。

鬥，跟户、门本不搭界，但与门的繁体“門”整体形象相似。国家发布的汉字《简化字总表》，将鬥字简化作“门”，还把一些鬥字旁的合体字，并入门字旁，如闹（鬧）、阋（鬩）、阄（鬮）。这些字原本跟“门”不相干，而跟“鬥”关系密切。鬥，甲骨文作“鬥”，小篆作“鬥”，都是象形字。《说文解字注》：“争也，象两人各持一物相对形。"鬥字后来改作"鬭"，成了形声字，今同音假借简化作"斗"。要想了解"闹""阋""阄"等字的确切含义，必须把它们的字形还原为"鬥"字旁进行辨析。闹，从鬥从市，表示人们在市场争吵，会意为"喧哗，不安静"。阋，从鬥从兒，表示小孩儿争吵，会意为"争斗"。阄，从鬥从龟，表示"拈阄定胜负"，会意为"斗取"。

手（扌 𠂇 扌 廾 六 手 又 寸）

手，小篆作"𠂇"，是象形字，是伸出手掌的形象。在合体字里，手字有多个变体，用得最多的是"扌"（小篆"𠂇"），俗称"提手"。以"扌"为部首的合体字很多，《现代汉语词典》就收有300多个词条，例如把、抓、控、握、持、操、揉等。此外，还有：

𠂇。左和右，上部都有"𠂇"，这"𠂇"也是手字的变形。左，小篆作"𠂇"，上部是左手；右，小篆作"𠂇"，上部是右手；隶变后，统一为"𠂇"。

扌。是"手"的变形。例如：举。繁体作"舉"，原作"擧"，形声字，从手與（与）声。隶变省笔作"舉"，将擧字下部的"手"省笔作"扌"。

廾，甲骨文作"ΨΨ"，小篆作"𠬞"，都是象形字，像双手相捧，是"拱"的本字。后来创造了"拱"字，就只作合体字的偏旁，但仍表示"双手相捧"义，所以以"廾"为偏旁的合体字，都与双手有关系。例如：弄，玉与廾合体，表示双手捧玉玩赏，会意为"戏要"。又如：開（今简化作"开"），会意字，从門（今简化作"门"）从一从廾，"一"表示门闩，"廾"表示双手，双手取去门闩，会意为"使关闭着的东西不再关闭"。

六。是丌和廾的变形，合体字里的"六"，有的是"丌"，有的是"廾"，要辨析这类字的形义，只有查看小篆的写法。例如：典，小篆作"𠔲"，会意字，从册从丌，将册（简册）置于丌上，表示是重要的藏书，这就是"经典""典籍"的来历。又如：兵，小篆作“𢍏”，会意字，从斤从廾，表示双手持斧（斤是斧的本字），当然是“兵”了。楷化后，典字里的“丌”，兵字里的“廾”，都讹变作“六”。

龵。也是手字的变形。例如：看，会意字，从手从目，表示以手遮目远眺，会意为“望”。又如：拜，会意字，从双手从下（本作“丅”），含义是“行礼表示敬意”。

又。甲骨文作“㇋”，金文作“ヌ”，小篆作“ヨ”，形体大同小异，都是象形字，是侧看手腕和手掌的形象，只见拇指、食指、中指，无名指和小指被中指掩蔽，本义就是“手”（《说文解字》）。但在使用时，又鲜见用本义而多用别义，如表示“复”“再”“更”“并”等义。但用作偏旁在合体字里，却仍表示“手”。例如：双，繁体作“雙”，两手各抓一鸟，会意为“两个”。又如：取和受，获取、收受都得用手，所以，二字中的“又”都表示“手”。再如：友，会意字，从𠂇从又，表示两人牵手，故义为“气类投合，情谊互通者”。

攵。俗称“反文”，其实与“文”无关，而是“攴”的变体。攴，下部是“又”，所以与手有关，含义是“小击”。以“攵”为形旁的字，大都与手有关，如“救”“牧”“收”“攻”。

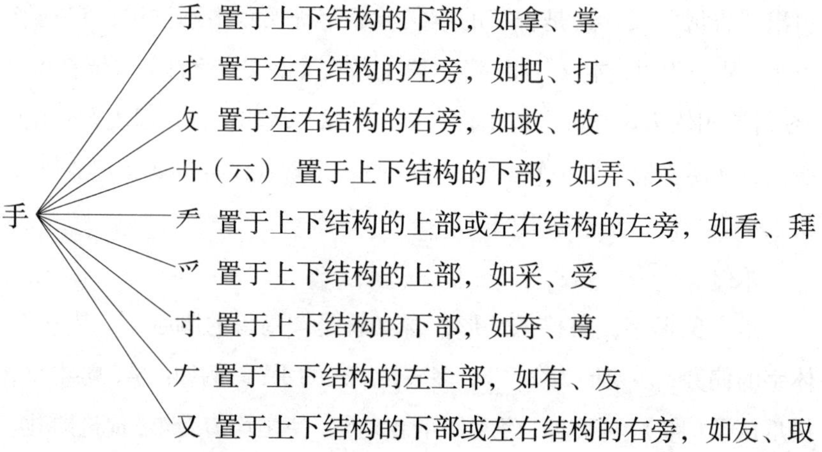

手——
- 手 置于上下结构的下部，如拿、掌
- 扌 置于左右结构的左旁，如把、打
- 攵 置于左右结构的右旁，如救、牧
- 廾（六） 置于上下结构的下部，如弄、兵
- 龵 置于上下结构的上部或左右结构的左旁，如看、拜
- 爫 置于上下结构的上部，如采、受
- 寸 置于上下结构的下部，如夺、尊
- 𠂇 置于上下结构的左上部，如有、友
- 又 置于上下结构的下部或左右结构的右旁，如友、取

寸。小篆作“寸”，指事字，在手腕脉搏处加注一点，表示此处与手掌之间的距离为“一寸”，因而谓之“寸口”。寸作为偏旁在合体字里表示的也是“手”。例如：夺，繁体作“奪”，会意字，从大从隹从寸，表示手抓住大鸟（隹是短尾鸟的象形字），会意为“强取”。又如：尊，会意字，从酋从寸，酋，古酒字；寸即手。手捧酒，会意为“酒器”，这是尊字的本义。

牛（牜牛）

牛，甲骨文作“牛”，象形字，象牛的头部之形，是黄牛、水牛、牦牛之总称。牛、羊、豕是供祭祀的三种家畜，谓之“三牲”，牛为“三牲”之大者，称作“大牲”。因而有“大”和“多”的含义。有两句成语：一句是“九牛二虎之力”，用“九牛”之力，比喻力量极大；另一句是“九牛一毛”，用极少（一毛）相对极多（九条牛身上的毛），比喻渺小，微不足道。

牛字用作合体字的偏旁，有两个变体：牜，牛。牜，用作上下结构，如告，靠；牛，用作左右结构，如牯、犍、牾、犄、牺、牲等。或曰：“牯、犍、牾、犄、牺、牲都和牛有关系，告、靠跟牛不沾边呀！”告字的甲、金、篆分别写作告、告、告，分明都是“牛字头”。《说文解字》释义说：“告，牛触人，角箸横木，所以告人也。”古人用“牛触人”引出“告诉”义，这是告字的本义。靠字确实跟牛不沾边，它是形声字，从非告声，本义“相违”。段玉裁在《说文解字注》里解释说：“今俗谓相依为靠，古人谓相背为靠。”靠，从非，告只起表音作用，所以，《说文解字》把它归入“非”部。《现代汉语词典》把“靠”归入“牜”部，是“据形归类”。

爪（爫）

爪，象形字，象兽爪之形，含义就是“鸟兽的脚趾”。用作合体字的偏旁，多变形为“爫”，多表示“人的手”。例如：孚，孵本字，从爪从子（卵）。禽孵卵，经常用爪翻动卵，使之均匀受热，促进孵化。这个“爫”表示的是“禽爪”。又如：采、妥、觅。采，从爪从木，表示人伸手摘果，会意为“取”。妥，从爫从女，表示用手抚女使之安定，本义就是“安定”。觅，从爫从见（眼），手眼并用，会意为“寻求”。这三字中的“爫”表示的都不是“兽爪”，而是“人的手”。

王 玉

现代汉语字典、词典里的“王字旁”，其实应是“玉字旁”。因为：“王”是玉的本字。王字的小篆作“王”，玉字的小篆作“王”，虽然都是三横一竖，但两字的三横间距不同，玉字的三横是等距的(王)，而王字的三横不是等距的（王）。作为部首“王字旁”的合体字，绝大多数跟玉有关系。

王，甲骨文作“王”，象形字，象王者肃容而立之形。金文（王）和小篆（王）都是三横一竖，会意字，从丨贯三，丨作“上下通”解，三指天地人，才通天地人而君临天下者为“王”，可见，王的本义是“君王”。

玉，金文作“王”，小篆作“王”，象形字，像三块玉石连成一串，义为“美石”（《说文解字句读》）。后人为了与“王”区别开来，在“王”旁加一点，遂成“玉”字。但用作合体字的偏旁，左右结构者仍用“王”。

以王字作偏旁的合体字，表示与君王有关的很少，绝大多数表示与玉有关。《现代汉语词典》“王”部，收字121个（繁体字、异体字未计在内），表示与君王有关的只有“皇”“噩”二字（皇，王者戴冠，会意为“皇帝”。噩，众口向王陈说，会意为“惊”），其余119字均与玉有关。所以说，王字旁实际上是“玉字旁”，如玛、环、珠、玷、琏、弄、琴、瑟等；只有少数上下结构者才用“玉”，如璧、玺、莹等。某些现代汉语字典、词典里收入的“王”部的字，有的原本并不是“王字旁”。例如：望，小篆作“朢”，会意兼形声字，从人从土从月亡声，表示“人站在地上举头望月”，会意为“向远处看”。如果把它说成“从月从王亡声”，就解释不通了。

心（忄⺗）

心，甲骨文作“[ancient character]”，金文作“[ancient character]”，小篆作“[ancient character]”，都是象形字。心字的本义就是“心脏”，人和高等动物身体内推动血液循环的器官。古人认为“心之官则思”，心还是人类的思想器官，因而把大脑的思想、意念、情感等等功能都归于心。在汉语词汇里，用心来表示思想、意念、情感的词很多。心处在人胸腔中间偏左位置，因而引申出“中心”这个概念。

心字是汉字的一个重要部首，它在合体字里起表义作用，表示“心脏”及思想、意念、情感、中心等引申义。心作为合体字的偏旁，有两个变体：忄、⺗。忄用于左右结构，如“情”“憾”“慎”“悔”“怀”“忖”“怆”等。⺗用于上下结构，如“恭”“慕”“忝”等。这个⺗，很容易与水的变形“氺”混淆。

贝 页

贝，甲骨文作“[ancient character]”，金文作“[ancient character]”，小篆作“[ancient character]”，都是象形字，是蛤螺等有壳软体动物中腹足类和瓣鳃类的统称。《盐铁论·错币》：“夏后以玄贝，周人以紫石，后世或金钱刀布。”因为周以前用“贝”作为货币，所以，以贝为偏旁的合体字，大都与金钱财宝或买卖有关，如“货”“贷”“贾”“贸”“财”“贩”“贪”“贫”“贬”“购”等。

页，贝字上面加一横一撇，形体跟贝字有些相似，但页字的古文字，却跟贝字差异很大。金文作“[ancient character]”，象形字，像人体但突出头部，所以，页字本音 xié，本义“头”。后被假借用作量词，读音也随之改变。但作为合体字的偏旁，仍表示本义“头”。例如：顶，头的最上部；项，头下颈部；顷，本义“头不正”；颂，本义“容貌”；烦，本义“头痛”；顿，叩首等。

毌 毋 母

毌、毋、母三字，整体形象近似，但含义毫无共同之处。

毌，甲骨文作“[ancient character]”，小篆作“[ancient character]”，都是象形字，像一根棍穿起二物，是“贯”的本字，含义是“穿，通”。单独使用只见于复姓“毌丘”，如三国名将“毌丘俭”。后人在毌下加贝创造形声字“贯”，毌就不再单独作字，做合体字的偏旁也用“贯”，如“惯”。

毌还演变成“串”（把两个口分开来）。贯、串不同音，但含义相同，都是“穿”“通”的意思，所以，人们常将“贯串”连用，表示“贯穿始终”的意思。贯和串，都可以用作量词，但表示的对象不一样：“一贯”是古代铜币的量词。古代铜钱圆形中央有方孔，人们为了携带和使用方便，用绳子把铜钱穿起来，一千枚铜钱称作“一贯”。人们常用“腰缠万贯”形容富有。“一串”是一般物品的量词，如“一串冰糖葫芦”“一串珍珠”。贯和串都可以跟“通”组词，如“贯通”和“串通”，但二词含义完全不同。“贯通”表示“连接”“沟通”“全部透彻地了解”等义，如“上下贯通”“融会贯通”。“串通”的含义有二：其一，表示“暗中勾结，相互配合”，含有贬义；其二，表示“串联，联系”，是个中性词。

毋，金文作“[illegible]”，小篆作“[illegible]”，都是会意字，从女从一，在女字中间加一横，表示“禁止，劝阻”，所以，毋字的含义相当于“不要”。例如“毋忘”“毋妄言”“宁缺毋滥”等词中的“毋”，都是本义“不要”。又如“毋庸讳言”的“毋”，表示的是“不要”的引申义：无须。以毋字为偏旁的合体字只有一个“毐”字。毐，会意字，从士从毋，士是古代的读书人，也泛指男子；士毋合体，表示“士有名无实”，所以，含义是“男子无行”，即男子品行不端。战国时代，秦国有个深受太后宠幸的假太监，名叫嫪毐（lào ǎi），就是一个“男子无行”的典型人物。

母，甲骨文作“[illegible]”，金文作“[illegible]”，小篆作“[illegible]”，都是指事字，在女字中间一边加一点，这两点是指事符号，指出母亲的身体特征：一对丰满的乳房。用母字做偏旁的合体字不多，常用的只有“每”“姆”“拇”几个，在这些字里只起表音作用。有个常用字“毒”，其实跟母字没有关系。毒，小篆作“[illegible]”，会意字，从中从毐，中即草（艸），毐义“无行”，中毐合体会意为“害人之草”

(《说文解字》),楷书讹变成"毒"。

日 曰 冃

日,甲骨文作"[ancient form]",金文作"[ancient form]",小篆作"[ancient form]",都是象形字,象太阳之形,本义就是"太阳"。地球自转,对日为昼,背日为夜,因而"白天"称作"日"。地球自转一周,历时24小时,这24小时称作"一日",即一整天。因而一日又称作一天,昨天、明天又称作"昨日""明日"。日还泛指光阴、时间、季节等。如"耗日废时""暇日""春日"等。日字作为合体字的偏旁,主要表示三个意义:其一,太阳。如旦、晓、晨、晚、昏、早、旭等。其二,阳光及其引申义"光明"。如明、映、昭、景、曦、暗、晔、旷、晒等。其三,时间。如昨、时、暇、曩等。

曰,甲骨文作"[ancient form]",金文作"[ancient form]",小篆作"[ancient form]"都是指事字,在"口"上加注指事符号,表出"话从口出",本义就是"说"。以曰字为偏旁的合体字不多,例如:曷,形声字,从曰曷声,本义"何",是疑问代词,相当于"怎么""何时"。又如:曹,小篆作"[ancient form]",会意字,从东(棘)从曰。东表示方位,古时听讼官署位于廷东;曰表示诉讼;故原告"诉方"、被告(辩方)称作"两曹"。这是曹字的本义。有的有曰的合体字,跟曰没有关系,而是他字的讹变。例如,书,繁体作"書",好像是聿、曰合体,如果做点儿追本溯源,就知道跟曰没有关系。书,金文作"[ancient form]",小篆作"[ancient form]",都是会意字,从聿从者。聿,古笔字,聿者即"著书的人",即今之"作者",所以,书字的本义是"著"(《说文句读》)。后来成了"著作"的名称,再后来,文字构造、写字、字体、信札、契约都称作"书",如"六书"(汉字六种构造方法)"书写""篆书""家书""文书"等。

冃,小篆作"[ancient form]",象形字,像顶筒形帽,楷书"冃"是直接从小篆转化而来的。金文"冒"作"[ancient form]",在"[ancient form]"下加"目",像顶遮脸帽,连头带脸遮得严严实实,只露出眼睛。楷书"冒"是直接从金文转化而来的。后世又在"冒"的左旁加"巾",创造新字"帽"。

这就是说，冃、冒、帽，原本是一字三形。后造字“帽”流行后，“冒”被假借表示新义：蒙蔽。又引申为“以假乱真”（假冒、冒充、冒牌）、“露出”（冒尖、冒头）、“外透”（冒烟）、“不顾”（冒险、冒昧、冒天下之大不韪）等义。“冃”则只做合体字的偏旁（如冒、冕等），不再单独作字。

日、曰、冃三字整体形象近似，曰容易错作“日”，冃容易错作“曰”。

冰（冫⺀）水（氵氺）

冫是冰字的变形，氵是水字的变形。作为合体字的偏旁，冫和氵表示的意思是不同的。冽和洌、冷和泠两对字最为典型：冽，从冰列声，义为“冷”；洌，从水列声，义为“水清”。“山高风冽”，形容山高风寒；“泉香酒洌”，形容酒水清香。冷，从冰令声，本义“寒”，引申为“寂静”“不热情”“高傲”；泠，从水令声，本是一条河的名称，引申为“水清”“清凉”“清越”。

冰字还有个变体，写作“⺀”，用在上下结构的合体字里，表示的也是“冰”，如“冬”“寒”。水字作合体字的偏旁，也有个变体：氺。例如：泰，小篆作“[篆]”，形声字，从廾从水大声。廾和水，表示双手都在水中。文字学家认为泰是汰的本字。后来有了汰字，泰就被假借，表示“平安”“安宁”的意思，跟水脱离了关系。

𠂉 豕 豖

𠂉、豕、豖三字，整体形象近似，都可以做合体字的偏旁，单独使用一般不致混淆，但做合体字的偏旁却容易混淆，聚常错写作“聚”，琢常错写作“琢”，即其例。

𠂉，小篆作“[篆]”，三人并排，表示“人多”。它原本不单独作字，只作合体字的偏旁。后来，三人与目合体成“[篆]”，上为目（横写）下为三人，会意为“多”（《说文解字系传》）。后来，隶变将“[篆]”讹作“眾”。人们嫌它笔画太多，就将上面的“目”删去，将下面的“𠂉”改为“众”，于是单独作字了，成了现今的通用字。

但做合体字的偏旁，仍写作“氺”。例如“聚”，形声字，从氺取声，会意为“聚集”。

豕，甲骨文作“𧰨”，金文作“豕”，都是象形字，象猪之形，含义就是“猪”，但它的读音是shǐ。古代称大猪为豕，称小猪为猪。猪，原本写作“豬”（从豕者声），后来简化作猪。这样简化，违背了汉字的造字规律，因为猪是豕类不是犬类。现在大猪、小猪都称作“猪”，豕就只做合体字的偏旁，在会意字里表示该字与猪有关系。例如：家。从宀从豕，表示屋里有猪。猪是人类驯养最早的家畜之一，是古代家庭财产的象征，所以，古人用“屋里有猪”表示“家”。

豖，指事字，在豕字的两撇上加注指事符号（丶），表示猪的两条腿被绊住了。《说文解字》：“豖绊足行豖豖。”意思是：猪腿给绊住行动不便。在合体字，豖多承担表音符号，如琢、啄，都音豖。

肉（月 ⺼ ⺼）

有个部首：月。人们称作“月字旁”，其实应该称作“肉字旁”。为什么？因为“月字旁”的合体字，大多数不属于“月”而属于“肉”。首创部首的《说文解字》，分别设有“月部”和“肉部”，“凡肉之属皆从肉”。这“肉”指的是“肉体”，即生物体。段玉裁在《说文解字注》里解释说：“制人体之字用肉为偏旁，是亦假借也。”就是说，古人造字，借肉指代生物体，凡与生物体有关的合体字“都从肉”。问题出在汉字隶变后，用作偏旁的肉（月）、月二字形体相似，1983年发布的《汉字统一部首表（草案）》将“月”统一作“月”，所以，现代汉语字典、词典就把肉、月并为“月部”，把“据义归部”变成“据形归部”。《现代汉语词典》收有“月字旁”的合体字100多个，除期、望、朦、胧、朝、朔、朗等几个字与“月亮”有关系外，其余100多个字皆“肉之属”也，如脑、胸、肺、肝、脏、腺、胆、胫、腿、脉、胎、脂、肥、胖、腚、腥、臊等，不是指生物体的器官，就是蕴涵生物体的表征或气味。

用作偏旁的“肉”字，还有两个变体：⺼，⺼。“⺼”是“月”

的变体，左边一撇变为一竖，用于上下结构的合体字。从“⺝”的字比较多，如臂、育、肾、肓、背、胃、肩、脊、膺、臀等，所以有些字典、词典把“⺝”单独列作部首。以“⺼”为偏旁的合体字很少，常用的只有一个“炙”字，上肉下火，表示“火上烤肉”，会意为“灼”，如“脍炙”“炙手”。

网（罒）

“罒”字头，不是四字头，而是网字头，因为“罒”是网字的变体。

网，甲骨文作“𦉫”，金文作“⋈”，小篆作“网”，都是象形字，象张网之形。网，名词，本指用绳线等结成的捕鱼捉鸟的器具，后将像网的东西和像网一样的组织或系统也称作“网”，如蜘蛛网、电网、通信网、法网、网络等。用作动词，表示“用网捕捉”或“像网似的笼罩着”。“罒”字头的合体字，大多与网的上述含义有关。例如：罩，本指竹编的捕鱼笼，用作动词表示“笼罩”。罨，本指捕鱼、捕鸟的工具，用作动词表示“覆盖”。罢，本义“宽赦”（网表示“监狱”义），引申为“停止”“解除”“完毕”。置，从网从直，网直即将刚直之士入罪应予释放，故本义“赦”。《史记·吴王濞传》：“无有所置。”句中“置”用的就是本义“赦免，释放”。引申为“安放”“设立”“购置”等。

羊（⺶ ⺷）

羊，甲骨文作“𢀛”，金文作“羊”，小篆作“羊”，都是象形字，甲骨文象羊头之形，金文、小篆象羊头角足尾之形。孔子曰：“牛羊之字，以形举也。”先秦时代羊还表“吉利”“细密”义。例如《墨子·明鬼下》：“有恐后世子孙，不能敬君以取羊。”句中的“羊”义为“吉利”。《马王堆汉墓帛书·战国纵横家书·苏秦献书赵王章》：“臣愿王与下吏羊计某言而竺（笃）虑之。”句中的“羊”义为“细密”。后世将表“吉利”的“羊”改为“祥”，将表“细密”义的“羊”改为“详”。

羊字用作合体字的偏旁，有两个变形：⺶，⺷。例如：美，会意字，从羊（⺶）从大，会意为“味道可口”。《说文解字》：“美，甘也。”段玉裁解释说：“甘者五味之一，而五味之美皆曰甘。”“甘”是美字的本义。引申义有：形象好看（美貌）；艺术性强（优美）；质量高（物美）；景物佳胜（美景）；品德或志趣高尚（美德）。羞，形声字，从羊（⺶）丑声，本义“进献”（《说文解字》）。引申为“美食”（珍馐），“耻辱”（羞辱），“惭愧”（羞愧），“害臊”（害羞）等义。

辛

辛，《现代汉语词典》（第5版）释义为“辣”“辛苦”“痛苦”。但是，它的“辛字部”里收入的8个合体字，只有一个辣字跟上述含义有关。要想知道其中奥秘，必须进行“溯源分析”。

关于辛字的含义，古代文字学家有两种说法：一说以小篆“辛”为据，认为是会意字，从屰（古“逆”字）从二（古“上”字），会意为“辛味上扑”。一说以甲骨文“𐌸”为据，认为是象形字，象剞劂之形。剞劂，一种曲刀，古代用作给罪人黥额（在额上刺字），故断定：辛当作“大罪”解。独立作词，辛表“辣味”义。辛酸咸苦甘谓之“五味”，辛为五味之一。引申为“艰苦”“痛苦”，如“艰辛”“辛酸”。但是，用作合体字的偏旁，大多表“罪”义。《现代汉语词典》“辛部”收入的8个合体字中，“辜”“辞”“辟”“辨”“辩”5字，均与“罪”有关：辜，罪也，“死有余辜”即杀了也不足以赎其罪；辞，本义“讼”，即起诉和辩护；辟，法，法度，又指死刑；辨，表示“对罪人进行区分”，义为“判别”；辩，表示“两个罪人对颂”，义为“解说”。

采 釆

采、釆二字，整体形象极其相似。它们的差异在于：采，上“爫”下“木”；釆，上“丿”下“米”。

采，甲骨文作“[古文字]”，金文作“[古文字]”，小篆作“[古文字]”，形体大同小异，都是会意字。上面的“爪”，本指鸟兽的脚爪，在这里表示“抓”；

下面是挂满果子的树；伸手抓果，会意为“摘取”。“采摘”“采茶”“采莲”等词中的“采”，用的都是本义。由摘取引申出“开采”“搜集”“选取”“获取”等义，如“采矿”“采风”“采光”“采购”等。采后来发展成为多义字，如①有彩色花纹的帛；②官职（《书酒诰》：“服休服采。”）；③事（《书尧典》：“畴咨若予采？”）；④士大夫的封邑（采邑）；⑤神色；⑥颜色；⑦理会等。后来又创造几个新字替代“采”，如：採，替代采的“摘取”；綵，替代采的“有彩色花纹的帛”；彩，取代采的“颜色”（五彩）义；睬，取代采的“理会”（理睬）义。现代汉语用采作偏旁的合体字不多，常用的只有“彩”“睬”“踩”。

釆，金文作“[illegible]”，小篆作“[illegible]”，都是象形字，像兽爪的痕迹。猎人观察爪痕判断是什么野兽从此经过，所以，“釆”的含义是“辨别”（《说文解字》）。有学者认为：釆就是古辨字。后来创造了“辨”字，釆就不再单独作字，但作为合体字的偏旁，仍表示“辨”义。例如：悉，会意字，从釆从心，表示“心里有数”，会意为“知道”。由知道引申出“详尽”“全部”等义，如“详悉”“悉数”。又如釉，形声字，从釆由声，本义“物有光”，因为物有光彩则易辨别。后来成了制瓷涂料的名称，古称“釉药”，今称“釉子”。再如释（釋），形声字，从釆睪声，本义“解”（解脱，释放）。引申为“消除”（如“冰释”“释怀”“释然”）、“说明”（如“解释”“释疑”“释义”）、“放下”（“释手”“释卷”）等义。

鸟 隹

鸟字旁，大家都明白是什么意思。隹字旁，有些人恐怕不知道是什么意思。

隹，甲骨文作“[illegible]”，金文作“[illegible]”，都是象形字，像一只昂头展翅独立的小鸟。《左传·襄二年·正义》：“鸟之短尾者，总名为隹。”就是说，隹是短尾鸟的统称，隹也是鸟。所以，以隹为偏旁的合体字，都跟鸟有关系。例如：雀，小鸟。雄，本义“公鸟”，引申为“雄性”“有气魄的”“强有力的”等义。雌，本义“母鸟”，跟“雄”相对，引申为“雌性”“屈居人下”（如“雌伏”）。集，群鸟栖树，会意为“会聚”。雅，本同“鸦”，后成了古诗六义（风、赋、比、兴、雅、颂）之一。因而有了“高尚”“不粗俗”“合乎规范的”等引申义。隽，本义“鸟肥”。有个常用词“隽永”，就是由“鸟肥”引发的。《汉书·蒯通传》解释说：“隽，肥肉也；永，长也；言所论甘美而义深长也。”借鸟肉之甘美比喻文章谈论深长耐人寻味。因为隹、鸟同义，所以，有些隹字旁的合体字，隹可以换作鸟，例如“雞”又作“鷄”（今简化作“鸡”），“雁”又作“鴈”。

朿 束

朿、束二字，整体形象相似。它们的差异在于：朿，中不封口；束，中封口。

朿，小篆作“朿”，指事字，在木字上加注指事符号“ㅂ”，表示树枝上有刺。朿是刺的本字，有了刺字后，朿便只作合体字的偏旁表示“刺”义。因此，有“朿”的合体字，直接或间接与刺有关系。例如：棘，即荊棘，是一种带刺的灌木。枣，繁体作棗，两朿相重，表示“多刺”，枣树是一种多刺果树。策，本义“竹根”。竹根虽然无刺，但根节像刺，所以，古人用竹朿合体创造策字。古人用竹根做鞭驱马，是故，《说文解字》释义为“马鞭”，于是有了“鞭策”“驱策”等词。由驱策又引申出“督促”“勉励”“鼓动”“谋划”等义，于是有了“策励”“策勉”“策动”“策反”“策划”等词。

束，金文作“束”，小篆作“束”，都是会意字，用绳绑木，会意为“缚”，“束缚”即本义。引申为“约束”“结束”。束在合体字里多表音，如“速”“悚”“剌”“喇”等。

衣（衤 亠 𧘇）

衣字用作合体字的偏旁，有两个变形：1．衤；2．将“衣”拆开成“亠𧘇”。从衤，如：初，补，衬，衫，衩，被，袍，袒，袖，裙，褂等。从亠𧘇，如：裹，衰，衷，衮，褒，亵，亵等。这些字都从衣，都与衣有关系。例如：初，会意字，从刀从衣，表示用刀裁布制衣，会意为“始”。被，形声字，从衣皮声，本义“寝衣”，即被子。引申为“覆盖”“施加”等义。又如：衷，形声字，从衣中声，本义“内衣”。引申为“内心”“诚恳”。褒，形声字，从衣保声，本义“衣博裾”，即张其前襟。引申为“嘉奖”“赞美”。

臣 𦣝

在奴隶社会，打仗被俘者都充当奴隶主的奴隶，他们虽然俯伏在地上，但内心并不服，所以，眼睛里充满悲愤，被人们形容为“横眉竖眼”。臣，甲骨文作“[illegible]”，金文作“[illegible]”，小篆作“[illegible]”，都是象形字，多像“横眉竖眼”呀！所以，臣字的本义就是“奴隶”。古时称男奴为“臣”，称女奴为“妾”。在阶级社会里，被统治的百姓都是统治阶级的奴隶，所以，“臣”又泛指百姓。《诗经》里说：“率土之滨，莫非王臣。”诗句里的“臣”，指的就是被统治的百姓。后来，臣字的含义扩展了，成了辅佐国王统治百姓的官吏的称谓，也因此，成了“压服”的代名词，遂有了“臣服”（使人屈服）这个词。

用臣字作偏旁的合体字，大都与奴隶或俯瞰有关系。例如：卧，小篆作“[illegible]”，会意字，从臣从人，表示一人倚在奴隶身上歇息，会意为“休息”“寝息”。又如“臨”（今简化作“临”），由臣、人、品三字组合而成，表示人伏在物（品）上俯瞰，“居高临下”中的“临”，用的就是本义：俯瞰。

有个和臣字形体相似的字：𦣝。𦣝，小篆作“[illegible]”，象形字，象人的面颊之形，含义就是“面颊”。用𦣝做偏旁的合体字，都与面颊有关系。例如：姬。姬，本义“女子的美称”。女子漂亮，首先是脸蛋儿好看，古人形容美女总是先说“面如桃花”之类。后来，姬成了后妃的称谓。又如：熙。熙，会意字，从𦣝从已从火，把面颊跟火（“灬”是火字的变形）联系起来，表示人愤怒或羞愧时脸红，会意为“燥”。但此义很少使用，用得多的是“燥”的引申义“兴盛”

（熙邦）、“热闹”（熙熙攘攘）。

兔 免

兔、免二字，有点儿“血缘”关系。

先说兔。兔是象形字，小篆作“兔”，横过来看，多像一只活泼可爱的小兔呀！它就是兔子名称。用兔字作偏旁的合体字，都与兔子有关系。例如：逸，会意字，从兔从辵（变形为“辶”），表示“兔子跑了”，会意为“失”。冤，也是会意字，从兔从罩（变形为“冖”），活泼可爱的兔子被无端地罩住，失去了自由，岂不“冤”乎！

再说免。免，会意字，但它同其他会意字不同，不是由两个独体字组合的，而是将兔子去掉一点。这一点很重要，象征兔子的一只脚，现在这只脚不见了，表示兔子逃跑了，会意为“脱”。古人称脱帽为“免冠”，这个“免”的含义就是“脱”。引申为“去掉，除掉”，如“免税”“免职”。免用作合体字的偏旁，起表音作用，如与手（扌）合体为“挽”，与女合体为“娩”，与力合体为“勉”等。

昜 易

本章开头说了：木易不是楊，木昜才是楊。易和昜，一横之差，其义迥异。

昜，甲骨文作“昜”，金文作“昜”，小篆作“昜”，都是会意字，日在丅上，表示“太阳高照”，会意为“高明”。其实，昜是陽的本字，后来为了更加准确地表示“高明”含义，遂在昜的右旁加了一座山：阜（变形为左“阝”），创造了新字“陽”。陽（今简化作“阳”）字上述本义，在古文里常用。例如：曹植《洛神赋》：“神光离合，乍阴乍阳。”“乍阴乍阳”即忽暗忽明。后来，“阳”演变成了“日”的代名词，俗称“太阳”。《诗·小雅·湛露》：“湛湛露斯，匪阳不晞。”（露水这么浓重，没有太阳干不了。）现代汉语里也有“阳光”“朝阳”“夕阳”等词。山的南面朝阳，山的北面背阳，所以，山南为阳，山北为阴。太阳转到南天，照到河的北岸，所以，北岸为“阳”，南岸反而成了“阴”。阴阳还扩大到形容明暗，凸出的、外露的为“阳”，隐蔽的、暗藏的为“阴”。由自然现象的阴阳，演变成为一种哲学概念，战国时的诸子百家就有“阴阳家”。阳字做合体字的偏旁，仍用“昜”，今简化作“𠃓”。例如：木𠃓合体为“杨”，风𠃓合体为“飏”，水𠃓合体为“汤”，都起表音作用。

易，金文作“[illegible]”，小篆作“[illegible]”，都是象形字。横着看，像一条四足虫。文字学家断定它是“蜥蜴”的象形字。后来用形声的方法创造了“蜴”字，易就不再是蜥蜴了，但它依然是独体字，只是含义改变了。有种蜥蜴善变色，叫作“变色龙”。人们由此赋予“易”新的含义：改变，更换。如“变易”“易帜”“易主”“移风易俗”。又引申为“交换”，于是有了“交易”“贸易”等词。蜥蜴变色很快，易又有了“不难”的含义，因此产生“容易”“易如反掌”等词。又引申为“平和”，常用词“平易近人”即此义。

昜（𠃓）和易都可以与日、土、金组成合体字，极易混淆。

昜（𠃓）与日合体为“旸”，音 yáng，义为“晴天”。

易与日合体为“晹”，音 yì，义为“太阳在云中忽隐忽现”。

昜（𠃓）与土合体为“场”，音 cháng，义为“平坦的空地”；又音 chǎng，义为“集会处所”。

易与土合体为“埸”，音 yì，义为“田界，边境”。

昜（𠃓）与金合体为“钖”，音 yáng，是“马额上的装饰物”的名称。

易与金合体为“锡”，音 xī，一种金属元素。

叚 段

一次时装表演，一种旗袍特别引人注目，旗袍上赫然一个大字：霞。这是什么字呀？观众们议论开了，有人说是“霞”字，有人说不是“霞”字。其实，它什么字也不是。为什么呢？霞是形声字，从雨叚声，下面的声符是“叚”。可是旗袍上的字，下面是“段”，汉语字汇里根本没有这个字。显然，旗袍设计师把叚、段二字搞混了，取叚字的左偏旁和段字的右偏旁，组合成一个错字。

叚，金文作“[古文字]”，会意字，上面是“物”，下面是“手”，表示“伸手借物”，会意为“借”。后来新造了个“假”字，“叚”就很少单独使用，主要充当合体字的偏旁，起表音作用。例如：霞、瑕、遐、暇等。叚，本音 jiǎ，用它作声旁的合体字，读它的近似音：xiá，韵母 ia 相同。

段，金文作“[古文字]”，形声字，左边是耑（端省笔），表音；右边是殳，表义。殳，古代用竹、木制作的有棱无刃的兵器，在段字里表示“捶击”。所以，段字的本义是“捶击”。在古文里，段同锻；在现代汉语里，段、锻分离，段用锻的引申义：将物断成几截儿。由此引申为“事物的一部分”，例如“文章的段落”，相声的“段子”，工业企业的“工段”。段字也可用作偏旁，充当表音的符号，例如：锻，煅，缎，椴等，用“段”做声旁的合体字，读音同段。

燕

燕，小篆作“[篆文]”，象形字。《说文解字》认为：燕，“籋（镊子）口，布翄（翅），枝尾”。段玉裁注：“籋口，故以廿象之；布翄，故以北象之；枝尾，故以火象之。”就是说，廿、北、火在燕字里都是象形符号，突出了燕子形象的三大特征。其本义作“玄鸟”解(《说文解字系传》)。玄鸟俗称燕子。燕用作偏旁的合体字，有“嚥”（今作“咽”），“臙”（今简化作“胭”），谳（yàn，聚在一起叙谈），嬿（yàn，美好），醼（同“宴”）等，“燕”在这些合体字里，都是表音。燕字在古今字书里，都是独立的部首，查“廿”部或“灬”部是查不到这个字的。

如前所述，作为部首的字多数改变了形体。其实，变形是一种简化，即简省笔画。简化的方式有两种：一种叫作省笔，即用整字的一部分作部首，例如絲省笔作“糸、纟”，熒省笔作“𤇾”；另一种就是变形，例如阜变形为“阝”（在左），邑变形为“阝”（在右）。

现代汉字简化，又将一部分部首字简化了。现代汉字部首字简化，也有两种情况：一种是类推简化，即原字简化了，用作部首跟着简化，例如馬简作“马”，風简化“风”，貝简“贝”，頁简作“页”，車简作“车”，魚简作“鱼”，烏简化“鸟”，糹简化“纟”，風简化“风”，韋简作“韦”，齒简作“齿”，鹵简作“卤”，麥简作“麦”，龍简作“龙”；另一种也是变形，例如金变形为“钅”，食变形为“饣”，門变形为“门”，艸变形为“艹”。

还有一种情况，有些字用作部首简化了，但只用作左右结构的合体字，而在上下结构的合体字里仍用原字。例如言、手、心、金、食，用在左右结构的合体字里，简作“讠”“扌”“忄”“钅”“饣”，而上下结构的合体字里仍用本字，例如语、谈、论，誓、誊、誉；把、拖、持，拿、擎、擘；恃、怕、怖，思、想、愁；钱、铜、铁，鉴、銎、銮；饮、饿、饱，餐、饗、饕等。鉴于此，现代汉语字典和词里，把这类字的变形和原字，分别作为部首。

第七章 汉字的简化

一种好的文字，应当是表义明确、书写快速的文字。所以，在汉字发展史上，对汉字的简化一直没有停止过。由大篆演变为小篆，由小篆演变为隶书，由隶书演变为楷书，不仅是形体的改变，也包括笔画的简化。所以说，简化是汉字发展的大趋势。

现代汉字简化的四个概念

说到汉字的简化，先得解释几个有关的概念：简体字，简化字，繁体字，传承字。

何谓“简体字”？汉字字汇里面，有不少笔画特别多的字，例如寿字正体写作“壽”，龟字正体写作“龜”，笔画繁多，写起来费劲，影响书写速度。于是，人们在使用时就创造出省笔字。省笔字形体简单，笔画少，便同正体字同时流行，被称作“俗字”。这种俗字，就是简体字。

何谓“简化字”？收入《简化字总表》的简体字，称作“简化字”。简化字与简体字的区别在于：简体字是流行于民间、未经整理和改进的俗字，它不具有法定性，不是现代的规范汉字，在正式出版物里使用则属于错字；简化字是在简体字的基础上，经过专家的整理和改进，并由政府主管部门公布的法定简体字，它是现代的规范汉字。仍以寿字为例，寿字有上百种写法，其中不少字是简体字。在制订现代汉字简化方案时，专家们收集了上百个寿字，从中选出“寿”作为简化字，“寿”因而成了现代规范汉字。寿字的其他写法，都不属于现代规范汉字。

何谓“繁体字”？被简化字替代的那个字，叫作“繁体字”。仍以寿字为例，“寿”是法定简化字，被取代的“壽”就是繁体字。现代汉字出版物通用简化字，不得使用繁体字。具有特殊用途的繁体字版本出版物，仍然使用繁体字，而不得同时使用简化字，以免造成繁简混杂。

何谓“传承字”？在现存汉字中，简化字只有2235个，其他汉字形体没有变化，就是说没有被“简化”，这些字依然是规范汉字，称作“传承字”，因而不能称作“繁体字”。例如：“中华人民共和国”7个字，只有“华”“国”两个字是简化字（繁体是“華”“國”），“中”“人”“民”“共”“和”5个字都没有简化，都属于传承字。现代的规范汉字，包括两大部分，即简化字和传承字。

汉字简化，指汉字笔画简化。其实，汉字简化古已有之。早在3000多年前的甲骨文和金文里，就出现了“虫”“从”“启”“气”“云”“众”等简体字。东汉出版的字书《说文解字》里，收录了战国时期古文字中“么”“尔”“礼”“无”等简体字。汉碑上，有“聪”“献”“准”等简体字，晋代大书法家王羲之的行书作品中，有“车”“会”“将”“来”“临”“马”“实”“张”等简体字。古籍中的通假字，不少是用笔画少的字替代笔画多的字，如用“谷”代“穀”，用“后”代“後”，用“荐”代“薦”。宋、元、明、清的白话小说里，简体字就更多了。由此可见，汉字简化也是汉字演化的重要内容，可谓源远流长，是一种历史潮流。

中华人民共和国成立后，文字工作委员会顺应历史潮流，立即着手进行汉字简化工作，组织专家学者对古今简体字进行收集、整理、改进，制订汉字简化方案。1956年1月31日，《汉字简化方案》正式公布。国务院在通过《汉字简化方案》的决定中规定：“简化字应该在全国印刷物和书写的文件中一律通用，除翻印古籍和其他特殊原因的以外，原来的繁体字应该在印刷出版物上停止使用。”这里说的“特殊原因”，主要是指书法艺术以及专供港澳台地区的繁体字版本出版物。从此，简化字就成了法定的规范汉字。

现代汉字简化方法及两个《简化字总表》

简化字实际上是约定俗成的，《汉字简化方案》里的简化字，绝大多数是在民间流行已久的简体字。

简化字的简化方法，主要有如下 9 种：

（1）保留原字轮廓。如龟（龜）、娄（婁）、卤（鹵）、齐（齊）。

（2）保留原字特征部分，省略一部分或大部分。如奋（奮）、务（務）、飞（飛）、开（開）、习（習）、业（業）。

（3）改换形体简单的偏旁。如辽（遼）、迁（遷）、沟（溝）、硷（鹼）、惊（驚）、护（護）。

（4）草字楷化。如长（長）、当（當）、东（東）、乐（樂）、练（練）、书（書）、为（爲）、专（專）。

（5）同音假借。如丑（醜）、冬（鼕）、谷（穀）、后（後）、几（幾）、秋（鞦）、只（隻，祇）、余（餘）。

（6）利用古字。如虫（蟲）、号（號）、夸（誇）、卷（捲）、体（體）、适（適）、党（黨）。

（7）利用古代异体字。如尔（爾）、礼（禮）、万（萬）、无（無）。

（8）另造新会意字。如尘（塵）、双（雙）、灶（竈）。

（9）用简单的符号代替繁体的一部分。如邓（鄧）、鸡（鷄）、难（難）、权（權）、罗（羅）、刘（劉）、区（區）、联（聯）。

《汉字简化方案》（以下简称《方案》）公布以后，在推行过程中发现《方案》中有不够完善的地方，有必要对《方案》进行调整和补充。1964 年 5 月，中国文字改革委员会编印了《简化字总表》（以下简称《总表》）。《总表》由三个表组成：第一表收简化字 352 个；第二表收简化字 132 个和简化偏旁 14 个；第三表收简化字 1752 个。三表合起来，共收简化字 2236 个。

必须特别注意，三个表各收的字是有区别的。

第一表收的简化字不能类推简化，一般不能用作别的字的偏旁，即使有个别字能作偏旁使用，也不能类推简化。例如：“儿”是“兒”的简化字，但作为合体字（倪，鲵，霓）偏旁的“兒”，不能类推简化作“儿”；“习”是“習”的简化字，但作为合体字（摺，槢，熠）偏旁的“習”，不能类推简化作“习”。第一表的简化字的偏旁，也不能拿去类推简化。例如：“躍”简化作“跃”，不能拿“跃”的简化偏旁“夭”类推简化“耀”“曜”“燿”等字的偏旁“翟”；“讓”简化作“让”，不能拿“让”的简化偏旁“上”去类推简化“嚷”“攘”“瓖”等字的偏旁“襄”。

第二表收的132个简化字，可以作为简化偏旁使用，这些字无论单独使用还是用作偏旁，都同样简化。例如：“愛”简化作“爱”，以“爱”为偏旁的合体字“噯”“嬡”“曖”都可以类推简化作“嗳”“媛”“暧”。但是，已经在第一表中简化了的字，不要根据第二表再去类推简化。例如：“戰”已在第一表中简化作“战”，不要根据第二表“單”类推简化作“单”的规定，再将“戰”简化作“戦”。还有，第二表中的一些字的简化方法也不能类推。例如：“轟”简化作“轰”，“聶”简化作“聂”，不等于同样结构的字（磊、鑫、晶）都可以如此类推简化。

第三表收的是“应用第二表所列简化字和简化偏旁得出来的简化字”。

1986年10月10日，经国务院批准，国家语言工作委员会重新发表了《简化字总表》，对原《总表》中的个别字作了调整。新《总表》仍分为三个表：第一表简化字由352个调整为350个；第二表简化字没有增减；第三表简化字由1752个调整为1753个。三个表简化字总数由2236个调整为2235个。

新《总表》的重要调整有如下两个方面：

第一，“叠、覆、像、囉”不再作“迭、复、象、罗”的繁体字处理。也就是说，恢复叠、覆、像、囉四个字，迭、复、象、罗不再是叠、覆、像、囉的简化字。"囉"字恢复后，依简化偏旁"罗"类推简化作"啰"。"像"字恢复后，跟"象"字重新分工：象，除表"大象"义外，还表形状、样子、仿效、模拟等义；像，表相似、如、如同、比照人物等制成的形象等义。

第二，"瞭"字读 liǎo（了解）时仍简化作"了"，读 liào（瞭望）时作"瞭"，不简化作"了"。

前后两次发表的《总表》都有脚注。这些脚注很重要，不可忽视。脚注的内容主要有五个方面：

其一，对字形加以解释，指出容易犯的错误。例如："蚕"字上从"天"不从"夭"，"缠"字右从"厘"不从"厘"，"钅""第二笔是一短横，中两横，竖折不出头"。

其二，说明某些字的笔画笔顺。例如："庄"字六笔，"土的右旁无点"；"长"字四笔，"笔顺是丿一丨㇏"。

其三，说明容易和哪些简化字形体混淆。例如："尝"不是"賞"的简化字，"賞"的简化字是"赏"。

其四，因简化造成与另一字同形的情况，说明另一字的不同读音。例如："葉"简化作"叶"，而"叶韵"的"叶"读"xié"；"籲"简化作"吁"，而"喘吁吁""长吁短叹"的"吁"读"xū"。

其五，说明有些字在哪些特殊情况下不简化。例如："夥"简化作"伙"，但作多解的"夥"不简化；"徵"简化作"征"，但"宫商角徵羽"的"徵"读 zhǐ，不简化；"餘"简化作"余"，但"餘年未多"的"餘"不简化作"余"，可以根据"食"的简化偏旁"饣"类推简化作"馀"；"藉"简化作"借"，但"慰藉""蕴藉""狼藉（jí）"的"藉"不简化。

要想准确地掌握汉字简化字规范，不可忽视上述《总表》脚注。常见将"宫商角徵羽"的"徵"错作"征"，将"慰藉""蕴藉"的"藉"错作"借"，就是忽视《总表》脚注所致的。

简化字转换为繁体字要求对应准确

按照国务院的规定：出版物和书写的文件中，一律通用简化字，不能使用繁体字，但专供港澳台的出版物版本，却是例外，要使用繁体字。这样一来，将简化字出版物改为繁体字出版物，就存在“简化字转换为繁体字”（以下简称“简转繁”）的问题。

简转繁，很容易发生转换错误。常见的转换错误有如下四种情况：

一、“一简对多繁”转换对应错误。简化字里，有一批字是“一简对多繁”的，即一个简化字同时是两个甚至是多个繁体字的简化字。例如：“发”是“發”“髮”两个繁体字的简化字；“复”是“復”“複”两个繁体字的简化字。由于一简对多繁，简转繁时就必须对应准确，例如：“发生”应转换为“發生”，“头发”应转换为“頭髮”；“往复”应转换为“往復”，“重复”应转换为“重複”。对应错了就成了别字。

二、传承字兼作简化字转换对应错误。例如：“系”是传承字，同时又是“係”“繫”两个繁体字的简化字；“丑”“斗”“术”“谷”“后”“几”“姜”“曲”“里”“仆”等字，都是传承字，同时又分别是“醜”“鬥”“術”“穀”“後”“幾”“薑”“麯”“裏”“僕”等字的简化字。传承字本身不存在“转繁”问题，只有充当繁体字的简化字才需要转换成繁体字。例如：“几”是传承字，义为“矮小的桌子”，如“茶几”。这个“几”不存在“转繁”问题，如果把“茶几”（还有“几案”“窗明几净”）转换为“茶幾”，就成了别字。

三、新字与古字同形造成转换错误。简化字里，有些字是利用古字的，即用笔画少的古字作为繁体字的简化字。这个字既是古字又是新字。例如：“价”和“價”古时是两个形声义都不相同的两个字，现在“价”成了“價”的简化字，“价”就成了“一形二字”。作为“價”的简化字的“价”，在繁体字出版物里应转换为“價”，但作为古字的“价”（例如“价人”“贵价”“别价”“成天价”）

却不可转换为“慣”。类似的简化字不少，例如“胜”（勝）、“厂”（廠）、“适”（適）、“体”（體）、“宁”（寧）、“党”（黨）等，转繁时容易出错。

四、通假字造成转换错误。通假字在古代属于有条件的通用字，因音义相通或有相通的部分而“通用”，但形体并不相同。例如：沉和沈，范和範，回和迴，夹和裌，捆和綑，乃和迺，升和昇，朱和硃，云和雲等，极易造成简转繁错误。例如：将表“说”义的“云”转繁作“雲”，将作为姓氏的“范”转繁作“範”，让人不知所云。

中编 汉字说例

著名语言学家吕叔湘先生说过："如果一个字只有一种写法，一个读音，一个意义，就很容易把不同的字区别开，可惜世界上没有这种文字，汉字尤其做不到。"

汉字是以音义结合为特征的特殊文字，不能直接由音表义，而且还有一字多形、一字多音、一字多义以及形似、音同、音近、义同、义近、通假等等复杂情况，这就使得汉字识写读用十分困难。

事物总是一分为二的，汉字的特殊结构也给我们提供了识写读用的便利。本书"上编·汉字的结构"讲过：汉字的结构有三个要素，即形、声、义；汉字结构的各种形式，都表现为形、声、义结合的方式。形、声、义结合的方式，有个明显的规律，那就是清代文字学家段玉裁概括的两句话：音生于义，义著于形。音生于义，是说汉字的读音是由它的含义决定的；义著于形，是说汉字的含义是由它的形体表示的。这是因为，汉字结构的基本元件是象形字，而象形字是"象物之形"的文字符号，是以形表义的。汉字又是先有语言概念而后造字的，它们的读音是由概念（含义）决定的。这条规律告诉我们一个汉字识写读用的方法：审形，明义，知音。就是说，认识汉字要抓住本义这个纲。凭什么辨识本义呢？主要凭字形，分析字形能说明字的本义。所以，要从审形入手，通过审形而明义，通过明义而知音。

本编将带领读者遨游汉字王国，运用"审形，明义，知音"的方法，对容易混淆的700多个常用字词进行理据的溯源分析，找到它的规范字形、正确读音、正确含义和正确用法，纠正常见的识、写、读、用错误。

第一章　奇妙的数字

汉语里的数字，常用的有十五个：一，二，三，四，五，六，七，八，九，十，百，千，万，亿，兆。此外，还有廿、卅、卌、皕、零五个特殊数字。

汉字的数字，非常奇妙，与阿拉伯数字有很大的差别：其一，阿拉伯数字是纯粹的记数符号，汉字数字不是单纯的数词，在不同的语境里可以表示其他词义。其二，阿拉伯数字依靠排列组合，表示十位以上的数值；汉字除了有九个个位数字外，还有十、百、千、万、亿、兆等表示多位数值的数字。此外，还有五个特殊数字：廿、卅、卌、皕、零。现代汉语引进阿拉伯数字（1234567890），同汉语数字和小数点组合表示万以上的大数值，如800000可以用80万来表示，150000000可以用1.5亿来表示，简洁明快，一目了然。这是汉字数字用法的一个了不起的创新。此外，汉语数字还有大写、小写之分，而且大写、小写形体完全不同。

下面分为三节解析二十个汉语数字。

第一节　原始记数符号

一（弌　壹）

汉语数字里，有四个是“原始记数符号”，很可能源于远古的刻木记事。这四个数字是：一、二、三、亖。

一，甲、金、篆、隶、楷，都是一横。段玉裁在《说文解字注》中说：“一之形于六书为指事。”徐灏笺：“造字之初，先有数而后有文。一二三亖，画如其数，是为指事。” 作为数词，它表示最小的正整数，所以，古人说："一者，数之始也。"在表示记数功能上，"一"跟阿拉伯记数符号"1"是相同的。但是，汉语的数字不是单纯的数词，同大多数汉字一样，"一"也是个多义字，在不同语境里能够表示多种词义。例如：

一、在序数中表示"第一"。如"第一章""第一页""第一名""一是""其一"等。

二、表示"相同""一样""一致"。如"一模一样""一视同仁""一如既往""一般""一律""一道""一条心"等，"一"前加否定词"不"，表示"不相同""不一样""不一致"，如"长短不一""表里不一""各说不一"等。

三、表示"全""满""整个"。如"一生""一冬""一概""一切""一体""一路""一场空""一风吹""一身是胆""一腔热血""一门忠烈""一丘之貉""一无是处""一无所有""一屋子人"等。

四、表示"另""又"。如"黄桃一名金桃"。一名：另名，又名。

五、表示"专一""一向如此"。如"一心一意""一门心思""一贯""一以贯之"等。

六、表示"不多""微小""短暂的时间"。如"一会儿"，"一刹那""一时半刻""一鳞半爪""一知半解""一尘不染""一得之功""一叶知秋""一见钟情""一见如故""一毛不拔""一文不值"等。

七、表示"每""各""事物的几个方面""互相"。如"一年一度""一分为二""一则以喜，一则以惧""一唱一和"等。

八、相当于"某"。如"一日""一次""一技之长"等。

在古汉语里，"一"还常用作副词，表示"皆""一旦，一经""乃""忽而"等义。例如《诗·邶风·北门》："政事一埤益我。"句中"一"犹皆也。又如《史记·滑稽列传》："此鸟不飞则已，一飞冲天；不鸣则已，一鸣惊人。"句中两个"一"，义同"一旦，一经"。再如《吕氏春秋·知士》："静郭君之于寡人，一至此乎？"句中"一"

犹“乃”也。再如《左传·成公八年》：“七年之中，一与一夺，二三孰甚焉。”句中两个“一”犹“忽”也。“一”还可用作连词，相当于“或”。例如《庄子·应帝王》：“一以己为马，一以己为牛。”成玄英疏：“或马或牛，随人呼召。”

一有个异体字“弌”，是后造的形声字，从一弋声，此字只用作数词。

还有个“壹”，被用作“一”的大写，现代人民币一百元、一元、一角中的“一”也写作“壹”。这是一种同音假借现象。壹，形声字。《说文解字》：“从壶吉声，专一也。”徐楷在《说文解字系传》中解释说：“从壶，取其不泄也。”就是说，这个字造字本义是“专一”，而不是数词。例如《左传·庄公三十二年》：“神，聪明正直而壹者也，依人而行。”孔颖达疏：“壹，言其一心不二意也。”为什么要假借“壹”作为“一”的大写呢？《演繁露》解释说：“壹，古文本皆作一，今官府文书，凡其记数，皆取声同而点画多者改用之，于是壹贰叁肆之类，本皆非数，借以为用，贵其不可改换为奸耳。”一、二、三、亖写作壹、贰、叁、肆，用于官府文书，是为了避免篡改。

二（弍　贰　两）

二，两横。《说文解字》：“从一偶。”是一加一的和。在序数中表示“第二”，如“二哥”“二叔”，“一曰，二曰”“其一，其二”“一是，二是”“二战”“二线”等。跟“一”相反，表示“不专一，不忠诚”“不一样”，如“二心”“三心二意”“心无二用”等。“二”前加否定词“不”，则反其意，如“不二价”“不二法门”等。“二”还表示“再”（如“二婚”）、“间接的，辗转得来的”（如“二手”）、“胆怯，畏缩，犹疑不定”（如“二乎”）、“别的话，不同的意见”（如“二话”）、“对某项工作知识不足，技术不高”（如“二把刀”）等。

二也有个异体字：弍，是依照“弌”创造的。也是只表数值，无他义。

也有个大写字：贰。贰，本是个会意字，从贝从弍，含义是“副益”（《说文解字》）。一分为二则有正副，一加一则有增益，这就是“副益”的意思。副，即居次要地位的，辅佐，助手。《周礼·天官·大宰》：“乃施法于官府，而建其正，立其贰。”句中的“正、贰”即正、副。《后汉书·仲长统传》：“秦兼天下，则置丞相，而贰之以御史大夫。”“御史大夫”相对于“丞相”是“副”，是助手。益，即增益。引申为“再”“重复”等义。如《论语·雍也》：“有颜回者好学，不迁怒，不贰过。”不贰过：不重犯相同的错误。又引申为“违背”“背叛”“匹敌”。如《左传·昭公二十年》：“寡君命下臣于朝，曰，阿下执事，臣不敢贰。”不敢贰：不敢违背。又如《宋史·种世衡传》：“诸部有贰者，使讨之无不克。”贰者：叛逆者。所以，古书上有“贰臣”之说。再如《左传·哀公七年》：“且鲁赋八百乘，君之贰也。”杜预注：“贰，敌也。”又引申为“怀疑”“不信任”。《书·大禹谟》：“任贤不贰，去邪勿疑。”不贰：不怀疑，信任。

有个跟“二”表示的数值相同的字：两。

两，繁体作“兩”，《说文解字》说它是会意字：从一从㒳。㒳，平分，兩即一㒳之合文。徐灏在《说文解字注笺》里这样释义：“凡双行者皆曰两。故车两轮，帛两端，履两枚，皆以两称。〈说卦传〉‘参天两地而倚数’，两犹耦也。”耦，从耒，本是古代农具名称，耕地由二人操作，由此引申出“一对”“双方”“双数”（偶数）等义。又引申为“数目不定”。“犹耦”即如同耦的引申义，如“两翼”“两厢”“两岸”“两便”“两可”“两全其美”“两败俱伤”“三三两两”“有两下子”等。两还是重量单位：旧制十钱为一两，十六两为一斤。在古代，两还是计算车乘的单位。《诗·召南·鹊巢》：“之子于归，百两御之。”《后汉书·耿弇传》“收得辎重二千余两。”百两即百乘，二千余两即二千余乘。后来这个“两”被后造字“辆”替代。

“两”用作数词，数值同二，但两、二用法不完全相同：①读数目字用“二”不用“两”，如“一、二、三、四”；②在度量衡单位和百千万亿前面，“二”“两”可以通用，如“二尺—两尺”“二斤—两斤”“二百万—两百万”“二亿—两亿”等，但“千”在“亿”后，一般用“二”，如“两亿二千万”；③小数、分数、序数，用“二”不用“两”，如“第二”“老二”“零点二”“二分之一”等。

三（弎　叁）

三，三横，一加一加一之和为三。在序数中表“第二”之后，如“第三”“三哥”“一曰，二曰，三曰”“其一，其二，其三”“一是，二是，三是”等。

“三”还泛指多数、多次、反复、极限，如“举一反三”“三亲六故”“三缄其口”“三思而后行”“三令五申”“三番五次”“一而再，再而三”“事不过三”等。古人还用三字重叠表示多数，例如三人为“众”，形容人多；三口为“品”，形容物众；三水为“淼”，形容“水大”；三木为“森”，形容树多；三石为“磊”，形容石多，三火为“焱”，形容火焰；三日为“晶”，形容光亮；三牛为“犇”，形容群牛奔跑；三金为“鑫”，形容财富兴旺。

“三”表示多数，或源于老子的《道德经》：“道生一，一生二，二生三，三生万物，万物负阴而抱阳，冲气以为和。”现代学者冯友兰解释说：“这里说的有三种气：冲气、阴气、阳气。我认为所谓冲气就是一，阴阳是二，三在先秦是多数的意思。二生三就是说，有了阴阳，很多的东西就生出来了。”古代有的学者认为，“三”指的天、地、人。所以，《说文解字》将“三”释义为“天地人之道”。在整个宇宙间，天、地、人是最大的。

由多又引申出“高”“长”“阔”。如，“白发三千丈，缘愁似个长。”（杜甫《春望》）“三千”形容白发长。“飞流直下三千尺，疑是银河落九天。”（李白《望庐山瀑布》）“三千”形容山高瀑布落差大。“烽火连三月，家书抵万金。”（李白《秋浦歌》）“三月”形容时间长。“东风染尽三千顷，白鹭飞来无处停。”（宋虞以良《横溪堂春晓》）“三千”形容稻田广阔。

三也有个异体字：弎，也是依照“弌”创造的。跟弌弍一样，只表示数值，无他义。

也有个大写字：叁。叁，“参”的变形，古以三人相杂谓之参，故段玉裁在《说文解字注》中说：“三，参也。”但“参”用作数词，形体改为“叁”，只表数值，无他义。

亖（四　肆）

亖，两个二，二加二之和为亖。

亖，见于甲、金，如《钟鼎铭》：“訇及亖方。”早在先秦钟鼎中就出现“四”字，至秦小篆定型为“囗”，楷书依篆定型为“四”，后世不再用“亖”。《说文解字》：“四，阴数也，象四分之形。”也表示序数，如“第四”“其四”“四弟”。“四”还表示“正方形，立体方”（如“四四方方”）、“到处”（如“四处”“四伏”）、“东南西北，前后左右，周围”（如“四面”“四起”“四周”“四座”“四邻”）等。

在先秦古籍中，“四”通“驷”，表示四匹马拉的车。如《韩非子·爱臣》：“人臣处无私朝，居军无私交……是故不得四从，不载奇兵。”四从：驷从，驷乘也。

“肆”作为“四”的大写，也属于同音假借。

肆，小篆作“肆”，会意字，从镸从隶。隶，逮的初文，本义“及”，有“竭力以赴”的意思，长隶合体，会意为“极陈”（《说文解字》），即竭力将欲陈列之物陈列。隶变“镸隶”讹为“肆”。可见，肆字的本义是“陈设，陈列”。此义在古籍中多见。如《诗·大雅·行事》：“或肆或筵，或授之几。”陶渊明《杂诗》之四：“觞弦肆朝日。樽中酒不燥。”两句中的“肆”都是“陈列”的意思。由陈列引申出“商店”“集市贸易场所”“手工业作坊”等义，如“茶肆”“酒肆”“书肆”“杂货肆”。《淮南子·俶真》：“贾使其肆，农乐其业。”句中“肆”指商店。《论语·子张》：“百工居肆，以成其事，君子学以致其道。”

句中“肆”指手工业作坊。古代处死刑后陈尸示众也称作“肆”，如《周礼·秋官·掌戮》：“凡杀人者，踣诸市，肆之三日。”肆之三日：陈尸示众三日。由“陈尸”又引申出“杀”“冲突、侵犯”“恣肆”“放肆”等义。“恣肆”“放肆”仍是现代汉语的常用词。恣肆：一义“放纵”，如“骄横恣肆”；另一形容言谈、文笔豪放不拘，如“文笔恣肆”。放肆：轻率任意，毫无顾忌。

在古汉语里，“肆”还表“扩展”“尽力”“勤奋”“疾”“今”等义。如《左传·昭公三十二年》：“伯父若肆大惠，复二文之业，弛周室之忧。”肆大惠：展放恩惠。陶渊明《桃花源诗》：“相命肆农耕，日入从所憩。”肆农耕：勤奋耕作。《诗·大雅·大明》：“肆伐大商，会朝清明。”肆伐：疾伐。《书·多士》：“肆尔多士，非我小国敢弋殷命。”肆：今，现在。肆字这些古义今已不用。

第二节　同音假借数字

五（伍）

五，甲（ⵅ）、篆（Ⅹ）都是会意字，从二从 ×，二象横平，× 象相交，“本义为‘交午’，假借为数名。”（林义光《文源》）“交午”即交错。朱芳圃在《殷周文字释丛》中指出：“× 象交错形，二谓在物之间也。当以交错为本义。自用为数名后，经传皆借午为之。”《说文解字》也认为本义是“交错”：“五，阴阳在天地间交午也。”殷商、西周的钟鼎中，偶见“亖”字，取二加三之和意，东周以后渐废。在实际使用上，无论古今，“五”多用作数词或表序数。“五”也泛指“多”，如“五光十色”“五颜六色”“五行八作”“五湖四海”“五花八门”等。

五字在中国历史文化中很是神奇。例如：东西南北中称作“五方”，传说的远古帝王黄帝颛顼帝喾唐尧虞舜称作“五帝”，青黄赤白黑称作“五色”，宫商角徵羽称作“五音”（即五种音律，相对现代音乐简谱的12356），四肢及头称作“五体”（泛指身体），耳目口鼻舌称作“五官”（五官的感觉称之“五虑”）：心肝脾肺肾称作“五内”（又称“五中”），金银铜铁锡称作“五金”（泛指各种金属），工农兵学商称作“五民”（泛指全民），刀剑戟矛矢称作“五刃”（泛指古代冷兵器），稻黍稷麦豆称作“五谷”（泛指各种粮食作物），甜酸苦辣咸称作“五味”，金木水火土称作“五行”（我们古代的一个哲学概念，认为“五行”是构成各种物质的五种元素，以此说明宇宙万物的起源和变化。星相家用“五行相克”推算命运），父义母慈兄友弟恭子孝称作“五常”（古代的伦理道德，又称“五义”），仁义礼智信也称作“五常”（古代的道德规范），泰山华山衡山恒山嵩山并称“五岳”，《易》《书》《诗》《礼》《春秋》并称“五经”。这些个“五”，表示的都是极数。于是人们常用“三皇五帝”表示中华民族的始祖，用“四书五经”表示儒学经典，用“五方杂处”形容都市居民复杂，用“五谷丰登”形容粮作物丰收，用“五彩缤纷”形容色彩绚丽，用“五官端正”形容容貌俊好，用“五内如焚”形容内心忧伤，用“五体投地”形容心悦诚服，用“五味杂陈”形容内心矛盾，等等。

“五”也有个大写字：伍。也属于同音假借。《正字通》指出：“伍与五，音同义别，官府文书五作伍。”官府文书借“伍”作“五”。

伍，会意字，从人从五，会意为“交互错杂”。徐楷在《说文解字系传》中解释说：“三人相杂谓之参，五人相杂谓之伍。”由相杂引申为“成队的组合”，《汉书·律历志上》有“八八为伍”句。又引申为“队列，班次，同伙的人”。现代汉语中的“为伍”一词，表示的就是“同伙的人”。古代把“伍”作为军事编制单位、兵车编制单位和户籍编制单位：五人为伍，一百二十五乘为伍，五家为伍。现代汉语里的“队伍”“入伍”，是由军事编制演化而来的。

六（陆）

六，甲文作“[illegible]”，金文作“介”，小篆作“[illegible]”，都是在入

下加八，八是分的古字，入八合体是“介”，物分乃可入也，实际上是“入”的异体字。后来入、介分家，介遂成了数字“六”。（注：这个“介”与中介、甲介的“介”形体近似，中介的“介”从人从八。）隶变后“介”讹为“六”，楷书依隶定型为“六”，“介”字遂废。六就这样成了数字，表示五加一之和。

同其他数字一样，“六”也表示序数、次数，如“第六”“六出祁山”。有两句成语：六神不安、六神无主。两个“六神”所指不同，故两句成语的寓意不同。“六神不安”中的“六神”，指门神、户尉神、土地神、井神、灶神、净厕神，他们是家庭的神，所以，“六神不安”形容忙乱而不安宁。“六神无主”中的“六神”，指心、肺、肝、肾、脾、胆六脏之神，它们是人的身体之神，所以，“六神无主”形容害怕、慌乱、不知所措。

六还是战国时古国名，在今安徽省六安市，公元前 622 年为楚所灭。作为古国名和今地名的“六”，不读 liù，而应读 lù。

六的大写字“陆”，也是假借的。陆，繁体作“陸”，形声字，从阜（土山，变形为左阝），坴声，本义“高平，广平”，如“陆地”“大陆”“陆路”。《诗·豳风》：“鸿飞遵陆，公归不复。”句中的“陆”，指高平的大土山。《楚辞·刘向〈九叹忧苦〉》：“巡陆夷之曲衍兮，幽空虚以寂寞。”句中的“陆”，指广平地。古文中偶见陆字叠用（陆陆），如《后汉书·马援传》：“今更共陆陆。”这个“陆陆”义同“碌碌”，表示无能。现代汉语只有“碌碌”，如“碌碌无为”。

七（柒）

七，甲骨文作“十”，是指事字，表示一物被从中断开，至秦小篆改为“七”。这就是说，七，原本是古“切”字，后被假借作为数字，表示六加一之和。七字借走后，人们遂用会意的方法，在七旁加刀造新字“切”。

同其他数字一样，“七”也表示序数、次数、分数，如“第七”“七叔”“七次”“七成”“七折”（十分之七）。

“七”还是骚赋一种文体，又称“七体”，如枚乘的《七发》、张衡的《七辩》、曹植的《七启》等。还有两种旧体格律，因每句七字，也以“七”命名：一种是七言律诗，简称“七律”；一种是七言绝句，简称“七绝”。

七字颇有点儿神秘性。例如：

我国民间风俗，人死后，每隔七天为一忌日，要祭奠一次，共祭奠七次，依次称为“头七”“二七”“三七”“四七”“五七”“六七”“七七”，停灵四十九天，俗称“满七”，做完“七七”才能出殡。跟“七”有关的民间风俗，还有“七夕”节。“七夕”源于“牛郎织女”的神话故事。说牛郎和织女是一对情人，被银河无情地阻隔，两人隔河遥望却不能相会。天上牛郎织女的爱情，感动了地上的喜鹊，每年农历七月初七晚上，它们便飞到天上银河，用身体搭桥让牛郎过河与织女相会。人们借用这个故事，把农历七月七日定为“情人节”。

在我国的封建礼教里，父子、兄弟、夫妇、君臣、长幼、朋友、宾客等七种伦理关系的教化，称作“七教”。古代帝王为了进行宗法统治，设置“七庙”供奉七代祖先，后来“七庙”一词成了封建王朝的代称。佛教把释迦牟尼、毗婆尸等七位佛祖，称为“七佛”。我国佛教的华严宗和禅宗，也都有各自七代传承的祖师，称作“七祖”。道家也有七位得道的“真人”，称作“七真”。“七七”“七夕”“七教”“七庙”“七佛”“七祖”“七真”，为何偏偏都是“七”，可能是一种巧合，但同人们对“七”的崇尚心理不无关系。

东方人把七天称作“一星期”，西方人把七天称作“一礼拜”，第七天成了东西方人共同的休息日，东方人称作“星期日”，西方人称作“礼拜天”。这也是一种巧合。

原来，古代中国和印度，采用一种称作“七曜纪日”的历法。“七曜”是日、月和火星、水星、木星、金星、土星的总称，所谓“七曜纪日”，是把日子按日曜、月曜、火曜、水曜、木曜、金曜、土曜的顺序排列，七天为一周，周而复始地循环。“七曜纪日”是历法，本跟休息制度无关。

“礼拜”是基督教的制度，《圣经》上说，上帝用六天创造了世界的一切，第七天就休息了。教徒们据此，每过七天就要到教堂去做一次祷告，感谢上帝给人类的恩惠，这种活动被称作“礼拜”。

由于东方的“星期”历法和西方的宗教“礼拜”，都以七天为一个周期，渐渐成了全球人类“每周工作六天休息一天”的惯例。

七字的大写“柒”，也是假借字。柒原本是古漆字，一种能产生胶汁的树叫作“柒树”，柒树产生的胶汁叫作“柒”，上过柒的杯盘叫作“柒杯、柒盘”，用柒做材料的雕刻艺术品叫作“柒雕”。后来创造了个新“漆”字，柒就成了“七”的专用大写字。

八（捌）

八本不是数字，其原本含义有两说：一说“别也”。《说文解字》：“别也，象分别相背之形。”一说“分也”。高鸿缙《中国字例》：“八之本意为分，取假象分背之形。”两说都应肯定，在一定意义上分和别是同义词。例如“离别”也作“分别”，“辨别”也作“分辨”。后假借为数字，遂在“八”下加刀，创造会意新字“分”。

八，除表示七加一之和以及序数、次数外，还有其他含义。其一，凌乱。如“七嘴八舌”“乱七八糟”“横七竖八”。其二，荒远之地。如贾谊《过秦论上》：“囊括四海之意，并吞八荒之心。”八荒：荒远的地方。其三，最边远之地。如《淮南子·坠形训》：“天地之间，九州八极。”八极：最边远的地方。

“八”的大写“捌”，也是假借的，本义“无齿耙”。古代农具，有齿的叫作“耙”，无齿的叫作“捌”。引申为“破”“破声”。《群书治要》：“若遂不治，因而乘之，摧拉捌裂，亦无可奈何矣。”捌裂：破裂。刘歆《遂初赋》：“石捌破之嵒嵒。”捌破：破声。后来“捌”被“朳”取代，遂成了“八”的专用大写字。

九（玖）

九，小篆作“九”，《说文解字》认为是象形字：“象其屈曲究尽之形。”这句话是什么意思呢？丁山在《数名古谊》里解释说：“九，本肘字，象臂节形。……臂节可屈可伸，故有纠屈意。”但实际上，早在殷商时代，“九”就被用作数字（甲骨文作“ㄋ”）。所以，南朝的字书《玉篇》断定：“九，数也。”原本是“肘”字，假借为数字，表示八加一之和。同其他数字一样，“九”也表示序数、次数。

“九”是个位数里最大的数，因而在古文里常见用来表示极数。《广雅·释诂四》：“九，究也。”刘师培解释说：“盖九训究，又为极数，凡数之指其极者，皆得称之为九，不必泥于实数也。”《尚书·旅獒》：“为山九仞，功亏一篑。”《楚辞·离骚》：“虽九死其犹未悔。”司马迁《报任少卿书》：“假令仆伏法受诛，若九牛一毛。”三句中的“九”（“九仞”“九死”“九牛”），都不是实数，而是比喻数极多。“九天”这个词，在不同语境里表示不同含义：表示时间概念时，“九天”同“九日”；表示空间概念时，“九天”表示“极”高，即太空。

因为“九”有“纠屈”义，所以，古文里有用“九”表示“纠合”“聚集”的意思。例如《论语·宪问》：“桓公九合诸侯，不以兵车，管仲之力也。”九合：纠合。又如《庄子·天下》：“禹亲自操橐耜，而九杂天下之川。”九杂：聚集。

“九”还是时令名。从冬至起，每九天为一“九”，从一九到三九，天气越来越冷，五九之后，天气渐渐转暖。民谣说：“一九二九不出手，三九四九冰上走，五九六九隔河看杨柳，七九河开，八九雁来，九九加一九，耕牛遍地走。”

九字的大写“玖”，也是假借的。玖，形声字，从玉久声，本义“石之次玉黑色者”（《说文解字》），即比玉稍次的黑色美石。《诗·王风·丘中有麻》：“彼留之子，贻我佩玖。”句中的“佩玖”即用黑色美石做的佩玉。

零（〇）

还有个特殊数字：零。也属于假借。

零，形声字，从雨令声，《说文解字》译义为“馀雨”。段玉裁认为“馀雨”应是“徐雨”，即徐徐而下的雨。他解释说：“徐，各本作馀，今依《玉篇》《广韵》及《太平御览》所引《纂要》订。”由“徐徐而下”引申为“小数目”（跟“整”相对），因而成了特殊的数词：小于任何整数，大于任何负数，以及不成整数的数。如“零数”“零头”“零钱”。放在两个数量中间，表示较高的量之下附有单位较低的量，如“一百零三元”“一年零三天”。还可充作数字的空位，如“2001 年”竖写为“二零零一年”。现代汉语改为横写，通常不用“零”而用“〇”，如“二〇二〇年”“一〇一医院”。这个“〇”，不具备汉字“方块形”特点，是个圆圈，是区别于阿拉伯数字“0”的创新符号。许多人不知道这个规范用法，常写作“0”，常写作“二 00 一年”“一 0 一医院”，这是错误的。“零”作为数词，还表示“没有数量”和“表示量度的计算起点”。如“一减一等于零”“零点”“从零开始”“零下三十摄氏度”。零字还有多个引申义：（1）零碎。如“零花”“零敲细打”。（2）“没有”。如“零风险”“零距离”“零增长”。（3）“凋落”“落下”“衰败”。如“草木零落”“涕零”“家道零落”。（4）“分散，不集中”。如“零散”“零售”。

第三节　多位数数字

通常记数采用“十进制”，逢十进位。珠算五加五的口诀是“退五进一”，从个位进到十位。十个一为十，十个十为百，十个百为千，十个千为万，用阿拉伯数字记数，则分别是 10、100、1000、10000。所以，“十”以后的数字，相对于个位数一至九，属于多位数。

多位数数字有十个：十，廿，卅，卌，百，皕，千，万，亿，兆。

十（拾）

十，甲骨文为一竖（丨），金文将一竖加肥，变为纺锤形（⧫），后又改为竖中加点（⧫），小篆将一竖中间的点改为一横，遂成“十”。文字学家于省吾这样解释十字形体的演变过程：“‘十’字初形本为直画，继而中间加肥，后则加点为饰，又由点孳化为小横。数至十复反为一，但既已进位，恐其与‘一’混，故直书之。”一横为“一”，一竖为“十”，表示从一到十，数字齐备了，故《说文解字》释义为“数之具也”。作为数词，十表示九加一之和。也表示序数、次数。

“十”还表示“达到顶点”，于是有了“十分”“十足”“十成”“十全十美”“十恶不赦”“十万八千里”等词。在古文里，“十”还表示“十倍”。如《孙子·谋攻》：“故用兵之法，十则围之，五则攻之，倍则分之。”句中的“十”表示十倍（十倍于敌的兵力）。

十字的大写“拾”，也是假借的。拾，形声字，从手合声，本义“掇”（《说文解字》）。“掇”和“拾”实际上是同义词，都是“捡取”的意思。现代汉语常用词“拾物”“路不拾遗”“拾金不昧”“拾取”“拾荒”中的“拾”，用的都是本义“捡取”。引申义有：整理，整顿，收集，归拢，修理，补录，惩治等。如“拾掇”“收拾”“拾零”“拾趣”“拾遗补阙”等。

有句惯用语“拾级而上”，这里的“拾”音义均通“涉”，是“轻步”的意思。“拾级而上”是书面语言，语出《礼记·曲礼上》：“拾级聚足，连步以上。”后世缩略为“拾级而上”，形容轻快地逐步登阶。

廿（念）

廿，会意字，两十相连，会意为“二十”。《说文解字》：“廿，二十并也，古文省。”段玉裁为了解释“古文省”的意思，在“省”下增“多”字，然后说：“省多者，省作二十，两字为一字也。”段氏还说：“周时凡言二十可作廿也。古文廿仍读二十两字。秦碑小篆则‘维廿六年’‘维廿九年’，皆读一字以合四言。”据徐锴考证：“宋人题开业寺碑有‘念五日’字，亭林曰：‘以廿为念，始见于此。’杨用行云：‘廿，韵书皆音入，惟市井商贾音念，而学士大夫亦从其误者也。’”就是说:周代开始把“二十”合并写作“廿”，两个字并为一个字，但读音依然是“二十”。后来人们读秦碑“维廿六年”“维廿九年”时，都把“廿”读成一个字音，“以合四言”。“廿”原本读作“入”，市井商人把“廿”读作“念”，学士大夫也跟着误读，从此约定俗成读作“念”。宋代的开业寺碑文，索性把“廿”写作“念”，从此“念”成了“廿”的大写，也成了数字。

念，本不是数字，从心今声，本义“常思”(《说文解字》)，“思念”“怀念”“挂念”皆本义。引申为“思考，考虑”。《新唐书·魏徵传》：“安不思危，治不念乱，存不虑亡也。”句中“思”“念”“虑”三字同义：“思虑”。人们常说的“念头”“一念之差”皆此义。由思虑又引申为“想念”，“念念不忘”即此义。由“想念”又引申为“信仰”（如“信念”）、“回忆”（如“念想”“留念”）。后来，念还成了“诵读”的同义词，于是有了“念书”“念道”“念白”“念叨”“念经”“念念有词”等词语。人们为了把念本字和表示诵读的“念”区别开来，曾用形声的方法创造一个新字：唸。汉字简化时又恢复“念”废除“唸”。这样，念成了一形二字：既是传承字“念”，又是“唸”的简化字。从上述辨析可知：念字作为“二十”的大写，属于假借，跟本义及其引申义无关。

卅

卅，三个十字合并成一个字，含义就是“三十”。卅，义为“三十”，读音却不是“三十”，而是sà。1925年5月30日，中国共产党领导的反帝爱国运动在上海爆发，史称“五卅运动”。

卌

卌，四个十字合并成一个字，含义就是“四十”。卌，义为“四十”，但不读“四十”，而是读xì。

把两形双音词变成一形单音词，廿、卅、卌在汉字里是很独特的。

百（佰）

百，数词，《说文解字》释义为“十十也”，即十个十之和。也表示序数、次数。还表示概数，言其多。如“百物”“百货”“百业”“百家争鸣”“百花齐放”“百尺竿头”“百折不挠”“百废俱兴”“百年大计”“百般阻挠”“百川归海”“百感交集”“百科全书”“百孔千疮”“百世流芳”等。

在古汉语里，百字还有三个别义：①百倍。《礼记·中庸》：“人一能之，已百之。”孔颖达疏：“谓他人性识聪敏，一学则能知之，己当百倍用功而学，使能知之。”②凡。《诗·邶风·雄雉》：“百尔君子，不知德行。”朱熹注：“百，犹凡也。言凡尔君子岂不知德行乎？”③勉力。《左传·僖公二十八年》：“距跃三百，曲踊三百。”杜预注：“百，犹励也。”孔颖达疏：“言每跳皆勉力为之。”

百字的大写“佰”，是假借字。佰，《说文解字》释义为“相什保”。何谓相什保？古代军队编制，十人为什，百人为佰。可见，“佰”是军队编制单位。一百个士兵组成“佰”，率领百人的长官也称作“佰”。在古汉语里，“佰”还是“陌”的通假字，表示田间东西方向的疆界或田间的道路。不过，这个“百”，应读 mò。

皕

两个百字并成一个字，含义就是“二百”。皕字在古今书面语言中都很少使用，但古代字书《说文解字》和现代词典《现代汉语词典》都收有此字。我见到用此字的只有两例，一例是本编第四章所引的《篆法皕韵歌诀》，“皕韵”即二百韵。另一例见于《憩园词话》：“聚褉帖二百余种，故又名皕褉室。”跟廿、卅、卌一样，皕是特殊的数字，把两形两音词合成一形单音词，不读“二百”，而是读“bì”。

千（仟）

千，会意字。甲（𠂇）、金（千）皆从一从人。文字学家解析说：古人伸拇指表示百，指自身表示千，故用“一人”表示“千”。小篆（𠦃）从人从十。文字学家解析说：人寿以百岁为率，十人之寿则为千，故《说文解字》说："千，十百也。"这就是说，"千"是个数词，表示十百之和。

因为是"十百"，所以常用来形容多或杂，如"千门万户""万紫千红""万水千山""千头万绪""千载难逢""千辛万苦""千里迢迢""千变万化""千方百计""千秋大业""千篇一律"等。由多又引申为"再三，反复"，如"千叮万嘱""千万千万"。

仟，本是古代军队中指挥一千人的长官的称谓，《文字音义》云："千人之长曰仟。"《史记·陈涉世家》："蹑足行伍之间，俛仰仟佰之中。"句中的"仟佰"指的就是"千人之长"和"百人之长"。在《汉书》里，有把"仟"作数词用的例子，仟同千。例如《汉书·食货志》："亡农夫之苦，为仟佰之得。"颜师古注云："仟谓千钱，佰谓百钱也。"后世以"仟"为"千"的大写。在古文里，"千"还表示田间南北小路。后表此义的"千"被新造字"阡"替代。

万（萬）

万是萬的简化字。萬字的甲（𧈢）、金（𧈢）都是象形字。《说文解字》释义为"虫名"。什么虫？古今文字学家都认为是蝎子。郭沫若说："乃假蝎之象形为之。"小篆（𥜾）突出两个钳子，隶书把这两个钳子讹变为"艹"。后假借作数字，表示十千之和。因为是"十千之和"，数量极多，所以引申出"众多""极其""绝对""全体"等义。于是有了"万物""万国""万方""万众""万代""万古""万机""万事""万象""万籁""万贯""万端""万般""万全""万念""万死""万幸""万一""万分""万难""万紫千红""万水千山""万马奔腾""万马齐喑""万人空巷""万无一失""万恶不赦""万有引力"等词语。

"万"最大，"一"最小，这一大一小两个数字连用，可以造成对比意味，合成一个新词：万一。"万 一"本指万分之一，表示极少的数量，如"笔墨不能形容其万一"。后来引申出两个新义：其一，表示可能性极小的意外变化，如"不怕一万，就怕万一"。其二，表示可能性极小的假设，如“万一下雨怎么办”。

本来甲、金、篆都有“万”字，也是古人觉得万字笔画少，容易篡改，故借萬代万。现代的简化字将萬简作万，用萬作为万的大写，其实是恢复万的本字。这个“万”还是古代的姓氏：万俟（复姓，读作 mòqí）。

亿（億）

亿是“億”的简化字。

億，形声兼会意字，从人从意意亦声，本义“安”（《说文解字》）。有的文字学家这样解释：意从心，有“心满”的含义，人心满无亏则安。故人意合体，会意为“安”。这个“安”，指内心安适而言。《左传·昭公二十一年》：“故和声入于耳而藏于心，心億则乐。”心億：内心安适。《国语·晋语四》：“億宁百神而柔和万民。”億宁：安宁。由安引申为“满”“满足”。《左传·襄公二十五年》：“不可億逞。”王引之认为：“億者，满也。逞与盈古字通，言其欲不可满盈也。”《诗·小雅·楚茨》：“我仓既盈，我庾维億。”郑玄认为：“仓言盈，庾言億，亦互辞，喻多也。”后假借作数词。

关于亿的数值，最早十万为亿，也是十进位，后来演变成万万为亿。所以，古籍里的“亿”，有的指“十万”，有的指“万万”。

兆

兆作为数词，属于假借。

兆的金文（[illegible]）和小篆（[illegible]），都是象形字，象龟坼痕，即龟甲被灼而显出的裂纹，故兆字本义为“灼龟坼”（《说文解字》）。古代卜卦，灼龟甲视其裂纹而断吉凶，这个裂纹就叫作“兆”。《左传·襄公二十八年》：“卜攻庆氏，示子之兆。”句中的“兆”即龟甲灼后的裂纹。引申为“预示”，如“瑞雪兆丰年”，一场瑞雪预示来年将会是一个丰收年。由预示又引申为“开始”“萌生”。三国魏阮瑀《为曹公作书与孙权》：“然智者之虑，虑于未形；达者所规，规于未兆。”未兆：未开始，未发生。宋王谠《唐语林·补遗》：“十道既已兆乱，则内地必置九道，以除其乱。”既已兆乱：既然已经生乱。

借作数词，兆的数值古今不同，古代“兆”排在“亿”之后，有十亿为兆、万亿为兆、亿亿为兆三种标准。现代以一百万为兆。兆的数值小于亿，没有什么实际意义。

第四节　数字的用法

现代汉语出版物同时使用汉字数字和阿拉伯数字，因此就发生了用法混乱的问题。国家为此提出“出版物上数字用法的一般原则”，作为数字用法的规范。

出版物上数字用法的一般原则有如下三条：

第一条，在使用数字计量、编号的场合，为达到醒目、易于辨识的效果，应采用阿拉伯数字，已定型的含阿拉伯数字的词语，应采用阿拉伯数字。

第二条，汉语中长期使用已经稳定下来的包含汉字数字形式的词语，应采用汉字数字。

第三条，如果表达计量或编号所需要用到的数字个数不多，两种数字在书写的简洁性和辨识的清晰性两方面没有明显差异时，则应视情况选用汉字数字或阿拉伯数字。如果要突出简洁醒目的表达效果，应使用阿拉伯数字。如果要突出庄重典雅的表达效果，应使用汉字数子。在同一场合出现的数字，应遵循“同类别同形式”原则来选择数字的书写形式。

由于有些作者、编辑未能掌握上述原则，导致不少出版物上出现数字用法错误。

常见数字用法错误主要有如下两类：

一、数字与时间　常见用法错误有二：（1）清代及清代以前的纪年，使用阿拉伯数字，或使用汉字数字但未同时采用阿拉伯数字括注公历；（2）年份误简（如“80年代”“02年”），月份、星期误用阿拉伯数字（如“3月”“星期5”）。

二、数字与语素 数字用作语素构成定型的词、词组、成语、惯用语、缩略语，或表述某种修辞色彩的意义、突出庄重典雅的效果，应使用汉字数字，例如“二万五千里长征”“四书”“五四运动”“第二次世界大战”“七上八下”“十万个为什么”“上下五千年”“白发三千丈”“十九届四中全会”等。常见上述词语中作为语素的数字误用阿拉伯数字，如“10佳青年”“12.9运动”“5000轻骑闹山乡”。但发生在美国的“9·11”事件，却应遵循“已定型的含阿拉伯数字的词语，应采用阿拉伯数字”的原则，写作“九一一事件”是不妥的。

三、阿拉伯数字2与汉字数字二、两 2、二、两三字，表示的数量相同，但在用法上不尽相同。现代出版物上在表示具有计量和统计意义时多用“2”，科技读物表示数量、小数、分数通常用“2”。但用“两”的地方不能用“2”，如“两个”“两位”“两种”“两晚”“两广”“两岸”“两厢”都不能写作“2个”“2位”“2种”“2晚”“2广”“2岸”“2厢”。表示概数，用“二”“两”不用“2”，如“两三位”“二三十里”不能写作“23位”“230里”或“2、3位”“2、30里”。“2种”“2晚”和表示概数的“23位”“2、30里”这类错误在出版物上常见。

第二章　容易写错的字

汉字形体是有严格规范的，形体写错了，虽然像字，但不是字，因为不是规范汉字，这类“字”在校对学上称作“错字”。在规范字库里不存在错字，错字常出现在书法作品、国画的款识，特别是连环画上。要想避免写错字，就必须了解汉字形体结构和汉字字形规范。下面辨析的是最常见的16个错字（括号内为错字）。

1. 切（切）

切，容易错写作“切”。原因是把左偏旁“七”误作提土（土）。

本编第一章第二节“七”讲过，七字的甲骨文是指事字，写作“十”，表示一物被拦腰断开，至秦小篆改为“七”，依然是将一物断开，含义为“断”。这就是说，“七”原本是古“切”字，后被假借作数字，遂在七旁加刀创造新字“切”。“七”作为切字的表意偏旁，表示的就是“断”义，再在右旁加“刀”，表示用刀断物，切字的含义就更加显明了。

切，本义“刌”（《说文解字》）。刌，音cǔn，义为“割，断”。故切字的本义为“割断”。“切割”“切断”“切除”“切片”“切削”等词用的都是本义。

古代珠宝器物加工工艺，“骨（骨制品加工）谓之切，象（象牙制品加工）谓之磋，玉（玉制品加工）谓之琢，石（石制品加工）谓之磨”。所以，《论衡·量知》说：“切磋琢磨，乃成宝器。”由珠宝加工引申为学问上的观摩探讨，于是有了“如切如磋，如琢如磨”的成语。

切字还有其他引申义，主要有：（1）急迫，紧迫。如“急切”“迫切”“切盼”“心切”。（2）诚恳，直率。如“恳切”“殷切”。（3）贴近，亲近。如“切身”“亲切”。（4）符合，恰当。如“切合”“切题”“切实”“切当”。（5）深深的，极深。如“深切”“切骨之仇”“切肤之痛”“切齿痛恨”。（6）紧要的。如“切要”。（7）转换。如“切换镜头”。（8）击中。如“切中要害”“切中时弊”。（9）表示强调，相当于“一定”。如“切记”“切忌”“切莫”。（10）叠用（切切）作副词，表示“千万”“务必”，如“切切勿忘”；作形容词，表示恳切或表示叮咛，如“切切此嘱”“切切此布”。

现代汉语切字单用鲜见，古文里切字单用则常见。例如苏轼《明君可与为忠言赋》：“论者虽切，闻者多惑。”虽切：虽然真诚直率。清赵翼《陔馀丛考》：“《明史》于诸臣奏议，凡切于当时利弊者，多载之。”切于当时利弊：符合当时利弊。

此外，中医按脉诊断，叫作“切脉”。望、问、听、切是中医进行病情诊断的基本方法。几何学上直线与圆、直线与球、圆与圆、平面与圆或球相接于一点，也称作“切”，如“两圆相切”“切点”“切线”。

2. 芾（芾） 3. 肺（肺）

芾，容易错写作“芾”，肺，容易错写作“肺”。原因都是把偏旁之一的“巿”跟“市”混淆了。巿、市整体形象相似，加之“市”常用而“巿”不常用，在合体字里，偏旁“巿”常错作“市”。

巿、市二字的区别在于：巿，巾上一横；市，巾上一点一横。这两个字的小篆，形体区别原本是很明显的：巿，小篆作“巿”，是象形字，象“枝叶茂盛因风舒散之貌”（《说文解字注》），后假借作为一种服饰的名称。古代朝觐或祭祀时，用一块服饰遮在衣裳前面，这件服饰叫作“巿”，又叫作“韨”。市，小篆作“市”，是会意字，由冂、了、之组合而成。冂，古坰字，本义“郊野”，在此处作“垣围”解；了，古及字，在此处作“买卖处所”解；𠮛、了、之合体，表示在特定处所从事买卖交易，“集市”即市字的原始含义。

回到芾、肺二字：芾，会意字，在市上加草，含义还是“草木茂盛的样子”。肺，形声字，从肉（变形为“月”）市声，人体内呼吸器官的名称。芾错写成“芾”，肺错成“肺”，从汉字字形规范来讲，都属于错字。顺便说一句：柿子的“柿”，修饰的“饰”，金属元素“铈”，右偏旁都是“市”，写成“市”也是错字。

4. 步（步）

步，常错写作“步”，原因是不知道步字的结构规则。

步，象形兼指事字，由两个“止”组合而成。步字是上下结构，上半部是正写的“止”，下半部是倒写的“𣥂”（“一”下变形为“少”）。止是“趾”的象形字，在这里代表“脚”，两脚一前一后，表示行走，故步字本义为“行”（《说文句读》）。如果下半部的“少”写成“少”，就违反了步字结构规则，不符合汉字字形规范，因而是错字。

在古汉语里，步和走，虽然都表示行走，但含义不同：步义为“行”（步行），走义为“奔”（奔跑）。有两句成语，一句是“走投无路”，一句是“邯郸学步”，点明了走、步二字含义的区别。“走投无路”的意思是：本想投奔别人，却无人接纳，因而陷入绝境。“走投”即投奔。“邯郸学步”出自《汉书》里的一个故事：“昔有学步于邯郸者，曾未得其仿佛，又复失其故步，遂匍匐而归耳。”说是燕国有两个少年，听说邯郸人走路的姿态优美，便结伴去学人家走路的姿态，学了好长时间却不得要领，又把自己原来走路的姿态忘掉了，以致不知怎么走路，只得爬着回到故乡。这里说的“步”，指的是走路的姿态，是行走的引申义。走路的姿态又称“步态”，如形容走路轻快用“步态轻盈”，形容走路沉着用“步态稳重”。由步态引申为“步韵”，这个“步”是“依照”的意思，“步韵”即依照别人诗作所用韵脚的次第和诗。

步字还有很多引申义。例如：用脚走路称作“步”，徒步作战的军队称作“步兵”，队伍操练时脚步的大小快慢称作“步伐”。由步伐引申为比喻进行某种活动的方式和速度，于是有了“步调”一词。武术、舞蹈、球类活动中，脚步移动的方向、先后、快慢等的章法或程式，称作“步法”。由步法引申为“事情进行的程序”，于是有了“步骤”一词。又引申为比喻行动谨慎、防备严密，于是有了成语“步步为营”。由行走引申为“追随”“模仿”“探索”，如“步人后尘”“亦步亦趋”“走一步，看一步”。

走路必须前脚踏地后脚抬起跨出。古人把举足跨出两足的距离，作为长度单位，“步”因此变成了量词。《礼记》说：“一举足为跬，再举足为步。”举足跨出，称作“跬”（半步），再举足跨出，称作“步”。那么，一步的标准尺寸是多少呢？据史书记载：周时八尺为一步，秦时六尺为一步，近代改为五尺为一步，现代不再用步做长度单位。

5. 具（具） 6. 俱（俱）

具，常错写作“具”，原因把上半部的“目”错写成“日”，少了一小横，造成错字。

具，小篆作“具”，会意字，从目从廾（双手，隶变讹为“丌”）。目，鼎字的省笔。鼎，古代的炊具，目廾合体，表示双手捧鼎，会意为“器物”。也有的古文字学家持异议，认为：具，从贝（省笔为“目”）从廾，双手捧贝，表示敬奉财货，会意为“供置”（供置备用）。郭沫若不以为然，他说：“古从鼎作之字，后误为贝。”从使用频率看，具字确实多指“器物”。例如：器具、工具、刀具、农具、家具、餐具、雨具、文具、寝具、道具等，都属于器物。但是，具字确有“供置备用”的意义。例如：“具备”“具有”“具结”“具保”“备具”“谨具”“初具”“略具”“具呈”等词，都有“供置备用”的意义。

器具是实在之物，因此引申出“具体”（细节方面很明确的，不抽象的，不笼统的，特定的）、“具象”（具体的，不抽象的）等义。

俱是后造的形声兼会意字，从人从具具亦声，取“具”的“备具”义，人具合体，会意为“皆”（《说文解字》）。如“百废俱兴”“面面俱到”“一应俱全”。杜甫名诗《茅屋为秋风所破歌》中的名句：“安得广厦千万间，大庇天下寒士俱欢颜。”句中的“俱”用的就是本义：皆。表示文化娱乐活动团体或场所的“俱乐部”中的“俱乐”，取“大家都快乐”义。俱字没有“器物”的含义，把“家具”写成“家俱”，是错误的。

既然“俱”以“具”为偏旁，所以，写作“俱”也属于错字。

7. 染（染）

染，常错写作“染”。原因是把上右的“九”误作“丸”，多了一点，造成错字。

染，会意字，从水从木从九，会意为“使布帛着色”。木，表示染色的原料，古时布帛染色，多从植物提取色汁，如茜、栀、蓼蓝等。水，色汁须溶于水才能进行染色，染色过程还须多次用水漂洗。九，表示染色须经多次染洗。

染字的引申义有四：

其一，书画着色落墨。元夏文彦《图画实鉴六法三品》：“笔墨超绝，传染得宜。”句中“染”指的就是书画着色落墨。

其二，浸染，沾污。如“沾染恶习”。“一尘不染”则相反。

其三，感染，传染。如“染病”“传染病”。

其四，熏染。即习俗积渐。如《书胤征》：“旧染汙俗，咸与维新。”又引申为所沾染的旧习。如严复《与〈外交报〉主人论教育》：“变法之难，在于去其染矣。”

有个词叫作“染指”，是个贬义词。这个词有个典故：春秋时，郑灵公请大臣吃甲鱼羹，故意不给子公吃，子公很生气，“染指于鼎”，用手指蘸着甲鱼汤，尝之而出。后世用“染指羹鼎”比喻捞取非分的利益，也比喻插手或参与分外的某种事情。现代有些人，不知“染指”的由来，将“染指”误作“荣获”，如说某某“染指诺贝尔奖”。不仅用词不当，而且褒贬错位。

8. 拜（拜）

拜，常错写作“拜”。原因是不知道“双手并下”的造字本意。

拜，小篆作“[illegible]”，会意字，从双手从下（隶变作“丅”），双手并下为拜。错写成“拜”，只有双手而无下，就不成其为“拜”。

拜，行礼致敬的一种方式：双膝跪地，双手并下至地，以首叩地。引申为“见面行礼表示祝贺”，如“拜年”“拜寿”。又引申为“崇敬”“臣服”，如“崇拜”“拜倒”“拜服”“拜金”“拜物”。拜还作为一种重大活动仪式，如“拜师”“拜堂”“拜谒”“拜盟”。用作敬辞，表示对对方的尊敬，如“拜访”“拜读”“拜客”“拜会”“拜见”“拜识”“拜别”“拜贺”“拜望”“拜托”“拜谢”等。

在古文里，常见用“拜”表示“呈奉”和“授任”。例如李密《陈情表》：“谨拜表以闻。”拜表：呈奉《陈情表》。又如《史记·淮阴侯列传》：“至拜大将，则信也。”拜大将：授任大将。

9. 真（真）

真，常错写作“真”。原因是把中间的“目”错写成“日”，少了一小横，造成错字。

真字的金文（[illegible]）和小篆（[illegible]），都是会意字，由匕、目、丌组合而成。匕有变化之义，目有辨识之功，丌代表可乘之物。匕、目、丌合体，会意为“仙人变形而登天”（《说文解字》），即所谓羽化成仙。段玉裁认为：“此真之本义也。”道家有“修真得道”之说，所以，古代称得道成仙者为“真人”。《庄子·列御寇》：“夫免乎外内之刑者，唯真人能之。”句中的“真人”即得道成仙者。古文字学家徐灏对此说持异议，他疑“真”为古慎字，理由是：真，从匕从目从八，“从匕，匕与比同，密也；从目，谛视也；从八，分别也；皆审慎之意”。他认为“真”即“慎”，而慎训诚，真字的本义应该是“诚”。应当说，两说都有道理。

后世除“真人”指得道成仙者外，真字多用“诚”义。“真诚”“真挚”“真心”等常用词，用的都是本义：诚。由诚引申为“本性”“自然”“不虚假”，如“率真”“天真”“真性”“真相”“真正”“真实”“真情”“真话”“真人真事”等。摹绘人物谓之“写真”，取“真实”义。书法中的正楷称为“真楷”，取“真正”义。

10. 恭（恭）

恭，常错写作“恭”，原因是不知道下面的“⺗”是心字的变体，而误写成“氺”（水）。

恭，形声字，从心共声，本义“肃也”（《说文解字》）。肃是什么意思？段玉裁解释说：“肃者，持事振敬也。”即对长者或宾客严肃而有礼貌。恭字小篆原本作“𢗻”，下半部是“心”；隶书将“心”变体为“⺗”，便成了“**恭**”。楷书依隶为“恭”，“恭”便成规范字形。“恭敬”“恭候”“恭谨”“恭迎”“恭顺”“恭贺”“恭请”“恭听”等词，用的都是本义。引申为“侍奉”，如“恭行”“恭职”。古代待人礼节“拱揖”（俗称“作揖”）也称作“恭”，如《老残游记》第二十回：“老残听了，连连打恭。”“连连打恭”即连连作揖。

对长者恭敬，表现为行为，实则发自内心，所以从心。如果“⺗”变成“氺”，就不知道是什么意思了。

11. 彩（彩）

彩，常错作“彩”，原因是把左偏旁的“采”跟“釆”混淆了。采、釆形似，极易混淆。

采和釆的区别在于：采，木上加爪（变形为“爫”）；釆，米上加一撇。这两个字的小篆，形体区别很明显：采，小篆作“𥝩”，会意字，从木从爪，爪即手，把手伸向树，会意为“捋取”（《说文解字》），即摘取。釆，小篆作“釆”，是象形字，象兽爪痕迹之形，跟“木”无关。其含义有两说：一说义为“兽爪”。《集韵·猕韵》：“釆，兽悬蹄。”《六书正义》也认为：“釆，兽指爪也。”另一说义为“辨别”。《说文解字》：“釆，辨别也，象兽指爪分别也。”清代学者王筠在《说文释例》中指出：“釆字当以兽爪为正义，辨别为引申义，以其象形知之。”有的古文字学家认为它就是“辨”的古字。采和釆，都可以跟别的字组合新字，例如采跟彡组合成“彩”，釆和心组合成“悉”。

回到彩字。彩，会意字，从采从彡，采，本义“摘取”，别义“彩色”，后造字“彩”用“采”表义表音，又用象形字“彡”（须毛及饰画的花纹）做右偏旁，组合成新字，会意为多种颜色。如果将彩字的左偏旁写作“釆”，就不知道是什么意思了，所以是错字。

12. 悉（悉）

悉，常错写作“悉”，原因也是偏旁之一的“釆”跟“采”混淆了。如前所述：釆，米上加一撇；采，木上加爪。两字结构不同，含义有别。

釆字的含义为“辨别”，釆心合体，表示用心辨别事物，会意为“详”“尽”，因为辨别事物必详知其实和尽其所有。例如《聊斋志异·乐仲》：“言女大归日、再醮日、及生子年月，历历甚悉。”甚悉：非常详尽。于是有了“详悉”“熟悉”等词。又如《汉书·萧和传》：“悉所有佐军。”悉所有：尽所有。于是有了“悉数”“悉心”“悉力”等词。

由详、尽引申为“知道”“了解”，例如《徐霞客游记·游庐山日记》：“不登此峰，不悉此瀑之胜。”不悉：不知道，不了解。于是有了“知悉”“洞悉”“获悉”“惊悉”等词。用作副词，表示范围，相当于“全”“都”。例如《书·汤誓》：“格尔众席，悉听朕言。”悉听：都听。又如《红楼梦》第三回：“果见正房、厢房、游廊悉皆小巧别致。”悉皆：全都。

有两句常用的敬辞：惠书敬悉，悉听尊便。收到朋友来信，回信告诉对方，您信里说的事我都知道了，常用“惠书敬悉”。表示完全听从对方的安排，常用“悉听尊便”。

13. 德（德）

德，原作“悳”，会意字，从直从心，直心即心地纯粹正直。后在左旁加个“彳”，彳悳合体，表示“得于心而形于外”，表里一致，含义还是“纯粹正直”。汉代学者郑玄认为：“德行，内外之称，在心为德，施之为行。”这恐怕是古人在“悳”旁加“彳”的用意吧。所以，古文字学家认为：“悳德止一字，德为悳的异体耳。”

关于德字的本义，《说文解字》认为是“升”，但后世多释义为“道德、品行”。古今常用词“道德”“品德”“公德”“德行”“德望”“德才”等，用的都是此义。在中国传统文化中，“修德”是做人之本。《易·乾》指出：“君子进德修业。”王安石在《寓言九首》中也说：“功高后毁易，德薄人存难。”因此，古代的政治家、教育家主张“德治”“德育”，强调道德教化的作用，通过倡导良好的道德品质和行为规范来治理国家和社会。毛泽东也把德育置于社会主义教育方针之首，他说：“我们的教育方针，应该使受教育者在德育、智育、体育几方面都得到发展，成为有社会主义觉悟的有文化的劳动者。”

德字的引申义很多，现代汉语仍在使用的主要有：（1）恩惠。如“恩德”。《史记·游侠传》：“及（郭）解年长，更折节为俭，以德报怨，厚施而薄望。”句中“以德报怨”，即拿恩惠来报答仇恨。（2）感激。如“感恩戴德”。《豫让吞炭》：“但人心素德赵氏，不忍叛离。”句中“德”即感激。（3）心意。如“一心一德”“同心同德”“离心离德”。

悳演化为德，除了在左旁加了“彳”，还将“直”变形为“罒”。后来发展的行草，有的书法家将“罒”下的“一”省略了，写成“德”。但是，按照汉字造字结构规则，这个“一”是省略不得的，省略了就不是“直心”了。所以，国家发布的《现代汉语通用字表》仍将“德”作为规范字形。在正式出版物里，“德”应该属于错字。

14. 聚（聚 ）

聚，常错写作“聚”，原因是把“乑”（“众”的变形）误作“豕”（猪）。乑、豕形似，极易混淆。

聚，形声兼会意字，从众（小篆作“㐺”，隶变讹作“乑”）从取取亦声。众即众人，取有“收而有之”义，众取合体，表示“众人居住生息之所”，故《说文解字》认为其本义为“邑落”。段玉裁注：邑落，谓邑中村落。《史记·五帝本纪》：“一年而所居成聚，二年成邑，三年成都。”句中的“聚”，即村落。

由众人聚居引申为“会合”“集合”。《国策·齐》：“夫鸟同翼者而聚居，兽同足者而俱行。”《史记·天官书》：“五星聚于东井。”二句中的“聚”，都是会合、集合的意思。由会合、集合又引申为“积累”“储备”。《易·乾》：“君子学以聚之，问以辩之。”《左传·哀公十七年》：“楚白公之乱，陈人恃其聚而侵楚。”二句中的“聚”，都是积累、储备的意思。由积聚又引申为财物“征收”“搜刮”。《论语·先进》：“季氏富于周公，而求（冉求）也为之聚敛而附益之。”句中“聚敛”，即征收赋税。又引申为“堆积”。鲍照《苦雨》诗：“密雾冥下溪，聚云屯高岸。”句中的“聚”，即“堆积”。现代仍在使用的“聚居”“聚落”“聚合”“聚会”“聚集”“聚众”“聚齐”“聚餐”“聚拢”“聚积”“聚精会神”“聚歼”“聚敛”“聚宝”等词，都是由“本义”引申发展而形成的。

由上述辨析可见，聚字下半部的“乑”（众）至关重要，无“众”就形不成“聚”，把“乑”写成“豕”（猪）就不知何义了，所以属于错字。

15. 鼻（鼻）

鼻，常错写作“鼻”，原因是不知道鼻字的形体结构。

鼻，形声字，从自畀声。自的甲（）、金（）、篆（），都是象形字，象鼻之形，因此，《说文解字》认为它是“鼻”的本字。后被假借表示“自己”“亲身”“起源处”“由、从”等义，遂在“自”下加“畀”，创造形声字“鼻”。

鼻字的声符“畀”，是会意字，其形体结构有个演变过程。甲文从田从廾，金文从由从廾，田、由象束物之形，廾表示双手，双手捧物，会意为“付与”。小篆改“廾”为“丌”，表示置物丌（架座）上，含义还是“付与”。楷书依据小篆作“畀”，遂成规范字形。鼻，从自畀声，所以，规范字形应是“鼻”，下面是“丌”不是“廾”，写成“卄”就是错字。

鼻，俗称“鼻子”，动物呼吸器官的名称。它还有三个特殊含义：其一，开创。有“鼻祖”一词，义同“始祖”，比喻创始人。其二，针孔。缝纫用的针，用于穿钱的小孔，又称“针鼻”。其三，鼻息。鼻息，本指“从鼻腔出入的气息”，但成语“仰人鼻息”却将“鼻息”比喻脸色，“仰人鼻息”比喻依附他人看人脸色行事。

16. 霞（霞）

霞，常错写作“霞”或“霞”，原因是把“叚”跟“段”混淆了。叚、段形似，极易混淆。

霞，形声字，从雲（省笔作“雨”）叚声，义为“赤云气”（《说文新附》）。赤云气，即赤色云之光彩。这种光彩多出现在日出、日落前后，因日光斜射天空而出现的光象或彩云。日出前后天空出现的光彩叫作“朝霞”，日落前后天空出现的光彩叫作“晚霞”或“落霞”。杜审言《和晋陵陆丞相读兵书》：“云霞出海曙，梅柳渡江春。”诗中形容的是朝霞。王勃《滕王阁诗序》中的名句，“落霞与孤鹜齐飞，秋天共长天一色”，形容的是晚霞。

霞用作形容词，形容夺目光彩。例如：阳光穿透云雾射出的彩色光芒，称作“霞光”。古代彩绣的帔、帐、绶，光彩夺目，称作“霞帔”“霞帐”“霞绶”。在古文里，“霞”同“遐”，还常见用“霞”比喻高远。例如：屈原《远游》：“载营魄而登霞兮，掩浮云而上征。”朱熹注：“霞与遐同，古字借用。”又如李白《题嵩山逸人元丹丘山居》：“凭云蹑天窗，弄影憩霞阁。”“登霞”比喻高远，登天揽浮云；“霞阁”比喻高耸，高阁入云端。

霞，雨下的“叚”，是“假”的本字，它在霞字里担任表音的角色。错作“段”或“段”，就不成其为字，所以属于错字。

第三章　容易读错的字

前一章，说的是容易写错的字，这一章专门探讨容易读错的字。朗读、播音、演讲，都是用声音传播信息，如果朗读者、播音者和演讲者读音错了，也会影响表情达意，所以，不但要正确写字、用字，还要正确读字。

读音错误，主要有两种情况：一是形声字错读，二是多音字误读。此外，还有专用名误读。下面分为两节对容易读错的136个形声字和多音字，一一予以辨析。

第一节　形声字错读

汉字里面形声字最多，占90%以上。形声字的特点是：组成合体字的两个或多个独体字，有的起表义作用（文字学称作“形符”或“形旁”），有的起表音作用（文字学称作“声符”或“声旁”）。因此，许多形声字只要认识充当声符的独体字，就可以准确地读出音来。例如：洏、栭、胹、鸸、鲕五个形声字，都以“而”做表音的声符，读音都是ér；蚊、纹、玟、炆、雯五个形声字，都以“文”做表音的声符，读音都是wén；婺、骛、鹜三个形声字，都以“敄”做表音的声符，读音都是wù。因此，人们总结出一条识读汉字规律：长字（上下结构）认一截，扁字（左右结构）认一边。但是，这条“规律”只对四分之一左右的形声字起作用，所以，“长字认一截，扁字认一边”往往会造成错误。例如：螢、塋、瑩、縈、營、鎣（今简化作萤、茔、莹、萦、营、蓥），都是“熒”（省火为“𤇾”，今简化作“艹”）字头，声符都是“荧”，这六个字都读yíng。但是，同是“艹”字头的茕、茕、荦、荣，却都不读 yíng。茕，读 qióng；荥，地名，读 xíng（河南荥阳）；荦，读 luò；荣，读 róng。

为什么多数形声字不能根据声符来读音呢？这是因为：一、汉字古今读音不完全相同；二、多数形声字的声符只表近似音；三、有些形声字是多音字；四、有些作为声旁的独体字，本身就是多音字；五、有些形声字的声符是省笔（省去该字的一部分），如不知原字就很难准确读音。可见，识读形声字，也要“审形，明义，知音”。

本节所列 62 个字，大都是容易误读的形声字（也有些本是会意字因被误作形声字而导致误读），将从形、声、义的结合上逐一辨析。

1. 忡

忡，形声字，从心中声，但不读“中”，而是读 chōng。

忡，从心，说明跟心理有关，《说文解字》释义为“忧貌”。徐锴在《说文解字系传》里解释说：“忧而心动也。”《诗经》里用了这个字：“不我以归，忧心有忡。”“忧心有忡”即心有忧愁。忡字叠用（忡忡），含义还是“忧貌”。例如《诗·邶风》：“未见君子，忧心忡忡。”“忧心忡忡”后世演变为成语，形容忧虑不安的心情。例如宋王禹偁《待漏院记》：“忧心忡忡，待旦而入。”这句成语现在仍常用，例如峻青《秋色赋·在英雄的村庄里》：“这个刚刚遭受了重大损失的李家埠，在即将到来的大风暴前面，到底能不能坚持得住，我忧心忡忡地在围墙上踱来踱去。”不少人受“仲”字的影响，将“忡忡”误读作“仲仲”。

2. 怆

怆，形声字，从心仓声，但不读“仓”，而是读 chuàng。《说文解字》：“怆，伤也。”这个“伤”，指的是“悲伤”。《礼记》：“霜露既降，君子履之，必有悽怆之心，非其寒之谓也。”《后汉书·独行传·范式》：“时式出行适还，省书见瘗，怆然感之，向坟揖哭，以为死友。”两句中的“悽怆”“怆然”，含义都是“悲伤”。类似的词还有：凄怆，悲怆，怆痛。

3. 枢

枢，会意兼形声字，从木从区区亦声。但“枢”不读“区”（qū或ōu），而是读shū。

区，繁体作“區”，会意字，从匚从品。匚，音xī，义为“挟藏”；品，物品；匚品合体，表示将物品藏起来，会意为“藏匿”（《说文解字》），这是区字的本义。古文里有“踦区”“仆区”二词，都是隐藏、藏匿的意思。木区合体，会意为“户枢”，即承门轴的门臼，门臼是藏匿门轴使不脱离的。《汉书·五行志注》：“枢，门扇所由关闭者也。”

由门轴引申为“中心环节”或“关键部分”，如“中枢”（在一事物系统中起总的主导作用的部分）、“枢纽”（事物的重要关键，事物相互联系的中心环节）。

4. 怙

怙，形声字，从心古声，但不读“古”，而是读hù。

怙，本义“恃也”（《说文解字》），即依靠，仗恃，心中自觉有所凭借之意。《左传·宣公十五年》有“怙其俊才”句，意思是“依靠出众的才智”。柳宗元《封建论》有“怙势作威”句，意思是“仗恃权势作威作福”。孩子最可依靠者莫过于父母，所以，古文里常把“怙”作为父母的代词。例如白居易《寄乌江十五兄文》：“孩失其怙，幼丧所亲，旁无弟兄，藐然一身。”“孩失其怙”即幼小时就失去父母而孤独无依。在古汉语里，怙、恃同义。例如《诗·小雅·蓼莪》：“无父何怙？无母何恃？”后世遂以“怙”代父，以“恃”代母，称丧父为“失怙”，称丧母为“失恃”。例如洪深《歌女红牡丹》：“红牡丹幼年失怙，事母尽孝。”蒲松龄《聊斋志异·公孙九娘》：“生有甥女，早失恃，道生鞠养。”

有句成语“怙恶不悛”，句中的“怙”用“仗恃”的引申义：坚持。“怙恶不悛”的意思是：坚持作恶，不肯悔改。这句成语现代仍常用，但不少人把“怙恶”错读作gū ě。

5. 栉

栉，会意字，从木从节。不少人以为是形声字，从木节声，因而错读作“节”。这个字的正确读音是 zhì。

栉，繁体作“櫛”，是由“木”和“節”（节）组合的会意字。从木，表示跟“木”有关；節，本指“竹根的節”，在“櫛”字里表“坚硬”义（竹根是很坚硬的）；木節合体，会意为“木梳”（用坚硬木材制成的梳子）。古代的木梳有两种：一种梳齿较疏，叫作“梳”；一种梳齿较密，叫作“比”（后改称“篦”）。梳和篦，统称“栉”。

有两句常用成语：一句是“鳞次栉比”，一句是“栉风沐雨”。“鳞次栉比”形容建筑物密集，如同鱼鳞、梳齿一样排列。“栉风沐雨”比喻不避风雨，如同风梳头、雨沐浴，形容奔波劳累。这两句成语，如果读成“鳞次节比”“节风沐雨”，就让人不知何义了。

6. 荦

荦，繁体作“犖”。“𤇾”（荧省“火”）字头的字，大多读 yíng，因此，人们以为“犖（荦）”也是“𤇾”字头，把它错读作 yíng。

犖（荦），形声字，表义的形旁是“牛”，表音的声旁不是“𤇾”，而是“勞（劳省“力”）”，读“劳”的近似声 luò。

荦，本义“驳牛”，即毛色不纯的牛。杂色牛，毛色差别明显，因而引申出“分明”“显著”“卓绝”等含义。例如《史记·李斯列传》：“故外不可倾以仁义烈士之行，而内不可夺以谏说忿争之辩。故能荦然独行恣睢之心而真之敢逆。”句中的“荦然”，含义就是“卓绝的样子”。荦字叠用（荦荦），形容分明、显著的样子。例如茅盾《幻灭》：“这还是荦荦大者的矛盾，若毛举细故，更不知有多少。”句中的“荦荦大者的矛盾”即明显的、主要的矛盾。“大者”也作“大端”，现代常用词“荦荦大端”，用的就是这个含义，意思是“明显的要点”或“主要的项目”。

7. 殄

殄，形声兼会意字，从歹从㐱，㐱亦声。以“㐱”为声符的字，大多读参的原音 zhěn，如诊、殄、畛、疹，也有的读参的近似音 zhēn，如珍、胗。但是，殄字的读音特别，既不读 zhěn，也不读 zhēn，而是读 tiǎn。

殄，从歹，表示跟死亡有关。歹字原始含义是“残骨”，用作合体字的形符表示“死亡”（详见本编第四章“陨殒”）；参，本义“稠发”（头发稠密），在这里表示头颅；歹参合体，义为“尽，灭绝”（《尔雅·释诂》）。《后汉书·班彪传》：“草木无余，禽兽殄夷。”孙中山《讨袁檄文》：“誓殄元凶，再奠新邦。”两句中的“殄”含义都是“尽，灭绝”。成语“暴殄天物”中的“殄”也用此义，意思是“任意灭绝自然界的动植物”，也泛指“屠杀生灵”或“糟蹋东西”。例如《书·武成》：“今商王受无道，暴殄天物，害虐烝民。”唐常衮《李采访贺收西京表》：“顷者，胡羯乱常，崤函失守，暴殄天物，凭陵帝京。”杜甫《又观打鱼》：“吾徒胡为纵此乐，暴殄天物圣所哀。”三句中的“暴殄天物”，都指屠杀生灵。

8. 俟

俟，形声字，从人矣声，但不读“矣”，而是读 sì。

《说文解字》认为：俟的本义是“大”，有《诗经》“伾伾（pī pī，有力气的样子）俟俟（sì sì，大）”为证。但是，俟的本义早就不用了，而用假借义：等待。段玉裁在《说文解字注》里指出：“此俟之本义也，自经传假为竢字，而俟之本义废矣。”“竢”字的含义就是“等待”，后来俟行竢废。《论语·乡党》：“君命召，不俟驾行矣。”《老残游记》：“俟索子查明，本府回明了抚台，仍旧还你。”两句中的“俟”，都是“等待”的意思。前句中的“不俟”即不等待，后句中的“俟索子”即等待办案人。

俟万组成复姓“万俟”，读作 mò qí，是异读音，不可读作 mò sì。南宋大奸臣万俟卨（mò qí xiè），是秦桧杀害岳飞的帮凶。

9. 皈

皈，甲、金、篆都没有这个字，说明它是后造字。皈，义同归，当“返回”讲。宋代诗人杨万里《晚皈再度西桥》：“皈还西桥东复东，蓼花近路舞西风。”诗题及诗句中的“皈”，都是“返回”的意思。佛教取“皈”字的“反白”义，创造了“皈依”一词。“白”有光明圣洁之义，“反白”表示迷途知返，归附佛门，“皈依”即心身向往、终生归附。例如《聊斋志异·伍秋月》：“生素不佞佛，至此皈依甚虔。”“皈依甚虔”即非常虔诚地归附佛门。在现代汉语里，“皈”只用于“皈依”一词，表达返回义统用归。

皈是会意字，从白从反，会意为“归”，正确读音是guī。但是，不少人以为“皈”是形声字，又受“反”字和“叛”字影响，将“皈”错读作“反”或“叛”。

10. 炽

炽，繁体作“熾”，形声字，从火戠声，音chì，本义“盛”（《说文解字》），这个“盛”，有两层意思：其一，火旺。如“篝火在炽烈地燃烧”“火势炽盛”。其二，兴盛。《资治通鉴·唐宪宗元年和十四年》：“晋、宋以来，（佛学）日益繁炽。”句中“繁炽”，即兴盛，发展得很快。鲁迅《书信致台静农（一九三五年十一月十五日）》：“近来谣言大炽，四近居民，大抵迁徙。”句中“大炽”是“旺盛”的引用义：盛传，传播得很广。由火旺引申为“燃烧”“热”“热烈”。《水浒全传》第九十三回：“李逵从外入来，听了这几句说话，心如火炽，口似烟生。”句中“心如火炽”即心里火急火燎。表“热”“热烈”义的常用词有：炽热（极热），炽烈（旺盛猛烈）。如“炽热的阳光”“炽热的感情”“炽烈的感情”等。由兴盛引申为“强盛”。扬雄《解嘲》：“三仁去而殷墟，二老归而周炽。”句中“周炽”即周代强盛。

以“戠”（今简化作“只”）为声符的字很多，如织、职、轵、帜、枳、识等，织读zhī，职读zhí，轵、枳读zhǐ，帜、识（表“记，记号”义）读zhì。声调虽不同，但声母、韵母都相同，因此，人们举一反三，把“炽”错读作zhí或zhì。

11. 浃

浃，会意兼形声字，从水从夹夹亦声。夹，繁体作“夾”，会意字，从大从二人，象征二人相向持一人，本义为“持”，有“二合一”的意思。水夹合体，会意为“洽”（《说文新附》），即融洽。例如《徐霞客游记·滇游日记十三》：“又东一里，入野愚静室，是为大静室，浃谈半日晌。”句中的“浃谈”即谈得很融洽。

由融洽引申为“通达”。例如《荀子·解蔽》：“其所以贯理焉，虽亿万，已不足以浃万物之变，与愚者若一。”句中的“浃万物”即“通达万物”。

由“通达”又引申为“浸渍，透彻”。表此义最著名的词语是成语“汗流浃背”（详见本编第四章第二节“汗流浃背”）。这句成语原本形容极度惶恐或非常惭愧，即俗话说的“出了一身冷汗”。因为“浃”有“湿透了”的含义，所以，现代人们常用“汗流浃背”形容浑身大汗，但跟成语原义相距甚远。

前面说了，浃是形声字，从水夹声，这个字倒是应该“扁字认一边”。问题在于：夹字的正音是什么？夹，本音 jiā，因此，浃也应读 jiā。夹字还有两个异读音：一个读 jiá，含义是“双层的”，常用词只有“夹袄”“夹被”；另一个读 gā，只有“夹肢窝”一词。与“夹”有关的合成词，例如“夹住”“夹带”“夹板”“夹道”“夹击”“夹注”“夹子”“夹生”“夹缝”等词中的“夹”，本应读 jiā。可是，很多人习惯把“夹”统读作 jiá，因而依此音将“浃”也错读作 jiá。

12. 挟

挟，繁体作“挾”，形声字，从手夾（今简化作“夹”）声，但不读“夹”，而是读 xié。

“挟”是常用字，“挟持”“挟制”“挟嫌”等词，经常出现在人们的口头或书面语言中。人们习惯“扁字认一边”，常将“挟”错读作 jiā 或 jiá。

挟，本义作“持”解，即以腋夹持之意。《国语》有“挟经秉枹”

句，“挟经”而把经书夹在腋下。引申为“持”“抱”。如屈原《天问》：“何冯（凭）弓挟矢。”挟矢：持矢。又如《列子·汤问》：“彼将挟琴执管而从子之后耳！”挟琴：抱琴。又引申为“倚仗”“胁迫”，如“挟制”“要挟”，倚仗势力或抓住别人弱点迫使服从。又引申为“心里怀着”，如“挟嫌”“挟恨”“挟仇”，怀着怨恨或仇恨。

有两句很有名的成语：一句是“挟泰山以超北海”，一句是“挟天子以令诸侯”。常有人把这两句成语错读作“夹泰山以超北海”，“夹天子以令诸侯”。“挟泰山以超北海”中的“挟”，义为“挟持”（架住或抓住），挟持泰山跨越北海，比喻根本做不到的事。“挟天子以令诸侯”中的“挟”，义为“挟制”，说的是东汉末年，曹操把汉献帝控制起来，而用汉献帝的名义发号施令，后用作成语比喻假借某种名义迫使人们听从。

在古汉语里，挟字有个异读音：jiā，读此音时，义同“夹”（夹取）。例如《庄子·骈拇》中有“挟策读书”句，句中的“挟策”即“拿着简策”。现代汉字简化时，将这个“挟”废除了，改为“夹”。所以，现代汉语“挟”字只有一个读音：xié。

13. 殍

殍，形声字，从歹孚声，但不读“孚”，而是读 piǎo。

《玉篇》：“殍，饿死也。”《农政全书·荒政·备荒总论》：“未几谷尽，殍者满道，愚常矜其用心，而嗤其不善处事。”殍者：饿死的人。

以“孚”字做声符的合体字，多数读“孚”，如“浮”“孵”“俘”“蜉”“桴”“郛”“莩”，不少人依此类推，把“殍”错读作“孚”。

14. 莞

莞，形声字，从草完声，但不读“完”，而是读 guān。

莞，本是草名，一种莎草科多年生草本植物，因茎可制席，故俗称“席子草”。在古文里常用作席子的代词。《诗·小雅·斯干》：

“上莞下簟，乃安斯寝。”句中的“莞”，今称“蒲席”。夏天躺在蒲席上清爽凉快，可以安睡，所以说“乃安斯寝”。

莞字有个异读音：wǎn。只用于“莞尔”一词，形容会心地微笑，如“莞尔一笑”“相视莞尔”。

莞作地名，读 guān 的近似音：guǎn。广东省有个城市叫作“东莞”，应读作 Dōng guǎn，不少人误读作 Dōng wǎn。

15. 耄 16. 耋

耄、耋都是形声字：耄，从老毛声；耋，从老至声，但不读“毛”“至”，而是读 mào dié。

耄和耋，表义形旁都是“老”，都跟年老有关，都指年过八十的老人。耄和耋在古文里常见单用。例如：《国语·周语下》：“尔老耄矣。”韦昭注：“八十曰耄。”《诗·秦风·车邻》：“今者不乐，逝者其耋。”毛传：“八十曰耋。”现代汉语多耄耋连用，如“耄耋之年”。“耄耋”这个词，只有一个含义，一般不会用错，但错读作“毛至”的却较多，上了“长字认一截”的当。

17. 桔

桔，形声字，从木吉声，但不读“吉”，而是读 jié。

桔，《说文解字》：“桔，桔梗，药名。一曰直木。”这就是说，桔字的含义有二：一曰“桔梗”，二曰“直木”。这两个释义，在古文里都可以找到书证。

桔，又称“桔梗”，是一种多年生草本植物，根可入药。《本草经》卷三：“桔梗，味辛，微温。主胸痛如刀刺，腹满，肠鸣幽幽，惊恐悸气，生山谷。”

桔，又称“直木”。《徐霞客游记·江右游日记》：“一隙岈然若门，侧身而入，其门高五六尺，而阔仅尺五，上下二旁，方正如从绳挈矩，而槛桔之形，宛然斫削而成者。”句中“槛桔”，俗称门框，门框上方横木叫作“楣”，下方横木叫作“槛”，两侧直木叫作“桔”。

古代有一种汲水工具，叫作“桔槔”，在井旁树上或木架上挂一杠杆，一端系水桶，一端坠石块，利用杠杆原理，杠杆一起一落，汲水可以省力。

很多人把“桔”当作“橘”的简化字，把橘子写作“桔子”，把橘色写作“桔色”。橘字并未简化，桔不是橘的简化字，按照现代汉字规范，橘不应写作“桔”。可笑的是，一位颇有名气的电视节目主持人，竟然手拿橘子“说文解字”：“桔（橘）字木字旁加个吉字，可见，桔（橘）子是一种吉利的水果。”

18. 悛

悛，形声字，从心夋声，但不读“夋”，而是读 quān。

悛，本义“停止”（《说文解字》）。《左传·隐公六年》：“长恶不悛，从自及也，虽欲救之，其将能乎？”意思是：作恶不止，不可救药。引申为“改正，悔改”。白居易《议祥瑞辨妖灭》：“故王者不惧妖之不灭，而惧过之不悛。”句中的“过之不俊”即“犯了错误而不肯改正”。有句成语“怙恶不悛”，意思是“坚持作恶，死不悔改”。

在古汉语里，悛字还有“次序”“恭敬”等别义，今已不用。

19. 倥 20. 偬

倥、偬都是形声字：倥，从人空声：偬，从人忽声，但不读“空”“怱”，而是读 kǒng zǒng 。

倥字单独使用，见于《西游记》第三十七回：“他二人却就省悟，坐在高处，倥着脸不言不语。”《汉语大字典》认为：“倥着”即“绷着”。这个倥字，读音是kōng。倥字跟侗字组成“倥侗”，跟偬字组成“倥偬”，在书面语言中比较多见。“倥侗”里的“倥”，和“倥偬”里面的“倥”音义都不一样：倥侗读 kōng tóng，倥偬读 kǒng zǒng。“倥侗”的含义是“蒙昧无知的样子”。例如《汉书·扬雄传》：“天降生民，倥侗顺蒙。”颜师古注：“童蒙无所知也。”“倥偬”的含义是“事务繁多，急迫”。例如《后汉书·卓茂传》：“斯固倥偬不暇给之日。”李贤注：“日促事多，不暇给足也。”“倥偬”还有“困苦”的含义。例如《楚辞·九歌·愍命》：“愁倥偬于山陆。”王逸注：“倥偬，犹困苦也。”当系“事务繁多”的引申义。在现代汉语里，“倥偬”多用于形容军务繁忙紧迫，例如“老元帅一生戎马倥偬”。也可用于形容人事繁杂忙碌，例如“人事倥偬”。

没有查到偬字单独使用的书证，其含义也找不到确切根据。《汉字大字典》也仅注“见倥偬”。

21. 浣

浣，形声字，从水完声，但不读“完”，而是读 huàn。有人错读作 wǎn，可能是受“皖”字的影响。

浣，从水，表示跟“水”有关，本义为“洗濯衣物”（《说文解字》）。古代书面语言，称洗衣为“浣衣”，称洗纱为“浣纱”。例如唐韦应物《寄卢庾》：“乱发思一栉，垢衣思一浣。”又如《红楼梦》第六十回：“效颦莫笑东村女，头白溪边尚浣纱。”由洗濯衣物引申为“涤除”。例如王安石《夏夜舟中颇凉有感》：“未秋轻病骨，微曙浣愁肠。”唐制，官吏十天一次休息沐浴，一个月30天，分为上浣、中浣、下浣。后来借做上旬、中旬、下旬的别称。

22. 踽

踽，形声字，从足禹声，但不读“禹”，而是读 jǔ。

踽，从足，说明跟足有关。《说文解字》释义为“疏行貌”，即一个人走路孤零零的样子。多叠用“踽踽”，形容孤独无亲。例如陆游《初夏杂咏》：“踽踽飘零客，悠悠剩长身。”茅盾《霜叶红似二月花》：“老驼福踽踽地走到河边，朝着滔滔东流的河水看了一会儿，独自微微一笑。”

23. 烨 24. 晔

晔、烨二字，都以“华”做偏旁，但不都读“华”，而是读 yè。

晔、烨二字，同音同义，本义都是“光盛”，即光辉灿烂、光彩夺目。叠用“晔晔”“烨烨”，也同音同义。古文里常见用“晔”

或“烨”形容光泽、光辉、明美。例如《两地赋》：“兰茝发色，晔晔猗猗。”“晔晔”形容兰茝（香草）美茂的样子。《卖柑者言》：“杭有卖柑者，善藏柑……出之烨然，玉质而金色。”“烨然”形容柑的表皮光泽。晔、烨二字的引申义也相同：“盛貌”（《说文解字》）。宋玉《神女赋序》：“差貌横生，晔兮如华，温乎如莹。”《诗·小雅·十月之交》：“烨烨震电，不宁不令。”“晔兮”“烨烨”都是“盛貌”。《辞海》把“晔”作为“烨”的异体字，《辞源》则相反，把“烨”作为“晔”的异体字。在《简化字总表》里，烨、晔则是音同义同形异的两个字。把晔、烨错读作“华”的人不少，这是因为他们不了解这两个字的形体结构，误以为都是以“华”为声符的形声字。

晔、烨都不是形声字，而是会意字。晔，繁体作“曄”从日从華（今简化为“华”）。从日，表示跟“光”有关。华，作“草木茂盛”解，日华合体，会意为“光盛”（《集韵》）。烨，繁体作“燁”，从火从暈（曄字的变形），所以音、义皆同“晔”。“华”并不是这两个字的声旁，所以，它们的读音与“华”无关。

25. 赧

赧字的小篆（赧），从赤𠬝声，𠬝，音 niǎn，赧读𠬝的近似音：nǎn。小篆楷化后，赧字表音的声符变形了，人们以为“赤”是声符，故误读作“赤”。

赧，本是会意兼形声字，从赤从𠬝𠬝亦声。赤，义为“红色”；𠬝，义为“柔皮”，在赧字里表“皮”义；赤𠬝合体，会意为“因羞愧而脸红”。例如柳宗元《乞巧文》：“大赧而归，填恨低首。”后泛指脸红。例如李白《秋浦歌十七首》：“赧郎明月夜，歌曲动寒川。”“赧郎”即脸色红润的年轻男子。在现代汉语里，赧字仍多用于表示“因羞愧而脸红”这个本义。例如常用的“赧然一笑”就是形容难为情的样子，“赧颜汗下”就是形容因羞愧而脸红。

26. 笞

笞，形声字，从竹台声，但不读“台”，而是读 chī。

古代刑罚有五：笞，杖，徒，流，死。笞是五刑之一，即鞭打。所以，《说文解字》释义为“击也”。王筠在《说文解字句读》里解释说：“箠者笞之器，以箠击之谓之笞也。”箠，本指马鞭（策马的鞭子），后用作刑杖，用刑杖鞭打的刑罚叫作“笞”。后泛指“鞭打”。例如《史记·淮南衡山列传》：“王疑太子使人伤之，笞太子。”“笞太子”即鞭打太子。邓中夏《启汉出狱喜极而泣诗以志之》：“解开你的衣襟，笞疤减去了没有？”“笞疤”即鞭打造成的伤疤。因而衍生出“鞭笞”一词。

27. 酝 28. 酿

酝、酿，繁体作醞、釀，都是形声字。醞，从酉昷声。以昷字做声符的字，多数读 wēn，如温、瘟、榅、鳁。釀，从酉襄声，以襄字做声符的字，多数读 rǎng，如嚷、壤、攘。因此，人们想当然地将“酝酿”错读作 wēn rǎng。酝、酿的正确读音是：yùn、niàng。

酝和酿，都以“酉”做表义的形符，表示都跟酒有关。郭沫若考证：酉“乃壶尊之象也。古金及卜辞每多假以为‘酒’字。”酝和酿，本义都是“制酒”，在《说文解字》里，酝、酿二字互训：“酝，酿也。”“酿，酝也。”在古文里，酝、酿单独使用，含义相同。例如：曹植《酒赋》：“或秋藏冬发，或春醖夏成。”《史记·孟尝君例传》：“迺多酿酒，买肥牛。”酝、酿又都表示“酒”。例如：《雍熙乐府·一枝花·渔隐》：“一篝灯下笃佳酝，身趔趄，醉醺醺。”《三国演义》第六十八回：“（左）慈取桌上玉杯，满斟佳酿。”“佳酝”“佳酿”都是美酒。现代汉语形容美酒不用“佳酝”，只用“佳酿”。

酝、酿又都指制酒发酵的过程，由此引申为“比喻事物逐渐形成”。例如：宋陈与义《题唐希雅寒江图》：“江头云黄天酝雪，树枝惨惨冻欲折。”《红楼梦》第三十三回：“明日酿到他弑父君，你们才不劝不成。”现代汉语仍用此义，如“酿成大祸”。后来，“酝酿”成为合成词，比喻做准备工作。例如选举之前先协商产生候选人，制订计划之前先做调查研究，讨论问题之前先做发言准备，协商、调查研究、发言准备的过程，都称作“酝酿”。

29. 涸

涸，会意字，从水从固，会意为“水竭”（《玉篇》），即水干枯。人们误以为“涸”是形声字，从水固声，加之“干涸”与“干枯”同义，故常将“干涸”错读作 gān kū。涸字正确读音是 hé，“干涸”应读作 gān hé。

有句成语“涸辙之鱼”，典出《庄子 · 外物》：

> 庄周家贫，故往贷粟于监河侯。监河侯曰：“诺。我将得邑金，将贷子三百金，可乎？”庄周忿然作色曰：“周昨来，有中道而呼者。周顾视车辙中，有鲋鱼焉。周问之曰：‘鲋鱼来！子何者邪？’对曰：‘我东海之波臣也。君岂有斗升之水而活我哉？’周曰：‘诺。我且南游吴越之土，激西江之水而迎子，可乎？’鲋鱼忿然作色曰：‘吾失我常与，我无所处。吾得斗升之水然活耳，君乃言此，曾不如早索我于枯鱼之肆。’”

庄周自比涸辙之鲋，批评河监侯见死不救。宋人有感说：“涸鳞怅望一杯水，安用西江浩渺之波澜。”后人将这个故事浓缩为成语“涸辙之鲋”，比喻处在困境中急待救助的人。庄子在《庄子 · 大宗师》中，直接用了“涸”这个词：“泉涸，鱼相与处于陆，相呴以湿，相濡以沫，不如相忘于江湖。”成语“相濡以沫”典出于此。

由水干枯引申为“竭，尽”。例如《管子 · 牧民》：“错国于不倾之地，积于不涸之仓，藏于不竭之府。”句中的“不涸”“不竭”二词同义。

30. 阋

兒，正音 ér，义为“小儿”，异音 ní，义为“弱小”。有些用“兒”做声符的字，如倪、霓、鲵，读“兒”的异读音 ní，人们依此类推，以为阋字也是形声字，从门兒声，因而错作 ní。阋字正确读音是 xì。

阋，原作“鬩”，会意字，从鬥（不从门）从兒（不表音）。鬥（今简化作“斗”）表示争吵，兒本指儿童，在这里表示“善讼者”（《说文解字注》），用儿童比喻喜欢争吵的人，鬥兒合体，会意为“争吵不休”。“兄弟阋于墙，外御其务。”这是《诗经》里的名句，意思是：兄弟之间虽然在家里争吵不休，但一旦有事还能一致对抗外侮。后世多用“兄弟阋于墙”比喻内部不和。

31. 阈

阈，会意兼形声字，从门从或或亦声。或字是阈字的声符，但阈不读“或”，而是读 yù。这是为什么呢？还得从解析“或”字入手。

或，甲骨文（[illegible]）由戈、口组合而成，戈是兵器，口表示区域；持戈守卫区域，会意为“邦”。金文（[illegible]）、小篆（[illegible]）在“口”下加“一”（“一”表示土地），含义还是“邦”。楷书依据小篆作“或”。有的文字学家认为“或”是“國”（今简化作“国”）的本字，有的文字学家认为“或”是“域”的本字。邦、国、域三说都是对的，因为在古汉语里邦、国、域差不多是同一概念。成语“多难兴邦”，这个“邦”就是国。唐代文人骆宾王《为徐敬业讨武曌檄》中说：“请看今日之域中，竟是谁家之天下？”句中的“域中”就是国内。清代文字学家段玉裁甚至认为：“《邑部》曰：‘邦者，国也。’盖或、国在周时为古今字，古文只有或字，既乃复制国字。”因此可以断定，或是“国”的本字，用作合体字“阈”的扁旁，表示的是其引申义“界限，范围”。门或合体，会意为“门槛”。或还是阈的声旁，或本音 yù，所以，阈应读 yù。这应该是比较合理的解释。

阈是个文言词。《左传》里有句名言：“床笫之言不逾阈。”意思是：小夫妻在卧室说的悄悄话，不能传出房门。《左传》里还有一句话：“妇人送迎不出门，见兄弟不逾阈。”这是古代妇女的行为规范：迎送客人不能迈出大门，会见兄弟不能跨过房门槛。由于“阈”（门槛）起着把门里门外隔开的作用，便引申出“界限”“范围”等义。现代科学家把它用作科学述语，如“视阈”“听阈”“痛阈”“分辨阈”“理解阈”等，表示范围或界限的概念，于是变成了现代常用词。

32. 笄

笄，形声字，从竹幵声，幵音 jiān，但笄不读“幵”，而是读 jī。幵字极少用，许多人不认识它，往往与“并”混淆，因而将“笄”错读作“并”。

笄，是古代固定发髻用的簪子，也用作固定冠冕。例如《晋书·礼志上》：“蚕将生，择吉日，皇后著十二笄步摇。”《西游记》第十六回：“头戴左笄帽，身穿无垢衣。”古时女子年满十五岁行成年之礼，必须把头发绾起来，插上簪子固定。因此，女子成年称作“及笄”，未成年称作“未及笄”。

33. 斐

斐，形声字，从文非声，但不读“非”，而是读 fěi。

斐，本义“五色相错”。《说文解字》：“斐，分别文也。”段玉裁解释说：“许云分别者，浑言之则为文，析言之则为分别之文，以字从非知之也。非，违也。”“分别之文”就是“五色相错”。

“斐”多用于形容文章的文采，即文辞华美。例如《诗·小雅·巷伯》：“萋兮斐兮，成是贝锦。”《文心雕龙·章表》：“君子秉文，辞令有斐。”《论语·公冶长》：“吾党之小子狂简，斐然成章，不知所以裁之。”“斐兮”“有斐”“斐然”，都是“有文采”的意思。后世将“斐然成章”作为成语，形容文辞华美而能成章法。

“五色相错”有色彩鲜明的意思，因而引申为“显著”。形容某人工作成绩显著，常用“斐然”来表达，如“成绩斐然”“斐然可观”。斐字叠用“斐斐”，也是形容词，形容有文采的样子，或形容轻淡的样子。古诗有“斐斐气幂（覆盖）岫”的名句，用“斐斐”形容山间轻淡的气雾。

太平洋上有个岛国，英文名称是 Fiji，中文音译为“斐济”。斐还是个古老的地名和姓氏。《公羊传》有“郑伯会公于斐”的记载。斐，郑邑，故址在今河南省新郑县东。《春秋》有“晋有斐豹”的记载，可能因斐姓人稀少，《百家姓》没有列出。

34. 喟

喟，形声字，从口胃声，但不读“胃”，而是读 kuì。

喟，书面语言，义为“叹气”，常用词有：喟叹，感喟，喟然。“喟叹”和“感喟”，都是动词，表示因有所感触而叹息，如“喟叹不已”“感喟不已”。“喟然”是形容词，形容叹气的样子，如“喟然长叹”。

35. 晷

晷，形声字，从日咎声，但不读“咎”，而是读 guǐ。

晷，古代测日影以定时刻的仪器，通称“日晷”。这种仪器是一石制或铜制圆盘，盘上有二十四时的刻度，圆心立一垂直金属长针，太阳东起西落，长针的投影随之换变角度、长度，古代天文家根据日影的角度、长度来测定时刻。“日晷”是根据太阳的投影测时的，因而“晷”成了白天、日光、日影、光阴（时间）的代词，遂成多义词。古文里的“晷”字，有的指“日晷”，有的指“白天”，有的指“日光”，有的指“日影”，有的指“光阴”，阅读时要根据语境做出判断。例如，《汉书·李寻传》：“日者，众阳之长，辉光所烛，万里同晷。”这个“晷”指“日光”。“万里同晷”即阳光普照。韩愈《进学解》：“焚膏油以继晷。”这个“晷”指白天，“焚膏油以继晷”即夜以继日。晋潘尼《赠陆机出为吴王郎中》：“寸晷惟宝，岂无玙璠（美玉）。”这个“晷”指“光阴”，“寸晷惟宝”即“每寸光阴都很宝贵”。

36. 啻

啻，形声字，从口帝声，但不读“帝”，也不读“啼”，而是读 chì。

啻是文言副词，作“但、止、只、仅”讲，常用在表示疑问或否定的字后，组成“不啻”（不只，不仅、不止）“何啻”（用反问的语气表示“不止”）。例如：“今日之浦东与昔日之浦东，不啻天壤之别。”“今日之浦东与昔日之浦东，何啻天壤之别！”前句用肯定的语气，后用反问的语气，两句表达方式不同，但含义相同。

37. 愎

愎，形声字，从心复声，但不读“复”，而是读 bì。

愎，本义“乖戾，固执”。乖戾：（性情、言语、行为）别扭，不合情理。固执：（性情、态度）古板执着，不肯变通。例如《资治通鉴·汉献帝建安五年》：“而性矜愎自高，短于从善。”这个“愎”兼有“乖戾”“固执”的含义。古文里有“愎谏”一词，意思是“固执己见，拒绝他人意见”。成语“刚愎自用”常见于书面语言中，其含义是“固执任性，自以为是”。

38. 缄

缄，形声字，从丝咸声，但不读“咸”，而是读 jiān。

缄，从丝，表示跟“丝”有关，它本是捆束箧笥的绳子。箧与策同义，都是古代的书写材料，统称“竹简”，在“箧笥”一词中指代“书”；笥是古代盛衣物的方形竹器，样子像现代的箱子；箧笥合起来就是读书人出门携带的竹制书箱。竹箱装满书，盖上箱盖后，还须用绳子捆缚，才能挑起外出。所以，《说文解字》说：“缄，束箧也。”

缄的“束箧”作用，被引申为“捆扎”“包藏”“遮蔽”。《墨子·节葬下》：“榖木之棺，葛以缄之。”缄之：捆扎。元稹《酬乐天书怀见寄》：“诗书费一夕，万恨缄其中。”缄其中：包藏其中。王安石《送僧游天台》：“前程好景解吟否，密雪乱云缄翠微。”缄翠微：遮蔽翠微。又引申为“封，闭”，现在仍常出现在书面语言中。例如，文人写信，在信封右下角写上“某缄”，表示郑重，亲自封口。人们对某事保持沉默，在书面语言里常用“缄口”“缄默”来形容。成语“三缄其口”，形容慎言。

39. 蜃

蜃，形声字，从虫辰声，但不读“辰”，而是读 shèn。

蜃，本指大蛤蜊。古人缺乏科学知识，认为大蛤蜊是雉变的。《国语·鲁语九》：“雀入于海为蛤，雉入于淮为蜃。”一说蜃是蛟的一种，“状亦似蛇而大，有角如龙状”，呼出的气形成“海市蜃楼”。其实，蛤蜊跟雉、蛇不相干，不是同纲同科动物。“海市蜃楼”更与蛤蜊无关，而是大气中由于光线的折射作用而形成的一种自然现象。当空气各层的密度有较大的差异时，远处的光线通过密度不同的空气层就发生折射或全反射，于是在空中出现远处物体的影像。作为成语，“海市蜃楼”比喻虚幻的事物或变幻莫测的情态。例如张缵孙《正同学书》：“近来文字之祸，百怪俱兴，往往创为荒唐诡僻之事……识者，固知为海市蜃楼，寓言幻影。”

40. 酵

酵，形声字，从酉孝声，但不读“孝”，而是读 jiào。

在古代字书里，酵字最早见于《玉篇》。《玉篇》成书于南朝梁、陈之间（约公元 550 年前后），据此推断，酵当是三国以后造的字。酵，从酉，而酉是古酒字，因此与“酒”有关，《玉篇》释义为“酒母”。酒母今称“酵母”，又叫“酵母菌”，是真菌的一种，酿酒、制酱、发面，都利用它引起化学变化，这种化学变化就称作“发酵”。现代汉语扩展了“发酵”的含义，用它比喻事态正在发展变化。

41. 蓓

蓓，形声字，从草倍声，本该“扁字认一边”，读“倍”，但是，许多人受“陪”字的影响，将它错读作“陪”。

蓓，义为“蓓蕾”，即含苞待放的花骨朵儿。例如，唐徐夤《追和白舍人咏白牡丹》：“蓓蕾抽开素练囊，琼葩熏出白龙香。”在古汉语里，“蓓蕾”常省作“蓓”。例如，宋代诗人黄庭坚的《戏咏腊梅》：“金蓓锁春寒，恼人香未展。”

42. 嗔

嗔，形声字，从口真声，但不读“真”，而是读 chēn。

嗔字的含义有二：其一，生气。茅盾《蚀·幻灭》：“静觉得那小眼珠发出的闪闪的光，似喜又似嗔，很捉摸不定。”“似喜又似嗔”既好像是高兴又好像是生气。其二，责怪。《红楼梦》第三十二回：“恐怕你的林妹妹听见，又嗔我赞了宝姐姐。”“嗔我”即责怪我。嗔字叠用“嗔嗔”，音义均同“阗阗”，音为 tián tián，义为“众多，盛大”。

43. 跻

跻，形声字，从足齐声，但不读“齐”，而是读 jī。

跻，义为“登，上升”（《说文解字》）。谢灵运《石门新营所住》：“跻险筑幽居，披露卧石门。”李善注：“跻，登也。”《易·震》：“跻于九陵。”孔颖达注：“跻，升也。”在现代汉语里，与“跻”有关的词用得最多的是“跻身”，如“跻身 500 强”“跻身世界先进行列”。“跻身”取“跻”的“上升”义，含义是“上升到某个位置”。有人以为“跻”与“挤”同义，将“跻”错读作“挤”，将“跻身”误解为“挤进某个位置”。

44. 畸

畸，形声字，从田奇声，但不读“奇”，而是读 jī。

畸，从田，表示跟“田”有关，本指不方正、不规则的田。周代实行一种叫作“井田”的土地制度，以 900 亩田为单位，划分为方方正正的九块，每块 100 亩，形如“井”字，四周八块分给八家农户耕种，中央一块作为“公田”，由八家农户共同义务耕种。零星的小块田，不方不正，不能按“井”字形划分，这类田就称作“畸”。“畸”是零星、孤立的田，因而引申出“畸零”这个概念。“畸零”的含义有二：一是“零头，余数”；一是“孤单”。现代汉语里常用的“畸形”“畸变”“畸轻畸重”，都是由“不正”引申出来的，都是“不正常”的意思。

45. 龃 46. 龉

龃，形声字，从齿虘（省笔作“且”）声，但不读“虘”（cuó），而是读 jǔ。

龉，繁体作“齬”，形声字，从齿吾声，但不读“吾”，而是读 yǔ。

龃，本义“齿不平正”，即牙齿长得凹凸歪斜。龉，本义“齿不相合”，即上下牙不亲合。这两个字很少单独使用，而是组成“龃龉”一词。龃龉，本义“上下牙不对应”。这个本义，古文、今文都鲜见使用，通常使用的是它的比喻义。“龃龉”有三个比喻义：其一，双方意见抵触不合。白居易在《连理》中用了此义：“谁能坐自苦，龃龉于其中。”茅盾在《蚀》中也用了此义：“我和她的龃龉，大半也由于我固执好胜，而她也不肯示弱。”其二，不相聚，别离。王安石在《酬冲兄见别》中用了此义：“两地尘沙今龃龉，二年风月共婆娑。”其三，道路不平坦。徐霞客在《滇游日记》中用了此义：“始甚峻，一里，转西渐宽，于是皆车道平拓，无龃龉之虑矣。”

47. 觥

觥，本作“觵”，觥是觵的俗字，后来俗字成了正字，觵字遂废。

觵、觥都是形声字，觵从角黄声，觥从角光声，但既不读“黄”，也不读“光”，而是读 gōng。

觥，从角，说明它与兽角有关。《说文解字》：“觥，兕牛角可以饮者也。”兕（sì）牛：雌性犀牛。可以饮者：可做饮具的。觥是上古时代用犀牛角制作的酒具。到了商代，发明了冶炼青铜，人们就用青铜做酒具，形状仍如牛角，依旧叫作“觥”。西周以后，很少使用这种酒具，“觥”遂成了各种酒具的统称。《徐霞客游记·滇游日记四》：“时天色复明，遂举大觥，登骑而去。”“举大觥”即大碗喝酒。成语“觥筹交错”中，“觥”指酒杯，“筹”指行酒令用筹码，觥与筹交错，形容人们相聚饮酒的热闹场面。

48. 缜

缜，形声字，从丝真声，但不读“真”，而是读 zhěn。常听有人把“缜”错读作 shèn，可能是受了“慎”的影响。

缜，从丝，说明它与丝有关，本义为“把麻分成丝”。也有的学者认为缜的本义是“丝缕”。这两个具体义引申出一个共同的抽象义：精致，细润。南朝宋颜延之《祭屈原文》：“兰薰而摧，玉缜则折。”句中“玉缜”即精致的玉器。《徐霞客游记·游嵩山日记》：“两崖石壁，色较缜润。”句中“缜润”即细润。又引申为“周密”。常用词“缜密”即表此义。

49. 溘

溘是会意兼形声字，从水从盍盍亦声。但不读“盍”（hé），而是读 kè。盍在“溘”字既表音又表义。盍字的小篆（盇），由皿、大、一组成，“大、一”像盖，皿上加盖，会意为“覆”，即现代汉语通用的“覆盖”。大雨滂沱，形成内涝，来势很快，用水、盍合体表示“忽然，突然”。一个受人尊敬的人去世，人们感到突然，就用“溘然长逝”来形容，表示崇敬和怀念。

50. 谲

谲，形声字，从言矞声。矞字古音有三：yù，jué，xú。谲取第二音，读 jué。以“矞”为声符的合体字，还有“橘”“鹬”，鹬读 yù，橘读 jú。橘是常用字，人们见到矞字旁的字，往往都错读作 jú。

谲字本义“欺诳，诡诈”。例如，孙中山《讨袁檄文》：“孰意贼性凶顽，谲诈成习。”引申为“权变”。例如，《论语·宪问》：“晋文公谲而不正，齐桓公正而不谲。”刘宝楠正义：“谲，权也。”又引申为“隐约其辞而不直言”。古文有“谲谏”一词，含义是“不直言君之过失”。用通俗的语言来表示，就是拐弯抹角地说，委婉地陈述。又引申为“奇异，怪异，变化”。例如《红楼梦》第五回：“惟嫡孙宝玉一人，禀性乖张，性情怪谲。”“性情怪谲”就是性情怪异，如果理解为“性情欺诈”，那就冤枉了贾宝玉。“风云诡谲”中“诡谲”，既不是“欺诈”，也不是“怪异”，而是“变化”，“风云诡谲”比喻政治或经济形势变幻莫测。

51. 踉 52. 跄

踉，形声字，从足良声，但不读“良”，踉字的读音有二：

liáng，liàng。跄，从足仓声，但不读“仓”，而是读 qiàng。

跟、跄二字，都从足，说明都跟“足”有关：跟，义为“走不快”；跄，义为“走动”。跟字通常不单独使用，而是跟“跄”合成“踉跄”一词，形容行走不快或站立不稳。例如，南朝梁简文帝《妾薄命》：“王嫱貌本绝，踉跄入氈帷。”句中的“踉跄”，读作 liàngqiàng，形容行走不快。茅盾《子夜》：“（阿二）一眼看见曾沧海脸色变成死白，手指簌簌地抖，一个踉跄躺在烟榻上。”句中的“踉跄”，形容站立不稳。踉跄常叠用“踉踉跄跄”，形容走路跌跌撞撞的样子。跄字还有“以头撞地”的含义，如“呼天跄地”。叠用“跄跄”，形容起舞的样子。例如晋阮修《大鹏赞》：“跄跄大鹏，诞自北漠。”古汉语有“跄跄济济”一词，形容行路合乎礼节。例如《诗·大雅·公刘》：“跄跄济济，俾筵俾几。”郑玄注：“跄跄济济，士大夫之威仪也。”踉跟“跳”组成“跳踉”一词，读作 tiàoliáng，音义均同“跳梁”，比喻跋扈猖獗，如“跳梁小丑”。

53. 锲

锲，形声字，从金契声，但不读“契”，而是读 qiè。

锲，本义“镰”，一种割草的弯刀。用作动词，义为“雕刻”。《左传·定公九年》：“尽借邑人之车，锲其轴。”杜预注：“锲，刻也。”成语“锲而不舍”也用此义。“锲而不舍”出自《荀子·劝学》：“锲尔舍之，朽木不折；锲而不舍，金石可镂。”意思是：刻几下就不刻了，即使是朽木也不能折断；如果坚持雕刻，即使是金石也能镂空。这句成语比喻学习要持之以恒，才能有所成就。

54. 箧

箧，声符是“夹”，但不读“夹”，而是读 qiè。

箧，会意兼形声字，从竹从匚从夹夹亦声。从竹，表示跟竹有关；从匚，表示藏物；从夹，表示手持。竹、匚、夹合体，会意为“竹制手提箱”，如“书箧”。由箱子引申为“收藏”，古代诗文里的“诗箧”“文章箧”“珠玑箧”，含义都是“收藏”，只是收藏的对象不同：“诗箧”收藏诗，“文章箧”收藏文章，“珠玑箧”收藏珠宝。

55. 箴

箴，形声字，从竹咸声，但不读“咸”，而是读 zhēn。

箴，从竹，说明跟竹有关，它原本是竹制针的名称。人类在石器时代，缝衣的工具是用竹或骨制作的，竹制缝衣工具就叫作“箴”。后来，人类发明了冶炼金属的技术，就不再使用箴了，而改用金属针具，箴字就让位给后造字“鍼”和“针”。

箴不但是缝衣的工具，还是治病的工具，不过，治病用的“箴”，不是用竹制作的，而是用石头磨制的，所以叫作“箴石”。后来箴的治病义不断扩展，引申为“规劝”“批评”，治心理病。古代有些贤明的国君，广开言路，命百官指出他的缺点，称作“箴王阙”。古代有一种文体，专门规劝、告诫读者，文风质朴，言简意赅，发人深思。这种文体被称作“箴言”。

56. 熠

熠，形声字，从火習声，但不读“習”（今简化作“习”，但用作合体字的偏旁，不简化，仍作“習”），而是读 yì。

熠，从火，说明跟火有关。《说文解字》释义为“盛光”，即闪闪发光。李白《明堂赋》：“熠乎光碧之堂，炅琼华之室。”形容大堂金碧辉煌，光耀夺目。有两个引申义：其一，明亮；其二，鲜明。宋李纲《书僧伽事》：“空中宝光飞腾往来，大者如星，小者如舍利，熠爚缤纷，若可承揽。”句中的“熠爚”，义为“光彩，明亮”。《诗·豳风·东山》：“仓庚于飞，熠耀其羽。”仓庚，黄莺的别名，黄莺飞翔，展开鲜明的羽毛。熠字叠用“熠熠”，形容鲜明、闪烁。白居易《宣州试射中正鹄赋》：“银镝急飞，不夜而流星熠熠。”形容银镝飞出如流星闪烁。现代汉语仍在使用的“光彩熠熠”，也是鲜明、闪烁的意思。

57. 踟　58. 躇

踟，形声字，从足知声，但不读“知”，而是读 chí。本义“行不进”（《玉篇》），即徘徊不前。

躇，形声字，从足著声，但不读“著”，而是读 chú，本义“犹豫”（《玉篇》），即迟疑不决。

踟、躇二字都鲜见单用，踟和蹰组成“踟蹰”，和躇组成“踟躇”。“踟蹰”和“踟躇”是一对同音同义的异形词，现代汉语以“踟蹰”为首选词形。

“踟蹰”的含义有三：其一，徘徊。杜甫《又呈窦使君》：“漂泊犹杯酒，踟蹰此驿亭。”“踟蹰此驿亭”：在驿亭徘徊。其二，心疑未定。白居易《食笋》：“久为京洛客，此味常不足，且食莫踟蹰，南风吹作竹。”莫踟蹰：莫迟疑。其三，相连的样子。王延寿《鲁霞光殿赋》：“西厢踟蹰以闲宴，东序重深而奥秘。”句中“踟蹰”即相连的样子。一、二两义现代仍常用。“踟蹰”还是古代刻漏承水器的名称。刻漏是古代计时仪器。据《初学记》记载的刻漏法：“为器三重，圆皆径尺，差立于水舆踟蹰之上，为金龙口吐水，转注入踟蹰经纬之中。”

躇还可和踌组成“踌躇”，形容“犹豫难决”。欧阳修《绛守居园池》：“我思其人为踌躇，作诗聊谑为坐娱。”诗句中的“踌躇”表示的即本义。由犹豫难决引申为“徘徊”，例如《后汉书·张衡传》：“拓岩华而踌躇。”句中“踌躇”和“踟躇”同义。

59. 瞠

瞠，形声字，从目堂声，但不读“堂”，而是读 chēn。

瞠，从目，说明跟眼睛有关，《广韵》释义为“直视”，即瞪着眼睛看。秋瑾《光复军起义》：“再进而叩以‘何以可以免此存亡之问题？’则又瞠然莫对。”“瞠然莫对”即瞪着眼睛不答。瞠还有“受窘、惊呆”的引申义。例如鲁迅《集外集拾遗·怀旧》：“‘啊，吴妪不几吓杀耶？’李媪又大惊叫，众目亦益瞠，口亦益张。”成语“瞠目结舌”，瞪着眼睛说不出话来，形容受窘或惊呆的样子。

60. 踱

踱，形声字，从足度声，但不读“度”的正音 dù，而是取“度”的异音读 duó。

踱，从足，说明跟足有关，关于它的含义，古今字书解释不一致。《广韵》释义为“跣足蹋地”，即赤脚踏地。《玉篇》释义为“跮踱”，即忽进忽退。《辞海》和《现代汉语词典》释义为“慢步行走”，明代以后多用此义。例如《水浒传》第四回：“（鲁智深）离了僧房，信步踱出山门外立地。”《红楼梦》第三十回：“宝玉背着手在迴廊上踱来踱去。”上引《水浒传》《红楼梦》两句，用的都是“慢走”的含义。

61. 蹒

蹒，繁体作“蹣”，形声字，从足㒼声，古读 mán，古义“跨越”。古文里有“蹒山度水”句，意思就是翻山越河。这个古音古义今已不用，而用它与“跚”组成“蹒跚”，读音是 pán shān。“蹒跚”是个多义词，有三个义项：其一，跛行貌，即形容脚跛不灵便，行走缓慢摇摆的样子。《醒世恒言》：“那太医却是个老者，须鬓皓然，步履蹒跚。”“步履蹒跚”是句成语，形容腿脚不灵便走路摇摆缓慢的样子。鲁迅在《呐喊·鸭的喜剧》中，用“蹒跚”形容鸭子走路摇摇摆摆的可爱姿态：“小鸭也诚然是可爱，遍身松花黄，放在地上，便蹒跚的走。”其二，行走缓慢貌。蒲松龄《聊斋志异·药僧》：“缩颈蹒跚而归，父母皆不能识。”形容药僧行走缓慢。其三，旋行貌，即旋转的样子，与“蹁跹”同义。唐窦泉《述书赋》写道：“婆娑蹒跚，绰约文质。”句中的“蹒跚”可不能用“跛行”或“行走缓慢”来解释，它的含义应该是“旋转的样子”，不然怎能用“婆娑”来形容？

62. 鹬

鹬，形声字，从鸟矞声，矞的正音是 yù，所以，“鹬”应该读 yù。但是，许多人把它读作 jú，可能是受“橘”字的影响。

鹬是一种水鸟，脚长、嘴长，喜在浅水觅食鱼蚌，因成语“鹬蚌相争，渔翁得利”而闻名于世。

“鹬蚌相争，渔翁得利”，出自《战国策·燕策二》：战国时代有位政治家叫苏代，听到赵国准备发兵攻打燕国，就到赵国去见惠王，劝他放弃攻燕，改与燕国联合，共同对付强大的秦国。苏代对赵惠王说：“我过易水时，看到河蚌刚张开蚌壳，鹬鸟就上去啄食蚌肉，河蚌立刻闭合蚌壳，把鹬鸟的长嘴钳住不放。鹬对蚌说：‘你放了我吧，不然，今天不下雨，明天还不下雨，你就得干渴而死。’蚌说：‘我今天钳住你，明天还钳住你，你也活不成。’两者两持，互不让步。这时，来了一个渔翁，连鹬带蚌一起逮走了。赵国攻打燕国，势必造成赵燕对立，强秦将得渔翁之利。”后人把苏代这番颇有哲理的话提炼成“鹬蚌相争，渔翁得利”，比喻双方相持不下，第三者就会钻空子，从而得到好处。

第二节　多音字误读

汉字里面，有不少多音字，同一个字，在不同词语或语境里读音不同，有的字甚至有五六个读音。遇到多音字，如果只知其一而不知其二，就会读错音。同一个字，读音不同，含义也不同，所以读错了音，会影响表情达意。

一字多音，有五种类型：

（1）声母不同。例如：

秘　秘密 秘书 秘闻 便秘（mì）

　　秘鲁（国名音译）（bì）

系　系统 系列 联系 大学院系（xì）

　　系鞋带 系蝴蝶结（jì）

（2）韵母不同。例如：

薄　厚薄 地薄（土地不肥沃）（báo）

薄弱 薄利 薄情 薄面 日薄西山 如履薄冰（bó）

大　大小 大度 大夫（古代官职）大王（古代对国君、诸侯的尊称，现代垄断某种经济事业的财阀或高手）（dà）

大夫（医生）大王（强盗首领）大城（河北地名）（dài）

（3）声调不同。例如：

泡　泡沫 泡菜 泡影（pào）

泡子（小湖）泡桐（落叶乔木）泡货（体积大、分量小的物品）发泡（虚而松软）（pāo）

难　困难 难道 难怪（nán）

难友 非难 问难 发难（nàn）

（4）声韵调两项或三项不同。例如：

吓　恐吓 恫吓（hè）

惊吓 吓唬（xià）

壳　脑壳 蛋壳（ké）

地壳 金蝉脱壳（qiào）

（5）专用于姓氏或地名的异读音。例如：

姓氏 仇（Qiú） 种（Chóng） 盖（Gě）

地名 鸭绿（lù）江 牟（mù）平县

汉语里多音字很多，下面选择常用但容易读错的 74 个多音字，也采用审形、明义、知音的方法逐一辨析。

1. 大

大字的读音有三：dà，dài，tài。

大，象形字，是人的正面形象的象形符号，因而在许多合体字里表示“人”。例如：天，大上加一横，表示人的头顶上；央，大在门中，表示人居其中。后借作表示跟“小”相对的概念。又引申为“程度深”（大红大紫）、彻底（大彻大悟）、很（大喜大悲）、超过（大你几岁）、重要（重大，大事）、了不起（自大）等义。表上述诸义项的“大”，都读 dà。

大字还有两个异读音：dài，tài。

宋代以后，称医生为“大夫”，河北省有个县名“大城”，有一种草本植物叫作“大黄”，这三个“大”，不能读 dà，而应读 dài。

成书于东汉的《说文解字》里，没有“太”字，说明“太”是东汉以后造的字。汉以前的古籍中，“太”这个概念用“大”表示。例如《易经》中的“大极”，《春秋》里的“大子”，《尚书》内的“大誓”，《史记》《汉书》中的“大上皇”和“大后”，都是用“大”表“太”的，这些“大”不能读 dà，而应读 tài。

与“大”有关的词，容易错读的，主要是“大王”和“大夫”。“大王”有两个读音，表示两种概念：古代诸侯国的国君，称作“大王”，这个“大”读 dà；落草为寇的强盗，也称“大王”，俗称“山大王”，这个“大”读 dài。“大夫”也有两个读者，表示两种概念：古代朝廷的官员分为三级，一级称作“卿”，二级称作“大夫”，三级称作“士”，朝廷大官的称谓“大夫”中的“大”读 dà；宋以后医生也称作“大夫”，这个“大”读 dài。

2. 与

与字的读音有三：yǔ，yú，yù。

与，会意字，由一和勺组合而成，表示端一勺东西给人，会意为“给”，读音为 yǔ。“赠与”“交与”“与人为善”“与人方便”中的“与”，都是本音本义。本义的直接引申义，如“交往”（相与）、跟（与虎谋皮）、等待（岁不与我）、在一起（生死与共）、随着（与时俱进，与日俱增）等。还有，用作连词，如“伟大与渺小”“与其”等，都读本音 yǔ。

与字后来演变成多音多义字，除本音本义外，还有两个异读音：yú，yù。读音不同，含义也不同。读 yú，是古汉语的语气词，同“欤”，表示疑问。例如《孟子·告子》：“为是其智弗若与？”译成现代语言，就是：“这是因为他的智力不如人吗？”读 yù，含义是“参加”，常用词有“参与”“与闻”。人们习惯读作 yǔ。“参与”这个词，现在使用频率比较高，如“重在参与”“参与意识”，必须认真纠正过来。

3. 切

切字的读音有二：qiē，qiè。

切，会意字，从刀从七（左边是七不是土，“七”是切的本字），音 qiē，本义“以刀断物”。“切除”“切割”“切削”中的“切”，都是本义。由“断”引申为“隔断”，如“切断”。切割某物，称作“切某”；切割之后的某物，也称“切某”，动词变成名词。例如：用刀将面皮切割成面条，称作“切面”，是动词；切成的面条，也称“切面”，变成名词。为了显微观察研究，把生物体的组织切成薄片，称作“切片”，是动词；切成的生物体组织薄片，也称作“切片”，变成名词。几何学上称直线与圆、直线与球、圆与圆、平面与球、球与球只有一个交点，称作“切”，其直线称作“切线”，平面称作“切面”，点称作“切点”。这里的“切”，是几何学术语，跟“以刀断物”无关。这些术语中的“切”，也读本音 qiē。

以刀断物为“切”，反之，两物磨合也叫作“切”。这个含义引申出“符合，恰当”，如“切实”“切合”“切当”“切题”“切中”等。又引申为“贴近，接近”，如“切身”“切近”“切己”等。还引申为“深，极”（切肤，切齿，切要）、“急迫”（迫切，急切，殷切）、“务必”（切记，切忌，切勿，切切）等义，切字的这些义项，不能读 qiē，而应读 qiè。

4. 见

见字的读音有二：jiàn，xiàn。

见，小篆作“[小篆字形]”，会意字，从目从人，运用夸张手法，突出大眼，表示“注目”，会意为“看到”。“看到”就是人的目光与外界物接触，由此引申出“接触”“遇到”等义。“冰见热就化”，不是说冰看到热就融化，而是说冰接触热就融化。由“接触”“遇到”又引申出“会面”（会见）、“对事物的认识和看法”（意见，见解，见地，见识）、“比喻经历各种事情”（见世面）、“显示”（见长）、“发生”（见效）、“听到”（听见）、“比试”（见高低）等义。见字的本义及上述引申义，都读 jiàn。

见字有个异读音 xiàn，含义同“现”。“现”是后造字，最早见于宋代字书《集韵》，释义为“玉光”。后来重修的字书《广韵》，将“现”的含义改为“露”。“现”字出现之前，“现”的概念用“见”代替，读音改为 xiàn。所以，古代诗文常用“见”代“现”。著名的《敕勒歌》“风吹草低见牛羊”中的“见”，以及“图穷匕首见”“读书百遍，其义自见”中的“见”，含义都不是“看到”，而是“显露”。还有杜甫《茅屋为秋风所破歌》“何时眼前突兀见此屋”中的“见”，含义也不是“看到”，而是“显露”的引申义“出现”。在古汉语里，见字作为“现”的替代字，还有“现在”“现成”等含义。例如，《汉书·外戚传·史皇孙王夫人》：“我果见行，当之柳宿。”句中的“见行”，不是“看到走”，而是“现在就出发”。《史记·项羽本纪》：“今岁饥民贫，士卒食芋菽，军无见粮。”句中的“见粮”，不是“看到粮”，而是“现成的粮”。这些“见”，音义都同“现”。

5. 区

区，是个多音字，古音有五：qū，ōu，gōu，qiū，kòu。现代汉语仍使用的是前两个读音。

区，音 qū，本义有两说。《说文解字》认为：“區（区字的繁体），藏匿也，从品在匸中。”《玉篇》认为：“區，域也。”后一义用得多。《玉篇》说的“域”，指的是“区域”，即地区，一定的地域范围。例如：山区，林区，风景区，工业区，开发区，偏僻之区。后成了行政区划单位，如自治区，特别行政区，市辖区。引申为“划分，分别”。《论语·子张》：“君子之道，孰先传焉？孰后倦焉？譬如草木，区以别矣。”句中“区”即区别。由地区引申为“居处”。《论衡·辨祟》：“鸟有巢栖，兽有窟穴，虫鱼介鳞各有区处，犹人之有室宅楼台也。”句中“区处”即居处。现代城市居民居住集中的地方称作“居民区”“社区”“小区”，应该是源于此。区字叠用（区区），表示“微不足道”，如“区区小事，何足挂齿”。文人常用“区区”作自称的谦词，相当于“鄙人”“在下”。郭沫若在《创造十年》里就谦称“区区”：“那帖子上的第一名是胡适，第二名便是区区。”

区，又音 ōu，古代一种量器的名称。《左传》里说：“齐旧四量，豆、区、釜、钟。”杜预注：“四豆为区，区，一斗六升。”“区”还是古代农民播种时所开的沟穴。贾思勰在《齐民要术·种谷》里说：“区，方七寸，深六寸，相去二尺，一亩千二七区，用种一升，收粟五十一石。”

区的两个读音，含义不同，实际上是一形二字。有趣的是，区的两个读音都是姓氏，一个姓 qū，一个姓 ōu，是两个姓氏。

6. 术

术字读音有二：zhú，shù。

术，小篆作“朮”，象形字，上部像穗，下部像秆，左右垂叶，是“秫”的本字。秫，音 shù，即高粱，北方农民称高粱为“秫”，称高粱秆为“秫秸”。秫字出现后，术被假借作为菊科术属草本植物的统称，有白术、苍术、莪术等数种。白术、苍术、莪术，根皆可入药，在中医处方上常见。这个“术”，不读 shú，而是读 zhú。南宋时进犯中原的金兀术的“术”，也读 zhú。术还是姓氏，山东省章丘县有术姓，自称金丞相术虎高琪之后。作为姓氏，术也读 zhú。

现代汉字简化，把“术”作为“術”的简化字。術，形声字，从行术声，音 shù，本义“邑中通道”，即城镇的主干大道。西晋文学家左思名作《蜀都赋》：“亦有甲第，当衢向術。”“甲第”指豪门大宅，“当衢向術”是说豪门大宅坐落在大道边上，大门朝着大道。由“邑中通道”引申为泛指道路、街道。又引申为“途径”“学问”“方法”“策略”“技艺”“心计”等。常用词有：学術，战術，技術，算術，心術等。今術简化作“术”，属于假借，跟术的本义无关。

这样一来，“术”就变成一形二字二音。因为作为“術”的简化字的“术”是常用字，而“术”的本字不是常用字，人们常将“术”的本字，如“白术”“苍术”“莪术”“金兀术”中的“术”，误读作 shù。

7. 可

可字的读音有二：kě，kè。

《说文解字》：“可，肎也。”肎，肯本字。会意字，从冎（省笔为“冂”，变形为“冖”）从肉（变形为“⺼”）。冎，即剐，冎肉合体，表示“剔除附着在骨上的肉”，引出“分解”的意思。把肉与骨分解，叫作“解剖”，解剖要正中筋骨结合处的空隙，因而引申出“正中要害，恰到好处”的意思，常用词“中肯”就是这个意思。“恰到好处”与“合宜”意思接近，因而“肯”又有“合宜”之义，于是有了“首肯”一词。说“可，肯也”，就是说可字与肯字在“合宜”“肯定”这些义项上相通。由此可知，可字的本义是“适可”“许可”。

可字的引申义很多，主要的有：①能。如“可以”“可乘”“可行”“可能”。②适合，适宜，如意。如“可口”“可身”“可心”。③值得。如“可爱”“可读”“可亲”“可敬”“可圈可点”“可疑”。④堪，令人。如“可歌可泣”“可喜”“可贺”“可叹”“可悲”“可惜”“可气”“可怜”“可悲”“可笑”“可恶”“可怕”。⑤约。如“年可二八”。此外，还常用作连词、副词，表示转折，如“可是”，“他年小志可不小！”；表示强调，如“你可来了！”；加强疑问，如“这事她可愿意？”；加强反问，如“可谁知道呢？”。

可字本音 kě，不会误读。但可字的异读音 kè，却容易误读。可字的这个异读音是特殊条件下的读音。古代鲜卑、突厥、回纥、蒙古等民族的最高统治者的称号，汉语译作“可汗”。这个“可汗”，不能读作 kě hàn，而应读作 kè hán。

8. 轧

轧字的读音有三：yà，gá，zhá。

轧，形声字，从车乙声，但不读“乙”，而是读yà，含义为“辗压”。常说的“辗轧”“轧路”“轧棉花”“车轧死了人”，都是“辗压”的意思。由“辗轧”引申为“排挤打击”，于是有了“倾轧”一词，形容排挤打击不同派系的人，如“钩心斗角，互相倾轧”。

轧字还有两个异读音：其一，gá，含义是“挤”，如“人轧人”。引申为“结交”（如“轧朋友”）、“核算”（如“账轧完了”）。其二，zhá，含义是“压制”。钢铁厂有种机器，叫作“轧钢机”，其主要装置叫作“轧棍”。把钢坯压制成一定形状的钢材，叫作“轧钢”。“轧钢”的“轧”，含义虽然也是“辗轧”，但不能读yà，而应读zhá。

9. 艾

艾字的读音有二：ài，yì。

艾字大家都认识，是一种草本植物的名称，中医将艾叶绒做成卷，燃烧熏烤相关穴位治病，这种治疗方法叫作“灸疗”。成语“方兴未艾”取灸疗“燃烧”的引申义，表示正在发展，直译即“刚刚兴起，正在发展”，比喻事物处在兴起发展阶段。艾叶背面灰白色，古代文人借艾叶背面颜色比喻头发花白的老人。例如《荀子·致仕》：“耆艾而信，可以为师。”“耆艾”即老人。人面白皙是美的标志之一，因此古人又称美女为“艾”或“少艾”。例如《孟子·万章上》：“人少则慕父母，知好色则慕少艾。”“慕少艾”即追慕美女。

艾字还有一个异读音：yì，义为“治理”。一说“艾”是会意兼形声字，从草从乂乂亦声，乂音yì，义为“治理”，草乂合体，会意为“治理草”，后泛指“治理”。例如《诗·小雅·小旻》：“或哲或谋，或肃或艾。”句中的“艾”含义就是“治理”。由治理引申为“安定”“收获”“改正”。《榖梁传》里说：“一年不艾，而百姓饥。”“不艾”即没有收成。古文里常见“天下艾定”“海内艾定”，“艾定”即安定。有句常用成语，叫作“自怨自艾”，人们常错读作“自怨自ài”，误解为“自己埋怨，自己悔恨”。“自怨自艾”出自《孟子·万章》：“太甲悔过，自怨自艾。”句中的“艾”，读 yì，义为“改正”。这句成语的意思是：悔恨错误，自觉改正。宋范浚在《香溪集·六·悔说》中解释说：“且古之圣贤，未有不由悔而成者，成汤悔，故改过不吝；太甲悔，故自怨自艾。”正确的读音是“自怨自 yì”，含义是“自觉改正错误”。

10. 乐

乐字的读音有四：yuè，lè，yào，liáo。

乐字的甲骨文（𢆶）是象形字，像在木架上安丝弦，表示它是一种乐器：弦乐。乐字的金文（[illegible]）和小篆（[illegible]）是会意字，在两个丝弦中间加个象征鼓的符号，木架上有鼓有丝，象征五声八音。五声是古代的五个乐音，分别称作宫、商、角、徵、羽。八音指古代的八种乐器，分别称作金、石、丝、竹、匏、土、革、木。五声八音，是古代音乐的总称。因此可以断定，乐字的造字义就是“音乐”。乐是简化字，其繁体字“樂”，是小篆的楷化。

乐是个多音多义字。乐，本义“音乐”，本音 yuè。“乐器”“乐谱”“乐理”“乐章”“乐队”等词，都直接与音乐有关，故这些词中的“乐”都是本音本义。

弹唱和欣赏音乐，是令人愉快的事，于是“乐”有了“快乐”的引申义，“欢乐”“乐趣”“乐观”“乐园”“乐意”等词中的“乐”，含义不是“音乐”，而是“快乐”。这个“乐”，不读 yuè，而是读 lè。

乐字还有两个异音异义：其一，yào，含义是“喜爱，喜好”。孔子有句名言：“知者乐水，仁者乐山。”句中的两个“乐”，都是“喜爱”的意思，都应读 yào，读作 yuè 或 lè，都是错误的。“知者乐水，仁者乐山”是什么意思呢？这“水”这“山”，都是自然物，却是“知（智）者”“仁者”理想和追求的象征。水是流动的，长流不息，汇涓为海，是智者追求的象征。山是沉稳的，岿然独立，巍峨雄伟，是仁者追求的象征。其二，liáo，是“疗”的通假字。古代诗文里经常出现“乐饥”

一词，如果把这个“乐”读作 lè 或 yuè，理解为“快乐”或“喜爱”，“乐饥”就成了“挨饿快乐”或“喜爱挨饿”，当然都说不通。这个“乐饥”就是“疗饥”，即“解除饥饿”。清人顾光敏《孙侍读一致》：“纵放意于山水，山水果可乐饥。”置身山水，是一种精神享受。

乐还是两个姓氏。同是一个乐字，却是两个姓氏：一个姓 Yuè，一个姓 Lè。

11. 令

令字的读音有三：lìng，líng，lǐng。

令，甲骨文作“令”，亼，聚合之意，卩，人的形象，亼卩合体，会意为“号令”。小篆作“令”，亼下改为“卪”，卪即“卩”（节），亼卪合体，会意为“持节”（符节）聚众，含义也是“号令”。《说文解字》：“令，发号也。”这是令字的本义。“发号”即发出号令。例如，《三国志·蜀志·诸葛亮传》：“今操已拥百万之众，挟天子以令诸侯。”句中的“令”即号令。引申为“命令”，如“指令”“法令”“军令”“令出法随”。用作动词表示“使”，如“令人兴奋”“令人忧虑”“令人肃然起敬”。在古汉语里还用作连词，表示假设关系，相当于“如果”。《后汉书·五行志一》：“见一蹇人，言欲上天，令天可上，地上安得民？”“令天可上”即如果天能上去。用作敬辞，表示对他人亲属的敬重，如“令尊”（称对方父亲），“令堂”（称对方母亲），“令兄”（称对方哥哥），“令弟”（称对方弟弟），“令爱”（称对方女儿），“令郎”（称对方儿子）。“令”还有“美好”的含义，如“令德”“令名”“令闻”“令望”。“令”还是古代官名，如“县令”“太史令”“尚书令”“郎中令”。

令还是古地名和姓氏。今山西临猗一带，古称“令狐”。“令狐”还是姓氏。作为地名、姓氏的“令”，不读 lìng，而是读 líng。

令还是纸张单位，原张的纸 500 张为一令。这个“令”，既不读 lìng 也不读 líng，而是读 lǐng。

12. 处

处字的读音有二：chǔ，chù。

处，小篆有两个字形：𠘱，䖏。第一个字形是会意字，从夂从几。夂，象人两胫，表示“行走”；几，小桌子；夂几合体，表示“得几而止”（《说文解字》），会意为“止（停止，中止，暂止）”。后来在“処”上加声符“虍”而成“䖏”；一说“象人头戴皮冠坐在几上之形”（《汉语大字典》）。楷书据此作“處”，成了通用字。现代通行的简化字“处”是“処”的草书形体，“處”作为繁体字而停止使用。徐锴在《说文解字系传》里解释说：“《诗》曰：‘爰居爰处。’以为居者定居，处者暂止而已。”《孙子·军争》：“是故卷甲而趋，日夜不处。”曹操注云：“不得休息，罢也。”《易·小畜》：“既雨既处。”俞樾平议：“既雨既处者，既雨既止也。止谓雨止，犹言既雨既霁也。”由“止”引申为“留下”“居住”“栖息”。《礼记·射义》：“盖去者半，处者半。”句中“处者”即留下的。《墨子·节用中》：“古者人之始生，未有宫室之时，因陵丘掘穴而处焉。”句中“掘穴而处”即挖洞而居，穴居。由“居住”引申为“置身在（某地、某时或某种状态）”，如“处身”“身处”“处变”“设身处地”。又引申为“与人交往”，如“相处”“处于”“处世”“处对象”“处得来”“处不来”。又引申为“担任”“据有”“办理”“安排”“盘算”“办理”“惩罚”等义，如“处官”“处势”“处置”“处理”“论处”“处心”“处分”“处罚”“处决”。

不少人将处字读作 chù，其实，处字本音是 chǔ，chù 是异读音，只在表示“地方、事物的方面或部分、机关的部门”的含义时，如“处处”“处所”“大处小处”“办事处”“处长”，才读 chù。

有句成语“静如处子，动如脱兔”，句中的“处子”，指没有出嫁的闺秀，因为她深居闺房，又称“处女”。处女本指从未有过性行为的女子，用作形容词比喻“第一次”，因而有了“处女作”（第一部作品）、“处女峰”（没有人攀登过的峰顶）、“处女航”（轮船或飞机在某航线第一次航行）、“处女地”（没有开垦的土地）等词。这些词中的“处”，都是由本义直接引申出来的，故都应读本音 chǔ，读作 chù 是错误的。

13. 冯

冯字的读音有二：píng，féng。

冯，形声字，从马冰（变形为“冫”）声，音 píng，本义“马行疾”（《说文解字》）。段玉裁注云：“马行疾冯冯然，此冯之本义也。”冯字还有三个别义：其一，盛，大，满。《左传·昭公五年》：“今君奋马，震电冯怒。”句中“冯怒”即盛怒。《庄子·知北游》：“彷徨乎冯闳，大知入焉，而不知其所穷。”句中“冯”“闳”皆大也。其二，登，乘。《楚辞·九章·悲回风》：“冯昆仑以瞰雾兮，隐岐山以清江。”句中“冯昆仑”即登昆仑。其三，徒涉。成语“暴虎冯河”的“暴虎”即空手打虎，“冯河”即徒步涉河。作为成语，比喻有勇无谋、冒险蛮干。

冯，还是姓氏。作为姓氏的“冯”读 Féng。冯字的本音本义，今已少用，很多人不知道，故常有人将“暴虎冯河”错读作“暴虎 féng 河”。

14. 行

行字的读音有四：háng，xíng，hàng，héng。

行字的甲骨文（𠁥）是象形字，形如十字路口，含义是“道路”。金文（𠁥）形态跟甲骨文相似，含义也相同。《诗·豳风·七月》有“遵彼微行”句，“微行”即小路，“遵彼微行”即沿着那条小路。这个“行”，音 háng。

行字小篆（𧗝）是会意字，从彳从亍，楷书字形依篆。彳，音 chì；亍，音 chù。《字汇·二部》：“左步为彳，右步为亍，合则为行。”行，音 xíng，义为“行走”。

楷书“行”，继承甲骨文、金文和小篆的形义，兼有二音二义。行字的含义后来有很大的扩展，其各种引申义项，都源于上述二义。

由"道路"引申出"排列"（行列）、"辈分"（排行）、"行业"（三百六十行）等义。由"道路"引申出的新义，仍读 háng。由"行走"引申出"路程"（行程）、"旅游"（旅行）、"流动"（流行）、"流通"（行销）、"实施"（实行）等义。由"行走"引申出来的新义，仍读 xíng。

行字还有两个异音异义：一读 hàng，含义有二：①"刚强的样子"，例如《论语·先进》："子路，行行如也。"形容子路个性刚强。②"排列成行"，现代汉语里有"树行子"，指排列成行的树林。另一读 héng，只用于"道行"一词。"道行"本指出家人修行的功夫，后比喻人的技能本领。知道这两个异音异义的人不多，因而"道行"常错作 dào xíng，"树行子"常读错作 shùháng · zi。

15. 价

价字的读音有三：jiè，jià，jie。

价，形声字，从亻介声，音 jiè。《诗·大雅·板》："价人维藩，大师维垣。"关于诗句中的"价"的含义，古代学者的认识不一致。东汉学者许慎认为："价，善也。"东汉末年经学大师郑玄认为："价，甲也，被甲之人，谓卿士掌军事者。"南宋大儒朱熹认为：价，大也。"大"指大德，德行高。依据上述三说，"价人维藩"可作三种释义：①善人是国家安全的屏藩；②军事将领是国家安全的屏藩；③大德之人是国家安全的屏藩。三种释义似乎都可以成立。现代汉语已不用此三义。

价字还有"中介"和"仆人"两个含义。古代有地位、有身份的人家，宾客来访，先要由下人传话，这传话的下人叫作"价"。地位不同、身份不同的人家，有七价、五价、三价之分，价多形成接力传话，显得十分气派。后来把派去传口信、送书信、供使役的人也称作"价"。发信方派出送信的，谦称"小价""贱价"；收信方为了表示对对方的尊敬，把送信的人称作"贵价""尊价"。负责导引和接待宾客的人，也称"价"，叫作"价傧"。女仆也称"价"，叫作“价妇”。此义现代汉语也不用。此外，价字还可用作助词，用在否定副词后面加强语气，或用在某些状语的后面。这个“价”，读 jie（轻声），现代汉语仍用此字，如“不价”“甭价”“别价”“成天价”。常见将这个“价”误读作 jià。

读作 jià 的“价”，是“價”的简化字。價，从贾。贾，音 gǔ，商人（古代坐商称“贾”，行商称“商”）。人贾合体，表示经商，会意为“物直”（“物值”），即价格。于是有了“价格”“价差”“价目”“价位”等词。由价格引申为“价值”。“价值”的含义跟“价格”不同，作为经济学名词，表示“体现在商品里的社会必要劳动”。价值量的大小，决定于生产这一商品所需的社会必要劳动时间的多少。作为社会学名词，表示“用途或积极作用”。说某事物有“价值”，是说它有用途或有积极作用，如“观赏价值”“借鉴价值”“社会价值”“历史价值”“现实价值”。于是有了“价值观”“价值量”“价值规律”“价值形式”等词。

由上述辨析可知，价是一形三字：作为传承字的“价”，读 jiè；用作助词，读 jie（轻声）；作为“價”的简化字，读 jià。

16. 血

血字的读音有：xiě，xuè。

血，指事字，在皿上加注表示“血”的符号（甲骨文“[illegible]”，皿上加“○”，小篆“[illegible]”，皿上用“一”），都表示血在皿中，用作祭品。《说文解字》：“血，祭所荐牲血也。”血，是人或高等动物体内循环系统的红色液体。跟血有关的词很多，如“血管”“血液”“血浆”“血沉”“血迹”“血栓”“血型”“血细胞”“血小板”“血脂”“血样”“血象”等。

引申义很多，主要有：（1）人类因生育而自然形成的关系，如“血统”“血亲”“血缘”。（2）比喻刚强正直的气质，如“血性”“血气”。（3）形容拼死杀出重围、残酷的大屠杀和残杀人民的罪行，如“血路”“血洗”“血泊”“血雨腥风”“血债”“血海深仇”。

(4)涂，粘，如“兵不血刃”。(5)泪水，如“泣血”。(6)比喻热情，如“满腔热血”“热血沸腾”。(7)用作状态词，形容流出的血，如“血糊糊”“血淋淋”。

血字的两个读音，含义相同，容易混淆，但有一条规律：用作名词单独使用或用作状态词形容流出的血，读 xiě。用于复音词或成语，读 xuè。举例说，“血债要用血来还。”“血债”是复音词，应读 xuè；“用血来还”中的“血”，是单独使用的名词，应读 xiě。又如，“他一出血就很难止住，可能是血癌的征候。”“出血”中的“血”，是单独使用的名词，应读 xiě，“血癌”是复音词，应读 xuè。再如，“流了一点儿血”中的“血”，是单独使用的名词，应该 xiě；“血流成河”是句成语，句中的血应读 xuè。

17. 似

似字的读音有二：sì，shì。

似，会意字，从人从以。以字的小篆（[illegible]）是倒写的“已”。已作“止”解，倒过来则是“不已”，表示还要进行下去，于是引申出“用”的含义。“以牙还牙”“以身作则”“以其人之道还治其人之身”等词语中的“以”，都是“用”的意思。“用”是有目的行为，有个连词叫“以致”，就是连接因果的。因而，以字又有了“因”的含义。人以合体，产生了“相类”的意思，故“似”的本义就是“像”。似，读 sì，大家都不会读错音。

有一个词叫“似的”，是一种特殊助词，有的语法书上叫作“比况助词”，附着在名词、代词或动词后面，表示跟某种事物或情况相似。例如，“苹果似的脸儿”“像雪似的那么白”“仿佛睡着了似的”。这个“似”读作“是”（shì），“似的”应读 shì de，读作 sì de 是错误的。

18. 尽

尽是“盡”“儘”两个字的简化字，所以是一形二字。

先说“盡”。盡，甲骨文作“[illegible]”，会意字，表示手持工具，洗涤器皿，会意为“空”（皿中空）。小篆作“盡”，形声字，从皿𤇾（㶳的异体字，今类推简化作“烬”）声，含义也是“空”。引申义有：完全（取之不尽，用尽力气）；死亡（自尽，同归于尽）；全部（尽收眼底，竭尽全力，鞠躬尽瘁，人尽其才）；完（取之不尽，言无不尽，春蚕到死丝方尽）；终止（终尽，曲尽，尽头）；竭力做到（尽忠，尽孝，尽职）；所有（尽人皆知，尽其所有）；达到极点（尽点，山穷水尽，无尽，尽善尽美）等。

再说“儘”。小篆只有盡字，没有儘字。盡还有个引申义“极限”，是由“达到极点”引申出来。例如，表示力求达到极限的“尽量”“尽可能”，表示某个范围的极限的“尽早”“尽快”，表示力求提前的“尽先”“尽早”，表示方位之最的“尽前头”“尽北边”，表示没有条件限制的“尽管”等。这些词里的“盡”，隶变时形体变成“儘”，读音也变成 jǐn，盡、儘遂成形音义都不同的两个字。

现代汉字简化时，把“盡”“儘”都简化作“尽”，这样“尽”就成了一形二字：一个字形，两种读音，两种含义。因此，尽在表示“盡”字含义时读 jìn，在表示“儘”字含义时读 jǐn。

19. 否

否字的读音有二：fǒu，pǐ。

否，会意字，从不从口，音 fǒu，表示“说不”，在书面语言里表示“不同意”，相当于口语的“不”。用在疑问句尾表示询问，如“是否”“可否”“能否”。常用词有：否定（跟“肯定”相对），否认（不承认），否决（否定议案），否则（连词，表示“如果不这样”）。

但是，成语“否极泰来”“臧否人物”中的“否”，却不读 fǒu，而是读 pǐ；含义也不是“不”，而是“坏，恶”。“否极泰来”是说，坏的到了尽头，好的就来了。否和泰，都是六十四卦中的卦名，否是坏卦，泰是好卦，一个表示“坏”，一个表示“好”，是一对矛盾，矛盾是可以转化的，坏事可以变成好事。“臧否人物”中的“臧”，音 zāng，义为“好，善”，跟“否”的“坏，恶”正好相反。“臧否人物”直译是“人物的好坏善恶”，作为成语表示“评论，褒贬”，其含义是“评论褒贬人物”。

20. 龟

龟字的读音有三：guī，jūn，qiū。

龟，繁体作“龜”，是由甲、金、篆直接演化而来的，甲（ ）、金（ ）、篆（ ）都是象形字，都是龟的象形符号。龟甲和兽骨是最早的文字载体，刻在龟甲兽骨上的文字统称“甲骨文”，是我国最早比较成熟的文字，距今已经三千多年。

龟，音 guī，一种爬行动物。龟的种类很多，最常见的“乌龟”是其中的一种。龟的硬壳，叫作“龟甲”，用作药材称作“龟板”。古代的石碑底座，多呈龟形，称作“龟趺”。殷商时代用龟甲占卜，预测吉凶，占卜的时间、结论及事后的验证都刻在龟甲上，作为“历史记录”，称作“卜辞”。因此，古人创造了“龟鉴”“龟镜”两个词，比喻可以借鉴的事物。古代的官印印纽多作龟形，因而以“龟”代印。古代的官印上系一条彩色丝带，这个丝带叫作“绶”。所以，官印又称“龟绶”。乌龟遇到敌人，就把头缩进壳内，人们因而把胆小怕事、遇事退缩比喻为“缩头乌龟”（在书面语言里简作“龟缩”）。上述诸词都跟“龟”有关，其中的“龟”都读 guī。

皮肤因寒冷干燥而破裂，裂纹像龟背上的花纹，因称“龟裂”。田地因干旱而开裂，也像龟甲花纹，也称“龟裂”。这两个“龟裂”中的“龟”，不读“龟”，而是读 jūn。

汉代西域有国名“龟兹”，故址在今新疆库车一带，“龟兹”二字系汉语音译，都不读本音，而是读 Qiū cí。

21. 丽

丽字的读音有二：lì，lí。

丽，繁体作“麗”，会意兼形声字，从鹿从丽丽亦声，音 lì。其含义有多说：其一，相附。丽是麗的古字，“有两两相附义”，因此认为丽义为“相附”。例如《易·离》：“日月丽乎天，百谷草木丽于土。”句中两个“丽”都是“相附”的意思。其二，旅行，即结伴而行。“丽（麗）从鹿，而鹿性怯懦而喜群，见食每急，必相附而往。”《说文解字》因而赋予丽“旅行”的含义。旅，俗称“侣”，旅行即“侣行”，结伴而行。张衡《西京赋》：“若其五县游丽辩论之士，街谈巷议，弹射臧否。”句中的“游丽”即结伴而行。应该是“相附”的引申义。其三，华丽。“从鹿，取其毛色丽薾（ěr，花繁盛貌）。”因此，认为丽义为“华丽”。此为现代汉语丽字的基本义项，如“美丽”“华丽”“壮丽”“绚丽”“秀丽”“风和日丽”等。由华丽引申为“明亮”，如“晴空丽日”，“丽日”不是美丽的太阳，而是明亮的太阳。又引申为“美好”，如“天生质丽”，“质丽”即美好的品质。

丽字有个异读音：lí。浙江省有个“丽水县”，这个“丽”不读lì，而是读lí。

22. 系

系字的读音有二：xì，jì。

系，会意字，从手（省作“丿”）从丝（繁体作“絲”，省作“糸”）表示手提丝束，会意为“悬挂”，音xì。《荀子·劝学篇》：“南方有鸟焉，名曰蒙鸠。以羽为巢，而编以发（草），系之苇苕（芦苇的嫩条）。”句中的“系”即本义“悬挂”。现代书面语言中的“系念”，也取“悬挂”义，表示“挂念”。

由悬挂引申为“拴绑”（系缚）和“相继”“连接”（联系，关系，世系）等义。相关联的成组成套的事物叫作“系列”，同类事物按一定关系组成整体叫作“系统”，整体的各个组成部分叫作“系”（如大学里按学科所分的教学行政单位，学术上的科目，地层系统分类单位的第三级），这些含义都是由“相继”“连接”引申出来的。在书面语言里，“系”还可做判断词“是”用，如“华罗庚系我国著名数学家”。因此有的语法书把“是”称作“系词”。系还是“係”的简化字。现代汉字简化前，“系词”写作“係词”。

系，又是“繫”的简化字。繫，有二音二义：一读 xì，义为“连接，牵挂”，如“维系”“系念”“系缚”“系狱”等；另一读 jì，义为“打结”，如“系领带”“系鞋带”。

综上所述可知：系是传承字，又是“係”“繫”二字的简化字，是一形三字。系、係、繫三个字，只有两个读音：系和係同音，都读 xì；繫表“打结”义读 jì。

23. 角

角字的读音有二：jiǎo，jué。

角，象形字，像兽角的形状，本义“兽角”。音 jiǎo。引申为“形状像角的东西”，又引申为“物体两个边沿相接的地方”。常用词有：角尺，角度，角钢，角果，角楼，角门，角落。我国货币的辅助单位，也叫作“角”，10 角等于 1 元。角还是数学名词。从一点引出的两条直线形成的，或从一条直线上展开的两个平面，或从一点上展开的多个平面所形成的空间。如直角、锐角、两面角、多面角。

角字的异读音是 jué，其含义有：角色（戏剧影视中演员扮演的剧中人物，比喻生活中某种类型的人物），行当（戏曲名词，根据戏曲演员所扮演的人物的性格和性别等划分的类型，如旦角、丑角）。

在古汉语里，角与触同义，因而引申出“竞争”“比赛”等义。如角力（比赛力气），角斗（搏斗比赛），角逐（竞争）。“角力”“角斗”“角逐”等词中的“角”，也读 jué。

24. 识

识字的读音有二：zhì，shí。

识字的金文（戠）是会意字，从音从戈，音通言，戈是古人狩猎和防身的武器，音戈合体，表示把言刻在戈上，目的是为了“记住”，所谓“刻木记事”。这就是“识”的原始含义。识字演变成小篆时，在“戠”的左旁加了个“言”，遂成“䜟（識）”，含义也随之不断扩展。现在通用的“识”，是按照形声法创造的简化字。

近代学者杨树达在《积微居小学述林》中指出：“识字依事之

先后，最先为记识，一也；认识次之，二也；最后为知识，三也。”就是说，“记识”是造字本义，然后依次引申出“认识”“知识”二义。他的这个观点，跟识字的演变过程相符。刻言于戈是为了“记忆”，记忆可以提高“认识”能力，长期积累、反复验证、去伪存真，便成了认识事物的“知识”。所以，《说文解字》指出：“识，知也。”《易·随》：“天在山中，大畜，君子以多识前言往行，以畜其德。”句中的“识”即记识，君子要多记识前代之言、往贤之行。《论语·述而》：“默而识之，学而不厌，诲人不倦。”朱熹集注：“识，记也；默识，谓不言而存诸心也。”《论衡·遭虎》：“孔子曰：‘弟子识诸，苛政暴吏甚于虎也。’”句中的“识诸”即“记住”。还有成语“广闻博识”中的“识”，含义也是“记住”。所以，上述引文中的“识”，都应读 zhì。

如今有个很时兴的词，叫作“标识”，为了防范假冒，名牌商品纷纷制作商标，谓之“防伪标识”，于是“标识”频频出现在媒体广告上。但是，很多人，包括不少电视节目主持人，把“标识”误读作 biāo shì。“标识”是防伪的特殊记号，也是表明特征的记号，这个“识”也应读 zhì。同“标识”相仿佛，还有字画上的“款识”，图书正文后面的“附识”，含义都是“记识”，也都应读 zhì。

认识和知识，是“记识”的引申义。由认识又引申为“相知”“辨认”“看穿”，由知识又引申为“见解”。于是有了“常识”“相识”“见识”“识别”“识货”“识破”“识时务”“识文断字”等词。这些“识”，都应读 shì。

25. 纶

纶字的读音有二：lún，guān。

纶，繁体作“綸”，形声字，从丝侖声，音 lún，是青丝绶带的名称。青丝绶带是古代官吏系印的丝带，叫作“纶绶”。在古汉语里，“纶”是个多义词，“钓丝”“粗绳”“丝絮”，古代都叫作“纶”。例如，晋左思《吴都赋》：“精卫衔石而遇缴，文鳐夜飞而触纶。”“触纶”

即擅上钩丝（钓鱼用的丝线）。《礼记·缁衣》：“王言如丝，其出于纶。”“纶”，比丝粗的绳子。《墨子·节葬下》：“纶组节约，车马藏乎圹。”“纶”，丝絮。这些古义，今已不用。现代汉语中的“纶”，指某些合成纤维，如“锦纶”“涤纶”“腈纶”“丙纶”。

《三国演义》形容诸葛亮的打扮，总是用“羽扇纶巾”。由于《三国演义》的渲染，“羽扇纶巾”成了诸葛亮特有的形象特征。苏轼这样描写诸葛亮从容指挥赤壁之战：“羽扇纶巾，谈笑间，樯橹灰飞烟灭。”（《念奴娇·赤壁怀古》）“纶巾”，是古代配有青丝带的头巾。但是，这个“纶”，不读 lún，而是读 guān。“纶巾”应读作 guān jīn。

26. 阿

阿字的读音有三：ē，ā，a。

阿，形声字，从阜（变形为“阝”）可声，音 ē，义为“大陵”（《说文解字》），即大土山，如“崇阿”。在古汉语里，“山坡”“山的弯曲处”也称作“阿”。例如，《穆天子传》：“天子猎于钘山之西阿。”“西阿”即山的西坡。南齐孔稚珪《北山移文》：“山阿寂寥，千载谁赏？”“山阿”指山的弯曲处。又引申为泛指弯曲处。例如，班固《西都赋》：“珊瑚碧树，周阿而生。”“周阿”即庭内周边。由弯曲又引申为“水边”“偏斜”“曲从，迎合”“偏袒，徇私”“亲附，近”等义，如“河之阿”（河边）、“四阿”（四周）、“刚直不阿”（不迎奉，不徇私）、“阿谀奉承”（迎合）、“阿其所好”（曲从，迎合）、“阿附权贵”（附和）等。有一种中药，用驴皮加水熬成胶，有补血养阴作用，因原产山东东阿，故称“阿胶”。

阿字的异读音：ā。只作前缀，用在称呼、姓名、排行前面，如“阿爹”“阿妈”“阿哥”“阿妹”“阿宝”“阿大”等。用作助词，同“啊”，读 a（轻声）。阿用于音译，多数读 ā，少数读 ē，都是象声记音，不表意。例如“阿拉伯”“阿訇”“阿门”“阿尔法射线”等。

27. 还

还字的读音有三：huán，xuán，hái。

还，繁体作“還”，形声字，从辵（变形为“辶”）瞏声，本音 huán。关于其本义，《尔雅》释义为“返”，《说文解字》释义为“复”（復），《广雅》释义为“归”。三种释义其实是一致的，即返回原来的地方，或恢复原来的状态。“还乡”“还家”“还俗”“退耕还林”“还移”“还原”等词中的“还”，用的都是本义。引申为“归还”“回报”，如“偿还”“归还”“还债”“还席”“还情”“还礼”“还手”“还击”“还价”“以牙还牙”“以其人之道还治其人之身”等。

还字有两个异音异义：其一，音 xuán，义为“旋转”，当是“返回”的引申义。此音此义见于古籍。如《庄子·庚桑楚》：“夫寻常之沟，巨鱼无所还其体，而鲵鳝为之制。”曹植《美女篇》：“罗衣何飘飘，轻裾随风还。”两句中的“还”，都是“旋转、回旋”的意思。其二，hái，用作副词，表示“持续”（相当于“仍然”），或表示“转折”（相当于“却”“反而”），或表示“重复”（相当于“再”“又”），还表示“程度”（相当于“更加”）等，例如“乍暖还寒”“还有”“还要”“还可以”等。用作连词，表示“选择”。例如“春节你回老家，还是去旅游？”此音义现代汉语仍常用，读错音的情况屡见，例如把“乍暖还（hái）寒”错读作“乍暖还（huán）寒”。“乍暖还寒”形容冬末春初的天气，开始转暖了，但仍然很冷。“还寒”是“仍然寒”，不是“返回寒”，表示寒气尚未尽退。

28. 丧

丧字的读音有二：sàng，sāng。

丧，小篆作“䘮”，会意字，从哭从亡，本音 sàng，本义“逃亡”（《说文解字》）。《诗·唐风·葛生序》：“（晋献公）好战，则国人多丧矣。”句子“丧”即逃亡。引申为“失去，丢掉”，如“丧失”“丧魂落魄”“丧尽天良”“丧权辱国”。又引申为“忘记”。《庄子·齐物论》：“今者吾丧我，汝知之乎？”句中的“丧我”即忘记自己。又引申为“失败”。《资治通鉴·唐宪宗元和十二年》：“军中承丧败之余，士卒皆惮战。”句中的“丧败”即失败。又引申为“失意”，如“沮丧”“丧气”“懊丧”“颓丧”。又引申为“死亡”，如“丧生”“丧亡”“丧命”“丧偶”。

丧字有个异读音：sāng，义为“跟死了人有关的（事情）”，如“丧事”“丧礼”“丧葬”“丧服”“丧钟”。

29. 呱

呱字的读音有三：gū，guā，guǎ。

呱，形声字，从口瓜声，音 gū，本义为“婴儿啼哭声”。此字最早见于《诗·大雅·生民》：“鸟乃去矣，后稷呱矣。”这句诗讲的是关于后稷的传说。后稷是周部族的始组，相传他妈妈姜嫄路过荒野，踩了巨人的脚印，心里一动，便怀了孕。后来生下一个男婴，姜嫄以为不祥，便把他抛弃在巷子里，牛马走过都避开弃婴。姜嫄又把他抛弃在沟渠冰上，鸟儿飞来展翅护着弃婴。这使姜嫄好生奇怪，以为婴儿是神，便抱回家抚养。这个婴儿两度被弃，故名为“弃”。弃长大成人后，喜好农耕，帝尧发现了，命他为农师，带领百姓耕种五谷。弃因此得了一个号：后稷。“后稷呱矣”句中的“呱”，是婴儿的啼哭声，故应读 gū。成语“呱呱坠地”，形容婴儿出生时的哭声，应读作 gū gū。

呱字的异读音 guā，是口头语言，如“呱呱”“顶呱呱”“呱嗒”“呱唧”。北方方言称闲聊为“拉呱儿”，这个“呱”读 guǎ。

30. 和

和字的读音有五：hè，hé，huó，huò，hú。

和，本作“咊”，形声字，从口禾声，本音 hè，本义“相应”（《说文解字》）。和字有个异体字“龢”，也是形声字，从龠禾声。和从口，龢从龠，造字思维却如出一辙。“口”和“龠”，都跟音乐有关系：口，表声乐；龠（一种竹制管乐），表器乐。口禾合体，龠禾合体，含义都是“声音相应”，即和谐地跟着唱或伴奏。《后汉书·黄琼传》：

"阳春之曲，和者必寡。""阳春"指"阳春白雪"，战国时代楚国的一种高雅歌曲，跟通俗歌曲"下里巴人"相对。因为曲调高雅，跟着唱的人很少，所以说"和者必寡"。后来演变为成语"曲高和寡"。"和者"，跟着唱的人。由跟着唱引申出"响应""答应"，如"附和"。又引申为"酬答"，即依照别人的诗词题材、体裁，或用别人的诗韵、词韵作诗填词，这种以诗歌酬答的方式称作"奉和"。例如，毛泽东的词作《浣溪沙》，是用柳亚子词作的韵创作的，所以，他把词的题目写作《和柳亚子先生》。毛泽东还有一首七律，是用郭沫若同一题材和体裁的，故名《和郭沫若同志》。

和字读音，用得最多的是hé，含义是"平和，和缓"。如"温和""柔和""和善""和婉""和平"等。用作动词，表示"结束战争或争执"，如"讲和""议和""媾和""和解"，还表示"不分胜负"，如"和棋""和局"。用作形容词，形容"和谐，和睦"，如"和畅""和风细雨""和颜悦色""和乐""和暖""和气""和洽""和顺""和煦""和悦""和衷共济"等。用作介词，引进相关或比较的对象，例如"他16岁参加红军，才和枪一般高"。用作连词，表示跟、与，例如"我和你"。"和"还有"连带"的含义，如"和衣而睡"。

读huó时，义为"搅拌，揉弄"，如"和面""和水泥"。

读huò时表示"挑拨，无原则地调和或折中"，如"和弄""和稀泥""搅和"。

还有一个读音：hú。是打麻将的术语，"和了"表示取得胜利。

31. 氓

氓字的读音有二：méng，máng

毛泽东《七律·和郭沫若同志》诗云："僧是愚氓犹可训，妖为鬼蜮必成灾。"不少人把诗句的"氓"读作"máng"。这是错误的，正确的读音是méng。这是氓字的本音。

氓，本义"民"，即百姓（《说文解字》）。但是，民和氓的实际身份又有所区别。据《周礼》记载：周时将王畿（国都）划分为“国”“野”两个地区，“郊”是“国”“野”的分界线：王城以外、郊以内(城区)为“国”的地区，分设“六乡”；郊以外(今称“郊区”)为“野”的地区，分设“六遂”。乡和遂的居民虽然统称为“民”，但实际身份不同：“六乡”的居民称作“国人”(城里人)，“六遂”的居民称作“氓”(乡下人)。氓字有个异体字：甿。显然指种田人。所以，“氓”指农民。《诗·卫风·氓》：“氓之蚩蚩，抱布贸丝。”描写的是农贸市场的情景：抱着布匹的农民，笑嘻嘻地以布换丝。《徐霞客游记》里说：“有村氓数十家，俱网罟为业。”句中的“村氓”指渔民。在古汉语里，氓和民是同义词，都指普通百姓。古时有“群氓”“氓俗”二词，“群氓”即百姓，“氓俗”即民俗。可见毛诗中的“愚氓”，意思是“愚民”或“愚人”。

氓字有个异读音：máng。读此音，本指无业游民，所以叫作“流氓”。后来，“流氓”这个词的含义改变了，变成“不务正业，为非作歹”的人。在现代汉语里，“流氓”专指不务正业、为非作歹的人，而古时指乡下人的“氓”早已被“农民”取代，致使许多人不知氓字的本音本义。

32. 泊

泊字的读音有二：bó，pō。

泊，形声字，从水白声，音bó，本义“止舟”(《玉篇》)。止舟即船停靠在岸边，称作“停泊”。航运港口停靠船舶的位置，叫作“泊位”。后泛指停留，所以，《广韵》说：“泊，止也。”《水经注》：“西有鸾冈，洪崖先生乘鸾所憩泊也。”“憩泊”即停留歇息。王安石《示张秘校》：“寒鱼占窟聚，暝鸟投枝泊。”“投枝泊”即在树枝上栖息。清潘耒《游中岳记》：“遂循故道还卢崖，计上下可五十里，日且暝矣，寺荒不可栖泊，复东北行数里投龙潭寺宿焉。”“栖泊”即投宿。由停留引申为“恬静”，又引申为“淡泊”。“淡泊”，是一种人生境界和态度。淡泊的对立面是追名逐利，淡泊者，不追名逐利，心灵清静，情志高远。所以，诸葛亮告诫儿子：

"非淡泊无以明志，非宁静无以致远。"（《诫子书》）

泊字的异读音 pō，含义是"湖泽"。湖泽，有的称作"湖"，如"洞庭湖""太湖"；有的称作"泊"，如"梁山泊""罗布泊"；统称"湖泊"。这个"泊"，不读 bó，而是读 pō。泊还用作形容流血牺牲，如"倒在血泊之中"。这个"泊"，也读 pō。

33. 泥

泥字的读音有五：ní，nì，nǐ，niè，nìng。现代汉语只用前两个读音。

泥，形声字，从水尼声，本音 ní，本义"含水的半固体状的土"，又称"泥土"，俗称"泥巴"。又指像泥巴的东西，如"印泥""蒜泥""枣泥""茄泥""土豆泥"。

用土、灰等涂抹墙面或器物，如"泥墙""泥炉子"。用作泥墙、泥炉子的灰料叫作"泥子"。用作动词，"泥"有"封闭"义，因而引申为"不知从实际出发加以变通"，如"拘泥"。成语"泥古不化"，形容死守古制旧法不知变通。泥墙、泥子、拘泥、泥古等词中的"泥"，读 nì，常见错读作 ní。

泥字其他三个读音，是古音，见于古籍。例如，《诗经》里有两句诗："维叶泥泥"（《诗·大雅·行苇》），"零落泥泥"（《诗·小雅·蓼萧》）。前句中的"泥泥"，形容草茂柔泽；后句中的"泥泥"，形容"露浓"。这两个"泥泥"，古读 nǐ nǐ。《大戴礼上·曾子制言》："蓬生麻中，不扶自直；白沙在泥，与之俱黑。"句中的"泥"，指"黑矾"，白沙混在黑矾里，都给染黑了。这个"泥"，古读 niè。读音 nìng，是古地名，全称"泥母"，故址在今山东省金乡县东南。了解泥字的这三个古音古义，读古文时就不会出错。

34. 卒

卒，本音 zú，大家都知道它是古代士兵的称呼，中国象棋布置在最前线的就是"兵"和"卒"。但《说文解字》却把"卒"放在"衣"部，写作"衣"。从字形看，当是指事字，"衣"下加"一"，这个"一"表示"染衣题识"，即在衣上染字表示穿衣者身份。所以，《说文解字》说："卒，隶人给事者衣。卒，衣有题识者。"据此可知，古代供隶役穿的染有题识的衣服称作"卒"，穿着此衣的隶役也称作"卒"。后来，"卒"成了差役和步兵的称呼，如"小卒""马前卒""走卒""狱卒"。再后来，"卒"泛指士兵。杜甫有诗曰："至尊尚蒙尘，几日休练卒。"诗句中的"卒"指的就是士兵。

卒字还有三个别义：（1）完毕，结束。如"卒读""卒业"。《诗·豳风·七月》："七月流火，九月授衣，无衣无褐，何以卒岁？"句中"卒"即终，"何以卒岁"，怎能熬过寒冬？（2）到底，终于。如"卒底于成"。（3）死亡。如"病卒""暴卒""生卒年月"。

卒字有个异读音：cù，义项有二：（1）仓促。《墨子·七患》："心无备虑，不可以应卒。"句中"卒"即急促。现代汉语中的"仓促"，在古汉语里写作"仓卒"。由仓促引申为"突然"。《韩非子·存韩》："今若有卒报之事，韩不可信也。"《世说新语·排调》："谢公清晨卒来，不暇著衣。"上引两句中"卒"，都是"突然"的意思。（2）同"猝"。医学上有种病叫作"卒中"，又叫"脑卒"，俗称"中风"，多由脑血栓、脑出血等引起，得病后半身不遂或截瘫，严重时很快死亡。

35. 侧

侧，形声字，从人则声，音 cè，《说文解字》释义为"旁也"。段玉裁作注云："不正曰仄，不中曰侧。"用作动词，表示"向旁边歪斜"。常用词有：侧门，侧面，侧枝，侧目，侧身，侧泳，侧击，侧影等。在古汉语里，"侧"还有"不正""卑微""轻佻"等引申义。例如《书·洪范》："无反无侧，王道正直。"句中"无侧"即"正直"（无不正）。又如《书·舜典》："虞舜侧微，尧闻之聪明，将使嗣位。"句中"侧微"即卑微。再如《旧唐书·温庭筠传》："能逐弦吹之音，为侧艳之词。"句中"侧艳"即"清丽而流于轻佻"。

侧字还有两个异音异义：其一音 zé，义同"狭窄"，又同"仄"。例如《洛阳伽蓝记·宋云生使西域》："山路欹侧，长坂千里。"

句中“攲侧”即歪斜而狭窄。李清照《论词》：“盖诗文分平侧，而歌词分五音。”句中“平侧”同平仄。其二音 zhǎi，方言，义为“倾斜，不正”，如“侧歪”。用作动词，表示“向一面倾斜”如“侧棱着耳朵听”“侧棱着身子睡”。但表示相同含义的“侧耳听”“侧身睡”中的“侧”，却不读 zhǎi，而是读本音 cè。

36. 拾

拾字的读音有二：shí，shè。

拾，会意字，从手从合，手与物合，会意为“捡取”，音 shí。“路不拾遗”“拾金不昧”中的“拾”，都是本义，都应读 shí。引申为“抓捕”“收敛”“碰撞”“纠正”等义。例如，《儒林外史》第十九回：“道班光棍正奸得好，被快手拾着了来，报了官。”句中的“拾着”即抓捕。《老残游记》第三回：“赶紧把那南书房三间收拾，只等请铁先生搬到衙门里来住罢。”句中的“收拾”即收敛、整理。“收拾”还有两个含义：处理，收复。例如“看我怎么收拾你”中的“收拾”即处理，“收拾旧山河”中的“收拾”即收复。《儿女英雄传》第二十六回：“（何玉凤）双膝跪倒，两手双开，把太太的头抱住，果然一头拾在怀里。”句中的“拾在怀里”即撞在怀里。司马迁《报任少卿书》：“上之，不能纳忠效信……次之，又不能拾遗补阙，招贤进能。”句中的“拾遗补阙”即纠正疏漏、弥补过失。上述引申义里的“收拾”“拾遗”，现代汉语仍然使用。“拾”还是数词“十”的大写，此系同音假借，跟本义无关。

拾字一般不会读错，容易读错是“拾级而上”中的“拾”。这个“拾”，音义均通“涉”，不读 shí，而应读 shè，其含义也不是“捡取”“收拾”，而是“轻步”。“拾级而上”是书面语言，语出《礼记·曲礼上》：“拾级聚足，连步而上。”后世缩略为成语，形容轻步登阶而上。

37. 契

契字的读音有三：qì，xiè，qiè。

契，会意字，从挈（省“木”）从大。挈，用刀在木上刻符记事；

大，作“重要”讲，栔大合体，会意为“重要文书”。《说文解字》：“契，大约也。”段玉裁注：“大约”即书契，“谓出予受入之凡要，凡簿书之冣目，狱讼之要辞。”概括说，就是“重要文书”，包括文卷、卷证及出卖、借贷、抵押等关系的文书，以及案卷、总账、具结等。现代汉语里仍然使用的“契约”“契据”“契税”中的“契”，都是此义。古代的兵符也称作“契”。例如唐太宗《执契定三边》：“执契定三边，持衡临万姓。”“执契”是拿着兵符。

契约一式二份，立契双方各执一份，以为对合凭证。由此引申为“切合”，又引申为“投合”。郭沫若《贾长沙痛哭》：“那里面有几句是‘呜乎哀哉，遭时不祥，鸾凤伏窜，鸱鸮翱翔’，真是契合屈原的身世。”句中的“契合”即切合。陶渊明《桃花源诗》：“愿言蹑轻风，高举寻吾契。”句中的“寻吾契”即寻找志趣相投的朋友。

我国历史上有个传说人物，名“契”，曾协助大禹治水，被禹任命为司徒。大禹治水成功，舜将帝位禅让给他。但是，大禹后来破坏了“禅让”制度，开创了“父传子”的世袭制，将王位传给儿子，建立了夏朝。契的后代起来造反，推翻夏朝，建立商朝。这个“契”，不读 qì，而是读 xiè。

古汉语里有“契阔”一词，有“勤苦、久别、相聚”等多义。《诗经》《后汉书》《魏书》里都用了这个词。曹操的名诗《短歌行》：“越陌度阡，枉用相存。契阔谈宴，心念旧恩。”句中的“契阔”义为相聚。老友久别重逢，自然欢宴畅谈，大家怀念过去的交情。这个“契”，不读 qì，也不读 xiè，而是读 qiè。

38. 咽

咽字的读音有三：yān，yàn，yè。

咽，会意兼形声字，从口从因因亦声。口，指口腔；因，作“由”解，“由”有“通达”义；口因合体，音 yān，义为“喉咙”，书面语言称作“咽喉”。咽喉的位置，上通口腔，下通气管、食管，是呼吸、饮食、言语的通道，因此引申出“要隘”，于是有了“咽喉要道”

这一词组。口腔里的水和食物，要进入食管，必须借助咽喉的吞纳动作，这种动作称作“咽”，于是有了“细嚼慢咽”“狼吞虎咽”“吃糠咽菜”。咽在这里是动词，不读 yān，而是读 yàn。

由“咽喉要道”引导出“阻塞”，声音受阻而低沉，也称作“咽”，这个“咽”，既不读 yān，也不读 yàn，而是读 yè。毛泽东《忆秦娥·娄山关》：“西风烈，长空雁叫霜晨月。霜晨月，马蹄声碎，喇叭声咽。”西风凛冽，晓月寒霜，雁声清凉，马蹄声令人心碎，军号声沉郁低回，抒发了词人慷慨悲烈的心境。把“喇叭声 yè”读成“喇叭声 yān”，就不知所云了。

39. 胖

胖字的读音有三：pàn，pán，pàng。

胖，会意兼形声字，从肉（变形为“月”）从半半亦声，本音 pàn，本义“牲畜半体肉”（《说文解字》）。古文有“右胖”“左胖”二词，“右胖”即右半体肉，“左胖”即左半体肉。由半体引申为“半边”。明刘宗周《答嘉善令》：“内、外、显、微、动、静，皆成两胖。”“两胖”即事物的两面。

胖字还有一读音：pán，含义是“宽舒，舒坦”。《礼记·大学》：“富润屋，德润身，心广体胖，故君子必诚其意。”朱熹注：“胖，安适也。”这段话后来演变为成语“心宽体胖”。心和体，指心胸；广，指宽阔；胖，指安适。意思是：心胸宽阔，就安适舒坦。现代有些人不了解这句成语的出处和含义，错误地理解为“心里宽广，身体就发胖”，因而把本应读 pán 的“胖”误读作 pàng。胖表“肥”义，是后起义。唐以前，形容身体脂肪多用“肥”。《论语·雍也》：“赤之适齐也，乘肥马，衣轻裘。”《汉书·陈平传》：“人或谓平：‘贫何食而肥若是？’”唐张志和《渔歌子》：“西塞山前白鹭飞，桃花流水鳜鱼肥。”马肥，人肥，鱼肥，都用“肥”而不用“胖”。《汉语大字典》里把胖作肥解，引用的书证最早的是元代马致远的曲《要孩儿·借马》。这说明把胖字读作 pàng，释义为“肥”，可能是元代前后的事。现代，流行把胖字读作 pàng，释义为“肥”，以致许多人不知“胖”的本音本义以及表“安适”的音义。

40. 屏

屏字的读音有三：píng，bǐng，bīng。

屏，形声字，从屋（省“至”）并声，音 píng，《说文解字》释义为“敝也”。敝，即蔽，指当门的小墙，照壁。清代文字学家朱骏声在《说文通训定义》里解释说：“亦谓之塞门，亦谓之萧墙，如今之照墙也。”它起着掩蔽内院的作用，所以说是“蔽也”。后泛指屏障之物，如“墙”“城角和阙上的小楼”。白居易《冷泉亭记》：“山树为盖，岩石为屏，云从栋生，水与阶平。”“岩石为屏”即岩石为墙。又引申为“屏风”（置于室内用来挡风或隔断视线的用具）、“屏障”（像屏风那样遮挡着的东西，多指山岭、岛屿，也用来比喻事情进行中容易发生阻碍的关系环节）。由屏风引申出“字画的条幅”和“类似画屏的东西”，如“条屏”（字画的条幅）、“屏幕”（荧光屏及其他供投射或显示文字、图像的装置）。

屏，又读 bǐng，有“退避”“蒙蔽，隐瞒”“隐藏，收藏”“抑止”“放逐”等义项。例如：《史记·魏其武侯列传》：“魏其谢病，屏居蓝田南山之下数月。”句中“屏”即退避。《新唐书·王世充传》：“世充屏而不奏。”句中“屏”即隐瞒。《宋史·赵普传》：“六年，帝又幸其第，时钱王俶遣使致书于普，及海物十瓶，置于庑下，会车驾至，仓卒不及屏，帝顾问何物，普以实对。”句中“屏”即隐藏。现代汉语仍在使用的“屏气”“屏息”，即暂时抑止呼吸；“屏除”即排除；“屏迹”即匿迹；“屏退”即使离开。这些义项都是由“蔽”直接引申出来的。

屏，还读 bīng，含义是“惶恐的样子”。《西游记》第五十一回：“老孙不胜战栗屏营之至。”句中“屏营”，又作“屏盈”，即惶恐的样子。“屏营”还有一义：彷徨。李白《献从叔当涂宰阳冰》：“长叹即归路，临川空屏营。”句中“屏营”即彷徨。

41. 差

差字有五个读音：chā，chà，chāi，chài，cī。读音不同，含义有别。

差，小篆作“[seal character]”，会意字，从左从[seal character]，左示“不顺”，[seal character]示“乖误”，左[seal character]合体，会意为“贰也，差不相值也”（《说文解字》）。即“失当”之意。音chā。现代汉语里的“差错”“差误”“差池”“差失”，即此意。这是“差”的本义。引申为“区别”，如“差别”“差异”“差距”。用作副词，相当于“稍微”“尚”“较”。例如成语“差强人意”中的“差”，就是“比较”“大体上”的意思，“差强人意”即令人比较满意。很多人把这句成语的含义理解为“很差劲”，是错误的。古代汉语里的“差可”（例如形容雪花“撒盐空中差可拟”），也是这个意思。此外，减法运算中，一个数减去另一个数所得的数（如“6-4=2”中的“2”），叫作“差数”。

差字还有四个异读音，含义各不相同。

（1）chà。义为“不相同，不相合”，“缺少，欠”。如“差得远”“差点儿”“差劲”“差生”“差不多”“差不离”。“差不多”是个多义词，用作形容词，表示“相差很少”或“大多数”；用作副词，表示“接近”“几乎”。

（2）chāi。义为“派遣”或“被派遣去做的事、职务”。如“差遣”“差使”“差役”“听差”“当差”“差事”“出差”等。在古汉语里，“差”还有“选择”义。《尔雅·释诂下》：“差，择也。”例如宋玉《高唐赋》：“差时择日，简舆玄服。”句中“差时择日”即选择时日。这应是“派遣”的引申义。

（3）chài。义同“瘥”，即病愈。

（4）cī。义为“不整齐”。例如柳宗元《小石潭记》：“其岸势犬牙差互。”“犬牙差互”即交错不齐。有个常用词“参差”（cēn cī），表达的即此义，形容“长短、高低、大小不齐”。

差字的上述五音五义，除chài音义外，都是现代汉语里常用的，朗读或写作时，要注意它们音义的差别。

42. 便

便字的读音有二：biàn，pián。

便，会意字，从人从更。更，有“改变”义，人更合体，表示“人因不顺适而希望改变”，会意为“顺适”，音 biàn。“方便”“便利”，都是“顺适”的意思。由方便引申为“随意”，如“随便”，“便走”（随意行走），“便服”（区别于礼服）。由随便引申为“非正式”“简单”，如“便饭”“便条”“便衣”（指军警因执行特殊任务而不穿军警制服）。人们称排泄屎尿为“方便”，于是有了“大便”“小便”“便所”等词。

便字还有个异读音：pián。常用词“便宜”，有二音二义。读 pián yi，表示“价格低”（便宜货），或表示“不应得的利益”（占便宜）。同是“便宜”，表示“方便合适，便利”，或表示“经过特许可以根据实际情况办事”，却不读 pián yí，而是读 biàn yí。

便字叠用“便便”，形容肥胖，如“大腹便便”，“便便”读 pián pián。

43. 载

载字的读音有二：zài，zǎi。

载，小篆作“載”，形声字，从车𢦏声。𢦏，象人被戈刺之形，本义“伤”，但在载字里不表义只表音。𢦏音 zāi，载读“𢦏”的近似音：zài。载，本义“乘”（《说文解字》）。这个“乘”是个多义词，用作动词表示“乘坐”，用作名词表示“乘坐的工具”。所以，古文里的“载”有的表示乘坐，有的表示乘坐的工具。例如：《史记·河渠书》：“陆行载车，水行载舟。”句中“载”即乘坐。《史记·孔子世家》：“孔子辞不知，退而命载而行。”句中“载”指他乘坐的车。载字的引申义均源于上述二义。由乘坐引申为“装运”，如“载运”“载客”“载送”“载重”“载荷”“载誉”等。由装运又引申为“承受”。《易》曰：“君子以厚德载物。”孔颖达疏：“君子用此地之厚德容载万物。”他主张君子要像大地那样能够承受万物。又引申为“充满”，如“风雪载途”“怨声载道”。又引申为“担负”。《论衡·效力》：“身载重任，至于终死，不倦不衰，力独多矣。”句中“身载重任”即身负重任。由乘坐的工具引申出“载体”，即能够承载其他事物的事物。有句惯用语，叫“载歌载舞”，这两个“载”，既不是“乘坐”，也不是“乘坐的工具”，含义是“又”“且”。这是因为在古汉语里，载通再，属于“假借”，“又”“且”是再的引申义，与载字的本义无关。

载字还有一个异读音：zǎi，含义是“年”，例如“一年半载”“三年五载”“千载难逢”。这是因为关于年的称谓，“夏曰岁，商曰祀，周曰年，唐、虞曰载”（《尔雅·释天》）。为什么夏、商、周和唐、虞对年的称谓不同呢？郭璞在为《尔雅》作注时这样解释：“夏取岁星行一次，商取四时一终，周取禾一熟，唐虞取物终更始。”载字还有一别义：记录，刊登。于是有了“记载”“载入史册”“刊载”“转载”以及当今时行的“下载”。这应该是源于“载体”的引申义。不过，两个载字读音和词性不同：“载体”的“载”音 zài，是名词；“记载”的“载”音 zǎi，是动词。常见的错误是：将“载体”和“载歌载舞”中的“载”误读作 zǎi。

44. 埋

埋字的读音有二：mái，mán。

《说文解字》里没有“埋”字，表“埋”义的字是“薶”。成书于南朝的字书《玉篇》始有“埋”字。这说明薶和埋是古今字。

埋，《玉篇》释义为“瘗也”，即把东西放在坑里用土盖上，如“掩埋”。引申义有五：①落葬。本系古代特指“简陋不依礼制而落葬”，后泛指埋葬。②掩藏。如“埋藏”。③潜伏。如“埋伏”。④泯灭。如“埋灭”“埋没”“隐姓埋名”。⑤低头，下功夫。如“埋下头来”“埋头苦干”“埋头钻研”。

埋字本音 mái，但在“埋怨”一词里，不读 mái，而读 mán。有人考证得出结论：北方人在说“埋怨”时，埋字的发音受怨字的影响，换了个韵母（an），读成 mán yuàn。普通话是以北方话为基础的，所以，mán yuàn 成为“埋怨”的规范读音。

45. 难

难，小篆作“𩁺”，繁体作“難”，形声字，从隹嘆（省“口”）声，音 nán，《说文通训定声》释义为“难鸟”。难鸟是什么鸟？《说文通训定声》未作进一步说明。后世学者王绍兰认为是“金翅鸟”。他引用春秋学者晏婴的一段话以为书证：“晏婴云：‘有鸟曰“金翅”，民谓之为“羽豪”，非龙肺不食，非凤血不饮。其食也，常饥而不饱；其饮也，常渴而不充。生无几何，夭其天年而死。’观晏子之言，足知金翅鸟之所以名‘难’也。”这种鸟，确实“难”以生存。地球上是否真的有“难鸟”，无从查考。但我们知道，龙和凤都是不存在的，以龙肺凤血为食物的“难鸟”，应当也是不存在的。“难”后被假借表示易的反义词，这样，就跟鸟类脱离了关系。

关于难字的含义，《说文解字》之后的字书，多释义为“不易”。例如：成书于南北朝的《玉篇》说：“难，不易之称。”成书于宋代的《广韵》也说：“难，艰也，不易称也。”此义遂成难字的本义。由“不易”引申为“感到困难”“不可，不好”。常用词有：困难，艰难，难产，难办，难点，难事，难题，难度，难关，难熬，难过，难免，难说，难受，难听，难看，难为，为难，难堪，难得，难能可贵，难解难分，难言之隐，难以，难于等。

难字有个异读音：nàn，含义有二：一是“不幸的遭遇，灾难”；另一是“质问”。常用词有：灾难，国难，难民，难友，难侨，非难，责难，问难等。此二义均与“不易”没有内在联系，应该也属假借。

有两句成语：难解难分，难兄难弟。用在不同语境里，含义完全不同。先说“难解难分”，既可以形容“双方相持不下，难以分出胜负”；也可以形容双方关系异常亲密，难于分离。再说“难兄难弟”。这句成语有个典故：东汉陈元方的儿子和陈季方的儿子是堂兄弟，都夸耀自己的父亲的功德，两兄弟为此争吵不休，闹到祖父那里，祖父说："元方难为弟，季方难为兄。"意思是：元方好得做他弟弟难，季方好得做哥哥难。"难兄难弟"后来成了成语，形容哥俩都非常好。可现在，人们多用这句成语来讽刺哥俩同样坏。这个"难兄难弟"读作"nán xiōng–nán dì"。"难兄难弟"还读作"nàn xiōng–nàn dì"，含义是"彼此曾共患难的人"或"彼此处于同样困难境地的人"。可见，要想准确地读用"难"字，还真有点儿"难"。

46. 著

著字读音有六：zhù，chú，zhuó，zhāo，zháo，zhe。读音不同，含义有别。

（1）zhù。义为"明显，显著"（详见本编第六章第一节"著着"）。如"昭著""卓著"。引申为"表现，显露"，如"著名""著称""颇著成效"。又引申为"撰述，记载"，如"著述""著作""著书立说""著者""著作权"。引申为"记载"。《左传·襄公二十三年》："初，斐豹隶也，著于丹书。"《史记·孝文本纪》："请著之竹帛，宣布天下。"上引二句中的"著"，含义都是"记载"。

（2）chú。这个"著"是古代用以纪年的干支中"戊"的别称。例如，戊午年别称"著雍"。《尔雅·释天》说："太岁……在戊曰著雍。"

（3）zhuó。同"着"，义为"穿衣""附着""接触""使接触别的事物，附着在别的物体上"等。古代汉语多用"著"。例如：宋玉《登徒子好色赋》："著粉则太白，施朱则太赤。"岑参《白雪歌送武判官归京》："将军角弓不得控，都护铁衣冷难著。""著粉""著衣"都用"著"。现代汉语则用"着"不用"著"，例如"穿着""着装""附着""着色""着墨"等。

（4）zhāo。义为"放置"。例如苏轼《南堂》："更有南堂堪著客，不忧门外故人车。"句中"堪著客"即可以安置客人。围棋下子也称作"著"。例如《续资治通鉴·宋孝宗淳熙十二年》："譬如弈棋，视之若无著，思之既久，著数自至。"还用于应答，表示"同意”。例如《儿女英雄传》第三十二回：“著！著！著！就是这么著。”围棋下子和用于应答，现代汉语均改用“着”。

（5）zháo。义为“遇，受到”。例如陆游《午寝》：“庭花著雨晴方见，野客叩门去始知。”句中“著雨”即遇雨。引申为“燃烧”“发生”等义，如“著火”“著恼”“著急”。表此义时，现代汉语也用“着”。

（6）zhe（轻声）。助词。用在谓语之后，表示“动作正在进行或状态的持续”。例如白居易《侧侧吟》：“道著姓名人不识。”用在句末，表示“命令祈使或一般告语”。例如《水浒全传》第二十一回：“这短命，等得我苦也！老娘先打两个耳刮子著。”表此义时，现代汉语也用“着”。

在现代汉语里，著字只有一个读音，即上述第一音：zhù。第二音是古音。后四个读音及其含义，均由“着”字取代。只有“执著”的“著”读 zhuó，是个例外。“执著”原是佛教用语，指对某一事物坚持不放，不能超脱。后来指坚持不懈或固执、拘泥。“执著”又作“执着”，是一对同义异形词，《现代汉语词典》主张首选“执着”。由于“着”是后造字，古文和古诗词里多用“著”，所以，朗读古文和古诗词要注意其音义的区别。

47. 给

给字的读音有二：jǐ，gěi。

给，形声字，从丝合声，本音 jǐ，《说文解字》释义为“相足也”。“相足”即“丰足，富裕”。例如《孟子·梁惠王下》：“春省耕而补不足，秋省领而助不给。”句中“不给”即不足。严复《原强》：“古之所谓至治极盛者，曰家给人足，曰比户可封，曰形措不用。”句中“家给”即家境富裕。这是给字的本义。引申为“供应”，如“供给”“补给”“配给”“自给自足”“给付”“给养”等。古时“供事”“服役”“俸禄”也称作“给”。例如《汉书·张汤传》：“（安世）用善书给事尚书，精力于职。”句中“给事”即供事。王安石《河北民》：“今年大旱千里赤，州县仍催给河役。”句中“给河役”即服河役。《宋史·毕士安传》："（士安）出知潞州，特加月给之数。"句中"月给"即一个月的俸禄。此外，在古汉语里，"给"还有"敏捷""口齿伶俐"的含义。例如《庄子·无鬼》："王射之敏给。"句中"敏给"即敏捷。《论语·公冶长》："御人以口给，屡憎于人。"句中"口给"即口齿伶俐。

给字有个异读音：gěi。用作动词，表示"使对方得到某些东西或某种遭遇"。如"给以奖励""给他点儿面子""给敌人以沉重的打击"。用作介词，表示对象、目的，相当于"为"；引进动作行为的主动者，相当于"被"；表示方向，相当于"朝""向"。例如：《老残游记》第十九回："老残给了他二十两银子安家费。"句子"给了"即送与。鲁迅《祝福》："我给那些因为在近旁而极响的爆竹声惊醒。"句中"给"相当于"被"。老舍《茶馆》："李三，再给这儿沏一碗来！"句中"给"相当于"朝"。

48. 殷

殷字的读音有三：yīn，yān，yǐn。

殷，小篆作"殷"，会意字，左偏旁是"反身"（"身"反写），右偏旁是"殳"（古代一种冷兵器），反身与殳合体，表示"持殳旋舞"，会意为"乐舞"，音 yīn。《说文解字》："作乐之盛称殷。"由盛引申为"大"。《庄子·秋水》："夫精，小之微也；垺，大之殷也。"殷跟微相对，微亦小也，殷亦大也。又引申为"众，多"。《徐霞客游记·滇游日记八》："脊西近峡南下，其中居庐甚殷，是为旧炉塘。"句中"甚殷"即很多。由"多"引申为"富足"。《史记·苏秦列传》："家殷人足，志高气扬。"句中"家殷"即家境富足。由富足引申为"深，厚"。朱德《和郭沫若同志〈登尔雅台怀人〉》："回顾西南满战云，台高尔雅旧情殷。"句中"情殷"即情深。还有常用洞"殷切"，形容深厚而急切："殷殷"，形容深深期盼；"殷忧"，形容深深的忧虑。

殷还是商朝的另一称号。商朝中后期迁都于殷（故址在今河南省安阳市西北小屯村），故又称为“殷”。殷是灭夏建立的王朝，《诗经》里有“殷鉴不远，在夏后之世”的名句。意思是：殷人的子孙应该以夏的灭亡为鉴，不要重蹈夏的覆辙。殷纣王没有汲取夏亡的历史教训，终于被周推翻。后世遂将“殷鉴”用来泛指可以作为后人鉴戒的前人失败的历史教训。

殷字还有两个异读音：其一，读 yān，义为“黑红色”，通常用来形容“血迹”，如“殷红的血迹”。其二，读 yǐn，在书面语言里充当拟声词，形容远处的阵阵雷声，如“雷声殷殷”。殷字的这两个异音异义，人们不大注意，因而常常错读作 yīn。有首歌中有句歌词：“殷红的热血”。“殷红”一词显然用错了。“殷红”是形容“黑红色血迹”的，不能用来形容鲜血；况且“热血”并非血，而是比喻为正义事业而献身的热情。

49. 隽

隽字有两个读音：juàn，jùn。

隽，本作“雋”，会意字，从隹从弓。隹，短尾鸟；以弓射鸟，会意为“鸟肥”（《说文解字》），音 juàn。鸟肥则味美，因而引申为“美味”。宋周去非《岭外代答·象》：“人杀一象，众饱其肉。惟鼻肉最美，烂而纳诸糟邱片腐之，食物之一隽也。”句中“一隽”即一种美食，但古今诗文用此义者甚少，用得多的是美味的引申义：形容言论、诗文“意味深长”。例如宋黄庭坚《奉和王世弼寄上七兄先生用其韵》：“吟哦口垂涎，嚼味有余隽。”又如清吴衡照《莲子居词话》：“所录名篇隽句，生香活色，绝少俗韵。”古代文人将“隽”的“优美”和“永”的“深长”组合，创造新词“隽永”，用来形容优美的诗文意蕴深长，耐人寻味。这个词，现代仍常见于文论和书评中，但不少人将它误读作 jùn yǒng。

jùn 是隽字的异读音，含义有二：其一，才智出众。《汉书·礼乐志》：“至武帝即位，进用英隽，议立明堂，制礼服，以兴太平。”这个“隽”义同“俊”。表此义的词有：英隽，隽才，隽良，隽拔，隽誉等。其二，科举时代用“隽”比喻考中。例如欧阳修《送徐生之渑池》：“名高场屋已得隽，世有龙门今复登。”又如鲁迅《阿Q正传》：“赵太爷因此也骤然大阔，远过于他儿子初隽秀才的时候。”

50. 渐

渐字的读音有二：jiàn，jiān。

渐，形声字，从水斩声，本音 jiàn，古水名。古代有两条河都名“渐”：一条是“渐江”，今名浙江；一条是“渐水”，今名澹水。后来，渐字不做水名，而被赋予七项新义：（1）逐步。如“逐渐”。（2）次序。如“渐次”。（3）慢慢的。如“渐变”。（4）用作副词，表示“程度和数量的逐渐增减”，如“渐渐”。（5）在古汉语里，用作副词还表示“时间”，相当于“正当”“随即”“不久”。例如柳永《迎新春》：“渐天如水，素月当午。”“渐天”即正当天。他的《八声甘州》：“渐霜风凄紧，关河冷落，残照当楼。”“渐霜风”即随着霜风。（6）疏导。《史记·越王勾践世家》：“太史公曰：‘禹之功大矣，渐九川，定九州，至于今诸夏艾安。’”“渐九川”即疏导九川江河。（7）征兆。王充《论衡》：“雨颇留，湛之兆也；旸（晴天）颇久，旱之渐也。”“旱之渐”即旱的征兆。

渐字有个异读音：jiān，含义是“浸泡”。《荀子·劝学》：“兰槐之根是为芷，其渐之脩，君子不近，庶人不服。”句中“其渐之脩”的意思是若浸泡在臭水里。引申为“流入，淹没，沾湿，滋润，习染”。“流入”和“习染”二义，现代仍常使用。例如：“东渐入海”“欧风东渐”。两个“东渐”，前者义为“向东流入”，后者义为“习染、影响东方”。此外，战国时击筑送别荆轲去刺秦王的“高渐离”，应读作“高 jiān 离”。知道渐字异读音的人不多，故常见将“高渐离”误读作“高 jiàn 离”。

51. 宿

宿字的读音有三：sù，xiǔ，xiù。

宿字的金文（[illegible]）是会意字，从宀从人从㐁（簟，竹席），表示“人在屋里睡在席上”，会意为“夜止”（《玉篇》）。小篆（[illegible]）

是形声字，从宀俩（“夙”古字）声，隶变形为“宿”，但含义未变。楷书依隶为“宿”。

宿，本音sù，本义“居宿”，引申为“睡眠”。如“夜宿”“露宿”“住宿”“宿营”等。夜间睡眠的地方叫作“宿舍”。宿字还有“旧有的”“一向的”“多年的”“年老的”“久经沙场的”等引申义。如“宿仇”（旧有的仇恨）、“宿敌”（一向对抗的敌人）、“宿诺”（多年前的承诺）、“宿愿”（一向怀有的愿望）、“宿根”（多年生草本植物的根）、“宿将”（久经沙场的老将）、“宿疾”（拖延多年难以治愈的病）等。这些引申义，也都读sù。

宿字还有两个异读音：其一，xiǔ，量词，表示“一夜”，如“住了一宿”。其二，xiú，天文学名词。我国古代天文学家，把天上分布在黄道、赤道附近一周天的恒星，组成二十八个集合体，这个集合体称作“宿”，如“牛宿”“斗宿”“箕宿”“心宿”等，统称“二十八宿”。宿字的此音此义，知道的人不多，常见误读作sù。

52. 落

落，读音有四：luò，luō，là，lào。

落是形声字，从草洛声，本音luò，本义“草木凋零”。草木凋零的表现是：草衰叶落。落字的其他义项，都是由“衰”和“落”引申出来的。由“落”引申出“下降”（降落，落潮，落日，落体，落地）、“使降落”（落幕）、“摔下来”（落马，落水）、“掉在后面，考试、应聘或选举失败”（落伍，落选，落榜，落第，落聘，落空）、“坐在座位上”（落座）、建筑物竣工（落成）、“下笔”（落笔，落墨）、“遭遇灾难，陷入困难”（落难）等义。由“衰”引申出“衰败”“飘零”“潦倒失意”“不热闹”等义，如“衰落”“破落”“零落”“落泊”“落魄”“冷落”“落寞”等。人们常用“落马”比喻贪腐官员被撤职查办。

落字还有三个异读音，常被错读。落字在不同语境里读音不同：“落落大方”“落落寡合”中的“落落”，读本音luò luò；而“大大落落”中的“落落”却读 luō luō；“落下了”“落在后面”中的“落”，读 là，“落不是”“落价”“落架”“落汗”“落枕”“不落忍”中的“落”，读 lào。

53. 靓

靓字读音有二：jìng，liàng。

靓，形声字，从见青声，音 jìng，义为“召”（《说文解字》），即召见，邀请。靓字此义后来被“请”取代，转而表示“妆饰”。明代字书《正字通》：“靓，饰也。粉白黛黑谓之靓妆。”《后汉书·南匈奴传》：“昭君丰容靓饰，光明汉宫。”形容王昭君妆饰艳丽。由妆饰引申为“娴静”。元贡师泰《拟古二首》：“意态闲且靓，气若兰蕙芳。”闲通娴，“闲且靓”即娴雅文静。又引申为“美好”，常用以形容美景。例如王安石《再至京口寄澧使曹郎中》：“北城红出高枝靓，南浦春回老树圆。”

广东方言将“靓”读作 liàng，并且创造“靓丽”一词，形容妆扮和美景，如“妆扮靓丽”“靓女”“靓仔”“靓丽的风景”。由于现代媒传的高效传播，这个方言迅速流传开来，“靓丽”竟成了时髦词语，以致它的本音本义反倒被人们遗忘。约定俗成，“靓（liàng）丽”遂成通用词。但是，朗读古诗文时，要记住：靓音 jìng，义为“妆饰”“娴静”“美好”。

54. 期

期字的读音有二：qī，jī。

期，形声字，从月其声，音 qī，《说文解字》释义为“会也”。段玉裁注云：“会者，会也。期者，邀约之意，所以为会合也。”《诗·鄘风·桑中》：“期我乎桑中，要我乎上宫，送我乎淇之上矣。”曹丕《秋胡行》：“朝与佳人期，日夕殊不来。”两句中的“期”，含义都是“约会”。由约会引申为“预定的时日”，如“定期”“如期”“假期”“不期而遇”。又引申为“预料”（如“预期”）、“限定的时间”（如“截止期”“保质期”“过期”“期刊”）。由限定的时间引申为“限度”。

苏轼《渔父四首》有“酒无多少醉为期”句，“醉为期”即喝醉了为限度。由限度又引申为“要求”，于是有了“期望”“期盼”“期待”“期许”等词。反之即“不要求”。例如柳宗元《游石角过小岭至长乌村》：“志适不期贵，道存岂偷生。”“不期”即不期望。作量词，用于“分期（有定期地分为多次）”，如“上学期”“黄埔一期”，刊物或报纸副刊的“第 × 期”。

期字有个异读音：jī。一周年称作“期年”，一整月称作“期月”。百年为数之极，故“百年”也称作“期”，并特指人寿百岁。

55. 提

提字的读音有二：tí，dī。

提，形声字，从手是声，音 tí。《说文解字》：“提，挈也。”段玉裁注：“挈者，悬持也。”即把东西悬空手持，如“提篮”“提灯”。用作名词，表示“手提的东西”，如“提包”“提箱”“提篮”“提琴”等。引申出 11 个义项：（1）升高，如“提升”“提高”“提级”“提速”；（2）选拔，如“提拔”“提名”；（3）取出，如“提取”“提现”“提成”；（4）谈到，如“提及”“提起”“重提”；（5）搀扶，领着，如“提携”；（6）指出，如“提案”“提醒”“提倡”“提问”“提请”；（7）审讯，如“提讯”“提审”；（8）往前移，如“提前”；（9）要点，如“提要”“提纲”“提示”；（10）形容害怕，如“提心吊胆”；（11）使兴奋，如“提神”。

提字有个异读音：dī，义同“tí”，但只用于“提防”（小心防备）、“提溜”（“悬持”的口头语）。“dī 防”常误读作“tí 防”。

56. 禅

禅字的读音有二：shàn，chán。

禅，形声字，从示单声，本音 shàn，本义“祭天”（《说文解字》）。但实际上，古代帝王登泰山筑土为坛，报天之功，称“封”；在泰山南梁父山上辟基祭地，报地之德，称“禅”。祭天祭地合称“封禅”。禅字还有“替代”的含义。《庄子·山木》：“仲尼曰：‘化其万物而不知其禅之者，焉知其所终？焉知其所始？正而待之而已耳。’”句中“禅”即“替代”。由替代引申为“继承”。例如清全祖望《书宋史胡文定公传后》：“四先生殁后，广仲尚禅其家学。”句中“禅”即继承。因此，古代帝王让王位于他姓，称作“禅让”；接受禅让继承王位，称作“受禅”。

“禅”后来成了佛教用语，是梵文的汉语音译，与本义无关。佛教有个用语，梵文作Dhyana，汉语音译作“禅那”，简称“禅”，是“静思”的意思，原是佛教的一种修行方法。不过，这个“禅”不读 shàn，而是读 chán。何谓“禅”？《顿悟入道要门论》解释说：“妄念不生为禅，坐见本性为定。”后来，佛教的有关“禅”的事物，都冠以“禅”，如“禅宗”“禅学”“禅师”“禅堂”“禅林”“禅房”“禅机”等。

57. 鹄

鹄字的读音有二：hú，gǔ。

鹄是黄嘴天鹅的名称，音 hú，又称“鸿鹄”“黄鹄”。说到“鹄”，不禁想起两则故事。秦末农民起义领袖陈胜，年轻时向往富贵，遭到人们的嘲笑。他叹息说：“嗟乎！燕雀安知鸿鹄之志哉！”鸿鹄飞得高飞得远，而燕雀只能栖于房檐、跳于草丛。陈胜自比鸿鹄，而把嘲笑他的人比作“燕雀”。另一则故事，是说孟子告诫弟子专心读书的事。有一次，孟子给弟子讲学习态度，打了个比方，说有两个学围棋的人，一个专心致志，另一个心驰旁骛，一心以为有鸿鹄将至，“思援弓缴而射之”。孟子感叹地说：“虽与之俱学，弗若之也。”

以“告”为声符的合体字，读音差别很大：有的读 hào，如“浩”“皓”；有的读 kù，如“酷”；还有的读 gù，如“梏”“牿”。受这些字的影响，不少人将“鸿鹄”读作“鸿 hào”或“鸿 gǔ”，都读错了音，正音应该是“鸿 hú”。

鹄字确实有个异读音，真的读 gǔ，即“中鹄”“鹄的”的“鹄”。这个“鹄”含义是“箭靶”，“鹄的”即箭靶，“中鹄”而射中了靶心。

58. 禁

禁字的读音有二：jìn，jīn。

禁，形声字，从示林声，音jìn。《说文解字》释义为“吉凶之忌也”。“禁忌”即本义。由禁忌引申为“禁止，制止”，如“禁烟”“禁赌”“禁猎”“禁牧”“禁渔”“禁地”“禁区”“禁色”“禁令”“禁律”“禁绝”等。又引申为“剥夺自由”，如“监禁”“囚禁”“禁锢”“禁闭”等。古代帝王居住之地，禁止百姓进入，故称“禁城”或“宫禁”。

禁字有一个异音异义：音jīn，义为“承受，忍耐”，如“禁受”“禁不起”“禁得起”“禁不住”“不禁”等。“不禁”“禁不住”两词，在现代汉语里使用频率很高，读错音的频率也很高。

59. 裨

裨字的读音有二：bì，pí。

裨，形声字，从衣卑声，本音bì，《说文解字》释义为“接益”。“接益”是什么意思呢？王筠在《说文解字句读》中解释说：“以接说裨者，字从衣，谓作衣遇短材（衣料不足），别以布帛接之也。再以益申之者，既接之则有益于初也。”用现代语言说，就是“接续，补缀”。后多用其引申义：增加，补益。例如韩愈《进学解》：“头童齿豁，竟死何裨？”《聊斋志异·促织》：“妻曰：‘死何裨益？不如自行搜觅，冀有万一之得。’”前句中的“何裨”，后句中的“何裨益”，同义，即有什么补益。此义现代汉语仍常用，例如“大有裨益”“裨益当代”“无裨于事”。

裨字有个异音别义：pí，义为“辅佐的，副手”。如“偏裨”“裨将”。古代祭祀时穿的次等礼服，也称作“裨”。《荀子·富国》：“大夫裨冕。”古代祭祀仪礼规制，礼服分等级，天子穿的是上等礼服，称作“大裘”，诸侯和臣子穿的是次等礼服，称作“裨”，所以，荀子说“大夫裨冕”。裨还是姓氏。作为次等礼服称谓的“裨”和作为姓氏的“裨”，都应读pí。

60. 遗

遗字的读音有二：yí，wèi。

遗，形声字，从辵（变形为“辶”）贵声，音 yí，本义“亡”（《说文解字》）。“亡”即丢失，“遗失”“路不拾遗”中的“遗”即本义。引申为“漏掉”（拾遗补阙）、“留下”（遗嘱，遗训，遗产，不遗余力）、“忘记”（遗忘）、“落”（遗落）、“剩余”（遗毒）等义。

遗字有个异读音：wèi，含义为“赠与”，是“留下”的引申义。毛泽东《念奴娇·昆仑》：“安得倚天抽宝剑，把汝裁成三截？一截遗欧，一截赠美，一截还东国。太平世界，环球同此凉热。”词中“遗欧”，即赠与欧洲，这个“遗”不读 yí，而是读 wèi。

“遗赠”一词中的“遗”，该读 yí 还是该读 wèi？要看语境。表示“赠与”，遗、赠同义，同义反复而组成“遗赠”，在不同语境里含义不同，读音也不同。表示“赠与，送给”的“遗赠”，读“wèi 赠”，表示“死者留赠”的“遗赠”，是偏正词，应读“yí 赠”。

61. 解

解字的读音有三：jiě，jiè，xiè。

解，音 jiě。会意字，从角从刀从牛，表示“用角刀分割牛体”，会意为“剖”，“解剖”即本义。解剖就是将动物体剖开，因而有了“分割，划分，分裂”的引申义。如“解体”“瓦解”“分解”。又引申为“分散”“除去”“取消”“脱掉”等义，如“解散”“解除”“解约”“解禁”“解愁”“解脱”“解毒”等。《辞海》解字条有一个义项：说也，析言事理也。引用的书证是《荀子·非十二子》里“闭约而无解。”王力主编的《古代汉语》里解释说：“‘闭约而无解’的‘解’，原义是解绳（约，绳结）。荀子的这句话是用来作比喻的，是说解释古书中难懂的话，也正像解结。这个比喻义后来引申出“晓悟”“见识”“分析”“辨析”“陈述”等义，如“了解”“见解”“解析”“解说”“解释”“注解”“解读”“辩解”“解答”等。“解析”的目的是“使人明白”，反之，“令人不解”就是“让人不明白”。消除人们疑虑和困惑，称作“解惑”。解除束缚的结果，是人身自由、推翻压迫、思想开放，这就是“解放”一词的由来。

解字是个多音多义字，除了上述本音本义及引申义外，还有两个异音别义：一读 jiè，义为“武装押送财物或犯人”，叫作“解送”；古代担任解送的差役，叫作“解差”。另一读 xiè，本指武术的架势，叫作“解数”；后泛指手段、本事，常说的“使出浑身解数”即此义。此外，“解”还是姓氏，也读 xiè。

62. 辟

辟字的读音有三：bì，pī，pì。

辟字的甲骨文（[illegible]）和金文（[illegible]），都是会意字，右偏旁是曲刀的象形，左偏旁是跪着的人的形象。曲刀是一种刑具，是用来给罪犯额上刺字的，作为合体字的偏旁，它成了“罪”的指代符号。罪与跪人合体，会意为“法”。法是统治阶级意志的体现，因此，“辟”又是“统治”“统治者”的代称。古代称皇帝或国君为“辟”，称帝王召见臣子并授官职为“辟举”，称众官吏为“群辟”，称恢复被推翻了的王朝为“复辟”。“复辟”现代汉语仍使用，含义扩大至“恢复被推翻的反动政权”。有两个引申义：其一，避免，驱除。有个迷信语“辟邪”，即此义，表示“降魔驱祟”。其二，退避。“辟易”即此义，多指受惊吓后控制不住而离开原地，如“辟易道侧”“人马俱惊，辟易数里”。

辟，还是“闢”的简化字，有二音二义：音 pī，有个词叫“辟头”，含义是“一开头，起首”。此音此义，同“劈”。音 pì，含义有三：①“开辟”，如“开辟敌后抗日根据地”。②“透彻”，如“精辟”“透辟”。③“驳斥，排除”，如“辟谣”“辟邪说”。

63. 塞

塞字的读音有三：sāi，sài，sè。

塞，《现代汉语词典》归入“宀”部，《汉语大字典》归入“土”

部，都有道理，因为“宀”和“土”在塞字里都是表义作用的形符。塞字的甲骨文（[illegible]），由宀、ɪɪ、手组成，表示“把物藏进屋里”。金文（[illegible]）将“宀”改为“穴”，表示“把物藏进洞穴”。小篆（[illegible]）又将金文的“穴”改回为“宀”，同时在下面加个“土”，表示“藏完物再用土封堵”。所以，塞字的本义是“把物放进有空隙的地方”，音 sāi。其直接引申义是“堵”。《诗·豳风·七月》：“穹室熏鼠，塞向墐户。”句中“塞向”即封堵窗户。现代汉语里的“塞车”“瓶塞”“塞子”等词中的“塞”，也是“堵塞”的意思。

由堵塞又引申为“遮掩，障蔽设施”，于是有了“边塞”“要塞”“塞外”等词。但这个“塞”，不读 sāi 而是读 sài。

有个常用词：闭塞。用作动词，义同“堵塞”，如“管道闭塞”。用作形容词，既可以形容地处偏僻，交通不便，风气不开；又可以形容消息不灵通。还有个常用词：敷衍塞责。含义是“不负责任敷衍了事”。“闭塞”“塞责”二词中的“塞”，既不读 sāi，也不读 sài，而是读 sè。

64. 属

属字的读音有二：zhǔ，shǔ。

属，繁体作“屬”，形声字，从尾蜀声。有尾必有首，首尾连接才是完整的物体。“属”取此义，即“连接”，音 zhǔ。也有文字学家认为，“属”是会意字，从尾从蜀。蜀是一种昆虫，叫作“葵蜀”。葵蜀行走，先屈后伸，一屈一伸有“连续”义。蜀尾合体，会意为“连接”。两说对属字的含义并无分歧。属字的这个本义，在古汉语里常用。例如：《徐霞客游记·粤西游日记四》：“中有土岗，南北横属。”句中“横属”即横向连接。又如：苏轼《再论积欠六事四事劄子》：“累岁灾伤，浮殍相属。”句中“相属”即一个挨着一个。由连接引申为“跟随”。《史记·项羽本纪》：“项王渡淮，骑能属者百余人耳。”句中“属者”即跟随的人。又引申为“注目，专注，期望”。如“属目”（注目）、“属意”（专注）、“属望”（期望）。又引申为“告诉”“告诫”“托付”“委托”。范仲淹《岳阳楼记》:“属予作文以记之。”“属予”即吩咐我。《汉书·张良传》:“汉王之将独韩信可属大事,当一面。”“属大事”即委托大事。后世造了两个新字:瞩,嘱。遂以“瞩”取代“属”的“专注”“期望”义,以“嘱”取代“属”的“吩咐”“委托”义。于是有了“瞩目”“瞩望”“嘱咐”“嘱托”等新词。

由跟随引申出“从属,隶属,属性”等义,常用词有:家属,亲属,军属,烈属,属员,归属,金属,猫属动物,稻属植物等。这个“属”不读 zhǔ,而应读 shǔ。

65. 数

数字的读音有四:shǔ,shù,shuò,cù。

数,小篆作“[illegible]”,会意字,从婁从攴(婁今简化作“娄”,攴变形为“攵”,數类推简化作“数”)。娄,本义“中空”,在这里表示“专心”(无杂念);攴,本义“轻击”;娄攴合体,表示“一边用手轻敲,一边专心数数”。所以,《说文解字》认为:“数,计也。”可见,“数”是个动词,义为“计算”。陈毅在赣南坚持游击战时,部队经常断粮,生活十分艰苦。他在《赣南游击词》中写道:“囊中存米清可数,野菜和水煮。”囊中的存米少得可以用粒来计数。由计算引申出“查点”“列出”“比较起来最突出”等义。例如:“数得着”“数他最棒”“数一数二”“数风流人物”等。又引申为“责备”,如“数落”“数说”。动词“数”,音 shǔ。

数字也可用作名词,表示“数目”,这个“数”不读“shǔ,而是读 shù”。有个词“数数”,前一个“数”是动词,读“shǔ”,后一个“数”是名词,读“shù”;合起来“数数”(shǔ shù),含义是“计算数目”。名词“数”与其他字合成一系列名词,如“数字”“数量”“数词”“数额”“数据”“数列”“数位”“数码”“数值”“数表”等。现代科技有一种“自动控制方式”,控制指令以数字形式表示,机器设备按照预定的程序进行工作,称作“数字控制”,简称“数控”。于是有了“数字电视”“数字通信”“数字相机”“数字信息”“数字视频”。在某个领域的各个方面，或某种产品的各个环节，都采用数字信息处理技术，称作“数字化”。

数字还有两个异音别义：其一，读shuò，作“屡次”讲，如“数见不鲜”。其二，读cù，当“细密”讲。例如《孟子·梁惠王上》：“数罟不入洿池。”句中“数罟”（cù gù），即网眼细密的渔网。

66. 磅

磅字的读音有二：páng，bàng。

现代人都知道，“磅”是重量单位，1磅＝0.4536千克。以磅为重量单位的秤，叫作“磅秤”；用磅秤称重量，叫作“过磅”。这个“磅”读bàng，是英制重量单位pound的音译，属于同音假借，跟磅的本字无关。

磅，形声字，从石旁声，本音páng。磅是个古老的汉字，远在战国时代，文学家宋玉就在《笛赋》中用了它：“其处磅磄千仞，绝溪凌阜，隆崛万丈，盘石双起。”句中“磅磄”是形容词，形容周围广大。这是磅字的本义。现代汉语仍在使用的“磅礴”一词，原义“充满”。例如《庄子·逍遥游》：“之人也，之德也，将磅礴万物以为一。”句中“磅礴”用的是“充满”的引申义：包容。全句的意思是：神人之德，是包容万物而为一体的。后世多用“磅礴”形容广大无边。例如文天祥《正气歌》：“是气所磅礴，凛烈万古存。”形容正气广大无边，万古长存。

67. 魄

魄字的读音有三：pò，bó，tuò。

魄，形声字，从鬼白声，音pò，义为“阴神”（《说文解字》）。何谓“阴神”？古人认为，阴神是能离开身体而存在的精神，即所谓“魂魄”。也有另一观点，例如《太平御览》引《礼记·外传》认为：“人之精气曰魂，形体谓之魄。”后世多用“阴神”的引申义：人的精神、气质、神色、精力、胆识。于是有了“气魄”“体魄”“胆魄”“魄力”等词。

魄字还有两个异读音：其一，读 bó，是象声词。例如《欧阳尚书》："火流于王屋为鸦，其声魄。"又如唐陆龟蒙《春思二首》之一："竹外麦烟愁漠漠，短翅啼禽飞魄魄。"前句"魄"是流星坠地的声响，后句"魄魄"是飞鸟拍翅的声响。其二，读 tuò。"落魄"是个常用词，有三个短语都含有"落魄"一词：一是"丧魂落魄"，二是"家贫落魄"，三是"落魄江湖"。三个短语中的三个"落魄"，音义却不相同："丧魂落魄"形容恐惧的样子，其中的"魄"读 pò；"家贫落魄"形容贫困失意，其中的"魄"读 tuò；"落魄江湖"形容放浪不羁，其中的"魄"也读 tuò。后两个"落魄"，音义均同"落拓"或"落托"。

68. 澄

澄字的读音有二：chéng，dèng。

澄，形声字，从水登声，音 chéng，义为"水清定"（《广韵》）。《淮南子·说山训》："人莫鉴于沫雨，而鉴于澄水者，以其休止不荡也。"意思是：水清而静止，可以为鉴（镜）。引申为"清澈，明净"。例如唐李绅《过锺陵》："龙沙江尾抱锺陵，水郭村桥晚景澄。"一个"澄"字，清新明净的村桥晚景尽现眼底。又引申为"宁静"。例如明方孝孺《静斋记》："辟小斋于公署之旁，陈书史于左右，公退则敛膝澄坐以养心，名之曰静斋。"敛膝澄坐，何等宁静！西晋文学家陆机在《文赋》里也说："罄澄心以凝思。"罄，本义"器中空"（尽），在这里作"彻底"讲。"罄澄心以凝思"，进入心静如水的状态，心无旁骛，聚精会神地思考。用作动词，表示"使清明"。人们常用的"澄清"一词，本义就是"使水清明"，后比喻弄清事实，如"澄清事实"。由此又引申为"比喻使政治清明"。郭沫若《怀念董老》："创党开天澄广宇，新民建国启先河。"诗句中"澄广宇"即天下政治清明。

"澄清"一词，还有一个义项：用沉淀的方法使液体由浊变清。表此义的"澄"，不读 chéng，而是读 dèng。制作红豆沙，先将水泡红豆磨成豆浆，再用过滤的方法滤去水分，留下豆沙，叫作"澄沙"。

这个“澄”也读 dèng。

69. 燕

燕字的读音有二：yàn，yān。

关于燕字的部首，有的字典把它归入“灬”（火）部，其实，它跟火毫不相干。燕字是象形字，小篆“[illegible]”，是燕子的象形符号。《说文解字》这样形容燕子的形象：“籋（镊子）口，布翄，枝尾。”段玉裁注：“籋口，故以廿象之；布翄（翅），故以北象之；枝（分杈）尾，故以火象之。”就是说，廿、北、火在燕字里都是象形符号，突出了燕子形象的三大特征。所以，“燕”就是燕子，读音为 yàn。

春秋时代有个诸侯国叫作“燕”，建都蓟（旧址在今北京市西南），是西周召公奭后裔的封地。到战国时，燕成了北方强国，疆域扩展到今河北北部和辽河流域，与秦、韩、赵、魏、齐、楚并称“七雄”。东晋时，鲜卑族慕容氏在今河北、山东、辽宁一带先后建立了四个燕国，史称前燕、后燕、西燕、南燕。其时，汉人冯跋趁后燕内乱，据昌黎自主，国名也叫作“燕”，史称“北燕”。所以，历史上称河北为“古燕地”。作为古代国名的“燕”，不读 yàn，而是读 yān。民国时期，北平市（今北京市）有所大学，因地处古燕京，故名“燕京大学”。也个“燕”也读 yān。毛泽东名词《浪淘沙·北戴河》有“大雨落幽燕”句，“幽燕”指北戴河。幽，古幽州；燕，古燕国；北戴河地处河北北部，为古幽州、古燕国的地域，所以，词中用“幽燕”指代北戴河。这个“燕”是地名，所以也应该读 yān，读 yàn 是错误的。

70. 缴

缴字的读音有二：zhuó，jiǎo。

缴，小篆作“[illegible]”，形声字，从丝敫声，本音 zhuó，本义“生丝缕”（《说文解字》）。“生丝缕”即系在箭尾的丝线。《正字通》：“缴，谓生丝系箭以射飞鸟也。”古代射鸟用的箭，在箭尾系根生丝线，这根生丝线就叫作“缴”。缴字的此义，古文中多见，例如《孟子·告子上》：“一心以为有鸿鹄将至，思援弓缴以射之。”句中的“缴”，就是系在箭尾的生丝线，在句中指代箭。

现代汉语用的是缴字的假借义：交纳。《说文通训定声》："缴，假借为交，按今用为缴纳字。"读音也随之改为"jiǎo"。用"交纳"释义"缴纳"，是因为两词都有"交出"的意思。但"交纳""缴纳"的含义和用法，有细微的差别，因为"缴"有"被迫"和"迫使"的内涵，例如"缴税""缴械""缴获"。缴还是姓氏，也读jiǎo。

71. 藏

藏字的读音有二：cáng，zàng。

藏，形声字，从草臧声，音 cáng，本义"隐匿"，如"躲藏""隐藏""藏龙卧虎"。引申为"不外露"，如"藏锋"（不露锋芒）、"藏富"（不露富）、"藏富于民"（让老百姓富裕）。又引申为"收存"，如"收藏""储藏""珍藏""藏书"。又引申为"深"。例如《素问·长刺节论》："头疾痛，为藏针之。"句中"藏针"，不是"藏匿针"，也不是"收藏针"，而是"深刺"。这个引申义，现代汉语已不用。

"储藏"的"藏"，读 cáng；而储藏大量东西的地方，如"宝藏""府藏""库藏"的"藏"，却不读 cáng，而是读 zàng。佛教经书总汇，等于"储藏大量经书的地方"，故也称作"藏"，如"大藏经"，这个"藏"也读 zàng。佛教经典有经、律、论三大类，统称"三藏"；精通经、律、论的高僧，被称作"三藏法师"。唐代高僧玄奘是历史上最著名的"三藏法师"，故史称"唐三藏"。"三藏"的"藏"也读 zàng。还有西藏和藏族的"藏"，也读 zàng。

72. 蹊

蹊字的读音有二：xī，qī。

蹊，会意兼形声字，从足从奚奚亦声。足，表示"走路"；奚是古代的奴隶，这里取"小"义（奴隶主视奴隶为"小人"）；足奚合体，会意为"小路"。常用词"蹊径"，本指"小路"，而成语"独辟蹊径"，却是"比喻不重复别人的独创精神"。还有个常用词：蹊跷。

它有两个含义：一是表示“奇怪”，如“这事有些蹊跷”；一是表示“使人惊疑的原因”，如“个中必有蹊跷”。“蹊跷”中的“蹊”，不读 xī，而是读 qī。

73. 颤

颤字的读音有二：chàn，zhàn。

颤，形声字，从页亶声，音 chàn。页是头的本子，从页表示跟头有关系，本义“头摇不定”（《说文通训定声》）。引申为“短促而频繁的振动”，如“颤动”“颤抖”“颤音”“颤悠”等。有一种心律失常：心房由正常跳动转为快而不规则跳动。医学将这种症状称作“房颤”。

颤字有个异读音：zhàn，含义是“身体发抖”，如“打颤”“颤栗”。此义也是从“头摇不定”引申出来的，但读音变了，不读 chàn，而是读 zhàn。

74. 露

露字的读音有二：lù，lòu。

露，形声字，从雨路声，音 lù。露从雨，与古人对它的认识有关。《诗 · 小雅 · 白华》：“英英白云，露彼菅茅。”诗人认为，露生于云。晚出的字书《玉篇》也认为：“露，天之津液也，所润万物也。”其实，露并不是像雨雪那样从天而降的，而是接近地面的空气温度降到接近 0 ℃时，使所含水汽达到饱和后形成的水珠。露附在旷野小草上，于是有了“在室外”“无遮盖”的引申义，如“露天”“露宿”。又由此引申为“显现，公开”，如“露头”“露骨”“暴露”“揭露”“披露”“吐露”等。在古汉语里，露字还有两个引申义。其一，败坏，破坏。例如《庄子 · 渔父》：“故田荒室露，衣食不足。”又如《荀子 · 富国》：“入其境，其田畴秽，都邑露。”两句中的“露”，都是荒芜破败的意思。其二，羸弱。例如《左传 · 昭公元年》：“于是乎节宣其气，勿使其所壅闭湫底，以露其体。”又如《列子 · 汤问》：“丘邴章之子来丹，谋报父之仇，气甚猛，形甚露，计粒而食，顺风而趋，虽怒，不能称兵以报之。”两句中的“露其体”“形甚露”，都不是“暴露”的意思，而是形容身体羸弱、疲惫。

由暴露引申出“泄露”，如“露底”“露风”“露马脚”“露馅儿”。又引申为“公开出面”（露面）、“显示本领”（露一手）、“种子发芽出土”（露苗）、“言谈中显出无知”（露怯）等义。由暴露引申出来的这些义项的“露”，不读本音 lù，而是读 lòu。

第四章　形似字容易混淆错用

第一节　字形近似容易混淆

以楷书为正体的现代汉字，是由甲骨文、金文、小篆、隶书演变而成的。最早的汉字大都是象形字，由甲至金至篆，形体虽有变化，但都是以象形为基础的，所以形体相似的字很少。隶变之后，越来越脱离象形，越来越笔画化。至楷书，汉字定型，只有八种笔画：横、竖、点、撇、捺、折、钩、提。数以万计的汉字，都由这八种笔画构成，形体近似的概率自然很大。

古代文字学家编了一篇《篆法皕（bì，即“二百”）韵歌诀》，一共二百句，其中有些句说的就是汉字隶变后形似多。例如：

奉奏春秦泰
篆来首不侔
应鹿非由广
岳兵弗尽丘
去吉皆非土
牛非午出头

大家把歌诀的篆书和楷书对照一下就明白：篆书变成楷书，字形变化很大：篆书奉、奏、春、秦、泰，都不是“𡗗”字头，应和鹿都跟“广”不相干，岳和兵也都不是“丘”字头，去和吉都跟“土”无关，牛字并非“午出头”。这些字的篆书形体各异，很容易辨别。可是隶变之后，特别是以楷书为正体之后，形体相似的字就多起来了，给辨识带来困难。

现代汉字形似有如下几种类型：

1. 整体形象近似。如巳已己，戌戍戎，丐丏，圮圯，祟祟，荏茬，毫亳，壶壸。

2. 一横一撇之差。如干千，王壬，天夭，扦扦。

3. 多一笔少一笔之差。如斥斤，鸟乌，泠冷，淞凇，幺么，氐氏，凤风，剌刺，候侯。

4. 两横上长下长之差。如末未，士土。

5. 出头不出头之差。如失矢，胄胃，由田，土工，力刀。

6. 合体字两个偏旁一个相同一个近似。如抔杯，汩汨，坼拆，奕弈，狙阻，擘擎。

由于多个字形体相似，使用时就容易发生错讹。“形似易讹”这个规律，是孔子的学生子夏发现的。子夏到晋国去，路过卫国，听到有人读晋史，说：“晋师三豕涉河。”子夏心里纳闷：晋国军队怎么会赶着三头猪（三豕）过河呢？他想了想，说：“非也，是己亥也。”到了晋国一打听，果然是“晋师己亥涉河”。己亥，是甲子纪年，“己亥涉河”记载的是晋国军队涉河的年代。为什么“己亥”会错成“三豕”呢？子夏认为：“夫己与三相近，豕与亥相似。”当时的文字（《说文解字》称作“古文”），己与三（己三）、豕与亥（豕亥）形体极为相似。这则故事记载在《吕氏春秋》里。宋人周必大在《二老堂诗话》里，也记述了一则类似的故事：宣和二年（公元1120年），临溪人曾纮阅读传抄的陶渊明诗《读山海经》，读到“形夭無（无）千歲（岁），猛志固常在”，觉得上下句文义不贯，怀疑“形夭無千歲”有误，便查阅《山海经》，看到上面有这样的记述：“刑天，兽名，口衔干（盾）戚（像斧的兵器）而舞。”终于明白了，原来传抄者将“刑天”误作“形夭”，将“舞”误作“無”，将“干戚”误作“千歲”，一句诗五个字全因形似而误抄。可见“形似易讹”是一条古老的规律。

关于这条规律，古代还流传一句谚语:“书三写，虚成虎，鲁成鱼。”意思是：一个字连续写了多次，虚字便写成“虎”，鲁字便写成“鱼”。清代的校雠家据此把“形似易讹”的规律，形象地比喻为“豕亥鱼鲁”。

本节列出58组（127字）典型案例，采用对比的方法，将两个或多个形似的字摆在一起，逐一进行形声义辨析。

1. 幺 么

幺、么二字，整体形象相似，容易误读错用。由于“么”是常用字，“幺”不是常用字，人们往往把“幺”写成“么”。

幺的金文（8）和小篆（𠙵）都是象形字，一说是胎儿蜷曲在母体的形象，一说是初生儿的形象。《说文解字》:“幺，小也。”“小”是幺字的本义。引申义有：（1）数字中的最小数“一”。口语常将“一”念作“幺”。（2）排行最小的，如“幺妹”（小妹）、“幺叔”（小叔）。（3）微不足道，如“幺麽小丑”（微不足道的小人）。幺，音yāo。

么，“麽”的简化字。麽，本作“麼”，本义“细小”，与“幺”的含义接近。“幺麽小丑”中的“麽”即取此义。除“幺麽”外，麽的本义早失，而成了后缀词（这么，那么，怎么，多么）和助词（同吗、嘛）。么有两个读音：①用作后缀词，读me（轻声）。②用作助词，如“来么”“去么”，读ma（轻声）。

2. 冈 岗

冈，繁体作“岡”，是由小篆“𡺀”演化而来的。形声字，从山网声，音gāng，本义“山脊”（《说文解字》）。通常称较低且平的山脊为“冈”，如“山冈”“景阳冈”。也泛指小山，如“冈陵”（小山和丘陵）、“冈峦起伏”（连绵起伏的小山）。井冈山因冈上有大井、小井而得名。

岗是后造字，《集韵·唐韵》认为:“冈，俗作岗。”就是说，“岗”是“冈”的俗字。随着汉字的演变发展，冈和岗成了音义皆异的两个字。岗，音gǎng，含义有三：（1）低矮的小山或高起的土坡，如“黄土岗”“岗地”；（2）平面凸起的一长道，如“胸口上肿起一道岗子”；（3）碉堡、哨卡、军警守卫处所及其引申义“工作职位”，如“岗楼”“岗卡”“岗哨”“岗亭”“岗位”。在现代汉语里，岗字使用频率高于冈字，因此，“山冈”“冈陵”“冈峦”常错作“山岗”“岗陵”“岗峦”，“井冈山”常错作“井岗山”。

3. 亢　吭

亢字的小篆（亢），是象形字，象人颈之形，古代字书有的释义为“颈”，有的释义为“喉”。颜师古注《汉书》云：“亢者，总谓颈耳。”颈的外部叫作“颈”，颈内则称“喉”，所以“亢”既是颈也是喉，“总谓颈耳”。《史记·刘敬叔孙通列传》：“夫与人斗，不搤其亢、拊其背，未能全其胜也。”搤，同扼，即用力掐住；“搤其亢”即掐住他的咽喉。由“咽喉”引申为“要害”。《孙子兵法》有“批亢捣虚”之计。“批亢”即攻击要害。亢字的本义及其引申的“要害”义，读 gǎng。人的颈部是身体仅次于头的高部位，因而引申出“高”“举”等义。《银雀山汉墓竹简·孙膑兵法》：“城在渒泽之中，无亢山名谷。”“亢山”即高山。《楚辞·卜居》：“宁与骐骥亢轭乎！”“亢轭”即举轭。由“高”“举”又引申出“傲”义。成语“不卑不亢”中的“亢”即傲，“不亢”即不傲。“不卑不亢”形容言行自然、得体，既不卑微，也不傲慢。由傲又引申为“极”，现代汉语及常用的“亢奋”“亢进”中的“亢”即此义：“亢奋”义为“极度兴奋”；“亢进”是现代医学名词，如“甲状腺机能亢进”，表示“生理机能超过正常的情况”。表上述引申义的“亢”，读音为 kàng。

吭，会意字，从口从亢，表示“颈内”，会意为“咽喉”。在现代汉语里，亢、吭分工：亢为“颈”，吭为“喉”。吭字读音跟亢不同：读 háng。“引吭高歌”的意思是：放开喉咙歌唱。“引吭高歌”常错作“引亢高歌”。

吭字还有一个异读音 kēng，含义是“出声”“说话”，如“她一声不吭”“吭哧”。

4. 丐　丏

丐、丏二字，整体形象极其相似，由于丏字极少用，常被错写、错读作“丐”。

丐、丏二字形体的区别在于：丐字右侧是一短横，丏字右侧是弯钩。这两个字的小篆，形体差异却很大。

丐，小篆作“𠑹”，会意字，从人从亡，《说文徐笺》释义为“亡人为匄”。匄、丐形异而义同，都指乞食求助的逃亡者，俗称“乞丐”。引申为“求”“施舍”，如《左传·昭公六年》：“公子弃疾不强匄（丐）”。不强丐：不强求。又如韩愈《太原王公墓志铭》：“又出库钱一千万，以丐贫民遭旱不能供税者。”以丐：用于施舍。

丏，小篆作“丏”，音 miǎn，象形字，象人头上有物遮蔽之形，《说文解字》释义为“不见”，取有物遮蔽而难见面目之意。所以，徐楷在《说文解字系传》中解释说：“左右拥蔽，面不分也。”还有一说：“丏，避箭短墙也。”（《字汇·一部》）丏字上述二义，古今罕用。宋代宋祁、司马光、朱彧在文章里用过“丏”字，但含义既不是“不见”，也不是“避箭短墙”。宋祁《宋景文笔记》：“吾侍上讲劝凡十七年，上颇记吾面目姓名。然身后不得妄丏恩泽为无厌事。”句中的“丏”，当作“乞求”解。司马光《言任守忠第三札子》：“濮王之薨，守忠监护葬事，卖弄国恩，轻蔑皇族，乘其有丧，丏夺财物。”句中“丏夺”，当作“强取”解。朱彧《萍洲可谈》：“僧乃丏缘，即山背浮屠，望之如卓一笔。”句中“丏缘”，当作“化缘”解。乞求，强取，化缘，都应是“乞”的引申义。所以，宋代重修的字书《广韵》认为“丏”是“丐”的同义字。或许“丏”是“丐”的通假字。《现代汉语词典》收有“丏”字，释义为“遮蔽，看不见”。

5. 句　勾

句、勾二字，形、音、义均不同，似不致混淆。但是，“高句丽”，却不读 Gāo jù lì，而读 Gāo gō lì。为什么？原来在古汉语里，句和勾是一字二形，句是正字，勾是俗字。《说文解字》：“句，曲也，从口丩声。”段玉裁注：“古音总如钩，后人句曲音钩，章句音屦。又改句曲为勾。”这段注释说得很明白，句字本音钩，本义曲，后人改为二音二义：表示“曲”，音钩；表示“章句”，音屦，后又将表“曲”义的“句”改为“勾”，句勾分家，各表一义。

问题是：正字“句”，俗字“勾”，古代同时流行。例如晋傅玄《鹰赋》：“句爪县（悬）芒，足如枯荆。”《西游记》第七十五回：“（鹰）勾爪如银尖且利。”“句爪”和“勾爪”，音义皆同。如果不知句、勾乃一字二形，阅读古文就有点儿困难。由于是一字二形，古文里表“曲”义及其引申义的“句”“勾”，含义是相同的。只有表“章句”的“句”，音义不同于“勾”。

在现代汉语里，句、勾都是规范汉字，但音义不再相同：句，音 jù，义为“句子”。与句子相关的词，如“句法”“句号”“句群”“句式”“句型”等，都用“句”。勾，音 gōu，表“弯曲”及其引申的“勾画”“招引”“串通”等义。如“勾画”“勾勒”“勾连”“勾脸”“勾兑”“勾搭”“勾结”“勾通”“勾引”“勾魂”“勾留”“勾销”等。

6. 写　舄　泻　潟

写，繁体作“寫”，跟舄字形体近似，只多了一个“宀”。泻（瀉）、潟二字，左偏旁都是水，右偏旁分别是“写（寫）”和“舄”，形体也近似。这四个字里，舄和潟是非常用字，不少人不认识它们。

写，繁体作“寫”，形声字，从宀舄声，音 xiě，本义作“置物”解（《说文解字》）。徐灏注笺：“古谓置物于屋下曰写。”引申为“输送”。《史记·秦始皇本纪》：“发北山石椁，乃写蜀、荆地材皆至。”句中“写蜀、荆地材”，即“把蜀、荆地材输送到”。宋代学者洪迈在《容斋随笔》中解释说：“秦始皇作阿房宫，写蜀、荆地材至关中，役徒七十万人。”由输送又引申为“倾吐，倾诉”。李白《冬夜醉宿龙门觉起言志》：“富贵未可期，殷忧向谁写？”句中“写”即倾吐。宋洪皓《渔家傲》：“琵琶莫写昭君怨。”句中“写”即“倾诉”。又引申为“除去”。王安石《休假大佛寺》：“寄声能来游，维用写愁伤。”写愁伤：除去愁伤。后世把写字也叫“写”，是由“抄录”（把原书照样移过来）演变而来的，写字的写周代叫“书”。《汉书・艺文志》云：“武帝置写书官，写字始作抄录解。”《扑算子》有“书三写，鲁成鱼，虚成虎”句，意思是一个字抄录多次，鲁字就会错成鱼，虚字就会错成虎。可见“书”和“写”原义是不同的。随着语言的发展，书和写变成了同义词。但是，“写生”“写照”这两个词里的“写”，却不是“书写”，而是“照样移过来”的意思。由书写又引申为“写作，创作”。在现代汉语里，写字只有四个义项：①用笔写字；②写作；③描写；④绘画。

舄，象形字，古音 què，鸟名，《说文解字》释义为“鹊”。《广韵》也说：“舄，古鹊字。”后来，创造了“鹊”字，舄被鹊取代，而被假借为“复（複）履”，改音为 xì。何谓复履？晋崔豹在《古今注・舆服》里解释说：“舄，以木置履下，乾腊不畏泥湿也。”舄即加木底的鞋。后泛指鞋。《现代汉语词典》也收此字，释义为“鞋”。

泻，形声字，从水写声，音 xiè，本义“水向下倾注”（参见本编第六章“泄泻”）。

潟，形声字，从水舄声，音 xì，本义“碱土”（《广韵》），即咸水浸渍的土地。有两个常用词：潟卤，潟湖。潟卤，即盐碱地。潟湖，即浅水海湾因湾口泥沙淤积封闭成湖，有的涨潮时与海相通。日本有个地名叫“新潟”。

7. 戊　戌　戍　戌　戎

戊、戌、戍、戌、戎五字，整体形象相似，容易混淆。

这五个字，都是很古老的字，殷商时代就出现了。它们的形体，原本区别很大，隶变后才相似的。下面是这五个字的甲、金、篆、隶、楷五种字体的对照：

	甲	金	篆	隶	楷
戉				戉	戉
戊				戊	戊
戌				戌	戌
戍				戍	戍
戎				戎	戎

戉，甲、金是象形字，像一把半月斧。小篆是形声字，从戈乚声，乚是亅的反写，读若“厥”。有学者认为：戉是钺的本字，音 yuè，古代兵器，《说文解字》释义为“大斧”。

戊，甲、金都是象形字，像矛，有学者认为：戊就是矛。郭沫若认为：“戊象斧钺之形，盖即戚之古文。”戚，古代兵器，钺属，小于钺。也有学者断定戊是古茂字。理由是：戊，从丨从戈，丨，上下通也，天地之气通，故生物茂盛也；戈者，杀伤之象也，盛极则衰。戊字后被假借称天干的第五位（甲乙丙丁戊己庚辛壬癸）。“戊戌变法”发生在 1898 年，那年农历为戊戌年，故名。《说文解字》根据戊字的小篆象六甲五龙相拘绞之形，将戊释义为“中宫”。此说源于天干，戊是十天干中的第五位，而“五六者，天地之中合”（《汉书·律历志》），故曰“戊，中宫也”。戊，音 wù。戊与戉的形体差别在于：戊左边是一撇，而戉左是竖钩。

戍，甲、金、篆都是会意字，左下是“人”（变形为“㇏”），人上是“戈”，表示人荷戈，会意为“守边”，即捍卫国土。现代汉语仍用的“卫戍”即取“捍卫”义。捍卫首都的警备区称作“卫戍区”。“戍边”即捍卫边疆。戍，音 shù，它与戊字的形体差别在于：戊左边是一撇，而戍左边是一撇一点，撇下多了一点。

戌，甲、金是象形字，象斧钺之形。小篆是指事字，从戈从人（省笔作“丿”），再加指事符号“一”。从戈从人为“人持戈”，“一”指被戈刺伤之处。《说文通训定声》认为：戌，本作“恤”（救济）解。

后被假借用作“地支”和记时。在十二地支中，戌排在第十一位（子丑寅卯辰巳午未申酉戌亥），在对应的十二生肖中戌属犬。用作记时，戌为午后七时至九时。戌，音 xū。戌与戍的形体差异在于：戍左边是一撇一点，而戌左边是一撇一横。

戎，甲、金、篆都是会意字。甲、金从戈从十。十，古甲字，所以，小篆改十为甲。戈是兵器，甲即铠甲，穿甲持戈者，当然是“兵”，所以，戎的本义是“兵”，后泛指军队、军事。“投笔从戎”即投笔从军。“戎马生涯”即军事生涯。戎，音 róng。戎与戍的形体差异在于：戍左下是“丿-”，而戎左下是“十”（变形为“𠂇”）。

8. 冉　再

冉、再二字，整体形象相似，仅一笔之差：再比冉多一横。但二字的甲、金、篆的形体却毫无相似之处。

冉，甲骨文（[illegible]）、金文（[illegible]）、小篆（[illegible]），都是象形字，象人的络腮胡须之形，是“髯”的本字。髯字出现后，冉字就失去本义，而用引申义。由胡须飘动引申出“柔弱”“慢慢地”“渐渐地”等义。例如：“柔条纷冉冉”（曹植《美女篇》），形容美女的柔弱。“老冉冉其将至”（屈原《离骚》），形容人渐渐地衰老了。“太阳冉冉升起”，形容太阳慢慢地升起。

再，小篆作“[illegible]”，会意字，篝（省笔作“冉”）上加一，表示两物重叠，会意为“一举而二”（《说文解字句读》），即两次。王力教授主编的《古代汉语》认为：再字上古只有“两次”或“第二次”的意思。例如《左传·庄公十年》：“一鼓作气，再而衰，三而竭。”《左传·僖公五年》：“一之谓甚，其可再乎？”两句中的“再”，都作“两次”或“第二次”解。由再次又引申为“又一次”（次数不确定）。“再接再厉”“学习，学习，再学习”中的“再”，不能解释为“两次”，而应该解释为“又一次”。两物重叠又生出新义：重复。杜甫《自京赴奉先县咏怀五百字》：“荣枯咫尺异，惆怅难再述。”“再述”即“重述”。再和“又”，都有重复动作的意思，但用法不同：

表示已经重复的动作用“又”，如“这部小说我又读了一遍”；表示将要重复的动作用“再”，如“这部小说我还要再读一遍”。由重复又引申为“继续”（如“青春不再”“良机难再”）、“重新”（如“再审”“再造”“再就业”）。

9. 圹　塘

圹、塘二字，形体并不相似，由于许多人将“圹”误作“塘”的简化字，故将它们列入形似字加以辨析。

圹，是简化字，繁体作“壙”，形声字，从土廣声，廣简化作“广”，壙类推简化作“圹”，音 kuàng，本义“堑穴”（《说文解字》）。何谓堑穴？段玉裁解释说：“谓堑地为穴也，墓穴也。”唐代诗人元稹《梦井》：“土厚圹亦深，埋魂在深埂。”句中的“圹”，即墓穴。有“圹穴”“打圹”等词，“圹穴”即墓穴，“打圹”即挖掘墓穴。引申为“野外空旷处”。所以，《说文解字》又说：“圹，一说大也。”这个“大”，指的就是空旷辽阔的原野。《孟子·离娄上》：“民之归仁也，犹水之就下，兽之走圹也。”句中“兽之走圹”意思是：野兽乐于在原野上奔跑。《现代汉语词典》将“圹”释义为“原野”，收有“圹埌”，形容词，形容原野辽阔一望无际。

塘，形声字，从土唐声，音 táng，本义“堤”。《庄子·达生》：“披发行歌而游于塘下。”句中的“塘下”即堤下。浙江下游称作“钱塘江”，入海口呈喇叭状，海潮倒灌时形成著名的“钱塘潮”。这“钱塘”就是“钱堤”。《钱塘志》：“……立防海塘（海堤），募致土石一斛（旧量器，方形，口小底大，容量十斗，一说五斗），与钱一千，来者如云……塘成，因名钱塘。”江也因堤而得名。塘还是水池的称谓，古代池塘，圆形称“池”，方形称“塘”，统称“池塘”。现代汉语不再称堤为“塘”，而称“塘”为池塘，唯“海塘”一词仍沿用。

塘字没有简化，把“塘”简作“圹”是错误的。把圹读作“塘”也是错误的。

10. 犷　旷

犷，繁体作“獷”，形声字，从犬廣（今简化作“广”）声，音 guǎng，本指恶犬凶猛的样子。后泛指“凶横”，又引申为“粗野、强悍”。例如《桂海蛮志》：“其人物犷悍，风俗荒怪。”又如《陈书·南康王子方泰传》：“少粗犷，与诸恶少年为群。”“粗犷”还常用于形容性情或文风豪放，如“性情粗犷”“粗犷的笔触”。

旷，繁体作“曠”，会意字，从日从廣（今简化作“广”）。日，表示光明；广，表示宽阔；日广合体，会意为“阔大，广阔”，音 kuàng。《老子·十五章》：“旷兮其若谷。”句中的“旷”表示的就是“阔大，广阔”。相关的词还有“旷地”“旷野”“旷原”。引申义有：“空阔”（空旷），“心境开阔”（心旷神怡），“超越”（旷世，旷代），“久远”（道旷），“荒废”（旷日废时），“缺席”（旷课）等。

犷、旷二字，音义皆异，但因为形体相似，人们常将“犷”误读作“旷”或误写作“旷”。

11. 讳　违　韪

讳、违、韪三字，都是以“韦”为右偏旁的合体字，形体近似。

讳，形声字，从言韦声，音 huì，义为“因有顾忌而不敢或不愿说”，如“讳言”“隐讳”。成语“直言不讳”反其义，表示毫无顾忌地说出来。由有所顾忌引申为“怕人知道而掩饰隐瞒”，如“讳疾忌医”“讳莫如深”。所隐讳的事物也称“讳”，如“犯讳”。旧时指已故的帝王或尊长的名为“讳”。例如刘禹锡《唐故宣歙池都团练观察使王公神道碑》：“祖讳怡，渝州司广参军。考讳潜，扬州天长县丞，赠尚书部郎中。”句中“祖讳怡”“考讳潜”，即祖父名“怡”，父亲名“潜”。后也指在世尊长名。清代学者顾炎武在《日知录》里指出：“生曰名，死曰讳。今人多生而称人之名曰讳。”有个常用词：“避讳”。这是个多义词：①封建时代为了维护等级制度的尊严，说话写文章时遇到君主或尊亲的名字，都不直接说出或写出，常用别的字代替；②不愿说出或听到会引起不愉快的字眼，例如旧时迷信，行船的人都避讳“翻”“沉”等字眼；③回避。

违，形声字，从辵（变形为“辶”）韦声，音 wéi，本义“离”（《说文解字》）。常用词“久违”，表示的就是本义：好久没见面了。引申为“相距，距离”。《左传·哀公二十七年》：“（齐师）乃救郑，及留舒，违穀七里，穀人不知。”句中“违穀七里”即与穀相距七里。本义“离”即舍此他去，故“违”有“背”的意思。由背引申出“不遵照”“不依从”“不是出于本意”，如“违反”“违背”“违心”。

韪，形声字，从是韦声，音 wěi，本义为“是”（《说文解字》）。《汉书·叙传下》：“宰相外戚，昭韪见戒。”张宴注：“韪，是也。明其是者，戒其非也。”现代汉语很少单用“韪”，多用“不韪”。不韪即“不是、不对”。成语“冒天下之大不韪”中的“大不韪”，即“大非”，罪大恶极的事。由是引申为“美，善”，故古人常用“韪”表示“赞美”。例如张衡《东京赋》：“京室密清，罔有不韪。”句中的“韪”，后世注家有的认为是“善”，有的认为是“美”。吴梅《风洞山自序》：“成仁取义，君子韪德。”句中“韪德”即美德。

12. 圮　圯

圮、圯二字，整体形象极其相似，又都不常用，人们往往分辨不清楚，遇到“圯梁倾圮”就不知所云了。圮、圯左偏旁都是“土”，右偏旁一个是“己”、一个是“巳”，己和巳的差异在于“己”不封口、“巳”封口。

圮，会意字，从土从己，音 pǐ，本义“毁”。土、己合体，为何会意为“毁”？这与古代的哲理有关系。古代有句富有哲理的名言：“物必自腐而后虫生，土必质松而后坍毁。”说的就是外因通过内因起作用。“己”在“圮”里，表达的就是“内因”的含义，因为“质松而坍毁”。所以，圮字的含义就是：毁坏，倒塌。

圯，形声字，从土巳声，音 yí，义为“土桥”。圯字人们很少使用，但“圯上老人传书”的故事却家喻户晓。故事的主人公是秦末名士张良。张良不满秦始皇的暴政，曾在博浪沙地方狙击秦始皇，狙击没有成功，亡命下邳。有一天，他独自在“圯上”（土桥上）漫步，一位老人来到他身边，故意将鞋掉落桥下，要张良下桥帮他捡鞋。张良把鞋捡上来，老人伸出双脚，要张良帮他穿上，张良立即跪在桥上帮老人穿鞋。老人笑着离桥而去。一会儿，老人又回来了，对张良说：“你这孩子可教呵！”嘱他五天后天一亮，到这里来见面。五天后，张良如约而去，老人已经先到。老人不满地说：“同老人约会，为何后到？”又嘱五天后一早见面。五天后鸡鸣时分，张良就赶到桥上，没想到老人还是先到了。老人又批评他后到，再约五天后一早会见。这一次，张良半夜就赶到桥上。过了一会儿，老人来了，高兴地说：“就该这样！”取出一本书递给张良：“读了这本书，一定会成为王者师。”老人说罢一转身就不见了。天亮后，张良打开书一看，原来是《太公兵法》。后来，张良做了反秦起义领袖刘邦的谋士，帮助刘邦推翻了秦王朝。这则具有神话色彩的“圯上老人传书”的故事，千古流传，也把“圯”字传播开来。

说到这里，前面说的“圯梁倾圮”就好理解了，就是桥梁坍毁。

13. 抔　杯

抔、杯二字，整体形象近似。如果溯源，二字的小篆并无相似之处：抔，小篆作“𢬵”；杯，小篆作“桮”。

抔，形声字，从手不声，音 póu，义为“手掬物”（《玉篇》），即合双手以捧物。元好问《舜泉效远祖道州府君礼》：“便为泉上叟，抔饮终残年。”抔饮：用双手捧水喝。“抔”前加数词即变作量词，相当于“握”“捧”，“一抔黄土”即一捧黄土。“一抔”常用来形容极少。例如赵朴初《感遇一首·为周总理作》：“食草一抔，乳如江流。”化用鲁迅名句“吃的是草，挤出的是奶”，又用“一抔”（极少）和“江流”（无尽）的反差，形容周总理索取极少而奉献极多的伟大品格。

杯，原作“桮”，形声字，从木否（pǐ）声。隶变将声符“否”省笔作“不”。本指“木质盛酒器”，后泛指“酒杯”。王翰《凉州词》：“葡萄美酒夜光杯，欲饮琵琶马上催。”李白《月下独酌》：“举杯邀明月，对影成三人。”两诗中的“杯”，指的都是酒杯。后又泛指一切饮食（盛浆、盛茶等）杯盏，如“茶杯”“水杯”“瓷杯”“银杯”“玉杯”等。用作量词，有的表示“一杯浆”，有的表示“一杯酒”。例如《抱朴子》：“仙人以流霞一杯与我，饮之辄不渴。”句子“一杯”指一杯浆。又如陈暄《与兄子秀书》：“郑康成一饮三百杯，吾不以为多。”句中“三百杯”比喻酒量大。

14. 即　既

“即使”常错作“既使”。没有“既使”这个词。同“即使”含义接近的是“既然”。“既然”和“即使”都是假设，但假设的前提不同：既然，已经发生；即使，并未发生。“既然”和“即使”含义的区别，是既、即二字本义决定的。

既、即都是古老的字，甲骨文里就有。这两个字（　）都是会意字，左偏旁都是“豆”（饭锅），区别在于右偏旁：既，右偏旁是一个人背对饭锅起身要走的形象（　），表示“食毕”；即，右偏旁是一个人面对饭锅跪坐的形象（　），表示“就食”。古人用“食毕”的形象表示“已经发生”，如“既得利益”，“既得”就是“已经得到”。用“就食”的形象表示“正在或将要发生”，如“即席讲话”（在宴会或集会上讲话）、“即将发生”（就要发生）。“已经发生”和“正在或将要发生”，就是既、即二字含义的本质区别。

即还有其他义项，如：靠近（若即若离），接触（如“可望而不可即”），目前（如“即日”），眼前的（如“即景”），就是（如“荷花即莲花”），便（如“一触即发”），立刻（如“立即”）等。这些义项都是从即的本义“正在或将要发生”引申出来的。既字没有这些含义。

15. 汨　汩

汨、汩二字，左偏旁都是水，区别在于右偏旁：一个是日，一个是曰。日、曰整体形象相似，极易混淆。

汨，形声字，从水日声，是一条河的名称，叫作“汨水”。汨水发源于江西修水，流入湖南与罗水汇合，改名“汨罗江”。楚国大夫屈原因忧国而悲愤投汨罗江，汨罗江因而成为历史名河。“汨罗江”常错作“汩罗江”。

汩，会意字，从水从曰，曰字小篆作“𠙵”，𠙵上加指事符号“L”，本义“说”，引申为“达”（说即用语言“表达”），水曰合体，会意为“使水通畅”，所以，汩字的本义是“治水”（《说文解字》）。《国语·周语》“决汩九川，陂鄣九泽，丰殖九薮，汩越九原。”屈原《楚辞·天问》：“不任汩鸿，师何以尚之？”两句中的“汩”字，含义都是“治水”。汩，音 gǔ，常叠用（汩汩）形容水流动。韩愈有诗云：“汩汩几时休，从春复到秋。”由“水流动”引申为“人流离”。杜甫有诗云：“汩汩避群盗，悠悠经十年。”诗中的“汩汩”，意思就是“流离失所”。现代汉语仍用“汩汩”的“水流动”义，如“流水汩汩”，但常见“汩汩”错作“汨汨”。

16. 折　拆　析　柝

折、拆、析、柝四字，整体形象近似，容易混淆错用。

折、拆二字仅一笔之差：折，少一点；拆，多一点。但是，这两个字的小篆（𣂚𢪛），形体差别却很大。

折，会意字，从手从斤，斤是古斧字，手持斧，会意为“断”（《说文解字》），音 zhé。引申为“损失”（损兵折将）、“弯曲”（曲折）、“回转”（转折，折回）、“中断”（剧本分为几折）、“抵换”（折价）。又引申为“早死”（夭折）、“毁坏”（折毁）、“失利”（挫折，百折不挠）等。折字还有两个异读音：其一，读 zhē，用于“翻转”“翻过来翻过去”，如“折跟头”“折腾”。其二，读 shé，树枝断了，桌椅腿断了称作“折（shé）了”。引申为“亏损”，如“折本”“折秤”“折耗”，这三个词里的“折”都读 shé。

拆，小篆作“𢪸”，会意字，从手从㡿，㡿义为“裂”，手㡿合体，会意为“开”。隶变后将“㡿”改为“斥”。斥与㡿同音，且也有“使离开”义，如“排斥”。手斥合体，会意还是“开”。

断和开，意思完全不同。断：（长形的东西）分成两段或几段。开：使关闭着的东西不再关闭。《现代汉语词典》的这两条释义，指明了折、拆二字的本质区别。例如：腿骨断了叫“骨折”，开启信封叫“拆开”。“拆卸”的意思是“打开卸下来”，错作“折卸”就不知何义了。

跟折字形似的，还有个“析”，其区别在于：折从手，析从木。

析，会意字，从木从斤（斧），会意为“破木”（《说文解字》）。桂馥在《说文解字义证》里解释说：“谓以斤分木为析也。”用现代语言说，“析”即“劈”，用斧头将木劈开。古文里有“析薪”一词，“析薪”即劈柴。现代汉语不用它的本义，而用它的引申义：“分开”“分散”“分割”“割裂”“分析”“辨认”，常用词有“析居”（分家）、“析产”（分割产业）、“条分缕析”、“分崩离析”、“解析”、“辨析”、“剖析”、“析疑”等。

析字多一点，就变成“柝”。这个字读 tuò，是打更用的梆子名称。旧时巡夜人敲木梆以报更。这个木梆就叫作“柝”。现在没人敲木梆巡夜了，所以，“柝”个字很少出现在现代诗文里，但阅读古代诗文和近代旧体诗时却会常见。例如《左传·哀公七年》：“鲁击柝闻于邾。”秋瑾《赠蒋鹿珊先生》：“他年独立旂飞处，我愿为君击柝来。”两句中的“击柝”，都是敲木梆。

17. 来　耒

“来”跟“耒”形似，尤其是草书，简直是一模一样。但追根溯源，这两个字的形体差异却是很大的。

耒的小篆（耒）是会意字，从木从丯，会意为“手耕曲木”（《说文解字系传》），即木犁。隶变后，笔画简化了，把“木”字省去了一横，变形成“耒”。含义还是“木犁”。古代耕地用的木犁叫作“耒耜”，耒是犁柄，耜是犁头。后来“耒”成了耕地农具的统称，故耕、耘、耖、耙、耧五字都以“耒”为义符。耒还是湘江的一条支流的名称，叫“耒水”。耒水流域有一座城市，因位于耒水北岸而得名“耒阳”（北岸为“阳”，南岸为“阴”）。

来是简化字，繁体作“來”，是由小篆演变而成的。小篆作“朩”，是象形字，是麦穗的象形符号，是“麦”的本字。《诗·周颂·思文》：“贻我來牟，帝命率育。”朱熹注：“來，小麦；牟，大麦也。”《天工开物·乃粒》说得很明白：“凡麦有数种，小麦曰來，麦之长也。大麦曰牟，曰穬。”麦，繁体作“麥”，是后造字，在“來”下加个“夕”。麥字造出后，“來”便被假借表示“由彼至此，由远到近”，跟“去”“往”相对。引申为（事物）产生，如“否极泰来”。又引申为“招致”，如“招之即来”。又引申为“将来”，如“来日”“来年”“来日方长”“继往开来”。“来”和“往”是相对的。但是，在古诗文里也有另一种用法：用“来”表示“往”。《史记·太史公自序》：“比《乐书》以述来古。”后代学者认为：“来古”即“古来”，往也。李白在《来日大难》一诗中，也用“来”表示“往”：“来日一身，携粮负薪，道长食尽，苦口焦唇；今日醉饱，乐过千春。”把“来日”与“今日”相对。这个“来日”不是“未来之日”，而是“已来之日”，即“往日”。现代汉语不用此义，只用“来日”表示“将来”。

耒、来二字，含义不同，读音也不同：耒，读 lěi；来，读 lái。因为二字形体近似，“耒”又不常用，所以，“耒”常被错读作“来”，“来”常被错写作“耒”。“耒阳”错读、错写作“来阳”即一例。

18. 拙　绌

拙、绌二字，都是形声字，声符都是“出”，但读音却差别很大：拙音 zhuō，绌音 chù。由于表义的形符不同，二字含义更是有别。

拙，从手，本义“手不巧”，如“笨拙”。常用作谦词，如“拙著”“拙作”。引申为“质朴无华”（如“巧诈不如拙诚”）、“粗劣”“低劣”，（如“拙劣”）、“不顺”（如“心劳日拙”）。又引申为“穷尽”。

杜甫《夜客》："计拙无衣食，途穷仗友生。""计拙"即没有生计。

绌，从丝，其本义有两说：《说文解字》释义为"绛"，即深红色。段玉裁注云："此绌之本义废而不行矣。"《说文解字句读》释义为"缝"。《史记·赵世家》有"却冠秫绌"句，后代学者解释说："《战国策》作'秫缝'，绌亦秫缝之别名，此言女工缄（针）缕之粗拙也。"引申为"短缺、不足"。《正字通》："绌，赢绌，犹盈歉也。"由短缺引申为"低劣"。古文里有"短长优绌"，"优绌"即优劣。在古文里，绌还是黜的通假字，含义是"废除""贬退"。《说文解字注》云："绌，古多叚（假）绌为黜。"例如《礼记·王制》："不孝者，君绌以爵。"《汉书·申屠嘉传》："议以适罚侵削诸侯，而丞相嘉自绌。"两句中的"绌"，都是"贬退"的意思。现代汉语主要用"绌"的"不足，不够"义，如"支绌"。成语"相形见绌"的意思是：相比之下显得不如人家。

19. 狙　阻

狙、阻二字形体近似，都可与"击"组词，常见的误用是将"狙击"误作"阻击"，"阻击"误作"狙击"。"狙击"和"阻击"，是两个音义都不同的词：狙击，音 jū jī，含义是"埋伏伺机袭击"，如"狙击手"；阻击，音 zǔ jī，含义是"以防御手段阻止敌军增援、逃跑或进攻"，如"黑山阻击战"。

这两个词含义不同，源于狙、阻二字含义不同：

狙，形声字，从犬且（祖本字）声。《广雅》："狙，猕猴也。"《庄子·齐物论》："狙公赋芧，曰：'朝三而暮四'，众狙皆怒。曰：'然则朝四而暮三'，众狙皆悦。"句中的"狙公""众狙"，皆指猕猴。古人认为，猕猴性情狡诈，因而赋予狙"狡黠""诡诈"义。柳宗元在《骂尸虫文》中用了此义，该文说："安有下比阴秽小虫，纵共狙诡，延其变诈，以害于物，而又悦之以飨？"由"狡诈"引申为"伏伺"。例如《史记·留侯世家》："良与客狙击秦皇帝博浪沙中。""狙击"一词或源于此。

阻，形声字，从阜（土山，变形为“阝”）且（祖）声，本义“险”，意思是“山势峻峭险危难通”，如“险阻”“阻绝”“阻隔”。引申为“阻止”，如“阻挡”“阻遏”“阻截”。又引申为“妨碍物体运动的作用力”“阻碍事物发展或前进的外力”，如“阻力”“阻挠”。

20. 冷 泠

冷、泠二字，整体形象相似，其差异在于：冷从冫，泠从氵。

冫，俗称“两点水”，其实是冰字的省笔，作为偏旁表示“寒冷”。氵，俗称“三点水”，它是水字的变形，作为偏旁表示跟水有关系。知道了这个知识，冷、泠二字就容易辨别了。

冷，形声字，从冰令声，本义“寒”，跟“热”相对。“冷风”“冷饮”“冷水”“冷森森”“冷藏”“冷血动物”等词中的“冷”，表示的都是本义。引申义有：（1）寂静，不热闹。如“冷落“”冷清”“冷寂”。（2）不热情，不温和。如“冷冰冰”“冷淡”“冷脸子“冷漠”“冷遇”“冷若冰霜”。（3）生僻的，少见的。如“冷僻”“冷字”。（4）不受欢迎的，没人过问的。如“冷货”。（5）高傲，轻蔑，尖刻。如“冷傲”“冷酷”“冷对”“冷笑”“冷嘲热讽”。（6）比喻灰心或失望。如“心灰意冷”。（7）突然，意外。如“爆冷门”“冷不丁”“冷不防”“冷箭”“冷枪”。（8）严厉，严肃。如“冷厉”“冷峻”。

泠，形声字，从水令声，音 líng，古水名。古代有五条河以“泠水”命名：①今安徽青弋江；②今湖南潇水上源之一；③今陕西渭水下游支流之一；④今广东乐昌县境泠溪水；⑤今河南南阳市境清泠河。引申义主要有四：（1）水清，也形容明净；（2）清凉；（3）轻妙，轻柔；（4）声音清越。泠字常叠用（泠泠）。“泠泠”作为形容词，在不同语境里表示的意境不同。例如《新序·节士》：“（屈原曰）吾独闻之，新浴者必振衣，新沐者必弹冠，又恶能以其泠泠，更者之嘿嘿者哉？”句中“泠泠”，形容清净。东方朔《七谏》：“下泠泠而来风。”句中“泠泠”形容清凉。宋玉《风赋》：“清清泠泠，愈病析酲。”句中“泠泠”形容轻柔温和。陆机《文赋》：“文徽徽以溢目，音泠泠而盈耳。”句中“泠泠”形容声音清越。陆机在《招隐》中也用了“泠泠”：“山溜何泠泠，飞泉漱鸣玉。”不过，这个“泠泠”，是象声词，是泉水流淌的声音。还有一个“泠然”，也是个多义词。例如《庄子·逍遥游》：“列子御风齐行，泠然善也。”句中“泠然”形容轻妙。《晋书·裴绰传》：“音词清暢，泠然若琴瑟。”句中“泠然”形容声音清妙悦耳。现代汉语仍用泠字的上述引申义，如“晨风泠泠”，形容清凉；“泉水泠泠作响”，“钟磬泠然”，形容声音清越。

21. 坑 炕

坑、炕二字，形体近似，其差异在于：坑从土，炕从火。

坑，形声字，从土亢声，音 kēng，本义“陷”（《增韵》），即掘地成深穴使之能陷入之意。引申为“地洞”“地道”“地面或器物表面凹凸不平”，如“水坑”“矿坑”“坑道”“坑井”“坑坑洼洼”。用作动词，表示“活埋”（如“焚书坑儒”），“陷害，损害”（如“坑害”“坑农”），“蒙骗”（如“坑骗”“坑蒙拐骗”）。

炕，从火亢声，音 kàng。大家都知道，炕是我国北方用土坯砌成的卧铺。这种土坯卧铺，中空，与灶的烟道连通，做饭、烧水或烧炕时，灶火的热气在土炕空隙流向排烟道，为土炕提供暖气。炕头离灶近，是整个炕最暖和的地方，农民用“老婆孩子热炕头”形容生活美满。很少有人知道，炕是个古老的字，东汉成书的《说文解字》就收有此字，释义为“干也”。这个“干”是跟“湿”相对的，表示没有水分或水分很少。段玉裁在《说文解字注》里解释说：“谓以火干之也。”由此引发后人各种各样的释义：《广雅》释义为“曝”（晒干）；《集韵》释义为“炙”（烤干）；还有人释义为“干燥”“干渴”。张志民的小说《死不着》：“二亩租地的棒子没见黄，劈回家来锅底上炕。”句子“上炕”不是坐到或躺到炕上去，而是放在炕灶上烤。又如《中国民间故事选·天牛即配织女》：“老牛呵！你水有咧，草有咧，不饿不炕了。”句子“不炕”不是不烤，而是不渴。现代人尤其是北方人，对“炕”字不陌生，但只知“土炕”而不知炕字本义“干”的不在少数。现代语言中的“上炕”一词，就是坐在或躺在炕上。

22. 剌　刺

剌、刺二字，整体形象相似，其差异在于：剌左边是“束”，刺左边是“朿”。其实，这两个字的小篆，形体差异很大，很容易辨别。

刺，小篆作“𠛬”，会意字，从刀从朿。朿，指事字，木上加注针状符号（ㄨ），义为“木芒”，即草木枝叶上的芒刺；刀朿合体，会意为“直伤”（《说文解字》），即用兵器伤人，如“刺杀”。引申为“暗杀”，如“行刺”“刺客”。又引申为“戳入”“穿透”。古代有“悬梁刺股”的励志故事，“刺股”即用锥戳大腿。医生为了诊断或治疗，用特制的针刺入体腔或器官而抽出液体或组织，称作“穿刺”。以针引线在纺织品上绣花，称作“刺绣”。刺用作名词，表示尖锐像针的东西，如“刺猬”（一种身上有硬刺的动物）、“刺槐”（一种枝上有刺的槐树）、“鱼刺”（鱼骨）。又指某些物体表面的突起物，如铸件上的“毛刺”，人面部的“粉刺”。段玉裁注《说文解字》云：“《大雅》之‘刺’训‘责’，《史》称‘刺六经作《王制》’……盗取国家密事为‘刺探尚书事’，皆其引申义也。”说的是，“刺”有三个引申义：指责；书写；侦察，探询。用尖锐的话指责人称“刺”，如“话里带刺”。用含蓄的话指责人也称“刺”，叫作“讽刺”。在竹片、木片上刻字、写字，也称作“刺”，上引句中的“刺六经”即抄写六经。写书称作“刺书”，写名片也称作“刺”，名片称作“名刺”。古代在犯人脸上刺字，并发配到边远地方，称作“刺配”。“刺”的“侦察”“探询”义现代仍使用，如“刺探”“刺取”。针刺会引起生理、心理反应，由此生出“刺激”一词。刺激是个多义词：①现实的物体和现象作用于感觉器官；②声、光、热等引起生物体活动或变化；③推动事物使起积极的变化；④使人激动；⑤使人精神上受到挫折或打击。由刺激又引申出“形容极冷”（寒风刺骨）、“形容声音尖锐、嘈杂或语言尖酸刻薄使人很不舒服”（刺耳）、“形容光线过强使眼睛不舒服”（刺眼），“形容浓烈的气味使人不舒服”（刺鼻）。

刺，小篆作“𠛬”，形声字，从刀束声，音 là，本义“戾”（《说文解字》）。戾是什么意思呢？段玉裁解释说：“戾者，违背之意。”《汉书·楚元王传附刘向》：“朝臣舛午，胶戾乖剌。”颜师古注云：“言志意不合，各相违背。”由违背引申为“不正”。《淮南子·脩务》：“琴或拨刺枉橈。”高诱注云：“拨刺，不正。”现代汉语很少使用这个字的上述引申义。《现代汉语词典》只用刺字的本义，释义为“乖戾”（不合常情），“乖张”（不讲情理，如“乖刺”）。

23. 炫　眩

炫和眩，都是形声字，声旁相同，决定二字含义区分的是其表义的形旁：炫从火，眩从目。

炫从火，表示与“火”有关系，本义“爓（焰）耀”（《说文解字》）。段玉裁注：“谓光焰耀明也。”《晋书·张华传》：“（雷）焕以南昌西山北岩下土以拭剑，光芒艳发。大盆盛水，置剑其上，视之者精芒炫目。”句中“炫目”，用的就是本义：耀眼。由耀眼引申为“显示”“卖弄”“夸耀”，于是有了“炫示”（故意在人们面前显示）、“炫耀”（夸耀）、“炫弄”（炫耀卖弄）等词。

眩从目，表示与“眼”有关系，本义“目无常主”（《说文解字》），即“眼睛昏花”，看东西时觉得周围物体在摇晃，看不真切，如“头晕目眩”。由眼睛昏花引申为“迷惑”“晕旋”，如“眩于名利”“眩晕”。有个词叫“眩光”，跟“炫目”一样，都是表示“光”作用于“眼”的，但含义完全不同：“炫目”是形容词，常用来形容装饰华丽，光彩夺目。“眩光”是名词，含义是“刺眼的、可引起视觉功能下降的光”。“眩”没有“耀眼”“夸耀”的意思，所以，“炫目”“炫耀”不可写作“眩目”“眩耀”。

24. 券　卷

券、卷二字，整体形象近似，其差异在于：券从刀，卷从㔾。

券，形声字，从刀𢍏声，𢍏音 juàn，券读𢍏的近似音 quàn。券，本义“契约”（《说文解字》）。上古时代的契约，用木片制成，一片剖为两半，在剖分时先用刀刻上特殊题记，类似后世的骑缝印章，以为日后对合核辨的标识。两个半片，左半片称作“左券”，右半片称作“右券”。左券是副券，类似现在的存根，为债务人持有；右券是主券，为债权人所有，是日后催讨债款的凭证。由契约引申为“凭证”，现代的“入场券”“优待券”也是一种凭证。可以买卖、抵押、转让的有价凭证也称作“券”，如“债券”“地券”“证券”等。

卷，会意字，从𢍏从㔾，㔾的甲骨文（㔾）是人屈膝跪地的象形符号，后演变成“㔾”。㔾是古“节”字，但在“卷”字里，仍表示“屈膝”。所以，《说文解字》认为：卷本义作“膝曲”解。引申为“弯曲”。例如清姚燮《瘦马引》：“骨瘦毛卷沫流赭，力苶（nié，疲倦）无为意亦舍。”卷的本义和“弯曲”义，后代很少使用，而变义为“书册”。唐以前，书册为卷轴，古人说的“开卷有益”“手不释卷”里的“卷”都是“书册”。书画也称作“卷”，如“手卷”“长卷”“山水卷”等。引申为公文的分类编次，如“卷宗”“案卷”。考试、测验的题纸，叫作“试卷”。卷用作量词，表示书册的单位，“读书破万卷”中的“卷”就是量词，“万卷”形容书的品种数量多。卷字常用，券字不常用，所以，常见“入场券”错作“入场卷”。

有个“捲”字，《集韵》认为是“卷”的异体字。用作动词，表示“把东西弯转裹成圆筒形”，如“捲袖子”“捲铺盖”“捲门帘”。还表示“一种大的力量把东西撮起或裹住”，如“捲起尘土”“捲土重来”“捲扬机”。说到这里不由想起千古名句：王勃《滕王阁序》的“珠帘暮捲西山雨”，苏轼《念奴娇·赤壁怀古》的“惊涛拍岸，捲起千堆雪”，毛泽东《清平乐·六盘山》的“红旗漫捲西风”。一个捲字，气势磅礴。现代汉字简化时，废除了“捲”，卷就成了“捲”的简化字。这个卷，读 juǎn。还有一个“餣”字，是一种面食的名称，这个“餣”今也简化作“卷”。

25. 味　昧

味，一般不会错作“昧”，但昧却常错作“味”，“三昧”错作“三味”即一例。原因是：味、昧整体形象相似，加之不少人不知道“昧”的确切含义。

味，形声字，从口未声，本义“滋味”（《说文解字》）。本指舌头尝东西得到的感觉，如“甜味”“酸味”“苦味”“辣味”“咸味”（统称“五味”），这种感觉称作“味觉”，舌上接受味觉刺激的感受器叫作“味蕾”。引申为“气味”，即鼻子闻东西得到的感觉，如“香味”“臭味”“烟味”。又引申为“品尝，辨别滋味”，如“品味”。又引申为“意义”“旨趣”“内心感受”。《文心雕龙·宗经》：“是以往者虽旧，余味日新。”句中“味”指意味。“意味”用作名词表示“含蓄的意思”或“情趣”，用作动词（“意味着”）表示“含有某种意思”。成语“臭味相投”，表示志趣相同，很合得来（多指坏的）。《红楼梦》第一回：“满纸荒唐言，一把辛酸泪，都云作者痴，谁解其中味。”句中“味”指内心感受。又引申为“研究，体会”。《三国志·蜀志·杨戏传》：“抗志存义，味览典文。”句中“味”指体会。用作量词，相当于“爿（pán）”，也指“菜肴或药物的品种”。如“一味凉茶肆”（一爿卖凉茶的店铺），“食不兼味”（只吃一样菜肴，形容生活节俭），“加几味药”（在中医药方里增加几种药）。

昧，形声字，从日未声，音 mèi。关于昧字的本义，《说文解字》这样释义：“昧，爽且明也。一曰暗也。”既说其义为“明”，又说其义为“暗”，岂不自相矛盾？后代学者王筠认为并不矛盾，因为：“昧爽之时，较日出时言之则为暗，较鸡鸣时言之则为明，本是一义，不须区别。”可见，昧字的确切含义当是：破晓前天将明而犹暗。

引申义有：（1）昏暗（幽昧）；（2）不开化，不明白（蒙昧，愚昧）；（3）不认识（素昧）；（4）隐藏（拾金不昧）；（5）违背（昧良心）；（6）贪图（昧利忘义）；（7）冒犯（冒昧）。“三昧”是梵语samadhi的音译，是佛教术语，与昧的本字无关。《智度论》说：“善心一住处不动，是名三昧。”意思是：心神平静，杂念止息。“三昧”原本是佛教的重要修行方法，后被借指事物的诀要，有个常用词语：“个中三昧”，意思是“其中的诀要”。错作“个中三味”便成了“其中的三种味道”了。

26. 佼　姣

佼，会意字，从人从交，会意为“交往，交际”（《说文解字》），音 jiāo。《管子·明法》：“群臣皆忘主而趋私佼矣。”《史记·赵世家》：“齐之事王，宜为上佼。”两句中的“佼”，都是“交往”的意思。“私佼”即私下交往；“上佼”即上等之交。佼，又音 jiǎo，义为“超出一般”。《后汉书·刘盆子传》：“卿所谓铁中铮铮者，庸中佼佼者也。”李贤注：“言佼佼者，凡庸之人稍为胜也。”

在古汉语里，佼通姣，是“姣”的通假字。《集韵》则认为：“姣，好也。或从人。”《论衡·骨相》：“陈平贫而饮食不足，貌体佼好。”“佼好”即姣好，身材好。这就是说，“佼”和“姣”是同义异形词。总之，在古代，佼、姣是通用的。

姣，形声字，从女交声，音 jiāo，义为“容貌美好”。段玉裁在《说文解字注》解释说：“姣谓容体壮大之好也。”徐灏对段说持异议：“凡从交声之字义多为长……壮姣亦谓其壮而高长，非谓大也。”“体壮大”“壮而高长”都是古代“容貌美好”的标准，所以，姣字的含义为“容貌美好”。例如《孟子·告子上》：“不知子都之姣者，无目者也。”《史记·苏秦列传》：“前有楼阙轩辕，后有长姣美人。”宋王令《古鉴》：“鉴面只知西子姣，照心难见比干真。”三句中的“姣”，都是“容貌美好”的意思。由貌美引申为“妖媚”。《楚辞·九章·惜往日》：“妒佳冶之芳芬兮，嫫（同嫫）母姣而自好。”

洪兴祖补注：“姣，妖媚。”

在现代汉语里，佼、姣二字不再是一字二形，而是音义皆异的两个字：佼，音 jiǎo 义为“美好”；姣，音 jiāo，义为“貌美”。佼字叠用（佼佼），表示“胜过一般水平”，“佼佼者”表示“胜过一般水平的人”。姣字在书面语言里不可叠用。

27. 茏　笼

茏、笼二字整体形象相似，但音义皆异。

茏，形声字，从草龙声，草名。此草高大（一说高丈余，一说高四五尺），故又名“天蘥（yuè）”。引申为“草或竹林深处”。如唐李华《寄赵七侍御》：“玄猿啼深茏，白鸟戏葱蒙。”现代汉语多用作形容草木青翠茂盛，最常用的形容词有“葱茏”。

笼，形声字，从竹龙声，有二音二义：（1）读 lóng，本义“笼子”（用竹篾制成的用来养虫鸟的器具）。蒸食物用的“屉”叫作“笼屉”，套在骡马头上用来系缰绳的东西叫作“笼头”，把受困而丧失自由的人比作“笼中鸟”，这些含义都是从“笼子”引申出来的。（2）读 lǒng，义为“笼罩”。引申为“用手段拉拢”（笼络）、“含混不明确”（笼统）。这些含义也是从“笼子”引申出来的。笼字没有“青翠茂盛”的含义，所以，“葱茏”不可写作“葱笼”。

28. 苯　笨

苯、笨二字，整体形象近似，其差异在于：苯从草，笨从竹。

苯，形声字，从草本声，读音同“本”。东汉许慎编纂的《说文解字》未收此字，但同是东汉人的张衡在《西京赋》里用了此字：“苯蓴蓬茸，弥皋被冈。”后代注家解释说：“言草炽盛覆被高泽及山冈之上也。”成书于南北朝的字书《玉篇》收有此字，释义说：“苯，苯蓴，草丛生也。”现代汉语多用作化学名词。苯，有机化合物，化学式 C_6H_6，无色液体，有芳秀气味，易挥发和燃烧。

笨，形声字，从竹本声，音 bèn，《说文解字》释义为“竹里也”。竹里即竹子的内层。《说文解字系传》释义为“竹白”，即竹内色白如纸之薄膜。《说文解字通训定声》解释说："笨，谓竹中之白质者也。其白如纸可手揭者。"但笨字的这个本义，古今鲜用，而多用其别义，主要有：（1）粗大沉重。如"笨重"。（2）粗陋。如"羸牛笨车"。（3）不灵巧。如"笨嘴拙舌""笨拙""笨手笨脚"。（4）理解能力、记忆能力差。如"笨鸟先飞"。（5）不聪明，如"愚笨""笨头笨脑"。上述别义都跟本义"竹白"没有引申关系，应该是假借义。

29. 屈　届

屈、届二字，形体近似，但二字的小篆形体差异很大，很容易辨别。

屈，小篆作"[illegible]"，会意兼形声字，从尾（尾下"毛"省作"乇"）从出出亦声。古人造字时，故意将尾字下部的"毛"少写一横，表示"尾短"或"无尾"；下面的"出"，表示"行进"。《说文解字》："屈，无尾也。""无尾"是什么意思呢？后世文字学家认为，"无尾"指昆虫中有翅无尾的尺蠖蛾。尺蠖蛾的幼虫叫作"尺蠖"，行进时，先将身体向上拱成弧状，然后向前伸直身体，如此一屈一伸地行进。古今词典，未见"屈"即尺蠖的书证。实际上，古人造字时借尺蠖的行进方式，表示"弯曲"或"使弯曲"的意思，如"屈指""屈膝"。这应该是屈字的本义。由弯曲扩展出六个引申义：（1）屈服，使屈服。如"宁死不屈"。（2）委屈，冤枉。如"屈打成招""诉屈"。（3）违心服从。如"屈从"。（4）受压迫，受侮辱。如"屈辱"。（5）理亏。如"理屈"。（6）大材小用。如"屈才"。

届，小篆作"[illegible]"，形声兼会意字，从尸从凷凷亦声。尸，卧着的人；凷，古块字。人遇土块则行走不便，故届字本义作"行动不便"解。《诗·小雅·节南山》："君子如届，俾子心阕。"清代学者俞樾认为，这句诗的意思是："君子所行如不便于民，则上下之情不通而民之心闭矣。"《诗经》还有两句诗："致天之届，于牧之野。"（《诗·鲁颂》）"侯作侯祝，靡届靡究。"（《诗·大雅》）。前句中的"届"含义是"极处"，后句中的"届"含义是"穷尽"，此二义都是由"不便"引申出来的。

届字的本义及上述两个引申义，今已不用。今义为“预定的日期”和“到时候”，如“届时”（到时候）、“届期”（到预定的日期）、“届满”（任期已满）。用作量词，略同“次”，用于定期的会议或毕业的班级，如“第 × 届人民代表大会”“80 届毕业生”。

屈、届二字读音不同：屈，音 qū；届，音 jiè。二字楷书形体的也有差异：屈，尸下是“出”；届下是“由”（“凷”的变形）。

30. 玷　沾

玷、沾二字，都以“占”为声符，形体近似，但音义皆异。

玷，从玉，音 diàn，本义“白玉的瑕斑”（《玉篇》）。唐辛宏《白珪无玷》：“皎皎无瑕玷，锵锵有珮声。”句中“瑕玷”即瑕斑。引申为“缺点”“污点”“污损”。《后汉书·伏湛传》：“自行束脩，讫无毁玷。”句中“毁玷”即毁坏或污点。班固《幽通赋》：“匪党人之敢拾兮，庶斯言之不玷。”句中“不玷”即没有污损。用作动词表示“使有污点”和“使蒙受耻辱”。现代汉语仍然使用的“玷污”“玷辱”，意即“使有污点”“使蒙受耻辱”。

沾，从水，音 zhān，原本是古水名。山西境内，古代有两条“沾水”：一条发源于壶关，东流至河南注入淇水，今弓上水库即古沾水上游；另一条即今昔阳县的松溪河，古代也称“沾水”，汉代还在河畔设置沾县，不过，这条“沾水”以及古沾县的“沾”，不读 zhān，而读 diàn。后世赋予沾“浸湿、浸染、附着、接触、分享、形容轻薄”等含义，于是有了“沾染”“泪沾巾”“沾边儿”“沾光”“利益均沾”“沾沾自喜”等词语。

玷、沾二字，本义区别较大，一般不会混淆错用。唯“玷污”和“沾染”含义接近，容易混淆错用，“玷污”错作“沾污”即一例。

31. 炮　泡

炮、泡二字，都以“包”为偏旁，形体近似。二字的区别在于：炮从火，泡从水。

炮，会意字，从火从包，音 páo，本义“毛炙肉”（《说文解字》），即将生肉连毛一起烧烤。《诗·小雅·瓠叶》："有兔斯（撕）首，燔（fán）之炮（páo）之。"意思是：将兔子去头，合毛放在火上烤熟。后来演变成一种烹调方法，即在旺火上急炒肉片、肉丁，如"炮羊肉"，这个"炮"读 pāo（许多饭店误作"爆羊肉"）。炮还是一种重武器的名称，原本写作"砲"，是一种抛石器械；发明火药之后，才有了用火药作发射动力的武器，"砲"遂改称"炮"。这个"炮（砲）"和"泡"同音。

泡，会意字，从水从包，本义"浮在水面上的气泡"。水泡是气体在液体中生成的中空球状气泡，水泡一破便无踪无影，因此人们用"泡影"比喻破灭的希望。

炮、泡二字，单独使用一般不会混淆，但跟"制"组成"炮制"（páo zhì）和"泡制"（pào zhì）二词，却常见混淆错用，"如法炮制"错作"如法泡制"即一例。炮制，本是中草药的一种制作方法：将生药放在热铁锅里炒，炒至焦黄爆裂。人们借用"炮制"这个词，比喻胡编乱造，于是"炮制"成了贬义词。泡制，是制作酸菜的方法：将蔬菜泡在加盐的凉开水里发酵变酸。

32. 恬　湉　憩

恬、湉二字，形似音同；憩又写作"憇"，常被误读作"甜"，成了恬、湉的"同音字"。其实，憩与恬、湉并不同音。这三个字的含义区别很大。

恬，会意兼形声字，从心从甜（省笔作"舌"），读音同"甜"，本义"安"（《说文解字》）。这个"安"，指人的心态：淡泊宁静，身心两适。"恬静""恬适""恬淡""恬然"皆为本义。引申为"坦然""满不在乎"，如"恬不为怪""恬不知耻"。

湉，会意兼形声字，从水从恬恬亦声，读音同"恬"。从水，表示与水有关，从恬，取"恬"的"静"义，水恬合体，会意为"水靖"（《广韵》），形容水流平静。左思《吴都赋》有"澶湉漠而无涯"句，"澶湉"即水平静地流淌。

憩，原作“愒”，隶变改作“憩”。《集韵》：“愒，《说文》：‘息也。’或作憩。”草书又把“憩”写作“憇”，今以“憩”为规范字。字形变换多次，但音、义皆未变：音 qì，义为“息”。“息”即休息。韦应物《东郊》诗云：“依丛适自憩，缘涧还复去。”句中“憩”即休息。引申为“逗留”。《晋书·刘宾传》：“杖策徒行，每所憩止，薪水之事，不累主人，皆自营给。”句中“憩止”即“逗留”。休息之处也称作“憩”。《诗·召南》：“蔽芾甘棠，勿翦勿败，召伯所憩。”句中“召伯所憩”即召伯休息处所。现代汉语仍在使用的“小憩”“憩息”，用的都是本义。现代医学有“憩室”一词，指心脏、胃、肠、气管、喉头等器官上因发育异常而形成的囊状或袋状物。

33. 侯　候

侯、候二字，仅一小竖之差：候多一小竖，侯少一小竖。因为整体形象相似，所以容易混淆错用。最常见的混淆错用是：将姓氏、地名的“侯”错写作“候”。

侯字的甲骨文()和金文()，都是象形符号：矢中箭靶。所以，侯字本义是“箭靶”。《说文解字注笺》：“侯制以布为之，其中设鹄，以革为之，所射之的也。”句中“侯”指箭靶，“的”指靶心。《诗·齐风·猗嗟》：“终日射侯，不出正兮。”朱熹注：“侯，张布而射之者也。”侯字的小篆()，形体与甲骨文、金文略异：一是“矢”的形状有点儿变化，二是箭靶上多了一个看靶的“人”。至唐，演变成楷书，将靶上人移至左侧，变作“侯”。侯后来成为封建爵位。汉代，侯爵位仅次于王。《汉书·王表》：“立二等之爵。”颜师古注：“汉封功臣，大者王，小者侯也。”后世将封建爵位分为五等：公，侯，伯，子，男，统称“诸侯”。侯还是姓氏和地名。

候，本作“𠊱”，是形声字，从人侯声。后来中间的“亻”变成一小竖，就成了“候”。候以侯为声符，但不读 hóu，而读 hòu，是近似音。“侯”在“候”字里，只表音不表义，所以，侯、候二字在意义方面没有什么关系。候字的含义是："伺望"（《说文解字》），即等待的意思。"等候""候车""候选""候补""候审"等，都是本义。引申为"看望""问候""服侍""气候""时节""情况"等义，如"问候""侍候""时候""气候""候鸟""征候""火候"等。

34. 庠　痒

庠、痒二字，形体近似，其差异在于：庠从广，痒从病（省作"疒"）。

庠，形声字，从广羊声。广，不是广大的"广"，读作ān，义同"室"，表示与房屋有关（详见本书上编第七章"汉字的偏旁部首"）；羊，也不是山羊、绵羊的"羊"，而是"祥"。广羊合体，义为"礼官养老"（《说文解字》）。这个"养老"跟现在的"养老"不是同一概念，其含义是"教养，教导"。所以，庠是古代"学校"的称谓。《说文解字》紧接着解释说："（古代的学校）夏曰校，殷曰庠，周曰序。"汉以后，郡国的学校称"学"，县道侯国的学校称"校"，乡的学校称"庠"。后世学校统称"庠"或"序庠"，学生称作"庠生"。用孟子的话说，庠是"教化之宫"。庠字的声符是"祥"，故音同"祥"（xiáng），不可读成yáng或yàng。

痒，形声字，从病（省笔为"疒"）羊声，音yǎng，《说文解字》释义"疡也"（即头上的疮疥）。《尔雅》则释义为"病也"。后代学者解释说："痒者，心忧惫之病也。"有《诗·小雅·正月》为书证："哀我小心，癙忧以痒。"即忧闷成病。又泛指病害。《诗·大雅·桑柔》："降此蟊贼，稼穑卒痒。"句中"痒"指虫害。在古汉语里，痒还是"癢"的异形词，读作yǎng，今将"痒"作为"癢"的简化字，本义"搔痒"，即皮肤或黏膜受到轻微刺激时引起的想挠的感觉。引申为"比喻想做某事的愿望强烈而难以抑制"，如"技痒"。

35. 烁　铄　砾

烁、铄、砾三字，都是形声字，表音的声符都是乐，整体形象近似。

它们的差异在于表义的形符不同。

烁，形符是火，音 shuò，本义“光也”（《说文新附》），多用于形容灯光、星光，如“星光闪烁”。“闪烁”一词，形容光亮动摇不定，忽明忽暗。还用于形容说话吞吞吐吐，如“闪烁其词”。这是由“动摇不定”引申出来的比喻义。烁字单用多见于古文，有“光彩”“热”“烤”“烫”等义项。《新唐书·天文志二》：“甲夜有大流星长数丈，光烁如电。”句中“光烁”即光彩。枚乘《七发》：“衣裳则杂遝（tà，聚积）曼煖，燂烁热暑。”句中“燂烁”即热得像火烤一样。李白《感时留别从兄徐王延年从弟延陵》：“骄阳何火赫，海水烁龙龟。”句中“烁龙龟”即烫龙龟。由光彩又引申出“照射”之义。《徐霞客游记·粤西游日记二》：“其外浅处，紫碧浮映，日光所烁也。”句中“烁”即照射。烁字叠用（烁烁），形容光芒灿烂，如“繁星烁烁”“灯光烁烁”。

铄，形符是金，音 shuò，本义“销金”（《说文解字》）。销金，即将金属熔化。销金的结果，固体金属熔化为液体，原来的形态消失了，因而引申出“销毁”“削弱”“诽谤”等义。《庄子·胠箧（qū qiè，义为“偷窃”）》：“彼人含其明，则天下不铄矣。”“不铄”即不毁坏。《战国策·秦策五》：“秦先得齐宋，则韩氏铄，韩氏铄则楚孤而受兵也。”句中两个“铄”，都是“削弱”的意思。《元吴氏女·答郑僖书》：“齐眉之案已休，众口之铄不息。”“众口之铄”即众人的诽谤。“销毁”，物体不存在了；“削弱”，力量、势力变弱了，原来的强势不存在了，所以都有“消失”的意思。“诽谤”跟消失似乎不沾边，其实，它是“消失”的反义：无中生有。由熔化又引申出“渗入”之义。鲁迅于 1934 年 6 月 9 日在致杨霁云信中指出：“中国的事，大抵是由于外铄的，所以世界无大变动，中国也不见得单独全局变动。”信中的“外铄”即外来渗入。鲁迅用“外铄”一词，深刻地揭示了半封建半殖民地的中国，局势全由列强操纵。早在两千多年前，孟子就用过“外铄”一词，他说：“仁义礼智，非由外铄我也，我固有之也，弗思耳矣。”（《孟子·告子》）“非由外铄”即不是缘于外因，而是缘于人的天性。铄字还有一异音异义：音 yuè，义为“烙，烧”。例如徐珂《清稗类钞·气候类》：“伊犁天气炎热，焦铄千里，人皆避入窖中。”句中“焦铄”即像火烧火烤一样。

砾，形符是石，音 lì，义为“碎石”，如“瓦砾”。

在古文里，烁、铄互为通假字，是通用的。在现代汉语里，烁、铄不再通用。

36. 茸　葺

葺、茸二字，整体形象近似，但音义完全不同。

葺，形声字，从草咠声，音 qì，本义“用茅草覆盖房顶”，引申为泛指修缮房屋。“修葺”即修缮房屋，这是“修葺”的本义。引申为“修饰治理”，《徐霞客游记·修葺〈鸡山志〉》中的“修葺”，用的就是引申义：修饰。五代时李存勖《南郊赦文》：“到官惟务于追求，在任莫思于葺理。”“葺理”即治理。现代汉语只用“修葺”本义：修缮房屋。

茸，形声字，从耳聪（省笔作“耳”）声，音 róng，本义“草初生纤细柔软的样子”。古代文人常用“茸”指代柔嫩的草苗。唐诗云：“台镜晦旧晖，庭草滋新茸。”“新茸”即刚刚出土的草苗。人们常用“毛茸茸”形容小动物的毛发，是“纤细柔软”的引申义。“茸茸”还是草丛生的形容词，古代有“春来无处不茸茸”的诗句。雄鹿的角初生时，表面有一层茸毛，所以，鹿角又称作“鹿茸”。茸没有“修缮”的含义。

37. 壸　壶

壶、壸二字，整体形象极其相似，仅一笔之差（壶少一横，壸多一横），但二字音义皆异。

壶的甲（）、金（）、篆（）都是象形字，是盛酒器的形象，本义就是“盛酒器”。后泛指壶状盛水器皿，音 hú。

壸，小篆（ ）是象形字，上部像宫殿屋顶，下部像墙内甬道，所以，本义是“宫中道”（《说文解字》），音kǔn。后作内宫的代称，如“壸闱”（即“宫闱”）。由深宫引申为“深奥”。班固《答宾戏》：“宪先圣之壸奥。”“壸奥”即深奥。

壶字常用，壸字很少用，所以，“壸闱”“壸奥”常错作“壶闱”“壶奥”。

38. 笫　第

“床笫”常错作“床第”，是因为笫、第二字整体形象相似。

笫，形声字，从竹𠂔声，音zǐ，义为“床箦”《说文解字》。床箦是什么？是古代的床板。古代的床板有两种：用木条拼制的叫作“床板”，用竹片编制的叫作“床箦”。床箦为何又称“笫”？据《方言》考证：“床，齐、鲁之间谓之箦，陈、楚之间或谓之笫。”称床为“笫”，原来是陈、楚之间的方言。所以，床又称“床笫”。有的词典把“笫”释义为“竹篾编制的席”，这是不确切的。席，古代称作“簟”。《说文解字》：“簟，竹席也。”席和笫虽然都同床有关系，但两者用途不同：笫是床板，是床的构件，床的组成部分，所以，床也可称作“笫”；席，用来铺床铺炕的，也可用来铺地或搭棚子，它不是床的构件。白居易《时热少见客因咏所怀诗》：“露床青篾簟，风架白蕉衣。”分明把床与簟区别开了。《左传》：“床笫之言不逾阈。”“床笫之言”又作“床笫之私”，即两口子的隐私。这句话的意思是：小夫妻在卧室里说的悄悄话（又称“私房话”），不能传出房门。

第，本义“次序”。第本作“弟”，金文和小篆都只有“弟”没有“第”，说明“第”是汉以后造的新字。弟字的金文（ ）和小篆（ ）都是会意字，从弓从弋（杙yì，一种硬木），《说文解字》释义为“次弟”。朱芳圃解析说：“弟象绳索束弋之形，绳之束弋，展转围绕，势如螺旋，而次弟之义生焉。”后来，弟字被假借充当“兄弟”“子弟”的“弟”，才造了个“第”字来代替。第字是汉代才出现的，《广雅》释义为“次序”，所以说是“弟”的替代字。古人称“次序”为“次第”。由次序引申为“等级、功名”。古代科举考试，考中了叫作“及第”，没考中叫作“不第”或“落第”。古代朝廷为王侯功臣建造大宅院，叫作“治第”，因此，“第”又成了家庭社会地位的代名词，于是产生了“门第”这个词，如“书香门第”“门第相当”。“第”用作副词，是文言文的特殊用法。有时表示动作不受条件限制或不必考虑条件，相当于现代汉语的“只管”。例如《后汉书·贾复传》：“大司马刘公在河北，必能相施，第持我书往。”“第持我书”即“只管拿着我的信”。有时表示范围，相当于现代汉语的“只”“仅仅”。例如林则徐《批美商晾请准贸易禀》：“第该夷一面之词，恐不足据。”“第该夷一面之词”即“只凭这家外商一面之词”。现代汉语已不用“第”作副问，而多作“词缀”，用在整数的数词前面，表示次序，如“第一”“第一章”“第一页”“第一名”。从上述辨析可知：第和床不相干。

39. 亳　毫

安徽省有个城市叫作“亳州”（Bó zhōu），因为亳字与毫字整体形家相似，亳字又是非常用字，所以，不少人把“亳州”错读或错写作“毫州”。

关于亳字的形义，有二说：一说是古亭名，即汉代京兆杜陵亭的名称。另一说是商代都城名称，有古文字学家据此推断，亳是会意字，从京（省“小”）从宅，京宅即京都所在地。《史记·殷本纪》：“汤始居亳。”这个“亳”，在今河南省商丘市东南，相传汤曾居于此，史称“南亳”；在今商丘市北，有个也叫“亳”的地方，相传是诸侯拥戴汤为盟主之地，史称“北亳”；在今河南省偃师市西，还有个“亳”，相传为汤攻克夏时所居地，一说盘庚迁都于此，史称“西亳”。亳还是春秋时一个小国的国号，在今安徽省亳州市区域。亳字就是地名、古亭名、古国名，无他义。

毫，会意字，从高（省口）从毛，《集韵》释义为“长锐毛”，即细长而坚锐的毛。后泛指毛发。毛笔是用羊毛、黄鼠狼毛制作的，故有“羊毫”“狼毫”之分，统称“毫”，如“挥毫泼墨”。毛发纤细，常用于比喻细小事物，因而有了“丝毫”“秋毫”“毫末之利”“毫无二致”等词。《孟子·梁惠王》：“明足以察秋毫之末，而不见舆薪。”句中的“秋毫”，指鸟兽在秋天新长的细毛，在“明察秋毫”里比喻微小的事物。毫还是计量单位名称：长度单位，1毫米等于1米的1/1000；质量或重量单位，10丝等于1毫，10毫等于1厘。在计量单位里，毫仅大于丝，故常用来形容极少的数量，例如“不差分毫”“失之毫厘，谬以千里”“毫末之差”等。

40. 徒　徙

徒、徙二字，整体形象相似，其形体细微差别在于：徒，右上是“土”；徙，右上是“止”。

徒字的小篆（䞖），是形声字，从辵土声；隶变后将辵上的“彡”讹变为“彳”，将辵下的“止”与“土”合成“走”，变成了会意字（从彳从走）。楷书沿袭隶书，写作“徒”。由篆而隶而楷，形体变了，但音义均未变，仍作“步行”解（《说文解字》）。引申为“步兵”。《左传·隐公九年》：“彼徒我车，惧其侵轶我也。”“彼徒我车”即敌方是步兵而我方是战车。由步兵引申为“兵卒”，又引申为“跟从的人”。《左传·昭公四年》：“旦而皆召其徒，无之。”“召其徒”即召集跟从的人。又引申为同一类或同一派别、党羽、门人、弟子等义。《左传·襄公三十年》“岂为我徒”中的“徒”，指的是党羽。《孟子·滕文公上》“其徒数十人”中的“徒”，指的是弟子。也指“信仰某种宗教的人”（信徒）、“役使”（人徒）、“奴仆”（家徒）。由役使引申为“服劳役的犯人”和“拘禁服劳役的刑法名称”，现代刑法的“徒刑”，即源于此。徒字用作指某种人，多含贬义，如“歹徒”“赌徒”“酒徒”“暴徒”“好事之徒”“游手好闲之徒”“亡命之徒”。此外，徒还有“空”的含义，如“徒手”（空手）、“徒有虚名”（空有某种名声）、“徒托空言”（只说空话）、“徒劳”

（白费气力）等。

徙，会意字，金文（[illegible]）从彳从步，小篆（[illegible]）改为从辵从止，楷书从金。按理据分析，“从辵从止”更合理。在古汉语里，辵表“行”义，止有“之”义，“行有所之”即“有目的的行”，所以，《说文解字》释义为“迻”（移）。“迁徙”即“行有所之”，从此处搬迁到彼处。“孟母三迁”的故事，在我国几乎家喻户晓。“三迁”也作“三徙”，例如潘岳《闲居赋》：“孟母所以三徙也。”徙、迁同义。由迁移引申为“趋向”。例如《礼记·经解》：“使人日徙善远罪而不自知也。”徙善：向善。又引申为“避去”。例如《孔子家语》：“有慎溃氏者，奢侈踰法，及孔子为政，越境而徙。”越境而徙：避去境外。又引申为“调职”“流放”。例如《史记·淮阴侯列传》：“徙齐王信为楚王，都下邳。”徙为楚王：调职为楚王。又如《汉书·陈汤传》：“其免汤为庶人，徙边。”徙边：流放到边远地方。“迁徙”错作“迁徒”，就不知何义了。

41. 茬　荏

茬、荏二字，整体形象相似，容易混淆。

茬，一形二字：其一，音 chí，义为“草盛貌”（《玉篇》）。还是古山名、地名和姓氏。西汉有县名“茬”，属泰山郡，治所在今山东省长清县东北，因茬山而得名。当地人以地名为姓氏。其二，音 chá，古槎字，本义“斜砍，劈削”。《汉书·货殖传》：“然犹山不茬蘖，泽不代夭。”颜师古注云：“茬，古槎字，邪斫木也。”又指“庄稼收割后留在地里的茎和根”（如“麦茬儿”“豆茬儿”），或“没有剃尽和剃后复生的须发短桩”。还指“同一块地上作物种植或生长的次数”。收割了一茬玉米又种一茬小麦，称作“换茬”。韭菜割了一次，留下的根茎又长出新叶，称作“二茬韭菜”。此二义当是“斜砍”引申出来的。

荏，形声字，从草任声，音 rěn，植物名，又称“白苏”，一年生芳香草本，茎方形，叶对生，有锯齿，叶可提取芳香油，种子榨出的油是油漆工业原料，茎、叶、种子皆可入药。荏字还有三个别义：(1)大。因为“荏”古通“壬”，而“壬”同“大”，大豆古称“荏菽”。菽，豆类总称；荏，大；荏菽，大豆。(2)软弱，怯懦。成语“色厉内荏”，形容的就是“外表庄厉而内怀荏弱”。(3)跟“苒”合成动词“荏苒”，表示“时间渐渐地过去”，如“光阴荏苒”。别义(2)(3)现代汉语仍然常用。

42. 凇 淞

凇、淞二字，整体形象相似，其差异在于：凇从冰（冫），淞从水（氵）。

凇，形声字，从冰松声，义为“雾凇”，即树上因雾遇寒凝结成的冰花。

淞，形声字，从水松声，江名，发源于太湖，到上海与黄浦江合流入长江，通称“吴淞江”。

43. 矫 娇

矫、娇二字，都是形声字，又都以“乔”为声旁，所以形似音近，容易混淆。它们形义的区别在于：矫从矢，娇从女。

矫，形声字，从矢乔声，音 jiǎo，本指“揉箭箝”（《说文解字》）。揉箭箝是古代制箭的一种工具，其功能如徐灏所说：“揉箭欲其直也。”后用作动词，义为“使弯曲的物体变直”。引申为“纠正，匡正”（如“矫正”“矫枉过正”）、“故意造作”（如“矫饰”）、“故意违反”（如“矫情”），由故意又引申为“假托”（如“矫诏”“矫命”）。矫字还有“强健”“勇武”的引申义，如“矫健”“矫捷”“矫若游龙”。

矫和揉，是两个含义正好相反的动词：矫，使弯曲的变直；揉，使直的变弯。“矫揉造作”是句成语，比喻故意做作、很不自然。

矫字有个异读音：jiáo，常用词有“矫情”。“矫情”一词，有二音二义：用作动词，读 jiǎo 情，义为“故意违反常情，表示与众不同”；用作形容词，读 jiáo 情，形容“强调夺理，无理取闹”。

娇，形声字，从女乔声，音 jiāo，本义“姿”（《说文解字》）。姿，指少女姿态妩媚可爱。引申为“柔嫩”“柔弱”“意志脆弱”“过度爱护”“任性”等义，如“娇娆”“娇艳”“娇柔”“娇小”“娇嫩”“娇气”“娇养”“娇宠”“娇惯”“娇媚”“娇纵”等。“娇柔”和“娇揉”二词同音，但含义不同：“娇柔”义为娇媚温柔；“娇揉”比喻故意做作。

44. 睐　徕

睐、徕二字，形似音近，常见混淆错用。

睐，形声字，从目来声，音 lài，本义“瞳仁不正”，即斜视。曹植《洛神赋》有“明眸善睐”句，描写的就是明亮的眼睛左顾右盼。常作“视”的同义词。有个常用词：青睐。青，黑色，在“青睐”一词中表示“黑眼珠”。青睐：黑眼珠在中间，表示正眼看人，跟“白眼看人”（蔑视）相对，比喻对人的喜爱和看重。由“视”引申为“眺望”。南朝诗人谢灵运《登上戍石鼓山》：“极目睐左阔，回顾眺右狭。”诗句中的“睐”和“眺”同义，都是“眺望”。

徕，形声字，从彳来声。颜师古认为是古来字。《汉书·礼乐志》：“天马徕，从西极。”颜师古注云：“徕，古往来字也。”《说文解字》也说“亦作来”。《玉篇》却释义为“劳”。其实，两种释义都对。徕字有两音两义：音 lái，义同“来”。《楚辞·大招》：“魂魄归徕，无远遥只。”“归徕”即归来。另音 lài，义为“慰劳”“慰勉”。《晋书·刘混传》：“琨抚循劳徕，甚得物情。”“劳徕”即“慰劳”。由“来”引申为“招致”，即“使……来”，“招徕”即此义。徕无“视”义，所以，“青睐”不可写作“青徕”。

45. 辍　缀

辍、缀二字，右偏旁都是“叕”，形体近似，容易混淆。

辍，形声字，从车叕声。叕音 zhuì，辍却不读 zhuì，而读 chuò。《尔雅》：“辍，已也。”《玉篇》：“辍，止也。”《增韵》：“辍，歇也。”三种释义基本相同，都是“停止”的意思。现代汉语仍用此义。

如"辍学"（中途停止学业），"辍演"（停止演出），"辍笔"（写作或绘画尚未完成而中止）等。

缀，会意兼形声字，从丝从叕叕亦声，音 zhuì。叕，甲骨文作"[illegible]"小篆作"[illegible]"，都是象形字，象彼此相连之形，丝缀合体，会意为"合箸"（《说文解字注》）。箸，音 zhù，本义"饭攲"，俗称"筷子"。又音 zhú，义为"附着"。"合箸"取"附着"义，义为"使密切联结"。后代学者对此义有两种解释：其一为"缝合"；其二为"连结"。此二义现代汉语仍用，如"补缀"（缝合）、"连缀"（连结）。引申为"装饰"。曹枢《七启》："修以文犀，雕以翠绿，缀以骊龙之珠，错以荆山之玉。"句中的修、雕、缀、错，都是装饰的方法。又引申为"附加"。鲁迅《古籍序跋集·〈唐宋传奇集〉序例》："缀之末简，聊存旧闻。""缀之末简"即附加在书末。因此，"缀"又有了"附加部分"的含义，如图书的"前缀"和"后缀"。由"连结"又引申出"写作"（缀字联词）、编辑（缀编）、"跟随"（缀行）等义。

综上所述可见，缀、辍二字，音义皆异，不可互代。

46. 椎　锥

椎、锥二字形似，其形义差异在于：椎从木，锥从金。

椎，形声字，从木隹声，音 zhuí，本义"木拳"（《六书故》），即木槌。椎本是捶击器具，用作动词表示"捶打"。"椎心泣血"中的"椎心"，意思是捶打胸膛。"椎心泣血"出自李陵《答苏武书》："何图志未立而怨已成，计未从而骨肉受刑，此陵所以仰天椎心而泣血也。""椎心泣血"直译是：捶打胸膛，哭出血泪。作为成语，形容极度悲痛的样子。

锥，形声字，从金隹声，音 zhuī，钻孔工具的名称，俗称"锥子"。用作动词表示"钻孔"。椎字的异读音与锥字的读音相同，但含义还是不同，它是动物"构成脊柱的短骨"的名称，叫作"椎骨"，包括颈椎、胸椎、腰椎、骶椎和尾椎。锥字没有"捶打"的含义，"椎心泣血”不可写作“锥心泣血”。

47. 辑　缉

辑、缉二字，都是形声字，声符都是“咠”，但并不同音，更不同义。

辑，从车咠声，音jí，本义“车舆”（即车厢）。车厢是车上载人载物的地方，有“匡而四合”的意思，因而引申为“集聚”“聚合”等义。《汉书·艺文志》：“门人相与辑而论篹（同撰），故谓之《论语》。”颜师古注：“辑，与集同。”这句话说的是：《论语》是孔子的弟子聚集在一起论撰而成的。《国语·周语上》：“和协辑睦，于是乎兴。”韦昭注：“辑，聚也。”现代汉语里的“编辑”即由此而来。在古汉语里，“辑”还有“和谐”“和睦”“安定”等义。例如：《国语·鲁语上》：“契为司徒而民辑。”民辑：百姓和谐相处。柳宗元《封建论》：“拜之可也，复其位可也，卧而委之以辑一方可也。”辑一方：一方和睦安定。现代汉语只用“编辑”一义，如“编辑”“辑录”“辑要”“辑佚”等。

缉，从丝咠声，音jī，本义“绩”，即把麻丝搓成线。引申为“缝合”“理顺”等义。《礼仪·丧服》：“斩（丧服谓缞之不缉者曰斩）者何？不缉也。”“不缉”即不缝合。陆游《村居书事诗》：“雨漏日惟支败屋，鼠余时自缉残书。”“缉残书”即整理残书。又引申为“搜捕”，如“缉拿”“通缉”“缉毒”“缉私”等。

古代缉通辑，现代缉、辑不再通用，“通缉”不可写作“通辑”。

48. 谬　缪

谬、缪二字，整体形象相似，其差异在于：谬从言，缪从丝。

谬，会意兼形声字，从言从翏，言，说话；翏，本作“高飞”解，有离地甚远的意思。言翏合体，会意为“狂人之言，不着边际”。《说文解字》：“谬，狂者之妄言也。”人们常说的“荒谬”，即本义。成语“荒谬绝伦”，形容极端错误或非常不合情理。引申为“差错”“错误”，如“谬误”“谬错”“谬论”。《汉书·司马迁传》：“故《易》曰：

‘差之毫厘，谬以千里’。”后世把《易经》里的这句话作为成语，强调不能有丝毫差错。人们还常将“谬”用作谦词，如“谬奖”“谬爱”。

谬字的声符是“翏”，但不读“翏”（liù），而是读miù。

缪，形声字，从丝翏声。缪，是个多音字，在古汉语里有六个读音：① móu，② mù，③ miù，④ liǎo，⑤ jiū，⑥ Miào。读音不同，含义也不同。读① móu，本义为“缠绕”。《说文解字》：“缪，枲之十絜也。”段玉裁注：“枲，麻也；十絜，犹十束也。”用十束麻混在一起表示“缠绕”。由（物质）缠绕引申出（情感）“缠绵”，如“情意绸缪”。“绸缪”是个多义词，在“情意绸缪”中义为“缠绵”，在“未雨绸缪”中义为“缠缚”。“未雨绸缪”出自《诗·豳风·鸱鸮》：“迨天之未阴雨，彻彼桑土，绸缪牖户。”意思是：趁着天还没下雨，先把门窗缠缚牢固。彻桑，即剥取桑树皮；绸缪，缠缚牢固。“未雨绸缪”作为成语，比喻事先做好防备工作。读② mù，通“穆”，《说文通训定声》认为：“缪，叚（假）借为穆。”读③ miù，义为“虚伪”“欺诈”。例如《史记·司马相如列传》：“临邛令缪为恭敬，日往朝相如。”句中“缪”即“虚伪，假装”。又如《晋书·李十熹传》：“侵剥百姓，以缪惑朝士。”句中“缪”即欺诈。又同谬，义为“错误”，《说文通训定声》认为：“缪，叚（假）借为谬。”《庄子·盗跖》：“多辞缪说，不耕而食，不织而衣。”句中“缪说”即谬说。古代缪、谬通用，现代汉语谬、缪不再通用，唯“纰缪”一词例外。读④ liǎo，同“缭”。《说文解字》：“缭，缠也，或作缪。”读⑤ jiū，义为“交错”。例如元孙季昌《点绛唇·集赤壁赋》：“山川相缪郁苍苍。”句中“相缪”即交错。读⑥ Miào，是姓氏。在现代汉语里，保留了①③⑥三个读音。

49. 睢　雎

睢、雎二字，整体形象相似，不仔细辨别，很难看出差异。二字形体细微差异在于：睢左偏旁是“目”，雎左偏旁是“且”。

睢，会意字，从目从隹，音 suī。隹是象形字，音 zhuī，一种飞得很高的短尾鸟，须仰视才能看得见，所以，目隹合体会意为“仰视”。《汉书·五行志》：“万众睢睢，惊怪连日。”“睢睢”即仰视。在现代汉语里，睢只作姓氏和地名。河南、安徽、江苏三省交界地区有条河叫“睢水”，沿河有睢县（属河南）、睢溪市（属安徽）、睢宁（属江苏）。

雎，形声字，从隹且声，音 jū。从隹，表示跟鸟有关系，《诗经》名句“关关雎鸠，在河之洲”中的“雎鸠”，就是一种鸟。雎鸠是什么鸟，学者们各说不一，有的说是“鱼鹰”，有的说是“鹫”，还有的说是传说中的鸟。但都一致认为：雎鸠是一种贞鸟，有固定的配偶。所以，诗句用“雎鸠”比喻男女爱情专贞。雎除了鸟名外，无他义，所以，人们对他不大熟悉。“睢”是姓氏，用得比雎多一些，所以，书写或打印“关关雎鸠”时，常常错作“关关睢鸠”。

50. 貌　藐

貌、藐二字，整体形象近似，其差异在于：藐多了个草字头。

貌，小篆作“𧳜”，会意兼形声字，从豸（豹字省笔）从皃皃亦声。皃，小篆作“皃”，象形字，上部象人面庞之形，下部是“人”字，人突出面庞，表示“面貌”，应是貌字的本字。“皃”的左旁加“豸”，取豹身斑纹鲜明之意，会意为“颂仪”（《说文解字》）。“颂仪”是书面语言，用通俗的话说就是“容貌”。引申义有：（1）外表形象。如“外貌”；（2）事物的全部情况。如“全貌”。（3）表面。如“貌似”“貌合神离”。（4）样子。如古代字书注“犷”字：“恶犬凶貌。”即恶狗凶恶的样子。

藐，形声字，从草貌声，本音 mò，草名，又名“茈草”。是一种紫草，根可做紫色染料。后世多用其引申义“小”，而且将读音改为 miǎo，因而有了“藐小”一词。由“藐小”又引申为“轻视”，如“藐视”。在古文里，藐通邈，义为“广阔，遥远”。《楚辞·九章·悲回风》：“藐蔓蔓之不可量兮，缥緜緜之不可纡。”句中“藐蔓蔓”意即遥远。藐字还有“美丽”义。例如张衡《西京赋》：“略藐流眄，一顾倾城。”后世学者注云：“藐，好视容也。”

51. 缜 慎 稹

缜、慎、稹三字，都以“真”为声符，形体近似，容易混淆错读错用。

缜，形声字，从丝真声，本音 zhēn，义为“丝纑缕也”（《玉篇》），即把麻析分成丝。别音 zhěn。读此音的“缜”，含义有三说：一说“精致，细润”；二说“结”；三说“黑”。三说都可以找到书证，说明“缜”是个多义字。《礼记·聘仪》：“缜密如粟，知也。”郑玄注云：“缜，致也。”谢朓在两首诗里都用了“缜”，但两个缜字含义不同。其一，《夏始和刘孱陵》：“柔翰缜芳厚，清源非易挹。”句中的“缜”含义是“相结”。其二，《晚登三山还望京邑》：“有诗知望乡，谁能缜不变。”句中的“缜”形容头发稠而黑。但古今诗文用得多的，是一说：“精致”“细润”“仔细”“周密”，例如“缜密”“缜润”“详缜”等。仔细分析，“精致”当系“丝纑缕”的引申义。

慎，形声字，从心真声，音 shèn，本义“谨”（《说文解字》），即谨慎小心。引申为“持重”“谨防”等义。常用词有：谨慎，慎重，慎思，慎言，慎独。古文里常用作副词，表示强调真实性，相当于“确实”，或表示禁戒，相当于“务必”。例如《诗·小雅·巧言》：“昊天已威，予慎无罪。”句中“慎”相当于“确实”。又如苏轼《与李公择》：“人生惟寒食重九，慎不可虚掷。”句中“慎”相当于“务必”。

稹，形声字，从禾真声，音 zhěn，义为“穜概”（《说文解字》）。“穜概”是什么意思？穜，同种；概，稠密。“穜概”字面的意思是“禾稠”（《集韵》）。据此断定：稹字的本义当为“稠密”。徐锴在《说文解字系传》里也说：“稹，微密也。”由微密引申为“细密”。孙诒让在《正义》里说：“稹者，禾之密，引申为文理之密。”《周礼》有“稹理而坚，疏理而柔”句。“稹理”即文理密，与“疏”相对。

缜的“仔细”义和慎的“小心”义比较接近，加之不少人把“缜”误读作“shèn”，故将“缜密”错作“慎密”。

《现代汉语词典》把“稹”列为“缜”的异体字，这就是说，缜、稹形异而义同。但在古汉语里，稹和缜却是两个字，形、声、义都不相同。唐代有位著名诗人元稹，与白居易齐名，共同提倡“新乐府”，并称“元白”，其诗体号称“元白体”。元稹不可写作或读作“元缜”。

52. 潸　潜

潸、潜二字，整体形象相似，潜是常用字，故“潸然泪下”常错作“潜然泪下”。

潸，小篆作“”，会意字，从水从㪔（㪔，散本字，省攵）表示“泪水散落”，本义“流涕貌”（《说文解字》）。潸然：形容流泪的样子。潸字叠用（潸潸），形容泪流不止。例如元稹《台中鞫狱忆开元观旧事》：“分司刘兄弟，各各泪潸潸。”也可用作形容降雨。例如贡奎《山行》：“疏林日暮雨潸潸，睡起秋声满树间。”

潜，“潛”的简化字，形声字，从水朁声，义为“在水中行走”，即潜水。引申为“隐居”（潜居）、隐藏（潜藏）、“偷偷地，悄无声息地”（潜入）、“秘密地”（潜伏）、“言外之意”（潜台词）、“专心不二”（潜心）、“存在于事物内部”（潜力，潜意识）等义，没有“泪水散落”的意思。

53. 肄　肆

肄、肆二字，整体形象近似。

肄是个很古老的字，甲骨文里就有这个字，写作“”，像一个侧立的人和一只手。金文（）和小篆（）都是会意字，从聿从希。聿，古笔字；希，兽名，是什么兽？古代字书上有三说：一说是“长毛兽”，一说是“猪的别名”，一说是“貍子”。聿希合体，“象以手刷洗希畜豪毛之形”（于省吾《殷契骈枝》），会意为“习”（《说之解字》），即练习、学习。《礼记·曲礼》：“君命大夫与士肄。”《左传·文公四年》：“臣以肄业及之。”两句中的“肄”，含义都是“习”。

现代汉语仍用此义，如常用词“肄业”，就是这个意思，表示学业尚未完成，没有毕业，还要继续学习。但是，在古汉语里，肄是个多义字，还有“后裔”“查验”等多个义项。《左传·襄公二十九年》：“晋国不恤周宗之阙，而夏肄是屏。”句中“肄”意为“后裔”。《汉书·酷吏传·义纵》：“岁余，关吏税肄郡国出入关者，号曰：‘宁见乳虎，无直宁成之怒。’”句中“肄”意为“查验”。此外，肄还指“蘖”，即树被砍伐后复生的嫩枝。

肆，形声字，从长聿声，本义“极陈”，有“店铺”“作坊”“竭尽”“残杀”“任意妄为”等引申义。（详见本编第一章第一节“三”）肄、肆在古汉语里通用，现代汉语不再通用。

54. 嘻　嬉

嘻、嬉二字，形似音同义近，极易混淆。

嘻，会意字，从口从喜，表示欢乐的心情表现在面部上，故本义为“笑”。在古汉语里常用作叹词，表示赞叹、叹息、惊异、遗憾、愤怒。例如《诗·周颂·噫嘻》：“噫嘻成王！既昭假尔。”句中“嘻”，表示赞叹。《大戴礼记·少间》：“公曰：‘嘻，善之不同也。’”句中“嘻”，叹息声。《庄子·让王》：“二人（伯夷、叔齐）相视而笑曰：‘嘻，异哉！此非吾所谓道也。’”句中“嘻”表示惊叹。《史记·张仪列传》：“其妻曰：‘嘻！子毋读书游说，安得此辱乎？’”句中“嘻”表示遗憾。《吕氏春秋·行论》：“（楚）庄王方削袂，闻之曰：‘嘻！投袂而起。’”句中“嘻”表示愤怒。现代汉语只用本义，如“嘻笑”。常叠用（“嘻嘻哈哈”），形容嬉笑欢乐的样子，也形容不严肃或不认真，如“嘻皮笑脸”（和“嬉皮笑脸”是同义异形词）。

嬉，形声字，从女喜声，本义“玩耍”，如“嬉戏”“嬉闹”“嬉笑”。用作形容词，形容嬉笑而不严肃的样子，如“嬉皮笑脸”。“嬉笑”还带有嘲弄意味，如“嬉笑怒骂”。《容斋随笔》：“嬉笑之怒，甚于裂眦（上下眼睑接合处）；长歌之哀，过于恸哭，此语诚然。”“嘻笑”没有嘲弄的意味。

综上所述可知：“嬉笑”和“嘻笑”不是同义词，“嬉笑怒骂”不可写作“嘻笑怒骂”。

55. 樵　谯

樵、谯二字，整体形象近似，其差异在于：樵从木，谯从言。

樵，形声字，从木焦声，音 qiáo，本义“散木”（《说文解字》），即不能制器只能作薪的杂木，俗称“柴”。引申为“采薪”（打柴），打柴的书面语言称作“樵”，是动词；打柴的人也称作“樵”，俗称“樵夫”，是名词。《淮南子·氾论》：“斧柯而樵，桔槔而汲。”句中“樵”是动词，义为“砍伐”。王安石《谢公墩》：“问樵樵不知，问牧牧不言。”句中两个“樵”都是名词，即“樵夫”。

谯，形声字，从言焦声，本音 qiào。《说文解字》：“古文谯从肖。”就是说，古文谯作“诮”，从言从肖。谯、诮是一字二形，含义是“责备，呵斥，谴责”。《韩非子·五蠹》：“父母怒之弗为改，乡人谯之弗为动。”句中“谯”义为“责备”。《汉书·樊哙传》：“是日微，樊哙奔入营谯让项羽，沛公几殆。”句中“谯让”义为“谴责”。关于“谯让”这个词，古代辞书《方言》做过考证：“齐、楚、宋、卫、荆、陈之间曰谯，自关而西，秦、晋之间凡言相责让曰谯让。”“谯让”的“让”，不是“谦让”，而是“呵斥”，所以《广雅·释言》说：“谯，呵也。”就是说，用“谯让”表“谴责”，是秦、晋之间的方言。谯字还有一个别音：qiáo，含义是“城门上的瞭望楼”，俗称“谯楼”。

56. 履　覆

履、覆二字，都是上下结构，下部都是“復”，整体形象近似，其差异在于履从尸，覆从覀。覆和履，音义皆异。

履，小篆作“履”，音 lǚ。会意字，从尸从彳从夊从舟。尸，表示人体；彳和夊，都跟行走有关，在这里表示脚；舟，表示形状像船（古代的鞋为船形）。尸、彳、夊、舟合体，会意为“鞋”，如“衣履”“革履”“削足适履”。引申义都与脚步、脚踩有关，如“步履维艰”“如履薄冰”“履险如夷”。由“脚步”又引申为“实践”“就任”“经历”，如“履行”（实践）、“履任”（上任）、“履新”（就任新职）、“履历”（个人的经历）、“履约”（实践约定的事）等。

覆，小篆作“覆”，《说文解字》认为是形声字：从襾復声，音fù，本义“覂（fěng）”，即“翻转”。段玉裁在《说文解字注》里解释说：“反覆者，倒易其上下。”为什么从襾义为“翻转”？因为襾字本义就是“覆”。王筠在《说文解字句读》中这样解析“襾”：“冂是正冂，自上覆乎下；凵是倒冂，自下覆乎上，上加一者，包物必有已时，故以一终之，此指事字也。”有两句惯用语：一句是“前车之覆，后车之鉴”，告诫人们不要“重蹈覆辙”。另一句是“覆巢之下，焉有完卵”，比喻覆灭之灾。荀子也用过“覆”字，他在《荀子·王制》里说：“水则载舟，水则覆舟。”把人民比作水，把统治者比作舟，水可以载舟，也可以覆舟。由翻倒引申为“灭亡”，如“覆灭”“覆没”“覆亡”。又引申为“遮盖，掩藏”，如“覆盖”“覆被”“天覆地载”等。覆字还有“重复”“回复”等义，如“覆试”“覆信”，表此义“覆”同“复”，今通用“复”。

57. 擘 擎

某报标题：商界巨擎。“擎”是别字，正字是“擘”。

擘，形声字，从手辟声，有两音两义：一音bāi，义为“剖、裂”，同“掰”。张衡《西京赋》：“剖析毫厘，擘肌分理。”句中的“擘”，即剖。表此义的“擘”，今简化作“掰”。另一音bò，义为“拇指”。由“拇指”引申为“杰出”。“商界巨擘”即商界杰出人物。又引申为“筹划、布置”，如“擘画”（筹画）。

擎，形声字，从手敬声，音qíng，义为“举”（《广雅》），“高擎”即此义，意思是“高高举起”，有庄严的意味。由举引申为“支撑，承受”。例如唐张说《姚文贞公神道碑》：“八柱擎天，高明之位定。”擎天：支撑着天。又引申为“持”。例如汤显祖《牡丹亭》：

“偶和你后花园曾梦来，擎一朵柳丝儿俺把诗赛。”擎一朵：持一朵。没有“巨擎”这个词。

58. 膺　赝

膺、赝二字形似，故常混淆错作。

膺，形声字，从肉（变形为“⺼”）鹰（省“鸟”）声，音yīng。《说文解字》：“膺，匈也。”匈，胸的本字。“义愤填膺”即义愤填胸。由胸引申为“承当”“承受”，如“膺选”“荣膺”。

赝，形声字，从贝雁声，音yàn，义为“伪造”。有学者经过考证得出：赝，古作“鴈”（雁），“赝”是南北期时才出现的后造字。例如《韩非子·说林下》：“齐代鲁，索谗鼎，鲁人其雁往。齐人曰：‘雁也。’鲁人曰：‘真也。’”案雁与真相对，就是伪。古人何以用“雁”表示“伪造”义？清代学者吴景旭在《历代诗话赝本》中说：“鹅酷似雁，而德不然，故凡以伪乱其者曰雁。古乃以雁为赝，亦借用也，今作赝。”这就是说，南北朝以前，人们借“雁”表示“伪造”义，后来又用形声构字法造了新字“赝”。最常用的词有“赝品”“赝本”“赝币”。赝品：即伪造的文物；赝本：假托名人手笔的书画。赝币：伪造的货币。

第二节　常见成语错用形似别字

常见成语、惯用语错用形似别字，错用的原因主要是写作主体不明了成语、惯用语的含义。下面列举24个典型案例中的24个别字，并同正字对照，结合成语、惯用语的含义，一一详加辨析。

1.“不能自已”错作“不能自己”

已、己二字，整体形象极其相似，但它们的金文（ ）和小篆（ ）并无相似之处，二字的含义完全不同。

已，本义“停止”。《诗经》名句“风雨如晦，鸡鸣不已”，用的就是本义：“不已”即不止。其引申义主要有：（1）废弃。《孟子·尽心上》："于不可已而已者，无所不已。"句中"已"即废弃。（2）病愈。《史记·扁鹊仓公列传》："一饮汗尽，再饮热去，三饮病已。"句中"病已"即病愈。（3）终归。《荀子·解蔽》："其所以贯理焉，虽亿万已不足以浃万物之变。"句中"已"即终归。（4）以前。陶渊明《归去来辞》："悟已往之不谏。"句中"已往"即以前的事。用作副词，表示动作、变化达到的程度，相当于"已经"；表示时间靠后的，相当于"随后"；表示行为的频率，相当于"又"。现代汉语只用"停止""已往"义，也用作副词。

己，古代字书有多种释义。《说文解字》释义为"中宫"，说它"象万物辟（避）藏诎（qū，缩短）形"。《广雅》认为："己，纪也。"《说文通训定声》也认为"己是纪之本字"。理由是：纪字的含义是"纪识，识别"，而己的古字"己"，"三横二纵，丝相别也"。用"己"表"记识"义，在古籍中可以找到，例如《穀梁传·桓公二年》："己即是事而朝之。"《玉篇》和《广韵》却都释义为"己身"，即第一人称代词：自己，本身。例如"己所不欲，勿施于人""知己知彼，百战不殆""舍己救人"等。今通用此义。

已和己，都可以与"自"组合成词（自已，自己），但含义不同。自已：抑制自己。自己：本身。"不能自已"是句成语，含义是：无法抑制自己使激动的情绪平静下来。例如《宋书·刘休仁传》："上与休素厚……休仁既死，痛悼甚至，谓人曰'……事计交切，不得不相除。痛念之至，不能自已。'"成语"不能自已"或源于此。

"自己"无"停止、抑制"义，"不能自己"无解。

2."不落窠臼"错作"不落巢臼"

巢、窠二字，形体近似，且含义相同，都是鸟窝。《说文解字》："穴中曰窠，树上曰巢。"但"窠臼"并非鸟窝，它的含义是"门臼"，旧式门上承受转轴的臼。后被用来比喻现成格式，老套子。例如朱熹《答许顺之书》："此正是顺之从来一个窠臼，何故至今出脱不得？""窠臼"多用以形容文章或艺术品缺乏独创性。例如宋代学者王柏在《鲁斋集·五·跋季兄大学编》中写道："大学之编，明白整洁，悉落窠臼，非用工深者未易到。"清李渔《闲情偶寄·词曲上·结构》指出："吾谓填词之难，莫难于洗涤窠臼；而填词之陋，亦莫陋于盗袭窠臼。"

后代学者反"落窠臼"之意，创造成语"不落窠臼"，表示与众不同。如明代学者胡应麟《诗薮·内编四》："初学必从此门入，庶不落小家窠臼。"清代学者赵翼在《瓯北诗抄·七言古五·题洞庭尉程前川三百首梅花诗本》里说得更明白："别开生面目，不落旧窠臼。"后世多用"别开生面""不落窠臼"形容文章或其他艺术品别出心裁，脱离俗套，独创一格。没有"巢臼"这个词，写成"不落巢臼"就不知所云了。

3. "心胸褊狭"错作"心胸偏狭"

褊、偏二字，都以"扁"为偏旁，整体形象近似。偏是常用字，褊是非常用字，人们对"褊"字陌生，故而常将"心胸褊狭"错作"心胸偏狭"。褊、偏二字的差异在于：褊从衣，偏从人。

褊：形声字，从衣扁声，音 biǎn，本义"衣服狭小"。《论衡·自纪》："形大，衣不得褊。""衣不得褊"即衣服要宽松一些。引申为泛指"狭小""狭隘"。《左传·隐公四年》："卫国褊小，老夫耄矣，无能为也。""褊小"指卫国幅员狭小。成语"心胸褊狭"的意思是：气量、见闻狭隘。心胸褊狭的人，往往性情急躁，是故褊字又有了"急躁"的引申义。古文里常见的"褊心""性褊""褊急"等词，都是性情急躁的意思。明代张居正《答山东巡抚何来山言均田粮覈（hé，检验）吏治》："岳君清介而性褊，不谐于众，荐之允宜。""性褊"即性情急躁。"心胸褊狭"又省作"褊心"。例如《新唐书·刘禹锡传》："禹锡恃才而废，褊心不能无怨望。"

偏，形声字，从人扁声，音 piān，本义"颇"，即偏颇，不正，倾斜。多用作形容对人对事"不公正""不公平"，如"偏私""偏向""偏颇""偏心"等。成语"不偏不倚"反其义，表示公正无私。

引申为“部分”“局部”“侧旁”“片面”“辅助的，不占主要地位的”，于是有了“偏爱”（在几个人或几件事物中特别喜爱其中的一个或一件）、“偏废”（重视某件或某些事而忽视其他）、“偏安”（封建王朝失去国家中心地带而苟安于仅存的部分领土）、“偏见”（偏于一方面的见解）、“偏袒”（袒护几方中的一方）、“偏听偏信”（只听信一方面的话）、“偏瘫”（身体一侧发生瘫痪）、“偏师”（在主力军翼侧协助作战的部队）、“偏将”（处辅助地位的将领）等词。运动的物体离开确定方向的角度称作“偏差”，因出现偏差而离开确定的轨道、方向称作“偏离”或“偏移”。固执己见的人，情绪、言词往往过激，因而有了“偏激”一词。“偏激”虽然也是一种情绪表现，但和“褊急”（情绪急躁）含义不同，偏、褊二字不能通用。

4.“心无旁骛”错作“心无旁鹜”

骛、鹜二字，都是形声字，表音的声旁都是“敄”，故形似音同。其不同点在于：骛从马，鹜从鸟。这“马”和“鸟”决定着骛、鹜二字含义的本质区别。

骛从马，表示与马有关，本义“纵横奔驰”，引申为“追求”。“好高骛远”比喻不切实际地追求过高过远的目标。

鹜从鸟，表示与禽类有关，《说文解字》释义为“舒凫”，即家鸭。屈原《卜居》：“宁与黄鹄比翼乎？将与鸡鹜争食乎？”句中“鸡鹜”即鸡鸭。野鸭也称作“鹜”。王勃《滕王阁序》“落霞与孤鹜齐飞”句中“鹜”，指的就是野鸭。

“心无旁骛”中的“旁骛”，意思是心存杂念。“心无旁骛”比喻心无杂念专心致志。有的同义词典，把“骛”和“鹜”列为同义词，是因为在古代诗文里，鹜是骛的通假字。班固在《西都赋》里就用鹜代骛：“连交合众，骋鹜乎其中。”后人注云：“骋，直驰也；鹜，乱驰也。”现代汉语不再用“鹜”代“骛”。所以，把“旁骛”写成“旁鹜”是错误的。

5.“有恃无恐”错作“有持无恐”

恃、持二字，都以“寺”为偏旁，形体近似，其差异在于：恃从心，持从手。

恃，形声字，从心寺声。从心，表示与心理活动有关，义为“赖”（《说文解字》），即自以为有所倚仗之意。“有恃无恐”原作“何恃不恐”，出自《左传·僖公二十六年》：“室如县（悬）罄，野无青草，何恃而不恐。”这句话是反问句，意思是：家里空空如也，野地里连青草也找不到，还能倚仗什么而无所畏惧呢？后世反其意改为“有恃无恐”，意思是“因为有所倚仗而不害怕”。

持，形声字，从手寺声，从手，表示是手的一种动作，本义“握”（《说文解字》），如“持枪”“持斧”。引申为“掌握”“控制”“抗衡”“抱有”“坚守”“主管”“料理”“扶助”等义，如“持有”“自持”“持不同意见”“争持”“持久”“持论”“持守”“坚持”“操持”“支持”“扶持”“主持”。没有“倚仗”的含义。所以，把“有恃无恐”写作“有持无恐”是错误的。

6.“名贯九州”错作“名贯九洲”

州，甲骨文作“[illegible]”，金文作“[illegible]”，小篆作“[illegible]”，都是指事字，在“川”字上加圈，表示“水中陆地”。《说文解字》释义为“水中可居”。可见州是洲的初文。后来把“州”作为行政区划名称，在“州”旁加“氵”表示“水中陆地”。州、洲遂成含义不同的两个字。

九州：传说中的中国上古行政区划。传说大禹治水成功后，将“天下”划为九州，但州名未有定说：一说为冀、兖、青、徐、扬、荆、豫、梁、雍；一说有幽州无梁州；一说有幽州、并州无徐州、梁州；还有一说有幽州、营州无青州、梁州。其实，“九州”只是古代学者就其所知的中国陆地所划分的九个地理区域。后世把“九州”作为中国的代称。“名贯九州”的意思，就是名扬全中国。

洲，本指江河中的陆地，如湘江中的橘子洲。后又指地球上的七大洲：亚洲，欧洲，南美洲，北美洲，非洲，南极洲，大洋洲。无“九洲”一说。

7.“如愿以偿”错作“如愿以尝”

偿、尝二字形似，偿多了个“人字旁”。

偿，形声字，从人尝声，本义“归还、抵补”，如“偿还”“偿不得失”。由“归还”引申为“满足”，成语“如愿以偿”即用此义。“如愿以偿”出自韩愈《新修滕王阁记》：“倘得一至此处，窃寄目偿所愿焉。”后世文人据此创造成语“如愿以偿”，表示“自己的愿望实现了”。

尝，繁体作“嘗”，形声字，从旨尚声。旨，小篆作“[illegible]”，从匕从甘，义为“美味”，故尝本义“口味之也”（《说文解字》）。口味之：以口试味。《诗·小雅》：“攘其左右，尝其旨否。”上引诗句，可以作为尝字含义的注解。由尝味引申为“试探”，于是有了“尝试”一词。由尝试又引申为“经历”“体验”“曾经”，于是有了“艰苦备尝”（经历，体验）、“未尝”（未曾）、“何尝”（用反问的语气表示未曾或并非）等词。“尝”没有“满足”的含义，“如愿以偿”错作“如愿以尝”，就不知何意了。

8.“如火如荼”常错作“如火如茶”

荼、茶二字，整体形象相似，它们的区别就在于一笔之差：荼“多一横”，茶“少一横”。

金、篆都有“荼”而无“茶”。据古代文字学家考证：荼，原本是一形二字：音 tú，义为“苦菜”“茅草芦苇的白花”；音 chá，义为“茶树”“茶叶”。至唐，陆羽著《茶经》，“始减一画作茶”。此后，荼、茶分家：荼专指“苦菜”和“茅草芦苇的白花”；茶专指茶树和茶叶。由苦菜之味苦引申为“苦，痛”，因而有了“荼毒”一词，用苦菜的“苦”和毒虫、毒蛇的“毒”，比喻毒害，如“荼毒生灵”。由茅草和芦苇的白花引申为“白色”，于是有了成语“如火如荼”，用火的红、荼的白，形容旺盛、热烈或激烈。

9. “汗流浃背”错作“汗流夹背”

“汗流浃背”又作“汗流洽背”。《说文新附》：“浃，洽也。”浃、洽同义，都有“透彻”的意思。这句成语原本形容非常惭愧或极度惶恐，即“出了一身冷汗”。有两个典故：其一，《汉书·陈平传》：“上（汉文帝）益明习国家事，朝而问右丞相（周）勃曰：‘天下一岁决狱几何？’勃谢不知。问：‘天下钱谷一岁出入几何？’勃又谢不知。汗流洽背，愧不能对。”因非常惭愧而出了一身冷汗。其二，《后汉书·伏皇后纪》：曹操专权，挟天子以令诸侯。有一天，操“以事入见殿中，（汉献）帝不任其愤，因曰：‘君若能相辅，则厚；不耳，幸垂恩相舍。’操失色，俯仰求出。旧仪，三公领兵朝见，令虎贲执刀挟之。操出，顾左右，汗流浃背”。因极度恐惶而出了一身冷汗。

夹，小篆作“夾”，楷书依篆作“夾”，今简化为“夹”。会意字，大字两侧各加一人，表示二人左右共持一人，本义“持”（《说文解字》）。《礼记·檀弓下》：“使吾二婢子夹我。”句中“夹”即扶持。引申义有：（1）胳膊向胁部用力，使腋下放着的东西不掉下；（2）从两个相对的方面加压力，使物体固定不动；（3）处在两者之间；（4）掺杂；（5）夹东西的器具。常用词有：“夹着”“夹住”“夹击”“夹杂”“夹心”“夹七夹八”“夹缝”“夹板”“夹具”“画夹”等。“夹”没有“透彻”的含义，“汗流夹背”无解。

10. “饮鸩止渴”错作“饮鸠止渴”

鸩、鸠二字，都是形声字，都以鸟为形旁，形体相似，其差异在于：鸩，冘声；鸠，九声。

鸩，形声字，从鸟冘声，音 zhèn，传说中的一种鸟，用它的羽毛泡酒，能使人中毒死亡。因此，“鸩”成了毒酒的代名词。“饮鸩止渴”又作“饮鸩救渴”，直译为“喝毒酒来止渴”，作为成语比喻不顾后患而采用有害的办法解决目前的困难。例如北齐杜弼《为东魏檄文》：“见黄雀而忘深井，食钩吻（一种毒草）以疗饥，饮鸩毒以救渴，智者所不为，仁者所不向。”成语“饮鸩止渴”或源于此。

鸠，形声字，从鸟九声，音 jiū，一种鸟，常见的有斑鸠。鸠毛是无毒的。跟鸠有关的成语有两句：其一，鸠形鹄面。整体像鸠而面部却像鹄（天鹅），形容人因饥饿而面瘦胸突腹陷的样子。其二，鸠占鹊巢。比喻强占别人的房屋、土地、产业。

11.“呕心沥血”错作“沤心沥血”

呕、沤二字，都是形声字，都以“区”做声旁，故形体近似，其差异在于：呕从口，沤从水。

呕，形声字，从口区声，音 ǒu，义为“吐”。“呕心”出自李商隐《李贺小传》：“遇有所得，即书投囊中。及暮归，太夫人使婢受囊出之，见所书多，辄曰：是儿要当呕出心始已耳！’”用“呕心”形容李贺构思诗文的劳心苦虑。

沥，形声字，从水历声，义为“液体一滴一滴地落下”。“沥血”本义“血一滴滴地落下”。韩愈在《归彭城》写道：“刳肝以为纸，沥血以书辞。”赋予“沥血”新义：“竭尽”。用肝做纸，用血做墨，何等竭尽忠诚！

后世将“呕心”和“沥血”合成成语，形容费尽心血和精力。例如叶圣陶《抗争》：“啊，我的舞台，几年来在这里演呕心沥血的戏，现在被撵下来了！”

沤，会意兼形声字，从水从区区亦声，音 òu。从水，表示与水有关；区，有“藏匿”义，水区合体，会意为“长时间的浸泡”。例如“沤麻”。“沤心”无解。

12.“穷愁潦倒”常错作“穷愁撩倒”

潦、撩二字，而以“尞”为声旁，整体形象相似，其区别在于：潦从水，撩从手。

潦，形声字，从水尞声，本音 lǎo，本义“雨水大貌”（《说文解字》）。引申为“雨后积水”。大雨滂沱称作“潦”，大雨落地形成积水也称“积潦”。这两个“潦”都读 lǎo，但前者是动词，后者是名词。这个字在古汉语里还有三个异读音，读音不同，含义也不同。大雨成灾，形成内涝，称作“潦”。这个“潦”，音义均同“涝”（lào）。如《庄子·秋子》：“禹之时，十年九潦，而水弗为加益。”“十年九潦”即“十年九涝”。形容做事不仔细不认真的“潦草”，形容书写不工整的“潦草”，古读“liǎo 草”。形容颓废、失意的“潦倒”，古读“láo 倒”。

现代汉语潦字只有两个读音：lǎo，liáo。雨大积水称作“积潦”，这个“潦”读 lǎo；“潦草”“潦倒”的“潦”，都读 liáo。成语“穷愁潦倒”，形容贫寒困窘、愁苦失意的样子。“穷愁”与“潦倒”互为因果：因“穷愁”而“潦倒”（颓废失意，形容词），因“潦倒”（沦落，动词）而“穷愁”。是故，“穷愁潦倒”又作“潦倒穷愁”。

撩，形声字，从手尞声，本义“理”，即料理。宋史虚白《钓矶立谈》：“望其旄纛之所指，举欣欣然相告白：‘是庶几其撩理我也。’”引申为“纷乱”。王安石《台城寺侧独行》：“春山撩乱水纵横，篱落荒畦草自生。”清代学者桂馥在《说文段注抄案》中说：“词家谓纷乱为撩乱，亦与此义（理也）相成，亦犹乱兼治乱二义也。”清代学者王念孙认为：“撩与料声近义同。”又引申为“取”。《北齐书·陆法和书》：“凡人取果，直待熟时，不撩自落。”不撩：不摘取。又引申为“挑弄，拨弄”。现代汉语多用此义，如“撩拨”“撩逗”“撩动”“撩惹”。撩没有“颓废失意”义，故“潦倒”不可写作“撩倒”。

13.“言简意赅”错作“言简意骇”

赅、骇二字，都是形声字，都以“亥”为声旁，形体近似，但音义皆异。

赅，形声字，从贝亥声，音 gāi。《正字通》释义为“兼该”。“兼该”是什么意思呢？兼，本义“两倍”，引申为“同时具有”；该，本义“完备”；兼该，用现代语言说就是“包括”“完备”。“言简意赅”的意思就是：言语简明而意思完备。例如清王韬《淞隐漫录·消夏湾》：“余初来，语言文字亦不相通，承其指授，由渐精晓，深叹古人言简而意赅，为不可及也。”

骇，形声字，从马亥声，取“马受惊惶恐”义，音 hài，《说文解字》释义为“惊”，即惊吓、震惊。如“惊涛骇浪”“骇人听闻”“骇然失色”。“意骇”无解。

14.“拈花惹草”错作“沾花惹草”

拈、沾二字，都是形声字，都以“占”做声旁，形体相似，但音、义皆异。其差异在于：拈从手，沾从水。

拈，形声字，从手占声，音 niān，段玉裁《说文解字注》释义为“取”，即用两三个手指夹、捏取物。“拈花”是个多义词，有“玩赏”（拈花弄月）、“玩弄”（拈花弄柳）、“挑逗，淫乱”（拈花惹草）、“雕琢淫词艳句”（拈花摘艳）等义。“拈花惹草”比喻挑逗异性或淫乱。例如《红楼梦》第二十一回：“他父亲给他娶了个媳妇，今年才二十二岁，也有几分人材，又兼生性轻薄，最喜拈花惹草。”

沾，形声字，从水占声，义为“浸湿”（详见本章第一节“玷沾”），引申为“因为接触而被东西附着上”（如“沾水”“沾染”）、“稍微碰上或挨上”（如“沾边儿”）、“因发生关系而得到好处”（如“沾光”）。没有“夹取”义。

15.“草菅人命”错作“草管人命”

菅、管二字，形体近似，管字常用而菅字不常用，故成语“草菅人命”常错读或错写作“草管人命”。

菅，会意字，从草从管（省笔作“官”），音 jiān，草名，一种茎如细管的茅草，又叫“菅茅”。菅是野草，没有价值，任人践踏，古人用“草菅人命”形容任意杀人。这句成语出自《大戴礼记·保传》：“其视杀人若芟（割）草菅然。”意思是：视杀人如同割茅草。

管，形声字，从竹官声，据说是黄帝时代的一种竹制六孔乐器的名称。后世将竹制管状乐器，如笛、箫、竽、笙统称“管乐”。现代将凡是由管中空气振动而发音的乐器均称“管乐”。管乐的特征是：中空。于是人们将具备“中空”特征的东西都称作“管”，如“钢管”“水泥管”“血管”。“管”还是古代一种钥匙的名称。《左传·僖公三十二年》：“郑人使我掌其北门之管。”北门之管：北城门的钥匙。由此衍生出“掌管”一词，又引申出“管理”“管制”“管教”“理会”等义。“管”和“草”不相干。

16.“所向披靡”错作“所向披糜”

“靡靡之音”错作“糜糜之音”

靡、糜二字，都是麻字头，形体相似，其差异在于：靡从非，糜从米。

靡，会意字，从麻从非。麻，丝细，在这里表“细微”义；非，有“相违”义；麻非合体，会意为“分散下垂之貌”（《说文解字注》），通常释义为“随风倒下”。披靡：原本形容草木随风散乱地倒下，常用来形容败军溃败。“所向披靡”原作“所向皆靡”，出自《后汉书·贾复传》：“（贾复）于是先登，所向皆靡，贼乃败走。诸将皆服其勇。”后世作为成语，改为“所向披靡”，形容军队锐不可当，敌军溃不成军。靡字还有“顺服”“蔓延”“细密”“华丽”“无”等引申义。例如：《庄子·人间世》：“凡交，近则必相靡以信。”句中“靡”义为“亲顺”。《楚辞·天问》：“靡蓱九衢，枲华安居？”句中“靡”义为“蔓延”。《后汉书·扬雄传上》：“靡薜荔而为席兮，折琼枝以为芳。”句中“靡”义为“纤密”。苏轼《论养士》：“靡衣玉食以馆于上者，何可胜数！”句中“靡”义为“华丽”。《书·咸有一德》：“天难堪，命靡常。”句中“靡”义同“无”。《现代汉语词典》仅收“靡丽”（美好，华丽）、“靡日不思”（无日不思）二词。

靡字叠用“靡靡”，义为“颓废淫荡”。成语“靡靡之音”原作“靡靡之乐”，典出《史记·殷本纪》：“（纣）于是使师涓作新淫声，北里之舞，靡靡之乐。”“靡靡之乐”即淫荡之乐。殷纣荒淫无度，沉湎于“靡靡之乐”，终于国灭身亡，后世以“靡靡之乐”为亡国之音，因而产生“靡靡之音”这句警世成语。

糜，形声字，从米麻声，本义“稠粥”。引申为“烂”（糜烂）、“浪费”（糜费，奢糜，侈糜）。“糜费”也作“靡费”，是同义异形词。“糜烂”还形容腐化堕落，如“生活糜烂”。糜字没有“随风倒下”的含义，也不能叠用。所以，“所向披靡”不可写作“所向披糜”，“靡靡之音”不可写作“糜糜之音”。

17.“唾手可得”常错作“垂手可得”

唾，会意字，从口从垂，音 tuò，本义“口水”，俗称“唾沫”。唾，本是名词，用作动词，表示“吐唾沫”。冲人吐唾沫，常表示对对方鄙视，因而有了“唾骂”“唾弃”这类贬义词。唾手：往手掌吐唾沫。人们持锄、持锤劳动，常用“唾手”的办法，让唾沫起润滑作用，以减轻锄柄、锤柄对手掌的摩擦。“唾手可得”原作“唾手可取”，语出《新唐书·褚遂良传》：“讨其逆，夷其地，固不可失，但遣一二慎将，付锐兵十万……唾手可取。”后世改作“唾手可得”，比喻很容易得到，如同往手掌吐口唾沫那样。

垂，甲骨文作“[甲骨文字形]”，金文作“[金文字形]”。小篆有两个形体：一作“[小篆字形]”，二作“[小篆字形]”。甲、小篆一，都是象形字，象枝叶低垂之形。《说文徐笺》认为，垂字的本义当为“堕”，其所指在示“由上向下”之意。“垂头”“垂柳”“垂帘”“垂涎”“垂泪”“垂手”等词的“垂”表示的都是“向下”这个本义。引申为“流传”（永垂不朽，名垂千古）、“接近”（垂老，垂暮，垂危，垂死，功败垂成）、“向下级示范”（垂范）。用作敬辞称长辈或上级对自己，如“垂爱”“垂怜”“垂念”“垂问”等。金和小篆二，在“[小篆字形]”下加“土”，《说文解字》释义为“远边”。古代诗文常见用此义。例如曹植《白马篇》：“少小去乡邑，场声沙漠垂。”又如元稹《酬乐天》：“愿为云与雨，会合天之垂。”表此义的“垂”后改为“陲”。所以，在现代汉语里，“垂”不再表示“边远”义。

回到“垂手”一词，“垂手”是形容词，双手自然垂下，通常表示恭敬，如“垂手侍立”，没有“动手取得”的含义。有的词典把“垂手可得”认作“唾手可得”的同义异形词，似乎没有道理。

18. “鬼蜮伎俩”错作“鬼域伎俩”

蜮，传说中在水里暗中害人的怪物。《抱朴子》形容它“有翼能飞，无目而利耳，口中有横物角弩，以气为矢，则因水而射人，中人者即发疮，中影者亦病，不十日皆死。”“鬼蜮”即鬼怪。伎俩，不正当的手段。鬼蜮伎俩：暗中害人的卑劣手段，比喻用心险恶。例如，清百一居士《壶天录》卷下：“妖妇进资甚巨，而贪婪无厌，鬼蜮伎俩，愈益出奇，真有令人发指者。”

域，本义“邦”，即古代的邦国、封邑。后来引申为“区域”，即“在一定疆界内的地方”，引申为泛指某种范围。“鬼域”即鬼的世界，与成语所要表达的意思不同。

19. “脍炙人口”错作“烩灸人口”

脍，形声字，从肉（变形为“月”）会声，音 kuài，义为“切得很薄的肉片”。

炙，会意字，从肉（变形为“⺼”）从火，表示火上烤肉，会意为“炮（bāo）肉”，音 zhì，是一种烹调方法。在古汉语里，炙常充当烤肉的代词，如“鱼炙”（鱼和烤肉）。脍炙，本义“炮肉片”，引申为“美味”。“脍炙”一词出自《孟子·尽心下》：“公孙丑问曰：‘脍炙与羊枣孰美？’孟子曰：‘脍炙哉！’”后世用“脍炙人口”比喻优美的诗文或美好的事物得到人们交口称赞。

烩，形声字，从火会声，音 huì，是一种烹调方法，即把菜放在锅里炒后加浓汁烧煮，或将多种食物混在一起煮，如“烩饼”“烩虾仁”“杂烩”。

灸，形声字，从火久声，音 jiǔ，义为“灼”（《说文解字》）。灼，即烧灼。汉代豪门虐待奴婢，常烧灼奴婢。汉武帝为了禁止烧灼奴婢，专门颁布诏书：“敢灸灼奴婢，论如律，免所灸灼者为庶。”“灸灼”即烧灼。中医有种治病方法，叫作“灸法”：用艾绒制成艾卷，烧灼或熏熨穴位。灸法通常与针刺治疗配合，统称“针灸疗法”。没有“烩灸”这个词。“脍炙人口”如果错作“烩灸人口”，就让人莫名真妙了。

20.“铤而走险”错作“挺而走险”

铤，形声字，从金廷声，本义“铜铁朴”（《说文解字》）。“铜铁朴”即制作铜铁器具的原材料。未经冶铸的铜铁，唐以前称“铤”，唐以后称“锭”，铤、锭同义。但是，在成语“铤而走险”里，“铤”作“快跑”解，“走险”即“奔赴险处”。铤何以表示“快跑”？笔者往上查到东汉字书《说文解字》，也没有查出究竟来，疑为同音假借。“铤而走险”出自《左传·文公十七年》：“又曰：‘鹿死不择音（荫）。’小国之事大国也，德，则其人也；不德，则其鹿也。铤而走险，急何能择。”杜预注：“铤，疾走貌。”“铤而走险”的意思是：因为无路可走或被逼而采取冒险行动。

挺，形声字，从手廷声，本义“直立”（挺立）。引申为“伸直”或“凸出”，如“挺胸”。又引申为“勉强支撑”，如“有病还硬挺着上班”。无“快跑”义。所以，“铤而走险”不可写作“挺而走险”。

21.“趋之若鹜”错作“趋之若骛”

骛、鹜二字混淆错用，还常出现在成语“趋之若鹜”上，错作“趋之若骛”。骛从马，鹜从鸟，二字形义皆异：骛义为“奔驰”，鹜是鸭子的别称。（详见本节“心无旁骛”）

“趋之若鹜”语出《史记·货殖列传》：“走死地如鹜者，其实为财用耳。”意思是：像成群鸭子一样不顾死活地往前奔的人，其实是为了牟取钱财。后世演变为成语“趋之若鹜”，比喻成群的人争先恐后地追逐某一不正当事物。

22.“殚精竭虑”错作“惮精竭虑”

殚，形声字，从歹单声，音 dān。歹，本义“残骨”（详见本书上编第五章汉字的偏旁部首“尸歹”），此处用其引申义“尽”。《说文解字》释义为“殛尽也”。段玉裁注云：“穷极而尽之也。”柳宗元《捕蛇者说》：“殚其地之出，竭其庐之入。”鲁迅《集外拾遗》：“风生白下千林暗，雾塞苍天白卉殚。”两句中的“殚”，都是“尽”的意思。精，精力。殚精：用尽精力。

竭，形声字，从立曷声，《说文解字》释义为“负举也”。“负举”即物重手举不起来，必先屈身而后起身以举之，有“全力以任”的意思，故义为“尽”。虑，思考，如“考虑”“思虑”。竭虑：用尽心思。殚精竭虑：用尽精力，费尽心思。

惮，形声字，从心单声，音 dàn，义为“畏难，畏惧”。段玉裁《说文解字注》：“凡畏难曰惮，以难相恐吓亦曰惮。”《诗·小雅·绵蛮》：“岂敢惮行，畏不能趋。”《论语·学而》：“过，则不惮改。”二句中的“惮”用的都是本义。引申为“敬畏”。《汉书·东方朔传》：“昔伯姬燔而诸侯惮。”句中“惮”不是“畏惧”而是“敬畏”。又引申为“顾忌”，成语“肆无忌惮”中的“惮”即此义：肆意妄为，毫无顾忌。“惮”没有“尽”的含义，且不能和“精”搭配。所以，“殚精竭虑”不可写作“惮精竭虑”。

23.“罄竹难书”错作“磬竹难书”

罄，会意字，从缶从殸（“磬”省石）。缶，瓦罐；磬，一种打击乐器。瓦罐本是盛物的器具，却挂起来当磬敲，表示“缶中空”，会意为“尽”。竹，竹简，古代书写材料。“罄竹难书”典出《旧唐书·李密传》：李密是隋末瓦岗寨起义领袖，他写了一篇檄文，列举了隋炀帝十大罪状之后说：“罄南山之竹，书罪无穷；决东海之波，流恶难尽。”意思是：把南山的竹子都砍下来做竹简，写不完隋炀帝的罪行；把东海的水都放过来，也洗不尽隋炀帝的罪恶。后世将这句话缩略为成语“罄竹难书”，形容罪大恶极。

磬，一种石质打击乐器；竹，管乐；磬竹，两种乐器，跟“书（写）”搭配不起来。

24.“滥竽充数”错作“滥芋充数”

竽，古代的一种竹制乐器。“滥竽充数”典出《韩非子·内储说上》：“齐宣王使人吹竽，必三百人。南郭处士请为吹竽，宣王说（悦）之，廪食以数百人。宣王死，湣王立，好一一听之，处士逃。”说是齐宣王喜欢竽合奏，有位南郭先生自荐参加竽合奏，他拿着竽混进乐队，装模作样地“吹竽”，得到齐宣王的赏识。宣王死，湣王立，湣王喜欢听独奏，南郭先生根本不会吹竽，吓得逃跑了。后人用“滥竽充数”这个典故，比喻没有真才实学的人混进行家里面充数，也比喻用劣品充当良品。芋，一种多年生草本植物，其块茎通称“芋头”，可食用，不是乐器。

第五章　音同字容易混淆错用

第一节　读音相同或近似容易混淆

清代学者赵翼指出：“字之音同而异义者，俗儒不知，辄误写用，世所谓别字也。”（《陔余丛考》）义异却音同，是汉字容易混淆错用的一条重要规律。

现代著名语言文字学家吕叔湘，为了阐释这条规律，特地做过一番统计：普通话里有字的音节1200多个，一般字典、词典收字约10000个，平均一个音节担负8个字。同音字多了，就容易在人们脑子里打架，加之许多人识字用字往往只知其音而不究其义，所以常常错用同音别字。

因音同（或相近）而混淆错用的字，最常见的有如下70组148字：

1. 尤　犹

尤、犹二字同音，容易混淆错用，常见“犹如”错作“尤如”。

尤，甲骨文里就有，写作“ ”，是个指事字，手字上加注指事符号，表示“不同一般”，“尤异”“尤物”都是本义。“尤为”“尤有”等词中的“尤”，是“异”的引申义：甚，更加。如“尤其”“尤甚”。物极必反，“尤”过了头便走向反面变成坏事。所以，“尤”又有“过失”“坏事”的引申义，如“效尤”。“怨天尤人”中的“尤”，作“怨恨解”，是“过失”的引申义。

犹，繁体作“猶”，形声字，从犬酋声。从犬，表示它与动物有关系。古代字书都说，“犹”是一种动物，有的字书说是“麂”，有的字书说是“鼬”，有的字书说是“猢狲”，还有的字书说“犹”和“豫”是性情相似的两种动物，皆进退多疑，因此，人们将疑而不决谓之“犹豫”。在现代汉语里，犹主要表示“如同”“还”“尚且”“仍然”的意思，如“犹如”“虽死犹生”（如同）、“犹可”（尚且）、“记忆犹新”、“困兽犹斗”（还）、“犹然”“犹自”（仍然）。

可见，尤、犹二字虽然同音，含义是完全不同的。尤没有“如同”义，“犹如”不可写作“尤如”。

2. 欠　歉

欠、歉二字不仅同音，而且含义接近，极易混淆错用。

欠，指事字，小篆（㒫）的字形是“人”上加“彡”，表示“人昂首吐长气”。《仪礼·士相见礼》：“君子欠伸。”郑玄注：“志倦则欠，体倦则申。”译成现代语言就是：神志疲倦了就打哈欠，身体疲倦了就伸赖腰。由昂首吐气引申为“身体一部分前伸或向上移动”，如“欠身”“欠脚儿”。现代汉语欠字常用作表示“不够”，是假借义。

歉，形声字，从欠兼声，本义“食不饱”（《玉篇》）。唐李商隐《行次西郊作一百韵》：“健儿立霜雪，腹歉衣裳单。”“腹歉”即吃不饱。引申为“收成不好”。明尹耕《秋兴四首》：“冬残战士衣仍薄，岁歉孤城廪欲空。”“岁歉”即收成不好的年份。又引申为“不足”。清郑珍《江边老叟诗》：“他方难去守坏基，田土虽多歉人力。”“歉人力”即劳动力不足。又引申为“愧疚”，即对不住人家的心情。常说的“深表歉意”，即向对方表示深深的愧疚之情。

欠字的“不够”义与歉字的“不足”义，实际上是相同的，但在用法上有分工：歉收、岁歉用“歉”，欠缺、欠资、欠火候用“欠”。欠字没有“愧疚”义，所以表示愧疚的“致歉”“道歉”“歉意”等词中的“歉”不可写作“欠”。

3. 龙　拢

龙、拢二字，虽然音近，但含义差别很大，一般不会混淆错用，唯“合龙”与“合拢”容易混淆错用。

“合龙”的含义是：修建桥梁或修筑堤坝，从两端施工，最后在中间接合。这里的“龙”，不是指传说中叫作龙的神异动物，而是借助“龙”表示“一个整体”（龙头、龙身、龙尾就是一个整体），“合龙”即接合成一个整体（一座桥梁或一座堤坝）。

拢，形声字，从手龙声，义为“闭合”。例如：“她笑得合不拢嘴。”“合不拢”即闭合不了。由闭合引申为：“靠近、到达”（拢岸），“总合”（拢共），“使不松散或不离开”（收拢）。“合拢”就是“合在一起”，无“接合成一体”的含义。所以，把“大桥合龙”写作“大桥合拢”是错误的。

4. 平　凭

平、凭二字虽然同音，但一般不会混淆错用，唯“平添”常错作“凭添”。

平，小篆作“亐”，会意字，从于从八。古代字书认为：于，言气之舒；八，分也，把气均匀呼出；于八合体，会意为“语平舒”，即语气平和自然。引申义有：“普通”（平常，平凡，平民），“安全”（平安）、“温和”（平和）、“不倾斜无凸凹”（平坦）、“不相上下”（平局，平起平坐，平辈）、“公正”（公平）、“用武力镇压”（平定，平叛，平乱），“地位相等”（平等）、“自然而然”等。“平添”的意思就是“自然而然地增添”。

凭，会意字，从几从任。几，小桌子；任，承担；几任合体，表示“依几”，会意为“靠着、倚仗”（《说文解字》）。如“凭栏”（靠着栏杆）、“凭眺”（站在高处远眺）、“凭险”（依靠险要的地势）、“凭仗”（倚仗）、“凭借”（依靠，仗持）等。引申为“证据”，如“文凭”“凭证”“凭据”“凭信”“凭单”等。又引申为“根据”，常用作反问，例如“凭什么？”表示“没有根据的”。由此又生出“凭空”一词，如“凭空捏造”“凭空想象”。

“平添”表达的是自然状态，而不是靠着、倚仗或凭借，所以，“平添”不可写作“凭添”。

5. 讫　迄

讫、迄二字音同，容易混淆，常见“付讫”“验讫”错作“付迄”“验迄”。

讫，形声字，从言乞声，义为“止”（《说文解字》），即“停止，终止”。例如《礼记·祭统》：“防其邪物，讫其嗜欲。”郑玄注：“讫，犹止也。”引申为“完毕，终尽”“穷尽，达到极限”。例如鲁迅《书信致李小峰》：“现已第四期编讫，后不再编。”句中“讫”即完毕、终止。又如《书·禹贡》：“讫于四海。”孔传解释说：“禹功尽加于四海。”又引申为“截止”，如“起讫”。有两个常用词：付讫，验讫。两词中的“讫”，都是“完毕，完结”的意思：“付讫”表示支付完结，“验讫”表示检验完毕。

迄，形声字，从辵乞声，本义“至”（《尔雅·释诂》）。《诗·大雅·生民》：“后稷肇祀，庶无罪悔，以迄于今。”“迄”即“至”。引申为“终，终了”。例如曹操《军令》：“至营迄，复结幡旗，止鼓。”“迄”即“终”。作副词，用在“未”或“无”前，表示“终于，始终，一直”。如“迄未见效”“迄无音信”。迄字无“完毕、完结”义，“付讫”“验讫”不可写作“付迄”“验迄”。

6. 式　势

式、势二字，虽然同音，含义却迥异，一般不会混淆错用，唯“式微”常错作“势微”，“思维定式”常错作“思维定势”。

式，形声字，从工弋声，本义“法”（《说文解字》）。这个“法”，包含榜样、规矩、法度、样式、仪式、仿效等意思。常用词有：法式，程式，新式，西式，样式，形式，仪式，算式，方程式，分子式。但在“式微”一词中，却是个语气词，没有实际意义。“式微”出自《诗·邶风·式微》：“式微，式微，胡不归？”汉代学者郑玄认为：“式，发声也。”唐代学者孔颖达解释说：“不取式为义，故云发声也。”《诗经》里的这首诗，说的是黎侯失国寄寓卫国，臣子劝他谋划归国的故事。“式微”的本意是“天将暮”，后引申为“事物由盛而衰”，如“家道式微”。

势，繁体作“勢”，形声字，从力埶声，义为“盛力权”（《说文新附》），即张大实力权威。“权势”“势力”“趋炎附势”等词中的“势”，都是本义。引申为“一切事物力量表现出来的趋向”，如“来势”“天下大势”“势如破竹”。又引申为“政治、军事或其他活动方面的状况或情势”，如“局势”“态势”“形势”等。可能是将“式微”理解为“权势不如从前”，因而错将“式微”写作“势微”。

还有一个“定式”，人们常写作“定势”，《现代汉语词典》把“定式”和“定势”作为同义异形词：“定式”也作“定势”。依照理据性分析，“定式”和“定势”含义是不同的。《现代汉语词典》对这两个词也作了不同的释义：定式，长期形成的固定的方式或格式。定势，确定的发展态势。据此，“定式”和“定势”应该不是同义异形词，“思维定式”“心理定式”不应写作“思维定势”“心理定势”。

7. 陈　成

陈、成二字区别明显，一般不会混淆错用，唯“墨守成规”常错作“墨守陈规”。

陈，古国名（《说文解字系传》）。国君后人以国为姓，遂成姓氏。陈国在今河南省淮阳县东南。一说其祖先是太皞，太皞是东夷的首领，崇尚土德，故国名从阜（阜，土山，作偏旁变形为“阝”）。一说其祖先是舜，武王灭纣后，封舜的后裔于陈。古代陈、阵通用，是故，陈又有了“布列”之义，如“陈设（安放）”“陈兵（部署兵力）”。《史记·平准书》：“太仓之粟陈陈相因，充溢露积于外，腐败不可食。”旧粟没吃完，新粟又堆上来了。这就是“陈陈相因”的原始含义。后来人们常用“陈陈相因”比喻沿袭老一套而没有改进。由此引申为“陈放时间久的”“旧的”“过去的”“不切实际的”等含义，“陈旧”“陈腐”“陈年旧账”“陈规”“陈词滥调”皆用此义。

成，会意字，其结构形式有两说：一说“从戊从丁”。戊为中央方位，属土，万物赖土而生长；丁有壮实之义，物必壮实才能成长；戊丁合体，会意为“就”，即“成就”（《说文解字系传》）。一说“从戌从丨”。戌是兵器，表示战争；丨为休止符号；戌丨合体，会意为“休兵言和”，《春秋经传》谓“求和”为“求成”。“成”表“和好”义，在古文中常见，《左传·隐公六年》有“郑伯请成于陈”句。现代汉语已不用此义，而用“就”及其引申义，如“完成”“成全”“成果”“成熟”“成为”“现成”等。

成、陈都可和“规”组词，但“成规”跟“陈规”的含义和用法有细微的差别。“成规”的含义是现成的或久已通行的规则和方法。“陈规”的含义是已经不适用的规章制度，陈旧的规矩。“墨守成规”比喻循守旧规、不知变通。

8. 阱　井

阱、井二字音同，容易混淆错用，常见“陷阱”错作“陷井”。

阱，会意字，从阜（变形为“阝”）从井。阜，本义“土山”，在这里表示地面；井，表示地穴。在地上挖的穴，叫作“陷阱”。陷阱是用来陷捕野兽的，金文阱（䢔），井下还有矛状物，野兽落入陷阱，又遭矛刺，自然逃脱不了。

井，小篆作“丼”，在“井”中加了一点，井，是井栏的象形符号，井中的一点是指事符号，表示井口，这个井是汲水的井。有两个引申义：其一，形状像井的东西。如矿井、油井、天井。其二，人口聚居的地方或乡里。如市井、井邑、背井离乡等。

阱、井二字，音同义异，所以，“陷阱”不能写作“陷井”。

9. 肖　萧

萧常错作肖，是人们误以为“肖”是“萧”的简化字所致。其实，肖是传承字，萧是简化字，萧和肖，是音义都不相同的两个字。

萧，繁体作“蕭”，形声字，从草肅声。肅，简化作“肃”，蕭跟着类推简化作“萧”。萧，本是一种蒿类植物，《说文解字》释义为“艾蒿”，《雅尔》释义为“萩”。郭璞注：“即蒿。”《诗·王风·采葛》：“彼采萧兮，一日不见，如三秋兮。”孔颖达疏引陆璣曰：“（萧）今人所谓获蒿者是也。或云牛尾蒿，似白蒿，白叶，茎粗，科生，多者数十茎，可作烛，有香气，故祭祀以脂爇（烧）之为香。”萧，形如芦苇，生于荒野，古代文人常用它形容冷落、凄清、稀疏，于是有了“萧条”“萧疏”“萧瑟”“萧索”“萧飒”“萧森”等词。还有个“萧然”，是个多义词，既可形容“寂寞冷落”（满目萧然）、“空虚”（四壁萧然），还可形容“洒脱”（萧然物外）等。还有“萧墙”一词，出自《论语·季氏》：“吾恐季孙之忧，不在颛臾，而在萧墙之内也。”萧墙是什么意思？郑玄解释说：“萧之言肃也，墙谓屏也。君臣相见之礼，至屏而加肃敬焉，是以谓之萧墙。”“萧墙”就是隔开君臣的屏，“萧墙之内”指统治集团内部，后世因而谓内乱为“萧墙之祸”。萧字叠用（萧萧）是拟声词，形容马啸风吼（如“马鸣萧萧”“风萧萧兮易水寒”），也形容头发花白稀疏的样子（如“白发萧萧”）。萧还是姓氏、地名。

肖，会意字，从肉（变形为“月”）从小，本义“骨肉相似”（《说文解字》）。“子肖其父”用的就是本义。志趣同父亲一样的儿子称作“肖子”，品行不端辱没祖先的子孙称作“不肖子孙”。引申为“相似，相像，相类”。“肖像”“相肖”“酷肖”“惟妙惟肖”“神情毕肖”，用的都是此引申义。用十二种动物代表十二地支表示人的出生年称作“生肖”，是“相似”的引申义：相配。由相似又引申为“模仿”。纪昀《阅微草堂笔记》“以牛角作曲管，肖鹁声吹之。”“肖鹁声”即模仿鹌鹁的叫声。

萧、肖二字的读音，韵母相同但声调不同：萧，读 xiāo，一声；肖，读 xiào，四声。肖字有个异读音同萧，但含义跟萧不同，义为“细微、衰微”。《庄子·列御寇》：“达生之情者傀，达于知者肖。”“肖”跟“傀”相反，傀义“大”，肖义“小”（细微）。《史记·太史公自序》："申、吕肖也，尚父侧微，卒归西伯，文武是师。"句中的"肖"是"衰微"的意思。肖的这两个别义，现代汉语已不用。

"肖"也是姓氏，读音同萧。肖和萧是同一姓氏还是两个姓氏，《现代汉语词典》未提及，《汉语大字典》则认为"肖同萧"，却没有提出书证。但可以肯定地指出：肖和萧，都是规范汉字，是音义都不相同的两个字，萧姓似不宜写作"肖"。

10. 驮　驼

驮、驼二字音同，容易混淆，常见"驮运"错作"驼运"。

驮，会意字，从马从大，音 tuó，会意为"负物"（《说文新附》）。李白《对酒》："葡萄酒，金叵罗，吴姬十五细马驮。"引申为"负物之畜"和"所负之物"。但这个"驮"，不读 tuó，而应读 duò。例如唐贯休《长安道》："千车万驮，半宿关月。""万驮"即很多驮运东西的骡马。宋陆游《短歌示诸稚》："再归又六年，疲马欣解驮。"句中"解驮"即卸下负载物品。还可用作量词，表示牲畜所载物品的单位，例如"一驮茶""十驮布匹"。

驼，形声字，从马它声，一种脊上有驼峯的动物名称，又叫"骆驼"。还用来形容"背弯曲"，俗称"驼背"。驼字没有"负物"的含义，所以，"驮运"不可写作"驼运"。

11. 妨　防

妨，形声字，从女方声，《说文解字》释义为"害"。这个"害"是什么意思呢？唐代学者孔颖达解释说："妨者，谓有所害。"即"对……有害"。例如"吸烟妨害健康"即"吸烟对健康有害"。引申为"阻碍"，"妨碍"即"使事不能顺利进行"。反之，即"不妨""无妨"，表示"可以这样做，不会有妨碍"。

防，形声字，从阜（土山，变形为"阝"）方声，本义"堤坝"。《周礼·地官·稻人》："掌稼下地，以潴畜水，以防止水。"句中"防"即堤坝。堤坝的作用是"止水"（包括蓄水和防洪），因而引申为"堵塞"。古代字书《玉篇》就释义为"障也"。韩愈《子产不毁乡校颂》：

"川不可防，言不可弭。" "川不可防"意思是：河流不可堵塞。河岸筑堤目的是防洪，由此引申出"戒备"（防备、预防、防止）、"防御"（防守、防暴、防卫）等义。由防御又引申为"关防"（有驻军防守的关口要塞）、"边防"。

防字无"害""碍"义。"不妨""无妨""妨碍"都是常用词，意思也不难理解，但很少有人去考究"妨"字的含义，这可能是"妨碍"常错作"防碍"的原因。

12. 泱　央

泱、央二字音同，都读 yāng，且都可以叠用（泱泱，央央），但含义完全不同。

泱，形声字，从水央声。古代字书有多种释义：《说文解字》释义为"云气兴起"；《玉篇》释义为"水深且广"。应该说，两种释义都是对的。多叠用。如潘岳《射雉赋》："天泱泱以垂云，泉涓涓而吐溜。""泱泱"形容白云涌起。《诗·小雅》："瞻彼洛矣，维水泱泱。" "泱泱"形容水面广阔。成语"泱泱大国"中的"泱泱"，用的是比喻义，比喻"气势宏大"。"泱泱大国"语出《左传·襄公二十九年》："为之歌《齐》，曰：'美哉，泱泱乎，大风也哉！'"形容气势宏大的大国风度。

央，会意字。《说文解字》："央，大在冂内。"大，人站立的的形象，在央字里表示"人"；冂，古坰字，义为"城郊"，在央字里表示"界内"；人居冂中，会意为"中心"，"中央"即本义。引申为"终、尽"，如"夜未央"（夜未尽）。央字叠用（央央），读作 yīng yīng，含义有二：一是"鲜明的样子"。例如《诗·小雅·出车》："出车彭彭，旂旆央央。"二是"声音和谐"。例如《诗·周颂·载见》："龙旂阳阳，和铃央央。"这两个"央央"的含义都跟"泱泱"不同。

13. 驻　住　伫

驻、住二字同音，都有"停止"的意思，但具体含义和用法不同，不可混淆。

驻，形声字，从马主声，本义“马立”（《说文解字》），即马站立暂止不进。唐宋之问《上巳泛舟昆明池宗主簿席序》：“主称未醉，惟见马驻浮云。”句中“马驻”用的就是本义。引申为车驾停住。杜甫《曲江对雨》：“龙武新军深驻辇，芙蓉别殿谩焚香。”“驻辇”即车驾停住。又引申为“停留”。唐王勃《守岁序》：“岁月易尽，光阴难驻。”难驻：难停留。常用词“驻足”亦此义。

住，形声字，从人主声，本义“居住”。用作动词，也有“停止、止住”义，如“住手”“住口”“雨住了”。还有“留下，存留”义。白居易《母别子》：“应似园中桃李树，花落随风子住枝。”花随风飘落，果实却存留枝头。但没有“停留”义，“驻足”不可写作“住足”。

住、驻还有一个近义词：伫。这个“伫”含义是：长时间地站着。相关的词有“伫立”（如“伫立窗前”）、“伫候”（如“伫候佳音”）。把“驻足”写作“伫足”也是错误的。

14. 和　合

和、合都是常用字，它们含义的区别也很明显，但“亲和”“凑合”却常错作“亲合”“凑和”。

和，形声字，从口禾声。《说文解字》：“和，相应也。”（详见本编第三章第一节“和”）就是跟着唱或为歌者伴奏。“附和”用的是“相应”义，意思是“站在一旁帮腔”，或“追随别人的意见或主张”，写成“附合”是错误的。由“相应”引申为“和谐”（配合得适当），“亲和力”中的“和”，表“和谐”的引申义“融洽、亲近”。“亲和力”比喻使人亲近、愿意接触的力量，写成“亲合力”是错误的。

合，会意字，甲骨文作“[illegible]”，是二物上下相合的形象，所以，本义是“合拢”，跟“分”相对，如“吻合”“契合”“符合”。“凑合”的“拼凑”“将就”义，都是从“合拢得不严密”引申出来的，写成“凑和”是错误的。

15. 拥　涌

拥、涌二字音同，容易混淆。

拥，小篆作“𢹁”，会意字，从手从雝，雝有“和睦相悦”义，手雝合体，会意为“抱”（《说文解字》）。“拥抱”即本义。隶变后，讹变为“擁”，成了形声字，从手雍声。今简化作“拥”，也是形声字，从手用声。由“抱”引申为“环抱”“簇拥”。例如李白《赠宣城赵太守悦》：“三千堂上客，出入拥平原。”又引申为“聚集”“掌控”“占据”。《三国志·蜀志·诸葛亮传》：“今操已拥百万之众，挟天子以令诸侯，此诚不可与争锋。”《汉书·谷永传》：“将军履上将之位，食青腴之都，任周、召之职，拥天下之枢，可谓富贵之极。”王勃《上刘右相书》：“于是遭不讳之主，拥非常之位。”上引三句都有一个“拥”字，猛一看，似乎意思差不多，仔细分析句意便知，三个“拥”各自含义不同：“拥百万之众”中的“拥”，义为“聚集”；“拥天下之枢”中的“拥”，义为“掌控”；“拥非常之位”中的“拥”，义为“占据”。又引申为“围裹”“护卫”“堵塞”，于是产生了“拥护”“拥戴”“前呼后拥”“拥堵”“拥塞”“拥挤”“蜂拥”等词。

涌，形声字，从水甬声，本义“水或云气冒出”。用作动词，表示“从水或云气中冒出”“急速地流淌”或“人或事物的大量出现”。如“涌出一轮明月”“江水涌流”“好人好事大量涌现”。用作名词表示波峰呈半圆形、波长特别大、波浪特别高的海浪。

拥字没有“冒出”的意思，“涌现”不可写作“拥现”。涌字没有“拥挤着”的意思，所以，“蜂拥”不可写作“蜂涌”。

16. 的　地　得

的、地、得三个字，读音不同，本义区别很大，一般不会混淆错用，但用作结构助词，的、地、得三字同音，都读 de（轻声），却常会混淆错用。它们主要附着其他语言前后，用来表示附加成分和中心语之间的结构关系。但是，它们使用的场合不同，用错了场合就会破坏正确的语言关系。

它们的使用场合有什么不同呢?

的,是连接定语和中心语的结构助词,用在定语后面,是定语的标志。

地,是连接状语和中心语的结构助词,用在状语后面,是状语的标志。

得,是连结补语和中心语的结构助词,用在补语前面,是补语的标志。

什么是定语?定语是名词前面表示领属、性质、数量等修饰成分。例如:

(1)一位性格开朗(定语)的女子(名词,中心语)。

(2)颐和园(定语)的湖光山色(名词,中心语)真美。

例(1)是描写性定语,它的作用主要是描绘人或事物的性质、状态,使语言更加生动形象。

例(2)是限制性定语,它的作用主要是给事物分类或划定范围,使语言更加准确严密。

什么是状语?状语是动词或形容词前面的表示状态、程度、时间、处所等修饰成分。例如:

(1)她勇敢(状语)地走(动词,中心语)上讲台。

(2)天渐渐(状语)地冷(形容词,中心语)起来了。

例(1)是描写性状语,它的作用主要是描写人物情态的,也可以用来描写动作状态。

例(2)是限制性状语,它的作用主要是用来表示时间、处所、程度、否定、方式、手段、目的、范围、对象、数量、语气等。

了解了定语和状语的不同作用,明白了的、地使用场合的区别,分辨的、地的用法就不难了。

但是,也有特殊情况,例如在动词用来做主语、宾语或表语时,用“的”还是用“地”就有点儿问题。例如:

（1）还要坚持廉政建设，同贪腐进行长期（？）斗争。

（2）个别单位只注意孤立（？）抓生产而忽视了职工生活。

（3）苏联红军迅速（？）转入反攻，使希特勒们惊惶失措。

著名语言学家吕叔湘给出的选择的标准是：要是你认为这里的动词已经变成名词，就得用“的”，否则就该用“地”。

依据这个标准，例（1）得用“的”，因为“斗争”已经变成名词，“的”前的“长期”是限制性定语。例（2）中的“抓生产”、例（3）中的“转入反攻”词性未变，都还是动词，用“地”好一些。

什么是补语？补语是动词或形容词后面的一种补充成分，它的作用是用来回答“怎么了”之类的问题。例如：

（1）他玩（动词，中心语）得好自在（补语）。

（2）这个明星简直红（形容词，中心语）得发紫（补语）。

“得”和“地”混淆的可能性很小，而和“的”混淆的可能性大一些。要记住：作为结构助词的“得”字有两个用处：一是表示可能性，例如“容得下，容不下”；一是表示结果或程度，如“站得高，望得远”。

下面三个句子里都有“写de好”，各句中的“de”该用“的”还是该用“得”？

（1）大家都说刻的没有写de好。

（2）大家都说这篇小说写de好，非常感动人。

（3）一定要这样写才写de好，不这样写是写不好的。

三个句子里的“写de好”，表达的意思不一样，因此，例（1）该用“的”，例（2）、例（3）该用“得”，这样读者才能明白三个句子的意思。

17.坐　座

坐，会意字，二人对坐在地（土）上。坐相对于走是静态，因此引申出“坐落”（建筑物的位置）、“坐标”（能确定一个点在空间的位置）、“坐地”（固定在一个地方）、“坐观”（对别人的成败采取静观态度）、“坐视”（对该管的事故意不管）、“主持，掌管”（坐馆，坐江山）、“乘，搭”（坐火车，坐飞机）等义。在古诗文里，“坐”还用作连词，表示“由于，致”。杜牧《山行》：“停车坐看枫林晚，霜叶红于二月花。”“停车坐看”不是停车坐着看，而是“由于看而停车”。宋陈师道《登凤凰山怀子瞻》：“逢人自笑谋生拙，坐使红尘生白发。”“坐使”不是“坐着使”，而是“致使”。

座是汉以后造的会意字，从广（ān 义为“屋”）从坐，表示在屋里就坐，含义是“坐具”。“座位”“在座”“座上客”“座右铭”等词组中的“座”，都是坐具的意思，都是名词，不能用作动词。所以，“坐落”“坐标”不能写作“座落”“座标”。

18. 沿　延

沿，会意字，小篆作“𣴎”，从水从㕣。㕣，音 yǎn，义为“山间泥沼地”，水㕣合体，会意为“缘水而下”（《说文解字》），即顺水下行。隶书将“㕣”上的“八”讹变作“几”，遂成“沿”。但含义未变。《书·禹贡》：“沿于江海，达于淮泗。”顺江而下，可达淮泗。引申为“顺着”（沿途，沿街）、“靠近”（沿海，沿岸）、“照旧”（沿袭，沿用，沿例）、“事物发展的历程”（沿革）等义。

延，会意字。从㢟从丿。㢟，从廴从止。廴，小步；止，脚；廴止合体，义为“缓步而行”。丿，有“引”义，㢟丿合体，会意为“长行”。后世多用其引申义“长”。《尔雅·释诂上》：“延，长也。”曹植在《洛神赋》里用“延颈秀项”形容美女的长颈。由长引申为“向长的方向发展”，于是有了“延长”“蔓延”“绵延”“苟延”等词。由延长又引申出“推迟”“拖延”“耽误”“扩展”等义，于是有了“延迟”“延宕”“延误”“延期”“延伸”“延续”等词。沿字的“照旧”义，跟延字的“延续”义接近，因而容易混淆错用。常见“沿用”错作“延用”，“延续”错作“沿续”。

19. 呐　讷

呐、讷二字，都是形声字，声符都是“内”，形符一个是“口”、一个是“言”，都跟“说”有关，因此在古汉语里是同音同义词。《玉篇》：“讷，迟钝也。或作呐。”《老子·非相》：“言而非仁之中也，则其言不若其默也；其辩不若其呐也。”《汉书·李广传》：“广呐口少言。”两句中的“呐”，都是“言语迟钝”的意思。呐字还有一个含义：大声呼喊，即呐喊。讷字无此义，“呐喊”不可写作“讷喊”。

讷，本义“言语迟钝”（《说文解字》）。现代汉语词汇里的“木讷”“口讷”，表示的都是“讷”的本义：言语迟钝。《论语·里仁》：“君子讷于言而敏于行。”句中的“讷于言”，含义是“说得少”，用的是“言语迟钝”的引申义。由“口讷”又引申为“结结巴巴地说出”。《水浒全传》第十回：“只许得差拨口里讷出一句‘高太尉’三个字来。”“讷出”即结结巴巴地说出。呐字无此义。

在现代汉语里，呐、讷不再同音同义。呐，音 nà，义为“大声呼喊”，常用词就是“呐喊”。用作语助词，音 na（轻声），同哪、呢。讷，音 nè，义为“言语迟钝”。常有词有“木讷”“口讷”“讷讷”。

20. 制　至

“制高点”常错作“至高点”，原因是不明了“制高”的含义。

制：控制（详见本章第二节“出奇制胜”）。制高点：军事述语，能够俯视、控制周围地面的高地或建筑物。

至，本义“到”，甲文作“[illegible]”，金文作“[illegible]”，小篆作“[illegible]”，都是象形字，《说文解字》说它像“鸟飞从高下至地也”。本义“到”，引申为“及，达到”。《诗·小雅·伐木序》：“自天子至于庶人，未有不须友而成者。”句中“至于”一词，现代汉语仍在使用，表示达到某种程度。又引申为“极”“最”，于是有了“至多”（表示最大限度）、“至诚”（极为诚恳）、“至宝”（最珍贵的）、“至高无上”（没有更高的）、“至尊”（最尊贵）、“至爱”（最喜爱的）、

“至交”（最要好的朋友）、“至理名言”（最正确、最有价值的话）、“至嘱”（极恳切地嘱咐）等词。“至高”和“制高”含义完全不同：“至高”的意思是“最高”，没有更高的；“制高”的意思是能俯视、控制周围地面的高地或建筑物。所以，“制高点”不可写作“至高点”。

21. 奈　耐

奈，本作“柰”，形声字，从木示声，是一种水果的名称，叫作“柰果”，无他义。后来流行一种俗体“奈”，替代了“柰”，增加了“对付、处置”的含义，常用词有“奈何”。“奈何”的意思，跟“怎么办”相似，表示没有办法，如“无可奈何”“奈何不得”。“无可奈何”又作“无奈”，如“出于无奈”“万般无奈”。“无奈”还可用作连词，用在转折句的开头，表示由于某种原因不能实现上文所说的意图，有“可惜”的意思。例如：“本想回老家过年，无奈天公不作美，下起鹅毛大雪，机场关闭了，只得作罢。”“奈何”还可用作疑问代词，表示反问，如“岂奈我何！”（拿我怎么办！）

耐，同“耏”，义为“剃除颊毛”，本是汉代的一种轻刑。《说文解字》：“耏，罪不至髡（古代刑法：剃发服刑）也……耏，或从寸，诸法度字从寸。”徐锴解释说：“但鬀（剃）其颊毛而已。”即保留须发服刑。《汉书·高帝纪》：“令郎中有罪耐以上请之。”句中的“耐”，即判处“耐刑”。引申为“受得住”（忍耐）、“不厌烦”（耐心）、“禁得起”（耐苦、耐劳、耐用、耐久）等义。“耐”还有“值得”“适合”的含义。岑参《喜韩樽相遇诗》：“三月灞陵春已老，故人相逢耐醉倒。”“耐醉倒”即值得醉倒。高适《广陵别郑威士》：“溪水堪垂钓，江田耐插秧。”“耐插秧”即适合插秧。

古汉语里在表示“忍得住、受得了、禁得起”意思时，奈、耐二字通用。《诗词曲语辞汇释》指出：“奈，犹耐也，奈、耐二字通用。”在现代汉语里，奈、耐不再通用，奈无“禁得起”义，“无奈”不可写作“无耐”，“耐劳”不可写作“奈劳”。

22. 歧 岐

歧，会意字，从止从支。止即脚趾，支有“旁出”义，止支合体，会意为“多指”（《集韵》），即脚上多出一趾。但古今罕用本义而多用其引申义。引申义有三：（1）岔道。如“歧路”（大道分出来的小路），“歧途”（用于比喻错误的道路，如“误入歧途”）。（2）不相同、不一致。如“歧见”（不一致的见解），“歧义”（有两种或多种可能的解释），“歧异”（观点分歧）。（3）不平等地看待。如“种族歧视”“性别歧视”。

岐，山名（岐山）、地名（陕西省岐山县）。还是姓氏。传说有个名叫“岐伯”的人，和黄帝一起研究医术，古代医书《黄帝内经·素问》多用黄帝和岐伯对话形式，因此，他们二人被尊为“中医始祖”，中医学术被称为“岐黄之术”。无他义。

23. 屈　曲

屈、曲二字，音同义近，容易混淆。

屈，小篆作“屈”，会意字，从尾从出。上半部“尾”省笔为“尸”，表示“无尾”或“尾短”；下半部的“出”，表示“行进”。《说文解字》：“屈，无尾也。”“无尾”是什么意思呢？后代文字学家认为：“无尾”指昆虫中的有翅无尾的尺蠖蛾。尺蠖蛾的幼虫叫作“尺蠖”，行进时先将身体向上拱成弧形，然后向前伸直身体，一屈一伸地向前行进。实际上，“屈”并非“尺蠖蛾”的名称，而是借尺蠖行进的方式表示“弯曲”或“使弯曲”的意思，如“屈指”“屈膝”。这应该是屈字的本义。引申义有：（1）屈服、使屈服（如“宁死不屈”“威武不屈”），（2）委屈、冤枉（如“屈打成招”），（3）违心服从（如“屈从”），（4）受压迫、受侮辱（如“屈辱”），（5）理亏（如“理屈”），（6）大材小用（如“屈才”），（7）用作敬辞和客套话，表示“委屈了”或“降低了身份”（如“屈驾”“屈就”“屈尊”）。

曲，小篆作“曲”，象形字，含义是“不直”。“弯曲”“曲折”“曲尺”“曲背”“曲径”等，都是本义。引申为：弯曲的地方（河曲），理不直（是非曲直）。

屈、曲二字，虽然都有“弯曲”和“使弯曲”的含义，但是“屈”并不等于“不直”。所以，在表示“弯曲”或“使弯曲”意思时，屈、曲二字用法是有区别的：“屈指”（弯着手指头计算数目）、“屈膝”（下脆，比喻屈服）不可写作“曲指”“曲膝”，“曲折”“曲直”也不可写作“屈折”“屈直”。

24. 徇　循

徇、循二字，形似音近，且徇的“依从”义与循的“遵守”义接近，极易混淆，常见“徇私”错作“循私”。

徇，小篆作“𢓊”，形声字，从彳勻声，隶变讹为“徇”，本义“行示”（《说文解字》）。“行示”即巡视、宣示。古文里有“徇师”一词，“徇师”即巡视军队。《左传·僖公二十八年》：“杀颠颉以徇于师。”“徇于师”的含义与“徇师”不同，不是巡视，而是“示众”。徇字在古文里还有“炫耀”“夺取”“谋求”“依从”等引申义。例如，左思《吴都赋》：“徇蹲鸱之沃，则以为世济阳九。”句中的“徇”，义为“炫耀（夸物示人）”。《后汉书·光武帝纪上》：“光武别与诸将徇昆阳、定陵、郾，皆下之。”句中的“徇”，义为“夺取”。《史记·项羽本纪》：“今不恤士卒而徇其私，非社稷之臣。”句中的“徇”，义为“谋求”。柳宗元《封建论》：“汉有天下，矫秦之枉，徇周之制，剖海内而立宗子、封功臣。”句中的“徇”即依从。上述古义今已不用，现代汉语用“谋求”的引申义：依从，曲从。如“徇私舞弊”“徇私枉法”。“徇私舞弊”的含义是：为了私情而弄虚作假。“徇私枉法”的含义是：为了私情而歪曲甚至破坏法律。“不徇私情”反其义：不曲从私情。

循，形声字，从彳盾声，本义“行顺”（《说文解字》）。“行顺”即顺道而行。引申为“顺着”“沿袭”“次序”，如“循序”“因循”。又引申为“遵守”，如“遵循”“循规蹈矩”“循例”。由“循序”引申为“有步骤”（循循善诱）、“事物周而复始地运动或变化”（循环）。由“遵守”引申为“恭谨”。《战国策·赵策四》：“臣以齐循事王，王能亡燕，能亡韩魏，能攻秦，能孤秦。”句中“循”即恭谨。由“顺着”引申为“追述”。《礼记·少仪》：“毋循枉。”句中“循”犹追述也。这两个引申义现代汉语少见使用。

由上述辨析可知，徇的“依从”义与循的“遵守”义，是有本质区别的，“徇私”不可写作“循私”。

25. 弈　奕

弈、奕二字，形似音同，极易混淆。

弈，形声字，从廾（双手）亦声，本义“围棋”。“博弈”“对弈”即下围棋。“博弈”还比喻为谋取利益而竞争。

奕，会意字，从亦从大。亦是“腋”的本字，指事字，小篆作“亦”，在“大”（双臂伸开站立的人的形象）的两侧各加一点，指出此两处为“腋”。但在“奕”字里，“亦”不表“腋”义而表“大”义。两“大”合体，会意为“盛大”，这就是奕字的本义。《诗》云：“新庙奕奕，奚斯所作。”“奕奕”即盛大。奕字有四项别义：（1）美貌。唐皮日休《桃花赋》：“或奕傑而作态，或窈窕而骋姿。”句中“奕”“傑”皆形容貌美。《方言》卷二云：“自关而西，凡美容谓之奕，或谓之傑。”（2）娴熟。《诗·商颂·那》：“庸鼓有斁，万舞有奕。”句中“奕”即娴熟。（3）光明。三国魏何晏《景福殿赋》：“故其华表则镐镐铄铄，赫奕章灼，若日月之丽天也。”句中“赫奕”即光明。（4）精神饱满。别义（1）（2）（3）今已不用，现代汉语仍使用的“神采奕奕”，用的是别义（4），含义是“精神饱满的样子”。

在古书里，奕是弈的通假字，“博弈”亦作“博奕”。例如《论语·阳货》：“不有博奕者乎？为之犹贤乎已。”又如韩愈《画记》：“饮食服用之器，壶矢博奕之具。”在现代汉语里，弈、奕不再通用。

26. 洌　冽

洌、冽二字，形似音同，其差异在于：洌从水，冽从冰（用作偏旁，省作“冫”）。

洌从水，表示跟水有关系，含义是“水清”（《说文解字》）。欧阳修《醉翁亭记》：“酿泉为酒，泉香而酒洌。”句中“洌”，形容词，即“清”。洌用作动词，义为“使清”。如袁枚《答尹相国书》：“故别之欲其真也，洌之欲其清也。”在现代汉语里，“洌”很少单独用，多与“清”合成“清洌”或“洌清”，含义都是“水清洁净”。

冽从冰，表示“寒冷”，含义就是“寒冷”，如“凛冽”“风冽”，没有“清”或“使清”的含义。在古代诗文里，洌通冽，也表“寒冷”义。例如唐孟郊《古殇九首》之六：“洌洌霜杀春，枝枝疑纤刀。”宋李荐《洛阳名园记业春园》：“听洛水声，觉清洌浸入肌骨，不可留，乃去。”现代汉语洌、冽不再通用：洌表水清，冽表寒冷，所以，“清洌”不可写作“清冽”，“凛冽”也不可写作“凛洌”。

27. 袒　坦

袒，形声字，从衣旦声，本“脱去或敞开上衣”，所谓“袒胸露背”。汉代学者郑玄释义说：“袒，露也。”战国时有个著名的“将相和”的故事，说的是蔺相如为相，老将军廉颇不服，寻机相辱，相如则一再避让。相如身边的人问他为何如此畏惧廉颇将军，相如说：“秦王之威，我尚且敢于当面叱责他，我怎会怕廉颇！秦国之所以不敢侵犯赵国，是因为有我和廉颇在，我考虑的不是个人的恩怨，而是国家的安危。”据《史记·廉颇蔺相如列传》记载：“廉颇闻之，肉袒负荆，因宾客至蔺相如门谢罪。”“肉袒负荆”就是光着上身背负荆条，这是古代请罪的一种方式。古代还有“袒左”“袒右”之说。“袒左”即脱去左袖露出左臂，“袒右”即脱去右袖露出右臂。西汉刘邦死后，吕后专权，朝廷成了吕家天下。吕后死后，太尉周勃对军队下令说：“为吕氏袒右，为刘氏袒左。”军皆袒左。周勃遂率兵尽杀吕党，夺回汉朝政权。由袒露引申为“显示，表示”。

古文里有“袒怀”一词，就是“显示”或“表示”的意思。

坦，形声字，从土旦声。坦字的含义，古代字书说法不一：《玉篇》释义为“平”；《说文解字》释义为“安”。应该说都对，常用的“坦途”一词，就兼有“平”“安”二义，因为道路平坦而得以安全。由道路平坦引申为“胸襟开阔”。孔子的名言“君子坦荡荡”，说的就是胸襟开阔。又引申为“纯洁”“直率”，如“坦白”“坦诚”“坦率”“坦陈”等。

在古汉语里，表裸露义，“袒露”与“坦露”通用。关于“坦露”，还有一个择婿的故事。晋代有个郗姓太傅，遣门生到王丞相家相女婿。门生回来说：“王家诸郎亦皆可嘉，闻来觅婿，咸自矜持，唯有一郎在东床上坦腹卧，如不闻。”郗公听了，说：“就他好！”后经打听，那个“在东床上坦腹卧”者是王羲之，后来成了闻名于世的书法大家。因为这个典故，“坦”字成了女婿的代词，古文里有“令坦”“贤坦”，指的都是女婿。在现代汉语里，表示裸露含义不再用“坦露”，只用“袒露”。

28. 殴　欧

殴，形声字，从殳（古代投掷兵器）区声。《说文解字》：“殴，捶击物也。”段玉裁注：“谓用杖击中人物也。”《史记·留侯世家》：“良愕然，欲殴之。”“殴之”即“用杖击人”。现代汉语殴字不单用，而用合成词，如“殴打”“斗殴”二词。

欧，形声字，从欠区声。欠字小篆作“[illegible]”，义为“张口气悟也”（《说文解字》），即俗话说的“打呵欠”。因为与“口”有关，所以，古代字书认为“欧”是“呕”的本字。《集韵》认为：“欧，或作呕。”《说文解字》也说：“殴，吐也。”《汉书·丙吉传》：“吉驭吏耆（嗜）酒，数逋荡，尝从吉出，醉欧丞相车上。”“醉欧”即酒醉呕吐。梁启超《龙游县志序》：“天吴紫凤缕错织文，常人所不注意者，字字皆欧心血铸成。”“欧心血”即呕心沥血。现代汉语“欧”不再表“呕吐”义，只作地名、姓氏和科技名词，如“欧洲”“欧阳”“欧姆”等。

在古汉语里，“欧”还是“殴”的通假字，也表“打击”义。现代汉语欧、殴不再通用，“殴打”“斗殴”不可写作“欧打”“斗欧”。

29. 轫　韧

轫，形声字，从车刃声，《说文解字》释义为“碍车木”。碍车木即置于车轮下的楔形木块，其作用是使车停住。《说文解字系传》解释说：“止轮之转，其物名轫。”“发轫”是文言词，直译即“将碍车木拿开”，其含义相当于现代汉语的“启动”。例如《楚辞·离骚》：“朝发轫于苍梧兮，夕余至乎县圃。”《字汇·车部》：“去轫轮动而车行，故凡初为则曰发轫。”在书面语言里，“发轫”多比喻新事物或新局面的开始，例如“新文学运动发轫于五四运动”。

韧，会意字，从韦从刃。韦，柔革；刃，锋利的刀口；韦刃合体，会意为“柔软而坚固”，即受外力作用时虽然变形却不易折断。常用词有：坚韧，柔韧，韧度，韧劲，韧性。韧性的含义有二：其一，受外力作用时产生变形而不易折断的性质；其二，顽强持久的精神。“发韧”无解。

30. 练　炼

练和炼，都是形声字，表音的声旁相同，故同音。决定它们含义区别的是表义的形旁：练从丝，炼从火。

练从丝，表示跟丝有关系，本义“将生丝或缣帛煮熟使之柔软洁白”。古汉语有“练染”一词，其中的“练”即“煮缣使洁白”。“练染”是两道工序：先练（白）而后染（色）。“简练”一词中的“练”，用的是“洁白”义，“简练”即简洁，简要明白。类似的词还有“洗练”。“练习”用的是“煮熟”引申义：反复学习，以求掌握。类似的词还有：演练，练兵，练笔，练功，熟练，老练。

炼从火，表示跟火有关系，本义“加热使物质纯净或坚韧”。炼钢、炼乳都是本义，即通过高温除去杂质、提高纯度。化学工业、文学创作都有“提炼”一词，如“提炼香精”“提炼情节”，都是

“提取所要的，除去不要的”。类似的词还有：炼制，锤炼，锻炼，磨炼，炼句等。有个关于写作的词叫“炼字”，含义是“写作时推敲用字，使准确生动”。古代诗人写诗，把诗句中重要的字称作“句眼”，创作时总是反复推敲，留下许多炼字佳话。其中著名者当推王安石的“春风又绿江南岸”。王安石初写“春风又到江南岸”，注道“不好”，改为“过”。又圈去“过”改为“入”，又圈去“入”改为“满”。如此圈圈改改，换了十几个字，最后才决定用“绿”。一个绿字，使之成了千古绝唱。“炼字”和“练字”不是同义词，“练字”的含义是“练习写字”，“炼字”的含义是“推敲用字”。

31. 炷　柱

炷、柱二字，形似音同，柱常用而炷不常用，常见作量词用的“炷”错作“柱”。

炷，会意字，从火从主，本义“灯中火主”（《说文解字》），俗称“灯芯”。现代的中青年没见过过去的“灯盏”，因而不知“炷”为何物。过去家庭照明，用的是一种叫作“灯盏”的器具。灯盏，有陶器、铁器、铜器等种类，形状像小盘子，里面盛菜油、豆油或茶油，再放一根灯芯草或棉捻，灯芯草或棉捻（统称“灯芯”）浸在油里，一头伸出盏外，点着后即成火苗，照亮室内。《乐府》有诗云：“然（燃）灯不下炷，有油哪得明？”灯盏里有油而无灯芯是点不亮灯的。因为“炷”在灯中的重要作用，所以，“炷”就成了灯的代名词。邓中夏《过洞庭》：“秋水含落晖，彩霞如赤炷。”用“赤炷”形容落日余晖，犹如灯火照红西天浮云。炷用作动词，相当于“点燃”。《红楼梦》六十二回：“宝玉炷了香，行了礼。”“炷了香”即点燃香。用作量词，表示点着了的香的单位，如“一炷香”。

柱，形声字，从木主声，本义“承梁之木”，俗称“柱子”。柱子是支撑横梁的，因而引申为“支撑”，如“支柱”“柱石”。又引申为泛指形状似柱的事物，如“水柱”“光柱”。由于柱的“承梁”作用，常用于比喻起支撑作用、担负重任的人，戏班中的主要演员，集体中的骨干，如“中流砥柱”“柱石”“台柱子”。柱不能用作动词和量词。

32. 具 俱

具、俱二字同音，但含义完全不同。

具，小篆作“具”，会意字，由双手和鼎（省笔作“目”）组合而成，表示双手捧鼎，会意为什么？古代字书有二说：一说“共置”，这是《说文解字》的释义。“共置”是什么意思呢？清代学者段玉裁在《说文解子注》中说：“共，古供字。”据此可知，“共置”即“供置”，是“备办”的意思。《广韵》也认为：“具，备也，办也。”《后汉书·符融传》：“妻亡，贫无殡敛，乡人欲为具棺服，融不肯受。”句中“具”用的就是“备办”义。由备办引申为“完备”。例如《水经注·江水》：“其石嵚崟，数十步中，悉作人面形，或大或小，其分明者，须发皆具，因名曰人滩也。”句中“具”即完备。又引申“详尽”。例如明袁宏道《华山别记》：“有数衲（和尚）自华（山）来，道其险甚具。”句中“具”即详尽。另一说“器物”，这是《字汇》的释义。《韩非子·定法》：“人不食，十日则死；大寒之隆，不衣亦死。谓之衣食孰急于人，则是不可一无也，皆养生之具也。”这段文字中的“养生之具”，就是人们生活不可或缺的衣物和食物。现代汉语词汇里，用“具”表示“器物”的词很多，例如器具、文具、炊具、餐具、酒具、寝具、农具。这说明：具可能是一形二字。

此外，具字还有“才能”“人才”的引申义。例如《三国志·魏志·武帝纪》：“公（曹操）之为布衣，特爱儁（儁，王儁，逸士，曹操布衣之交），儁亦称公有治世之具。”治世之具：治世的才能。唐姚崇《答张九龄书》：“仆本凡近之才，素非经济之具。”经济之具：经世济人的人才。

俱，形声字，从人具声，本义“皆”（《说文解字》），泛指相与共事的人。王安石《游褒禅山记》：“遂与之俱出。”“俱出”即一块儿出来。由“皆”引申为“同”。《西京杂记》：“前生为兄，后生为弟，虽为俱日，亦宜以先生为兄。”“俱日”即同一天，虽然两人同一天出生，也应该以先出生的为兄，后出生的为弟。用作副词，表示范围，相当于“全”“都”。杜甫《茅屋为秋风所破歌》：“安得广厦千万间，大庇天下寒士俱欢颜，风雨不动安于山。”“俱欢颜”即都高兴。“俱”没有器具的含义，“家具”即家用器具。“家具”不可写作“家俱”。

33. 详　祥

详、祥二字，形似音同，决定二字含义区别的是：详从言，祥从示。

详，形声字，从言羊声，本义“审议”（《说文解字》）。《资治通鉴·魏元帝景元元年》：“祸殆不测，宜见重详。”“重详”即重新审议。审议必须细察，由此引申为“细密”“周密”，如“详尽”“详密”“详实”。又引申为“从容”“稳重”，“安详”就是从容稳重的意思。

祥，形声字，从示羊声，本义“福”（《说文解字》），即“幸福，吉利”。《书·伊训》：“作善，降之百祥：作不善，降之百殃。”可见祥和殃是相对的：作善则降福，作不善则遭殃。“祥和”用的就是本义，表示吉祥平和。常说的“祥瑞”，意即吉利的征兆。“不祥之兆”反其意，是不吉利的征兆。由吉利引申为“善”。古代文字学家认为：“详兼福、善二义。”《墨子·天志中》：“且夫天下盖有不仁不详者。”汉蔡琰《悲愤诗》：“海内兴义师，欲共讨不详。”两句中的“不详”，都是“不善”的意思。祥字没有从容稳重的含义，所以，“安详”不可写作“安祥”。

34. 屏　摒

屏、摒二字音近，在“排除、除去”意义上二字同义，故易混淆错用，常见“屏住呼收”错作“摒住呼吸”。

屏，形声字，从尸并声，音 píng，本义为“敝”（《说文解字》）。这个“敝”是“蔽”的通假字。敝（蔽）是一种建筑物，即大门里冲着大门的一堵小墙，其作用是遮住内院，隔断来人的视线，俗称“塞门”“照壁”。（详见本编第三章第二节“屏”）用作动词，表示“抑止”（屏气）、“排除”（屏弃）、“除去”（屏除）、“使离开”（屏退）。这个“屏”，不读 píng，而读 bǐng。“屏住呼吸”就是暂时抑止呼吸，有意地闭住气。

摒，会意字，从手从屏，会意为“排除、除去”，如“摒除杂念”“摒绝应酬”“摒弃杂务”等。在这个意义上，摒和屏同义，“屏弃”亦作“摒弃”，“屏除”亦作“摒除”。但摒字没有“抑止”义，所以，“屏气”“屏息”“屏住呼吸”不可写作“摒气”“摒息”“摒住呼吸”。

35. 宣　渲

宣、渲二字，通常不会混淆错用，唯“宣泄”常错作“渲泄”。

宣，会意字，从宀从亘，宀义为“深屋”，亘义为（时间上或空间上）延续不断，宀亘合体，会意为“大室”，即宽大敞亮的厅堂。皇帝的宫殿，宽大敞亮，故又称“宣室”。由“敞亮”引申出“明白”“公开”“传布”“宣扬”等义。《左传·僖公二十七年》：“民未知信，未宣其用。”“未宣”即不明白。《书·皋陶谟》：“日宣三德。”“宣三德”即传布三德。鲁迅《坟摩罗诗力说》：“举全力以抗社会，宣众生平等之音。”“宣平等”即宣扬平等。又引申为“发散”“疏通”。“宣泄”即此义，意思是：吐露（公开）心中的积郁以达到舒散的目的。

渲，形声字，从水宣声，中国画的一种技法。宋郭熙《林泉高致·画诀》：“以水墨再三而淋之，谓之渲。”即用水墨或淡色涂抹画面，以加强艺术效果，故又称“渲染”。后来人们借“渲染”一词，比喻夸大地形容。“渲染”与“宣泄”含义完全不同。

宣、渲二字读音也小有差别：宣，音 xuān；渲，音 xuàn。

36. 衲　纳

衲、纳二字，形似音同，而且在“补缀”意义上同义，所以，容易混淆。

衲，会意字，从衣从内，会意为“补，缝缀”，如“衲鞋底”。

引申为“汇集”。有的古籍是用许多不同版本汇集而成的，故称“百衲本”。由此又引申为“拼凑”。和尚穿的袈裟，是用许多小布块拼缀制作的，故称“百衲衣”或“衲衣”。穿着袈裟的和尚自称“老衲”，“衲”遂成和尚的代称，是由“衲衣”演化而来的。

纳，会意字，从丝从内，会意为“入”（《广雅》）。金文纳字作“内（内）”，古代汉语纳、内、入通用。这里的“入”义为“接收”，“内”义为“收藏”。现代汉语仍使用的“纳入”即“接收”，“纳垢”即“藏垢”。《说文解字》：“纳，丝湿纳纳也。”纳纳：濡湿貌。“丝湿纳纳”即水入丝内。成语“吐故纳新”原义“呼吸”，吐即呼出，纳即吸入。后比喻新陈代谢。用作动词表示“使入、收进、发出”，如“出纳”。又引申为“引进”“取”“娶”，如“纳谏”“采纳”“纳贿”“纳降”“纳妾”。又引申为“交付”“贡献”，如“交纳”“缴纳”“纳税”“纳贡”。又引申为“享受”，如安闲地在家居住称作“纳福”，安闲地在树下乘凉称作“纳凉”。纳字也有“补缀”的含义，在此义项与衲同义，纳、衲可以通用。除此义项外，衲、纳不能通用。

37. 宵　霄

宵、霄二字，形似音同，容易混淆，常见“通宵”错作“通霄”。

宵，会意字，由宀、小、月三字组合。宀，深屋；月光照进屋内，表示夜至。随着夜渐深，月渐升，月亮显得越来越小。月出，月升，月落，表示一夜。所以，宵字的含义是“夜”，“通宵”即整夜，如“通宵达旦”。还有，农历正月十五旧称“中元节”，所以，那天夜晚称作“元宵”。在古文里，宵常被用作“小”“肖”（表“类似、相象”义）的通假字。例如《庄子·列御寇》：“宵人离外刑者，金木讯之。”句中“宵人”即小人。又如《淮南子·要略》：“乃始揽物引类，览取挢掇，浸想宵类。”句中“宵类”即肖类，物似。所谓通假，即同音假借，跟本义无关。

霄，形声字，从雨肖声，本义“雨霰”。霰：粒状雪子。雨霰：

雨夹雪子。雨雪从天而降，由此引申为“天际”，“云霄”“霄汉”“霄月”等词中的“霄”，都是“天际”的意思。鲁迅《彷徨·肥皂》：“比起先前用皂荚时候的只有一层极薄的白沫来，那高低真有霄壤之别了。”句中“霄壤”即天壤。

38. 敝　弊

敝、弊二字，形似音同，容易混淆，常见“弊病”错作“敝病”。

敝，会意字，从㡀从攵。㡀，义为“败衣”（破旧衣衫）：攵，“攴”的变形，义为“轻击”；㡀攵合体，表示破衣又遭击打，会意为“衣衫破烂”。引申为“破旧、失去使用价值的东西”，如“敝屣”（破鞋）、“敝帚”（破扫帚）。常用作谦词，如自谦称“敝姓”。有句成语“敝帚自珍”，比喻东西虽然不怎么样自己还是很珍惜。

弊，原作“獘”，形声字，从犬敝声，本义“顿仆”（《说文通训定声》）。顿仆：跌倒。隶变时将下部的“犬”讹作“廾”，从而演变成“弊”，但本义未变。由顿仆引申为“死亡”“止”“渴”“断”“罢”“疲困”等义。弊字的本义及上述引申义，秦以后被“毙”取代，转而表“害”“伪”“毛病”等义，于是有了“弊端”“弊病”“舞弊”“除弊”等新词。

在古文里，敝、弊二字通用。如陆游《寓叹》：“江山霜风透弊袍，区区无奈簿书劳。”“弊袍”即敝袍。《汉书·晁错传》：“陈胜行戍，至于大泽，为天下先倡，天下从之如流水者，秦以威劫而行之之敝也。”“敝”即“弊病”。在现代汉语里，敝、弊不再通用，“弊病”不可与作“敝病”。

39. 焕　涣

焕、涣二字，形似音同，容易混淆，常见“焕发”错作“涣发”。

焕，形声字，从火奂声，本义“火光”（《说文新附》）。引申为“光亮、鲜明”，如“焕然一新”。又引申为“放射”，即“光彩四射”，如“容光焕发”“焕发激情”。古文里常见单用“焕”表“放射”义。例如宋尚用之《和韵》：“佳篇疾读韵琅琅，直疑星斗焕光芒。”

句中“焕光芒”而放射光芒。

涣，形声字，从水奂声，本义“流散”（《说文解字》）。《诗·周颂·访落》：“将予就之，继犹判涣。”“判涣”即分散。引申为“散漫、松懈”，如“精神涣散”“人心涣散”。又引申为“消除”，如“涣然冰释”，嫌隙、疑虑或误会完全消除。涣字还有一个别义：水盛貌。《诗·郑风·溱洧》：“溱与洧，方涣涣兮。”毛传注云：“涣涣，春水盛貌。”又泛指盛貌。例如韩愈《故中散大夫河南尹杜君墓志铭》：“纂辞奋笔，涣者不思。”形容文思如泉涌。

涣、焕二字，古通用。《说文通训定声》：“涣，亦作焕。”《汉书·扬雄传》：“涣若天星之罗，浩如涛水之波。”《文心雕龙·诏策》：“腾义飞辞，涣其大号。”上引二句中的“涣”，都是“焕”的通假字，含义是“鲜明”。现代汉语涣、焕不再通用，“焕发”不可写作“涣发”。

40. 副　付　赋

副、付、赋三字，含义差别很大，但常见“副导演”错作“付导演”，“赋予”错作“付与”。

副，形声字，从刀畐声，本义“判”（《说文解字》）。判，义为“剖分，破开。”《诗·大雅·生民》：“不拆不副。”不副：不分。《礼记·曲礼上》：“为天子削瓜者副之。”副之：析也。引申义有四个：（1）相称，如“名副其实”。（详见本章第二节“名副其实”）（2）居第二位的、辅助正职的。如“副省长”“副主任”“副导演”等。（3）助手。如“副手”“大副”。（4）附带的。如“副业”“副产品”。表（2）（3）（4）义项的“副”，是假借字，本字是“福”，后借“副”代“福”，福字遂废。这个副容易跟“付”混淆，“副导演”错作“付导演”，是常见的用字错误。

付，会意字，从人从手（变形为“寸”），象征持物予人，因此，《说文解字》定义为“予也”。付字作语素的合成词，都与“交给”“交出”“拿出”有关，如“交付”“托付”“付出”“支付”“付印”“付账”“付与”等。付字没有“居第二位、辅助正职”的含义，所以，“副职”的“副”不可写作“付”。付，还是姓氏，《姓苑》里列有付姓。但付不是“傅”的简化字，傅、付是两个不同的姓氏。将傅姓写作“付”，也是常见的用字错误。

说到“付与”，必然联想到“赋予”，因为“赋予”常错作“付与”。

赋，形声字，从贝从武，本义“敛”（《说文解字》）。敛：敛取，征收，“赋税”即此义。与“收”相对的是“给”，因而“赋”有了“交给”的引申义，“赋予”即此义。“赋予”和“付与”，同音同义，都是“交给”的意思，但两个词的用法有区别：“赋予”在表示“交给”的意思时，含有庄重、神圣的意味。例如：“这是历史赋予我们的神圣使命。”“付与”没有这种意味，句中的“赋予”不可换作“付与”。

41. 帧　祯

帧、祯二字，形似音同，容易混淆，常见“装帧”错作“装祯”。

帧，形声字，从巾贞声，本义“张画绘”（《集韵》），即画幅，绘画张开其形如巾。明汤显祖《牡丹亭·玩真》：“细观他帧首之上，小字数行。”句中“帧”即画幅。后作字画的量词，“一帧画”即“一幅画”。引申为“书画、书刊的装潢设计”，“装帧”即此义。

祯，会意字，从示从贞。示：鬼神。贞：有“正直不贰”义。示贞合体，会意为“祥”（《说文解字》）。有学者解释说：“人的正直不贰者，神天共奖，必获福祥。”有的学者认为：“祯是吉祥之兆。”所以把“祯”看作“详”的同义词。祯和祥都是好兆头，不同的是：本有今异曰祯，本无今有曰祥。正如《礼记·中庸》所言：“国本有雀，今有赤雀来，是祯也。国本无凤，今有凤来，是祥也。”古汉语词汇里有“祯祥”“祯祺”“祯瑞”“祯泰”“祯休”等词，现代汉语很少使用。祯字没有“书画、书刊装潢设计”的含义。

42. 舶　泊

舶、泊二字，形似音同，容易混淆，常见“舶来”错作“泊来”。

舶，形声字，从舟白声，本义“海中大船”（《广韵》）。有个常用词“舶来”，直译就是“乘大船从海外来”。舶来品，直译是“从海外运来的货物”，今通译为“进口货物”。

泊，形声字，从水白声，本义“船舶停靠”。由船舶停靠引申为“栖止、停留”。《水经注·赣水》：“西有鸾冈，洪崖先生乘鸾所憩泊也。”“憩泊”即憩息。王安石《示张秘校》：“寒鱼占窟聚，暄鸟投枝泊。”“投枝泊”即栖止在枝头。职业生活不固定，人无居所，常用“漂泊”作比喻。现在某些外地来京谋生者，自称“北漂族”，是“漂泊北京群体”的缩略语。“泊来”无解。

43. 湎　缅

湎、缅二字，形似音同，其差异在于：湎从水，缅从丝。

湎，形声字，从水面声，本义“沉迷于酒”（《说文解字》）。《汉书·五行志》有“君湎于酒”句，“湎于酒”即沉迷于酒。后泛指迷恋、放纵。明袁宏道《叙小修诗》：“沈（沉）湎嬉戏，不叙樽节，故尝病。”“沉湎”即迷恋。《史记·乐书》：“世乱则礼废而乐淫，是故其声哀而不庄，乐而不安，慢易以犯节，流湎以忘本。”“流湎”即放纵。现代汉语仍用“沉湎”一词，含义是“陷入不良的境地”（多指生活习惯方面），如“沉湎酒色而不能自拔”。

缅，形声字，从丝面声，本义“微丝”（《说文解字》）。微丝即最细的丝，丝越细则越长，由此引申为“远”，包括“遥远”（空间）、“久远”（时间）。古汉语有“缅然”一词，兼有“遥远”和“久远”二义。例如《国语·楚》：“缅然引领南望。”《孔子家语·五仪》：“缅然长思。”分析语意可知：前句“缅然”意为“遥望”，后句“缅然”意为“遥想”。又引申为“沉思”。杜甫《故秘书少点武功苏公源明》：“反为后学亵，予实苦怀缅。”句中“缅”即沉思。现代汉语常用的“缅怀”“缅想”，兼有“久远”“沉思”两义，表示怀念、遥想、追思。

44. 崩　迸

崩、迸二字，音同义近，容易混淆。

崩，形声字，从山朋声，本义“山陷塌”。《左传·成公五年》：“山有朽壤而崩。”“崩”即山体塌陷。引申为“毁坏”，现代汉语仍使用的“崩溃”一词，即用此义，但多用作形容国家政治、经济、军事遭到完全破坏，如“国家经济面临崩溃”。又引申为“破裂”。苏轼《念奴娇·赤壁怀古》：“乱石崩云，惊涛裂岸，卷起千堆雪。”“乱石崩云”即山石猛然破裂。俗话说的“谈崩了”，用的也是“破裂”义，意思是双方或两人的关系破裂了。

迸，形声字，从辵（变形为“辶”）并声，本义作“散”解（《说文新附》），即分向各方散去。古文里，常见把战败的散兵称作“迸”。例如《三国志·魏书·钟会传》：“缄制众城，网罗迸逸。”“网罗迸逸”即收编散兵。“流散”也称作“迸”。《后汉书》有“饥荒之余，人庶流迸”句，“流迸”即流散。由散引申为“飞溅”“突发”，如“迸溅”“迸发”。

“崩裂”和“迸裂”，都有“破裂”的意思，但两者的具体含义有细微差别：“崩裂”义为“猛然分裂”；“迸裂”义为“破裂飞溅”。

45. 蛰　蜇

蛰、蜇二字，形似音近，容易混淆，常见“蛰伏”错作“蜇伏”。

蛰，繁体作“蟄”，形声字，从虫執声，音 zhé，本义“动物冬眠”。有些动物，到了冬天，藏于洞穴，不食不动，称作“蛰伏”。二十四节气有个“惊蛰”，表示在每年 3 月 5 日、6 日或 7 日，大地回春，冬眠的动物被惊醒，结束冬眠。“人隐居”，如同动物冬眠，与外界隔绝，故称“蛰居”。

蜇，形声字，从虫折声，音 zhē，本义“蜂、蝎等毒刺刺人或动物”。有一种海洋生物，叫作“海蜇”，这个“蜇”跟“蛰”同音。蜇字没有“动物冬眠”的含义，“蛰伏”不可写作“蜇伏”。

46. 竣　峻

竣、峻二字，形似音同，容易混淆，常见“竣工”错作“峻工”。

竣，形声字，从立夋声。立，义为“停止不动”，所以，竣字本义作“止”解（《说文解字》）。止，有“完毕”的意思，故工程完成称作“竣工”，事情做完了称作“竣事”。

峻，形声字，从山夋声，本义作“高”解（《说文解字》）。人们常用“峻”形容山势陡峭，如“高山峻岭”“山势峻拔”。由高引申为“险”。刘歆《甘泉宫赋》有“高峦峻阻”句，“峻阻”即险阻。由险又引申为“急”。柳宗元《愚溪诗序》：“又峻急多砥石，大舟不可入也。”“峻急”即水流湍急。《晋书·傅玄传》：“天性峻急，不能有所容。”这个“峻急”形容性情严厉急躁。由此又引申为“严厉”“严肃”“严重”，如“严刑峻法”（严厉）、“神情严峻”（严肃）、“形势严峻”（严重）。峻字没有“完毕”的意思，“竣工”“竣事”不可写作“峻工”“峻事”。

47. 溯　朔

溯、朔二字，形似音同，容易混淆，常见“追溯”错作“追朔”。

溯，会意字，从水从朔。朔：农历每月初一，即“一月之初”。水朔合体，会意为“逆流而上”（《集韵》）。“追溯”的本义就是：逆流而上，直趋其源。引申为“回想，往上推求”，多用来比喻探索事物的由来。类似的常用词有：回溯，上溯，溯源。

朔，形声字，从月屰声，月相名。农历每月初一，月球运行到太阳和地球之间，跟太阳同时出没，地球上看不到月亮，这种月相称作“朔”。《释名·释天》说：“朔，月初之名也。”所以，农历每月初一称作“朔日”。月初乃一月之始，因而引申为“初始”。《礼记·礼运》：“治其麻丝，以为布帛，以养生送死，以事鬼神上帝，皆从其朔。”郑玄注：“朔，亦初也。”一月之始称作“朔”，一日之始也称作“朔”。但一日之始始于何时，古人有凌晨、平旦、半夜多说。《白虎通·三正》说：“（夏）以平旦为朔，（殷）以鸡鸣为朔，（周）以夜半为朔。”按常理，0时为新的一天开始，当以0时为朔。朔字没有“追源”的含义，所以，“追溯”不可写作“追朔”。

48. 暗　黯　谙

暗、黯、谙三字，都以“音”为声符，暗、黯二字不仅同音，含义也相当接近，谙跟暗、黯的读音也很接近，所以容易混淆。

暗，会意字，从日从音。这个“音”不是“声音”，而是“荫”的通假字。《左传·文公十七年》：“鹿死不择音。”“不择音”即“不择荫”。荫，本义“遮蔽”。日音（荫）合体，会意为“日无光”，所以，暗字的本义是“光线不足”。

黯，也是会意字，从黑从音（荫），会意为“深黑”，也泛指黑色。

“光线不足”与“深黑”，都是形容黑暗的，但“黑暗”的程度不同，所以，二字在形容黑暗时用法不同，各自的引申义更不相同。

黑与暗、黯都可以组成词，但组词的方式及含义不相同。黑与暗组成“黑暗”，既可以形容暗的程度，又可以比喻社会状况的落后和统治势力的腐败，如“黑暗势力”“黑暗统治”。黑与黯组成“黯黑”（不是“黑黯”），多用于形容天色昏黑或脸色乌黑，如“黯黑的夜晚”“天色黯黑”“脸色黯黑”。

暗有“幽深”“无光泽”“不鲜艳”等引申义。白居易《寒食夜》：“无月无灯寒食夜，夜深犹立暗花前。”陆游《游山西村》：“山重水复疑无路，柳暗花明又一村。”苏轼《浣溪沙·咏橘》：“菊暗枯荷一夜霜，新苞绿叶照林光。”三首诗中，“暗花”“柳暗”“菊暗”三个“暗”字，含义各不相同：“暗花”中的“暗”形容的是“黑夜”；“柳暗”中的“暗”形容的是“柳荫幽深”；“菊暗”中的“暗”形容的是菊残色败“不鲜艳”。此外，暗字还有“不光明”“不公开”“隐蔽”等引申义，如“暗算”“暗杀”“暗探”“暗事”“阴暗心理”“暗下决心”等。黯字没有这些引申义。

黯有“昏暗”的引申义。如洪昇《长生殿·觅魂》：“露明星黯，月漏风穿。”“星黯”即星光暗淡，若隐若现。黯字常用来形容内心的苦闷或情绪的低落，如“黯然泪下”“黯然神伤”“黯然销魂”。

谙，形声字，从言音声，音 ān（暗、黯音 àn），本义“悉”（《说文解字》）。悉：熟悉，知晓。如“谙达”（熟悉人情世故），“谙练”（熟悉，有经验），“谙熟”（熟悉某种事物）等。由悉引申为“熟记”“背诵”。古文里形容某人记忆力强，常用“一览便谙”，这个“谙”便是“熟记”。又引申为“尝”“经受”。范仲淹《御街行·秋日怀旧》：“残灯明灭枕头攲（qǐ，斜靠着），谙尽孤眠滋味。”“谙尽”即“尝够了”。元代佚名文人《张资鸳鸯灯》：“吃了万控持，谙了无限磨难，受了多少忐上忑下。”句中的“吃了”“谙了”“受了”同义，都是“经受了”的意思。

49. 截 接

截、接二字，虽然同音，含义区别却很大，一般不会混淆。但二字同“直”分别合成“直截”“直接”二词，却易混淆，把“直截了当”错作“直接了当”，是常见的用字错误。

截，小篆作“𢧵”，会意字，从戈从雀（隶变讹作“𢧵”，楷书依隶，遂成规范字形），以戈对雀，会意为“断”，即切割使断。截跟劈的区别是：截横断，劈竖剖。突然半路杀出叫“截击”，截断河水叫“截流”，形容界限分明叫“截然”。“直截了当”取“截”的“明快”义，形容言语、行动简单爽快。

接，形声字，从手妾声，本义作“交”解（《说文解字》）。《礼记·表记》：“君子之接，如水。”“君子之接”即“君子之交”，后世文人将这句话改为“君子之交淡如水”。交：交结。由此引申出“接触”（接近，碰上，发生交往或冲突）、“连接”（接线）、“接连不断”（接二连三）、“接替”（接班）、“毗连”（接壤）等义。“直接”取“接触”义，即直接接触，不经过中间事物，（跟“间接”相对），如“直接经验”“直接推理”，没有“直截”的“明快”义。

50. 粹　萃

粹、萃二字同音，但不同义。

粹，形声字，从米卒声，本义“米纯不杂”（《说文解字》）。清代文字学家段玉裁注：“粹，引申为凡纯美之称。”《易·乾》：“刚健中正，纯粹精也。”孔颖达疏：“纯粹不杂是精灵。”“纯粹”一词由此而来。由纯粹引申为“精华”，古文有“粹要”一词，“粹要”与“精华”同义，于是有了“精粹”一词，“精粹”即“精美纯粹”。

萃，形声字，从草卒声，本义“草丛生貌”（《说文解字》）。引申为“聚集”。《楚辞·天问》：“苍鸟群飞，孰使萃之？”鸟儿结群飞翔，是谁让它们聚集起来的？由聚集引申为“群”“类”。《孟子·公孙丑上》：“出乎其类，拔乎其萃。”后世缩略为“出类拔萃”，形容超出同类，类、萃同义。萃还有个同义字：荟。同义反复，合成“荟萃”，含义还是“聚集”。

古文里也有用“粹”表“聚集”义的例子，例如《荀子·正名》：“凡人之取也，所欲未尝粹而来也；其去也，所恶未尝粹而往也。”杨倞注：“粹，全也。”刘师培补释：“粹与萃同，萃即聚也。”“粹而来”“粹而往”即一起来、一起往。粹同萃，是通假现象，跟粹字本义及其引申义无关。在现代汉语里，萃、粹不再通用。有两种杂志，一曰《文粹》，一曰《文萃》，刊名不同反映两刊性质不同：《文粹》是文章选刊，表示所载文章均为佳作；《文萃》是文章汇编。

人们不明了萃字的含义，误以为萃、粹同义，所以把“精粹”错作“精萃”。

51. 兢　竞

兢，小篆作“兢”，会意字，由双丰双兄组合而成，楷书将“丰”简作“十”。丰，象征草茂；兄，在兄弟中属于“长”，引申出“滋长”义；二草并丰，令人起敬。由敬生畏，引申出“小心谨慎”的含义。《新唐书·魏征传》：“正当兢惧戒约，奈何令人悔为不奢。”句中“兢”即小心谨慎。兢字叠用（兢兢），含义也是小心谨慎。“兢兢业业”

即小心谨慎、认真负责。成语“战战兢兢”，形容的也是小心谨慎。这句成语出自《诗·小雅·小旻》：“战战兢兢，如临深渊，如履薄冰。”如临深渊，如履薄冰，何等小心谨慎！

竞，繁体作“競”，是由甲骨文、小篆演变而成的。甲骨文作“𥪰”，象形字，像二人对话。小篆作“䛕”，会意字，由双人双言组合而成，也是二人对话。《说文解字》：“竞，彊语也。”彊，强的异体字；“彊语”即争着说。因此，竞有“争胜负、比高下”的含义，“竞赛”“竞争”“竞技”“竞走”都是“争胜负、比高下”的意思。竞字没有“小心谨慎”的含义，“兢兢业业”不可写作“竞竞业业”。

兢、竞二字，韵母相同，但声调不同，兢读一声，竞读四声。

52. 潭　滩

潭，古水名，在广西境内，今名柳江。后被假借表“深渊”义。《广雅·释水》：“潭，渊也。”《楚辞·九章·抽思》：“长濑湍流，泝江潭兮。”王逸注云：“潭，渊也，楚人名渊曰潭。”他认为把渊称作“潭”是楚地方言。《论衡·率性》：“百兽率舞，潭鱼出哔。”王勃《滕王阁序》：“潦水尽而寒潭清，烟光凝而暮山紫。”两句中的“潭”，指的都是深渊。

滩：形声字，从水难声，本音 nàn，本义“水濡而干也。”（《说文解字》）意思是：草被水浸渍而枯萎。由“草干”引申出“水干”，因此，水中的沙石堆，江、河、湖、海岸边泥沙淤积而成的平地，都称作“滩”。这个滩，改音 tān。《水经注·江水二》：“江水又东径流头滩，其水并峻激奔暴，鱼鳖所不能游，行者常苦之。”唐岑参《渔父》：“朝从滩上饭，暮向芦中宿。”前句中的“滩”，指水中沙石堆；后句中的“滩”，指湖岸边泥沙淤积而成的平地。

一个是水深，一个是水干，潭、滩二字含义的区别是很明显的。

53. 概　慨

概，形声字，从木既声，本义“平斗斛之器”（《说文句读》）。斗和斛，都是旧量器。用斗、斛量粮食，要用一柄丁字形括板沿斗、斛上口边沿括去多出的粮食，这个括板就叫作“概”，俗称“斗括子”。《越绝书》说越王句践卧薪尝胆，“妻操斗，身操概，自量而食，适饿不费”。“身操概”即句践自己使用斗括子。概的作用是“不使过量”，由此引申为“一律”（一概）、“大略”“大致”（大概）；又引申为“气度神情”。“气概”表示的就是（在对待重大问题上表现出的）“气度神情”。

慨，形声字，从心既声，本义“壮士不得志”（《说文解字》），有愤慨”的意思。由此引申出“激愤”“激昂”“忧伤”“感叹”“不吝惜”等多个义项，于是有了“慷慨”“感慨”“慨叹”“慨然”等词。“慷慨”“慨然”也是多义词。例如：“慷慨陈词”中的“慷慨”，含有“充满正气，情绪激昂”的意思；而“慷慨解囊”中的“慷慨”，表示的却是“毫不吝惜”。又如：“慨然应允”“慨然相赠”中的“慨然”表示“慷慨，不吝惜”；而“慨然长叹”的“慨然”表示的却是“感慨地”“感叹”的意思。但古往今来，慨字都没有“气度神情”的含义，所以，“气概”不可写作“气慨”。

54. 嚣　啸

嚣、啸二字音同，且都从口，与声音有关，故易混淆。

嚣，会意字，从页从四口。页是“头”本字；众口在头的四周叫喊，会意为“吵闹”，如“喧嚣”（声音杂乱，不清净）、“嚣杂”（宣嚣嘈杂），“嚣尘”（喧嚣多尘），“嚣张”（放肆，恶势力或邪气上涨）。由嚣尘演化出成语“甚嚣尘上”。这句成语出自《左传·成公十六年》，楚晋开战，楚王登车窥探敌情，对侍臣说：“甚嚣，且尘上矣。”意思是说，晋军喧嚣纷乱得很厉害，尘土都飞扬起来了。后世缩略成“甚嚣尘上”，比喻某种言论十分嚣张。

啸，形声字，从口肃声，本义作“吹声”解（《说文解字》）。“吹声”即俗话说的“打口哨”。打口哨时撮口发声，其音长而清脆，因而有了“长啸”一词。啸字还形容风声、虎吼，如“北风呼啸”“虎啸山林”。啸字没有“声音杂乱”的含义。

55. 催　摧

催，会意字，从人从崔。从人，表示与人有关系；从崔（高山），表示与高山有关系；人崔合体，表示高山压顶令人急迫，会意为“相迫”（《玉篇》），即促使人迅速行动。孟浩然《归终南山》：“白发催年老，青阳逼岁除。”作者感慨人生苦短，岁月无情。“催促”“催迫”“催办”等词，用的都是“催”的本义。由催迫引申为“使事物的产生和变化加快”，如“催生”“催化”“催奶”“催芽”等。

摧，形声字，从手崔声，本义“折”（《说文解字》），即用手折断物体。三国魏李萧远《运命论》：“木秀于林，风必摧之。”句中“摧”的含义就是“折断”。引申为“毁坏”（摧毁）、“攻陷”（摧陷，无坚不摧）。

催、摧二字，形似音同，但含义完全不同，不可互代。

56. 绎　译

绎和译，是“繹”和“譯”的简化字，都是形声字，声符都是“睪”（yì），故同音，决定二字含义区别的是形符不同：绎从丝，译从言。

绎，从丝，表示和丝有关系，本义为“抽丝”（《说文解字》）。抽丝，即从蚕茧中抽丝。引申为“抽出或理出事物的头绪”，如“寻绎”“抽绎”“演绎”。演绎是一种推理方法，由一般性前提推到个别性结论。例如：凡是律师都是法律工作者（一般性前提），张明是律师，所以，张明是法律工作者（个别性结论）。把“演绎”错作“演译”，是不明了“演绎”的含义所致。在古汉语里，绎字还有两个别义：其一，连续不断。当是“抽丝”的直接引申义。《论语·八佾》有“绎如也”句，后代学者邢昺解释说：“绎如也者，言其音落（络）绎然相续不绝也。”成语“络绎不绝”表示的正是此意。其二，陈述，陈列。《礼记·射义》：“射之为言者绎也，或曰舍也。”孔颖达疏：“绎，陈也，言陈己之志。”“陈己之志”即陈述自己之志趣。

译，从言，表示和语言有关系。《说文解字》：“译，传译四夷之言者。”现代汉语称作“翻译”，即把一种语言文字转换成另一种语言文字。译字没有推理的含义。

57. 隔 膈

隔，形声字，从阜（土山，变形为“阝”）鬲声，本义“障”（《说文解字》）。障，即常说的“阻隔”。有两个引申义：（1）遮断使不相通。如“隔断”“隔绝”“隔离”“隔扇”“隔音”等。（2）距离。如“隔岸”、“隔日”、“隔膜”（两个人思想有距离）、“隔阂”（彼此情意沟通有障碍）。

膈，小篆没有这个字，说明是汉以后创造的新字。膈是形声字，从肉（变形为“月”）鬲声。从肉，表示与肉体有关系，指人或哺乳动物胸腔与腹腔之间的膜状肌肉，又叫“膈膜”或“横膈膜”。“膈膜”是名词，而“隔膜”既是名词（如“两人之间的隔膜”），也可以用作形容词（如“两人多年不通消息，彼此之间隔膜起来”）。可见，“隔膜”和“膈膜”含义和用法都不相同。

58. 蜡 腊

蜡，一形二字：一为“蜡”（传承字），一为“蠟”的简化字。先说“蜡”本字，蜡是个多音多义字：（1）音 qū，虫名，《说文解字》认为是“蝇胆（蛆）也”，蝇的幼虫。（2）音 zhà，祭名，古代年终祭祀活动。据《礼记》，年终大祭百神，夏代称作“清祀”，殷商称作“嘉平”，周代称作“蜡”，秦代称作“腊”。今被假借作为“蠟”的简化字，音 là，含义是“动物、矿物或植物所产生的油脂”，如“蜂蜡”“白蜡”“石蜡”。蜡可用作防水剂，还可制造蜡烛、蜡像、蜡丸（外面包有蜡皮的丸药）、蜡笔，还是蜡染工艺的材料（用熔化的黄蜡在白布上绘制图案，染色后煮去蜡质，现出白色图案）。

腊，也是一形二字：一为“腊”（传承字），一为“臘”的简化字。先说“腊”本字，音 xī，义为“干肉”，即风干、晒干或熏干的肉。《金史·世宗纪下》：“辽主闻民间乏食，谓何不食干腊。”干腊：干肉。辽主锦衣肉食，不知百姓艰苦，食无粮，哪来的干肉！今被假借作为“臘”的简化字，音 là，本义“农历十二月里合祭众神”，因此，农历十二月又称“腊”月。腊月腌渍后风干的鱼肉，称作“腊肉”“腊味”。

蜡、腊二字，音义皆异。作为“蠟”“臘”的简化字，读音虽然相同，但含义有别，不可混淆。毛主席的名词《沁园春·雪》中有“原驰蜡象”句，原作“原驰腊象”，后改为“原驰蜡象”。蜡，色白而凝重，用“蜡象”形容莽莽雪原，一堆堆雪，散布原野，犹如一群白象在奔驰，实为神来之笔。

59. 暄 喧

暄、喧二字，形似音同，喧常用而暄不常用，故“寒暄”常错作“寒喧”。

暄，形声字，从日宣声，本义为“温”，即温暖。《说文解字》甚至认为：“暄”“煖”（暖）同义。王安石《题齐安壁》：“日净山如染，风暄草欲薰。”句中“风暄”即风暖。春风暖洋洋地吹着，草木蒸腾，发出阵阵清香。例如南朝宋鲍照《采菱歌七首》之三：“睽（同“暌”）阔逢暄新，悽怨值妍华。”句中“暄”指代晚春，表示天气变得暖和了。“寒暄”一词中的寒，含义是“冷”；暄，含义是“暖”；“寒暄”直译的就是“冷暖”。但是，这个词的真正含义并不是“寒”“暄”二字意义的简单相加。中国人的礼仪习惯，两人见面先谈一些天气冷暖的应酬话，在书面语言里称作“寒暄”，这个“寒暄”不是形容词，而是动词，是“嘘寒问暖”的意思。有人不知“寒暄”的含义，以为就是说话，因而误作“寒喧”。

喧，会意字，从口从宣。口表示说话，宣有遍布义，口宣合体，会意为“大语”（《玉篇》），即大声相语。例如王维《舟中夜书事》：“渡口欲黄昏，归人争渡喧。”黄昏将至，归人争渡，大叫大嚷。引申为“吵闹”，陶渊明在《饮酒诗》中，这样描写田园的静谧：“结庐在人境，而无车马喧。”用“喧”形容吵闹，“无喧”形容静谧。现代汉语仍在使用的“喧闹”“喧嚷”“喧嚣”“喧扰”“喧哗”等词，用的都是此义。喧字还可形容气氛热闹，如“锣鼓喧天”“一片喧腾”。喧字没有温暖的意思，因此，“寒暄”不可写作“寒喧”。

60. 暌　睽

暌和睽，都是形声字，声符都是“癸”，故同音，它们的区别在于表义的形符不同：暌从日，睽从目。

暌，从日，表示与日有关系，《古今韵会举要》释义为“日入”，即太阳下山。日出月落，日落月出，日、月很少同时出现在天穹，因此，人们用“暌”表“分离”义。“暌违”一词，在书面语言里常用，意思就是“分离、离别”。由分离引申为“不合”“离间”。刘勰在《文心雕龙》里，用“文丽义暌”形容文义不合，文字华丽却往往不能准确达意。苏轼在《续欧阳子朋党论》中指出：“疏者易间，而亲者难暌也。”“难暌”即难以离间。

睽，从目，表示与眼睛有关系，《说文解字》释义为“目不相听”。桂馥《说文义证》认为：“从目之睽，当云视也。”“相听”当作“相视”。《增韵》《洪武正韵》都释义为“目不相视也”。“目不相视”即双眼不能集中视线同视一物。睽字叠用（睽睽），却表示“注视”，如“众目睽睽”。由目不相视引申为“不相合”，如“睽异”。“不相合”也有“分离”的意思，所以，古人在表“分离”义时，暌、睽通用，“暌违”“暌合”“暌离”也作“睽违”“睽合”“睽离”，当系通假。现代汉语表“分离”义，只用“暌”而不用“睽”。

61. 幅　辐

幅，形声字，从巾（在合体字里表“布”义）畐声，《说文解字》释义为“布帛广也”。“布帛广”即布帛的宽度。例如，布帛的宽度称作“幅面”。“单幅布”“双幅布”“宽幅布”里的“幅”，指的是布帛的标准宽度。用作量词，平面物一方称作“一幅”。引申为“泛指宽度”，例如，物体振动或摇摆所展开的宽度称作“幅度”，振动过程中振动物离开平衡位置的最大距离称作“振幅”。又引申为“国土面积”，如“幅员”。

辐，形声字，从车畐声，本义“车轮中连接车毂和轮辋的直棍或钢条”，也叫“辐条”。辐条是由车轮中心（车毂）向各个方向直线伸展的，由此产生“辐射”一词。后来人们把凡是由中心向各个方向直线伸展的现象都称作“辐射”，由此产生“热辐射”“光辐射”“无线电辐射”等词。人们还用“辐”形容稠密，如“人烟辐辏”。

62. 厮　撕　斯

厮，西汉开始使用此字，《史记·张耳传》有“厮养卒”句。关于这个厮字的含义，古代学者观点不一致。有的认为：“厮，贱者也。”有的认为：“析薪为厮，炊烹为养。”厮养卒，炊事兵。厮字的“贱者”义被后世沿用。早期白话小说，称男仆为“小厮”，还有“这厮”“那厮”，也是对人轻视的称呼。在现代汉语里，厮字的含义变为“相互”“相处”，但仍含有贬义。例如，称相互扭打为“厮打”，相互拼杀为“厮杀”，同不三不四的人相处为“厮混”。

斯，“撕”本字，会意字，从其（箕）从斤（斧），会意为“剖析”。“剖析”有两个含义：劈砍，扯裂。《诗·陈风·墓门》：“墓门有棘，斧以斯之。”句中“斯之”而劈砍。元孟祺等《农桑辑要》卷一：“至三眠后，桑叶但以手斯破，不必刀切，铺叶更厚。”句中“斯”即扯裂。引申为“分散，分开”“离，离开”。《水经注·沂水》：“水出鹿岭山东南流，左则二川臻凑，右则诸葛泉源，斯奔乱流，径阳城之卢县。”句中“斯奔”即分散奔流。《列子·皇帝》：“华胥氏之国……不知斯齐国几千万里。”句中“斯齐国”即离齐国。后来，斯字被假借用作指示代词，当“此”“这个”“这里”“这样”讲，如“诚哉斯（此）言”“以致于斯（此）”、“斯人”（这个人）、“斯时”（这时）、“生于斯，长于斯”（这里）、“逝者如斯”（这样）等。在古汉语里，斯字还常用作副词、连词、助词和语气词。用作副词，表示承接上下文，相当于“则”；用作连词，表示假设兼让步，相当于“就”“就是”“那么”；用作助词，表示结构（相当于“之”“的”），用在形容词后面（相当于“然”）；用作语气词，表示疑问或感叹。

斯字被借走后，古人又在斯字左旁加了个“手”（扌），造出个新字“撕”，表示斯字的本义“剖析”，如“撕扯”“撕毁”。

63. 模 摸 摹 摩

模、摸、摹、摩四字同音，模与摸、摹与摩形似，四字的含义还有交叉，使用时容易混淆。

模，形声字，从木莫声，本义为“法”（《说文解字》）。法：法式，规范，标准。“模型”“模式”“模范”“楷模”用的都是本义。引申为“仿效”，如“模仿”“模拟”。模和棱合成“模棱”，模和糊合成“模糊”，都表示“不分明，不清楚，不明确”，但两词用法不同：“模棱”用于形容态度、意见含糊、不明确，如“模棱两可”；“模糊”用于形容字迹、神志、认识不分明、不清楚，如“模糊不清”。用压制或浇灌的方法使材料成为一定形状的工具叫作“模子”，浇灌混凝土工程时定型用的板，叫作“模板”，生产上使用的各种模型叫作“模具”，人的长相或装束打扮的样子叫作“模样”，都是由“模型”引申出来的，不过，这个“模”与“模”字的本音读音不同：模字本音 má，“模子”“模板”“模具”“模样”的“模”读 mú。

摸，形声字，从手（变形为“扌”）莫声，义为“用手接触或轻轻按着并来回移动”。引申义有：（1）用手探取。如“摸鱼”“摸彩”“摸奖”。（2）试探着。如“摸底”“摸索”。（3）在黑暗中行动，在认不清的道路上行走，或暗地里行动。如“摸黑”“摸进村”“摸哨”“摸营”。

摹，形声字，从手莫声，本义为“规”（《说文解字》）。规：法度，规制。引申为“仿效”“描述”等义。晋潘岳《西征赋》：“乃摹旧丰，制造新邑。”“摹”即仿效。南朝江淹《别赋》：“谁能摹暂离之状，写永诀之情者乎。”“摹暂离之状”即描述离别时的心情。照着样子写或画，叫作“描摹”“临摹”“摹写”“摹绘”，摹写书画并雕刻或印刷，叫作“摹刻”“摹印”，临摹或翻刻的书画本叫作“摹本”。

摩，形声字，从手麻声，本义“研”（《说文解字》）。这个“研”是什么意思呢？《广韵》认为是“研摩”。韩康伯注《易·系辞上》“刚柔相摩”句释义为“相切摩也”。用现代语言来说，就是“物体与物体紧密接触并来回移动”，如“摩擦”“摩肩接踵”“摩拳擦掌”。跟天接触，形容很高，称作“摩天”，如“摩天岭”“摩天大楼”。由接触引为“抚摩”，如“按摩”“摩挲”。又引申为“互相切磋”“反复思考推求”，如“观摩”“揣摩”。“摩擦”是个多义词：用作动词，表示物体与物体紧密接触并来回移动；用作名词，表示两个相互接触的物体，当有相对运动或有相对运动趋势时，在接触面上产生的阻碍运动的作用；还表示（个人或党派间）因彼此利害矛盾而引起的冲突。

模的“法”和摹的“规”，实际上是同义词。清代文字学家王念孙解释说：“《说文》：‘模，法也。’‘摹，规也’。摹与模通。”现代汉语“摹”多用其引申义“仿效”。现代汉语“模”也有“仿效”义，因此，摹、模二字有限通用。例如：“模仿”“模效”“模拟”也作“摹仿”“摹效”“摹拟”，“摹写”“摹本”也作“模写”“模本”。它们是同义异形词，但在使用习惯上多用“模仿”“模拟”“摹效”“摹写”“摹本”。

摸和摹在“仿效、描摹”义上也有交叉，《说文解字》：“摹，规也，谓有所规仿。亦书作摸。”韩愈《画记》：“余少时常有志乎兹事，得国本，绝人事而摸得之。”句中“摸”即仿效。现代汉语不再用“摸仿”“描摸”。

摸与摩在“用手按着并来回移动”义上也有交叉，故“抚摩”也作“抚摸”，是同义异形词，在使用习惯上多用“抚摩”。

64. 糅　揉

糅、揉二字，形似音同，容易混淆。

糅，形声字，从米柔声，《说文解字》释义为“杂饭”。枚乘在《七发》里用了这个概念："滋味杂陈，肴糅错该。""肴糅"即杂饭，饭菜混合，滋味杂陈。后世多用其引申义：混杂，混合。唐代学者玄应在《一切经音义》里说："今胃（谓）异色相集曰糅也。"《论衡》有"瓦玉集糅"句，用的就是"混杂"义。现代汉语有两个常用词：糅合，杂糅。"糅合"的意思是掺和、混合（多指不适宜合在一起的）。"杂糅"是现代汉语语法概念，指一种常见的语法错误，即把两种不同的句式捏合在一起，或把含有相同词语的两个连贯的分句硬给紧缩为一个句子，从而造成语病。

《集韵》："煣，屈申也，或作揉。"就是说，"揉"是"煣"的异体字，含义是用火烤使木弯曲或伸直。《易·系辞下》："斲木为耜，揉木为耒。"耒耜是古代的木犁，耒是犁柄，耜是犁头。"斲（zhuó，砍，削）木为耜"即把木砍削成犁头，"揉木为耒"即把木揉曲成犁柄。在现代汉语里，揉不再是煣的同义词，它有三个义项：（1）用手擦或搓，如"揉面""揉眼睛"。（2）团弄，把面或泥揉成小球，如"揉汤丸""揉泥球"。（3）抓挠，如"抓耳揉腮"。揉没有煣的"用火烤使木弯曲或伸直"义，也没有糅的"混杂"义。常见揉、糅混淆错用，如"糅合""杂糅"错作"揉合""杂揉"。

65. 褶　折

褶，会意字，从衣从習。从衣，表示与衣裳有关系；从習，表示重复的意思（習字的本义是"一次又一次地飞"）；衣習合体，会意为"夹衣"。《徐霞客游记·滇游日记》："至此手无一文，乃以褶袜裙三事，悬于寓外，冀售其一，以为行资。"句中的"褶"即夹衣。这个褶字，读 dié。褶字此音此义，现代汉语很少使用。现代汉语褶字读 zhě，含义是"衣服经折叠或缝成、烫成的纹"，俗称"褶子"。老年人皮肤出现皱纹如"褶"，故称"褶皱"。"褶皱"还是地质学名词，指由于地壳运动岩层受到压力而形成的连续弯曲的构造形式。

折，会意字，从手从斤（古"斧"字），手持斧会意为"断"。

折字也有“弯曲”的引申义（详见本节“折析”），但“弯曲”和“褶皱”意思大不相同，所以，“褶皱”不可写作“折皱”。

66. 辨　辩

辨、辩二字，都是会意字，“辡”是二字共同的形符，它们的区别在于两“辛”中间，一个是“丷（刀）”、一个是“讠（言）”。辛，是个古老的字，甲骨文里就有，写作“[illegible]”，金文写作“[illegible]”，都是曲刀的象形符号。著名历史学家郭沫若认为：“辛，由其形象以判之，当系古之剞劂。”（《甲骨文研究》）剞劂（jīguī），曲刀，古代刻镂工具，被用作刑具，在罪犯额上刺字，谓之“黥额”。因此，“辛”成了“大罪”的代词。《说文通训定声》：“辛，大罪也。”《清史稿·隆科多传》：“（隆科多罪行）凡四十一款，当斩，妻子入辛者库，财产入官”“入辛者”即列入罪犯。后来，辛字被假借表“辣”和“劳苦”义。但作为合体字的偏旁，“辛”多表“大罪”义，因此和“辛”合体的新字，多跟“大罪”有关系。例如：辜，本义“罪”，“死有余辜”是说杀了也不足以赎其罪，“无辜”，即无罪；辟，古代的刑法；辞，本义“讼”，即辩护。综上所述，两辛即两个罪犯。

辨，两辛夹一刀，会意为“判”（《说文解字》），表示判别和区分。引申为“明察”“确定”等义，如“辨明”“辨认”“辨识”“辨析”。

辩，两辛夹一言，会意为“治”（《说文解字》），即“治理”。《营子·五辅》：“大夭任官辩事，官长任事守职。”句中“辩事”即治理。引申为“解说”“争论”“巧言”，如“辩论”“辩驳”“辩护”“辩诬”“辩解”“善辩”。

在古汉语里，在“争论、辩解”意义上“辨”通“辩”。例如，《荀子·正名》：“实不喻，然后命；命不喻，然后期；期不喻，然后说；说不喻，然后辨。”句中的“辨”，义为“辩论”。又如，王安石《答司马谏议书》：“故略上报，不复一一自辨。”句中的“辨”，义为“辩解”。两个“辨”都是“辩”的通假字。现代汉语辨、辩二字不再通用。

在现代汉语里，“辨”主要表“识别、区分”义，如“辨识”“辨别”“辨认”“辨析”；“辩”主要表“解说、争论”义，如“辩白”“辩论”“辩解”“申辩”“辩护”。“辨”与“分”合成“分辨”，含义为“识别”；“辩”和“分”合成“分辩”，含义为“辩解”。有个常用词“思辨”，意思是“思考辨析”，如“思辨能力”，没有“争辩”的意思，这个词不可写作“思辩”。“思辨”还是一个哲学概念，指运用逻辑推导而进行纯理论、纯概念的思考。这个“思辨”也不可写作“思辩”。

67. 骛　鹜

骛、鹜二字，形似音同，容易混淆。“驰心旁骛”常错作“驰心旁鹜”。

骛、鹜二字，都以“敄”为声符，故同音。但二字表义的形符不同：骛从马，鹜从鸟，这马与“鸟”决定了骛、鹜二字的本质区别。

骛从马，表示与马有关，本义“纵横奔驰”，引申为“追求”。“好高骛远”比喻不切实际地追求过高过远的目标。

鹜从鸟，表示与禽类有关，《说文解字》释义为“舒凫”，即家鸭。屈原《卜居》：“宁与黄鹄比翼乎？将与鸡鹜争食乎？”句中“鸡鹜”即鸡鸭。野鸭也称作“鹜”。王勃《滕王阁序》“落霞与孤鹜齐飞”句中“鹜”，指的就是野鸭。

有两句成语：驰心旁骛；心无旁骛。“驰心旁骛”跟“心无旁骛”含义正好相对：“驰心旁骛”比喻心存杂念而不能专心致志；“心无旁骛”比喻心无杂念而专心致志。

68. 维　惟　唯

维、惟、唯三字，都是形声字，声旁都是“隹”，它们的区别在于表义的形旁不同：维从丝，惟从心，唯从口。

维，从丝，表示跟丝有关系。《说文解字》：“维，车盖维也。”桂馥《说文义证》：“维谓系盖之绳也。”即系车盖的绳子。古代马车的车盖是布质的，须要用四根绳子把布盖的四角系在车框上，这绳子便称作“维”。引申为“系”“连结”“支持”“保护”等义，于是有了“维系”“维持”“维护”“维修”等词。由“维系”又引申为“纲纪”。例如《管子·牧民》：“国有四维……一曰礼，二曰义，三曰廉，四曰耻。”“维”还是现代数学名词，是几何学及空间理论的基本概念：直线是一维的，平面是二维的，普通空间是三维的。

惟，从心，表示跟思考有关系，《尔雅》释义为“思”，《说文解字》释义为“凡思”，“凡思”即综合思考。《汉书·邹阳传》：“愿大王留意详惟之。”“详惟”即缜密思考。苏轼《与王庆源书》：“人生悲乐过眼如梦幻，不足追惟，以时自娱为上策也。”“追惟”即追思、回顾。但在现代汉语里，“思惟”却用“思维”，纯属约定俗成，跟“维”的本义无关。惟用作介词，相当于“以，因为”，现代汉语仍然使用的“惟其”，表示因果关系，跟“正因为”相近。有人把“惟其”误解为“只有”，常见的“惟其如此……”，就是这类错误。

唯，从口，表示跟口有关系，《说文解字》释义为“诺也”。是象声词，应答声，用于对尊长，表恭敬。例如：《论语·里仁》：“子曰：‘参乎！吾道一以贯之。’曾子曰：‘唯。’”唯字叠用（唯唯），读作 wěi wěi，用“诺”的引申义，表示“一味顺从”。

《辞源》指出：“古籍惟、唯、维通用，《左传》作‘维’，《毛诗》作‘唯’，《尚书》作‘惟’。”就是说，用作副词表“单单、只是、只有”义，唯、惟、维通用，“唯一”也作“惟一”“维一”。还有，“唯唯”也作“惟惟”，“惟妙惟肖”也作“维妙维肖”。现代汉语把上述通用词作“同义异形词”处理，以“唯唯”“唯一”“唯独”“惟妙惟肖”为规范词形。

69. 璨　灿

璨，会意字，从玉（王是“玉”古字）从粲，粲义为“鲜明”，玉粲合体，会意为“玉光”（《说文解字》）。由玉的光泽引申为泛指光彩明亮。例如，唐王建《白纻歌》：“天河漫漫北斗璨，宫中乌啼知夜半。”“天河漫漫北斗璨”：在漫漫银河里，北斗星显得格外明亮。又如，《五灯会·汾州无业国师》：“所获舍利，璨若珠玉。”“璨若珠玉”：像珠玉一样光彩夺目。“璨”与“璀”合成形容词“璀璨”，含义为“像珠玉一样光辉灿烂”。

灿，繁体作“燦”，会意字，从火从粲，会意为“光彩鲜明耀眼”（《说文新附》），多用于形容阳光、灯光，也用于形容光泽。清魏源《秦淮镫（灯）船引》：“却喜无月镫（灯）愈灿，倒翻水底成星汉。”“无月镫愈灿”：无月之夜，灯光格外光彩耀眼。在现代汉语里，灿字很少单用，多用其合成词，如“灿烂”“灿亮”“黄灿灿”。没有“璀灿”这个词。

70. 躁　燥

躁、燥二字，形似音同，容易混淆。

躁，小篆作“趮”，形声字，从走（隶变讹为“足”）喿声，本义作“疾”解（《说文解字》）。这个“疾”，是急速的意思，表示举动疾急。引申为“性急”“不冷静”。《管子·心术上》：“摇者不定，躁者不静。”于是有了“急躁”“躁动”等词。急躁：碰到不顺心的事就激动不安，或急于达到目的还没有准备好就行动；也用于形容急性子。躁动：因急躁而活动，或不停地跳动（如“胎儿躁动”）。

燥，形声字，从火喿声，本义“干”（《说文解字》），即缺少水分。《易·乾》：“同声相应，同气相求，水流湿，火就燥。”用作动词，表示“使干燥”。《易·说卦》：“燥万物者，莫熯（hàn，干燥）乎火。”引申为“热”“干枯”，如“燥热”“燥荻枯柴”。由燥热又引申为“焦急”，表示内心燥热。古文里有“燥灼”“燥心”二词，形容的都是内心焦虑。此义与躁的“急躁”义接近，但不是同义词，“急躁”形容的是性情急躁，而“燥灼”“燥心”形容的是内心焦虑。例如符载《上楚大夫书》：“上无以供养尊长，下无以抚字孤稚，彷徨燥灼，内热如疾。”

第二节　常见成语错用音同别字

常见成语、惯用语里错用音同别字，错用原因主要是写作主体不明了成语、惯用语的典故或含义。下面列举96个典型案例中的96个别字，并同正字对照，结合成语、惯用语的含义，一一详加辨析。

1.“一筹莫展”常错作“一愁莫展”

筹，繁体作“籌”，形声字，从竹壽（今简化作“寿”）声，本义“壶矢”（《说文解字》），即投壶用的竹签。投壶是古代的一种游戏，以投筹入壶多少定胜负。筹字因而有了“计数之具”的含义。古代的筹有竹制、木制、象牙制多种，其用途主要有二：计数的工具；领取钱物的凭证。白居易《同李十一醉亿元九诗》：“花时同醉破春愁，醉折花枝当酒筹。”诗句中的“酒筹”，即行酒令时用来计数的工具。旧时码头搬运工人，搬运一件物品工头即发给一枚竹签或木签，搬运结束搬运工人持签结算领取工钱，这个签称作“筹码”。“筹码”本指计数用具，后用作比喻对抗或竞争中可以凭借的条件。由此又引申出“计策、谋划、办法”等义，如“运筹”“筹划”“筹备”“筹措”。“一筹莫展”中的“筹”含义是“计策、办法”，“一筹莫展”的意思是一点计策也谋划不出，或一点办法也拿不出。例如于谦《覆教习功臣子孙疏》：“贤智者少，荒怠者多，当有事之际，辄欲委以机务，莫不张惶失措，一筹莫展。”

愁、筹同音但不同义。愁是会意字，从心从秋，本义“忧”，即忧虑、深切思念或忧伤的心情，如“发愁”“忧愁”“乡愁”“愁思”“愁肠”“愁怀”“愁绪”等。忧愁是一种心理活动，所以从心。但为什么要用“愁”来表示忧愁呢？这跟古代文人的心态有关。秋，一年中的第三季，是个由暖转寒的季节，暑热尽退，寒气来袭，草木开始凋零，大地渐失生机，容易使人产生愁绪。古代文人常用秋来比喻苍凉，比喻肃杀，比喻国家破碎，比喻身世飘零。所以，唐代诗人刘禹锡说：“自古逢秋悲寂寥。”古代文人“因秋而生愁，因愁而悲秋”，在他们心中，秋愁分不开了。宋代文人吴文英这样解释愁字：“何处合成愁，离人心上秋。”

由上述解析可知，“筹”与“愁”含义完全不同。

2.“一如既往”常错作“一如继往”

既字的含义是“已经发生”（详见本编第四章第一节“即既”），“既往”即以往、过去。“一如既往”的含义是：完全跟过去一样。

继，繁体作“繼”，会意字，从丝从㡭，㡭是古绝字，含义为“断”，丝㡭合体，表示“反㡭”，会意为“续”（《说文解字》），即把断丝复接。所以，继字的含义是“继续，接续”，如“继任”“相继”“继承”“前仆后继”“继往开来”“继父”“继母”等。

“继往”和“既往”不是同义词：“继往”的含义是“继承前人的事业”，和“开来”组成成语“继往开来”，表示在继承前人事业的基础上为未来开辟道路；“既往”的含义是“以往”，即“过去的事”，例如“既往不咎”，表示对过去的错误不再责备。所以，“一如既往”不可写作“一如继往”。

3.“一泻千里”常错作“一泄千里”

泻，形声字，从水写声，本义“水向下倾注”（《集韵》）。“一泻千里”出自李白《赠从弟宣州长史昭》：“长川豁中流，千里泻吴会。”形容江河奔流直下，流速极快，流程极远。后世常用来形容文笔流畅，气势奔放。例如明焦竑《玉堂丛语·文学》：“其文如源泉奔放，一泻千里。”

泄，形声字，从水世声，本义“溢”（《广雅》），即水满溢出。引申为“发散”（泄气），“倾吐”（宣泄），“漏、露”（泄漏、泄露），“把液体或气体排出”（泄洪、泄气）等。

泻、泄二字都有“水流”的意思，但具体含义和用法不同：“泻”的水流是奔腾直下，“泄”的水流是水满溢出。生物把体内的废物排出体外，称作“排泄”；而腹泻虽然也是“把体内的废物排出体外”，但不是正常排泄，所以称作“腹泻”，不能写作“腹泄”。这个例子很说明泻、泄二字具体含义和用法的区别。

4.“一诺千金”常错作“一诺千斤”

诺：承诺。成语“一诺千金”有个典故：西汉时楚人季布，为人豪爽仗义，说到做到，其诚信品格博得楚人赞誉，楚地流传一句谚语：“得黄金百，不如得季布一诺。”后来这句谚语演变为成语“一诺千金”，比喻做人信用极高。“千金”指的是“价值”，“一诺千金”用“千金”比喻诚信的价值。

斤，量词，“千斤”指的是“重量”，没有“价值”的意思。

5.“一鼓作气”常错作“一股作气”

“一鼓作气”典出《左传·庄公十年·曹刿论战》：“公（鲁庄公）与之乘，战于长勺。公将鼓之。刿曰：‘未可。’齐人三鼓。刿曰：‘可矣。’齐师败绩。……既克，公问其故。对曰：‘一鼓作气，再而衰，三而竭。彼竭我盈，故克之。’”鼓，战鼓，此处做动词用：擂鼓进兵。作气，振作士气。后世用“一鼓作气”比喻趁士气高昂时而一举成事。

股，本指“大腿”。股是“身体的组成部分”，由此引申为“其他事物的组成部分”。现代汉语用得多的“股份”即此义，表示“集合资金的一份”，也表示“一笔财物平均分配的一份”。常用词有“股本”“股东”“股份公司”“股利”“股票”“股民”“股息”“股权”等。用作量词，表示“成条的东西、成批的人”，也用作气体、气味等的量词，如“一股泉水”“一股土匪”“一股香味”。“一股作气”无解。

6.“人才济济”常错作“人才挤挤”

济，形声字，从水齐声，音 jǐ，古水名，即济水。济水发源于河南，流经山东入渤海。后因黄河改道，济水河道变成了黄河下游河道。河南济源、山东济南、济宁、济阳，都从济水得名。济，本音 jǐ，叠用（济济）读作 jǐ jǐ，义为“众多的样子”。“济济”一词最早见于《尚书·大禹谟》：“禹乃会群后，誓于师曰：‘济济有众，咸听朕命。’”后来“济济有众”演变成“人才济济”（形容有才能的人很多）。

“济”有个的异读音 jì，含义为“过河”，如“同舟共济”。引申为“救助”，如“救济”“济贫”“济世”。又引申为“对事情有益”，如“无济于事”（用于否定式，表示“对事情无益”）、“假公济私”（假借公事的名义，谋取私人的利益）。

济字叠用（济济），与“挤”同音，含义也与“挤”的“拥挤”义接近。所以，人们常把“济济”误作“挤挤”。“拥挤”的意思是（人或车船等）挤在一起。“济济”虽然也形容人多，但没有“挤在一起”的意思。

7.“人情世故”常错作“人情事故”

世，会意字，小篆从卅（三十）从乙，本义“三十年为一世”。《礼记》云：“三十曰壮有室，始有子。”人到三十，进入壮年，成家生子；再过三十年，儿子也三十岁了，也成家生子，就有第三代了。所以说“三十年为一世”。这个“世”表示的是“代代承继”的意思。后来，“世”的含义逐渐扩展，扩展到“人的一生”（一世）、“朝代”（周世、秦世）、“时代”（古世、今世）、“一百年”（世纪），又指“人间、社会”（人世、世间、世事、世态）。“人情世故”中的“世”，指的是“（人间、社会）待人接物”，即所谓处世。故，在这里作“经验”讲，“世故”即处世经验。“人情世故”的含义是为人处世的道理或经验。例如元代戴表元《故玉林项君墓志铭》：“君少历艰险，长经离析，精于人情世故。”

事，小篆作“[illegible]”，形声字，从史之声，本义“职”（《说文解字》）。这个“职”是什么意思？有两种释义。其一，事实。理由是：职，本义“记微”，乃记识其微不使遗漏、混淆之意。其二，职务。《国语·鲁语上》：“卿大夫佐之，受事焉。”《礼记·曲礼上》：“大夫七十而致事。”“受事”“致事”都指接受官职。由事实引申为“事情”，即人类生活中的一切活动和所遇到的一切社会现象。由此衍生出一系列词，如“事实”“事务”“事物”“事项”“事宜”“事由”“事理”“事前”“事后”“事变”“事故”“事件”“事态”等。由职务引申为“工作”“职业”，如“谋事”“从事”等。“事故”与“世故”是两个完全不同的概念。何谓事故？事，事情；故，变故，非常之事；事故，异外的损失和灾祸。例如车祸又称“交通事故”。“人情事故”无解。

8.“大名鼎鼎”常错作“大名顶顶”

鼎，硕腹三足两耳，原是上古时代的器物，用于煮食物和盛物品，后来成了礼器和摆设。相传夏禹铸九鼎，历商至周，为传国之重器，遂成了王位和权力的象征。由此引申出“煊赫”“盛大”“有分量”等义，于是有了“鼎贵”“鼎盛”“鼎力”“一言九鼎”等词语。成语“大名鼎鼎”的意思是“名气很大”。

顶，形声字，从页丁声。页是“首”（头）的本字，顶字本义“人体的最高部位”，即头顶。由“头顶”引申为泛指一切物体的最高部位，如“山顶”“屋顶”“塔顶”“柜顶”。顶，只有“高”义，没有“大”义。用作副词，表示“最”，“顶好”“顶大”中的“顶”，都是“最”的意思，即“最好”“最大”。顶字不能叠用。

9.“川流不息”常错作“穿流不息”

川，象形字，象征众多细流汇合，《说文解字》释义为“贯穿通流水”。后世学者解释说：“大水迁流不息者曰川。”可见，川即大江大河。“川流不息”语意本于《论语·子罕》：“子在川上，曰：‘逝者如斯夫！不舍昼夜。’”“川流不息”直译是江水、河水长流不息，比喻时光永无休止地流逝，亦形容事物像水流一样连续不断。例如朱熹《答张敬夫（其三）》：“夫岂则有一物拘于一时限于一处而名之哉？即夫日用之间，浑然一体，如川流不息，天运之不穷耳。”后世作为成语，比喻“行人、车马、船只连续不断”。

穿，会意字，从牙从穴，《说文解字》释义为“通”，《字汇》释义为“贯”。两个释义实际上是相通的，都是“破透”的意思。《三国志·蜀志·诸葛亮传》：“强弩之末，势不能穿鲁缟。”句中“穿”

用的就是本义“破透”。引申为“通过”（如“穿行”）、“衣着”（如“穿着”“穿衣”）。用在动词后面，表示揭出真相，如“看穿”“说穿”，也是“破透”的引申义。穿字没有“连续不断”的意思，所以，“川流不息”不可写作“穿流不息”。

10. “心心相印”常错作“心心相映”

“心心相印”原为佛教禅宗词语，出自《黄檗山断际禅师传心法要》：“自如来付法，迦叶以来，以心印心，心心不异。”意思是：无须凭借语言，可以心印证佛法。后演变为成语“心心相印”，形容彼此思想和感情完全一致。

印：印证。映：照射，无“印证”义。印和映都可与“相”组词，但词义不同。相印：相互印证，二者是相互契合的。相映：相互辉映，二者是有距离的。

11. “分道扬镳”常错作“分道扬镖”

镳、镖二字同音但不同义。

镳，本指马嚼子两端露出嘴外的部分，这里指马嚼子，扬镳即提起马嚼子。骑马人把马嚼子一提，马就立即奔跑起来。

镖，古代的一种兵器，形状像长矛的头，投掷出去杀伤敌人，如“飞镖”“投镖”。没有“扬镖”一词。

“分道扬镳”典出《魏书·元志传》：“（志）为洛阳令，不避强御。与御史中尉李彪争路，俱入见，面陈得失……高祖曰：‘洛阳我之丰、沛，自应分路扬镳。自今以后，可分路而行。’及出，与彪折尺量道，各取其半。”可见“分道扬镳”的原意是把道路一分为二，两人各走一边，犹如俗话所说的“大路朝天，各走一边”。后来作为成语，比喻因志趣不同、造诣不同而分路。例如：南朝文人何逊《夕望江桥示萧谘议杨建康主薄》：“尔情深巩、洛，予念返渔樵，何因适归愿，分路一扬镳。”说的就是因志趣不同而分路。又如：清代诗人查慎行《酬别许谷》：“方今侪辈盛称诗，万口雷同和浮响；或模汉魏或唐宋，分道扬镳胡不广？”说的就是因造诣不同而分路。

12.“见风使舵”常错作“见风驶舵”

使，会意字，从人从吏。吏即官吏，既是受令者（被委任）又是发令者，故“吏”本义为“令”（《说文解字》）。人吏合体，会意为“命令”。《论语·子罕》：“子路使门人为臣。”“使门人”即命令门人。引申为“派遣”。《水浒全传·第八十五回》：“若如此，宋江是夜使人回家搬取老父，以绝根本。”“使人”即派人。又引申为“使用、掌握”。“使舵”即掌舵。“见风使舵”直译是“看风向掌舵行船”，作为惯用语，比喻投机或看人眼色行事。

驶，形声字，从马史声，本义“马疾行”（《说文解字》），引申为泛指车马奔跑。在现代汉语里，“驶”有“驾驶”义，但无“掌握”义，没有“驶舵”这个词。

13.“山清水秀”常错作“山青水秀”

“山清水秀”本作“山明水秀”，含义是山水清净秀丽，后来演变成“山清水秀”。清，会意字，从水从青，会意为“朗”（《说文解字》），指水澄净明洁之状。“山清水秀”里的“清”，用的就是这个本义：明净。

青，小篆作“青”，会意字，从生从丹，生指草木初生，丹本指赤石，也指青石，生丹合体，会意为“东方色”（《说文解字》）。何谓东方色？周秦时代有“五方五色”之说，五方指东、南、中、西、北，五色指青、赤、黄、白、黑，“东方之色”即青色。古文字学家朱骏声认为，青当为绿色：“从生犹从木，草木初生，其色同青。”草木初生之色，称作绿色。绿深了就变成“蓝”，故青也指蓝色。《荀子·劝学》：“青，取之于蓝，而青于蓝。”青于蓝：比蓝色更深。蓝深了就变成“黑”，故“青”还指黑色，京剧有一种旦角，穿看黑色衣衫，扮演中年妇女，称作“青衣”。在常用词里，“青”多指绿色，如青草、青翠、青豆、青梅、青苔、青纱帐等。“青山”或“山青”，指的都是山色翠绿。

从语法上讲，“山清”可以与“水秀”搭配，而“山青”不能与“水秀”

搭配，只能与“水绿”搭配。“山青水绿”是形容山水形色的，而“山清水秀”是形容山水景色的，其内涵有清新妩媚的神韵。正因为如此，古代诗人认为“山清水秀”是属于诗人的，常用来形容女子的姿丽。例如，宋代诗人黄庭坚在词作《蓦山溪赠衡阳陈湘》中写道：“眉黛敛秋波，尽湖南，山明水秀。娉娉袅袅，恰近十三余，春未透。”用“山明水秀”比喻少女眉目清秀，既巧且妙。

14.“不毛之地”常错作“不茅之地”

毛，小篆作“乇”，象形字，本指人的须发、兽类的皮毛和禽类的羽毛，也指地面上生长的植物，多指五谷蔬菜。《说文解字注笺》：“毛，引申之，草木亦谓之毛。”明徐光启《甘薯疏序》：“方舆之内，山陬海澨，丽土之毛，足以活人者多矣。”句中“丽土之毛”，指的就是肥沃土地里种的庄稼。“不毛”反其义：不长草木、庄稼。“不毛之地”，语出《公羊传·宣公十二年》：“君如矜此丧人，锡（赐）之不毛之地。”“不毛之地”形容贫瘠的土地或荒凉的地区。“不毛之地”可省作“不毛”。例如诸葛亮《出师表》：“故五月渡泸，深入不毛。”“深入不毛”即深入荒凉的地区。

茅，形声字，从草矛声，一种多年生草本植物的名称，俗称“茅草”。“不茅”无解。

15.“不可名状”常错作“不可明状”

名，会意字，从夕从口，会意为“自命”（《说文解字》）。何谓“自命”？即人的名字。王筠在《说文句读》中解释说：“则名者，父所命也，许君（《说文解字》作者许慎）为夕字计，故云自命。”引申为地方、事物、职务等的名称。又引申为“声誉好、功业高、造诣深”，如“名人”“名家”“名著”“名牌”“名声”“名气”“著名”等。“名”还有个特殊含义：“说出”。“不可名状”用的就是此义，意思是“不能用语言（说出）来形容”。例如：晋葛洪《麻姑传》：“衣有文采，又非锦绮，光彩耀目，不可名状，皆世之所无也。”

明，会意字，从日从月，会意为“照”（《说文解字》）。所以，古文里把“光”“晓”“昼”都称作“明”。《易·系辞下》：“日往则月来，月往则日来，日月相继而明生焉。”句中“明”指光（日光，月光）。《诗·齐风·鸡鸣》：“东方明矣，朝既昌矣。”句中“明”指天亮。《马王堆帛书·经法·论》：“则壹晦壹明。”句中“明”即白昼，跟“晦（黑夜）”相对。引申出“了解”“通晓”“分辨”“聪明”“视力”“透彻”等义，于是有了“明了”“明晓”“明显”“明白”“明察”“明辨”“明理”“明示”“明晰”“明慧”等词。可能是“明”有“明白”的含义，人们将“不可名状”误解为“不明白怎样形容”。

16.“不胫而走”常错作“不径而走”

胫，繁体作“脛”，形声字，从肉（变形为“月”）巠声，《说文解字》释义为“胻”，即膝盖到脚跟的部分，俗称“小腿”。走，本义“跑”，在成语“不胫而走”中表示“迅速传播流行”。“不胫而走”直译是“没有腿却跑得很快”，作为成语比喻事物不待推行便迅速传播流行。例如清代学者余怀《〈笠翁偶集〉序》：“此非李子偶寄之书，而天下雅人韵士家弦户诵之书也。吾知此书出，将不胫而走，百济之使维舟而求，鸡林之贾辇金而购矣。”说的就是好书人们争相购买。

径，繁体作“徑”，形声字，从彳巠声，《说文解字》释义为“步道”。朱骏声在《说文解字通训定声》里解释说：步道即“步行之道，谓异于车行大道”。俗称“小路”。“不径”无解。

17.“不假思索”常错作“不加思索”

假：金文作“叚”（叚），小篆在“叚”左侧加个人字旁，遂成“假”。叚，本义“借”。借来之物，暂为我所持，实乃非真我所有。所以，《说文解字》将“假”释义为“不真”。“不真”即跟“真”相对，不真实的，伪造的，人造的统称“假”，如“假冒”“假币”“假山”“假牙”“假账”“假象”等。但是，古文字学家都认为：“假”是“叚”的重文，两字形异而义同。后世“假”兴而“叚”废，是故“假”字仍有“借”的含义。《广雅》和《集韵》都认为：“假，借也。”

古文里用“假”表“借”义的书证很多。例如《左传·成公二年》：“唯器与名，不可以假人。”孔颖达疏：“唯车服之器与爵号之名，不可以借人也。”由借引申为“贷”“雇”。《辽史·文学传上·萧韩家奴》：“求假于人，则十倍其息，至于鬻子割田，不能偿还者。”句中的“假于人”即贷给别人。《汉书·酷吏传·宁成》：“乃贳（shì，借贷）贷陂田千余顷，假贫民，役使数千家。”句中的“假贫民”即雇用贫民。又引申出“给予”“凭借”“利用”等义，如“假借”“假手”“假托”“假公济私”等。“不假思索”用的是“借助，依靠”义，意思是：不经过思考就做出反应，形容做事、应答迅速，多用于形容文思敏捷。如《警世通言·二十六》：“学士大惊，唤华安到来，出题面试。华安不假思索，援笔立就，手捧所作呈上。”“不假思索”错作“不加思索”，可能是因为假、加音近，“加”又有“加以”义，而对“假”的“借助，依靠”义又不了解的缘故。

加，会意字，从力从口，会意为“语相加”（《说文解字》），段玉裁认为是“诬狂，夸大”的意思。《左传·庄公十年》：“牺牲玉帛，弗敢加也，必以信。”“弗敢加也”即“不敢以小为大”。加字的本义今已不用，而用其引申义：增加，增益。如“加速”“加重”。用作副词，表示程度，如“更加”“愈加”。用作连词，表示递进关系，相当于“甚至”，现代汉语中的“加以”即此义，没有“借助”的意思。

18. “少安毋躁”常错作“稍安勿躁”

“少安毋躁”原作“少安无躁”，出自韩愈《答吕医山人书》：“方将坐足下三浴而三熏之，听仆之所为，少安无躁。”宋代诗人陆游在诗作《雨》中改为“少安毋躁”。少，暂时；安，徐缓；毋，不要。

“少安毋躁”的意思是耐心等待，不要急躁。陆游在诗中正确地表达了“少安毋躁”的含义：“上策莫如常熟睡，少安毋躁会当晴。”“少安毋躁”遂成成语，流传至今。

稍，会意字，从禾从肖，肖有“小”义，禾肖合体，会意为“禾末”，即禾之末端。引申为“事物的末端”，又引申为“树的枝叶”，如“树稍”“稍头”。又引申为“表示数量不多或程度不深”，于是有了“稍微”一词。稍字没有“暂时”“耐心”的含义。勿，含义和“毋”相同，都是“禁止或劝阻”的意思，相当于“不要”。但二字读音不同：毋读 wú，勿读 wù。况且，成语的特点之一是“结构的定型性”，其构成成分和构成方式比较固定，不可随意拆开或改动，所以，把“少安毋躁”写作“稍安勿躁”是错误的。

19.“毛骨悚然”常错作“毛骨耸然”

悚：恐惧。悚然：恐惧的样子。人们碰到阴森或凄惨的景象时，会产生恐惧感，毛发竖起，脊梁骨发冷，所以用“毛骨悚然”来形容。“毛骨悚然”是由“毛发尽竖，竦肩缩颈”演化而来的。“毛发尽竖，竦肩缩颈”出自韩愈《送穷文》：“屏息潜听，如闻音声……毛发尽竖，竦肩缩颈，疑有而无。”后世缩略为“毛骨悚然”。

耸：本义“耸立”，高高地直立。引申为“耸动”，“耸然”就是耸动的样子。古文里有“毛发耸然”，如刘禹锡《相国李公集序》：“今考其文，至论事疏，感人肺肝，毛发耸然。”“毛发耸然”形容触发激情因而毛发为之耸动的样子，没有“恐惧”的意思，而且“毛发”和“毛骨”也不是同一概念。

20.“气势汹汹”常错作“气势凶凶”

汹，原作“洶”，魏碑省作“汹”，后为通用字。形容水势向上翻腾、向前翻滚，如“波涛汹涌”。汹字叠用（汹汹），形容气势盛大，通常用于贬义。气势汹汹，比喻来势凶猛的样子。

凶，小篆作“Ⓧ”，指事字，本义“恶”。这个“恶”，指环境恶劣。《说文解字》：“象地穿交陷其中也。”徐锴解释说：“恶不可居，象地之堑也，恶可陷入也。”引申为“凶恶”“残暴”，如“凶恶”“凶残”“凶狠”“凶虐”。又引申为“不吉利”，跟“吉”相对，如“吉凶祸福”。凶字没有“汹涌”的含义，且不能叠用。所以，“气势汹汹”不可写作“气势凶凶”。

21.“凤毛麟角”常错作“凤毛鳞角”

凤和麟，都是古代传说中的动物。在古代传说中，凤为百鸟之王。麟即“麒麟”，传说中的“麒麟”，形似鹿，头有角，身披鳞甲，被称为“仁兽”。凤和麟，人们平时见不着，只有太平盛世才会出现。所以，凤之羽和麟之角，都是罕见的、极其珍稀之物。古代文人就用凤毛麟角比喻罕见而珍贵的人才或事物。《南史·谢超宗传》：“超宗殊有凤毛。”用“凤毛”比喻谢超宗才学出众。《北史·文苑传序》：“学者如牛毛，成者如麟角。”说真正成才的学者如同“麟角”一样稀少。明代学者何良俊在《四友斋丛》中将“凤毛”和“麟角”合成“凤毛麟角”，比喻“康对山之文，天下慕向之”，遂作成语流行。

鳞，《说文解字》释义为“鱼甲也”，即鱼身上的鳞片。爬行类和少数哺乳动物身上也有“鳞”，密排于身体表层的薄片状组织，是皮肤的衍生物。在古汉语里，鳞还是鱼类的代词，也泛指有鳞甲的动物。鱼和其他有鳞甲的动物都没有“角”，所以，地球上并不存在“鳞角”。

22.“水乳交融”常错作“水乳交溶”

融，会意字，从鬲从虫。鬲，古代炊具，大口三足，像鼎。虫，在融字里表“浮动”义。鬲虫合体，表示烧火做饭，炊烟冉冉上升，会意为“消散”（《说文解字》）。引申为“化”“合”等义，于是有了“融化”（冰雪等变成水）、“融合”（几种不同事物合成一体）、“融洽”（彼此感情好，没有抵触）等词。

溶，形声字，从水容声，本义“水势浩大”。如杜牧《阿房宫赋》：“二川溶溶，流入宫墙。”用作动词，表示“化解”。在“化”义上，融、溶同义，故“融化”与“溶化”通用。但成语“水乳交融”中的“融”是“融合”的意思，而“溶”无此义。“水乳交融”直译为“水和乳汁融合在一起”，比喻关系非常融洽或结合十分紧密。

23.“出奇制胜”常错作“出奇致胜”

“出奇制胜”错作“出奇致胜”，问题出在对制字含义的误解上。

人们以为："制"的含义是"制造"，"制造胜利"显然不通；而"致"有"达到"义，"达到胜利"似乎合理一些。

其实，"制"是一形二字，是制字，又是"製"的简化字，制和製原本是形、义都不相同的两个字。制，小篆（[illegible]）是会意字，从未从刀，未，表示枝繁叶茂，用刀对未，会意为"取"。隶变讹作"制"。这个"制"与"制（製）造"不相干。"出奇制胜"的含义是用奇兵或奇计战胜敌人，比喻用对方意想不到的方法来取胜。

致字的右偏旁（夂）俗称"反文"，其实跟"文"不相干，是"攴"的变体。攴，音 pū，是手持小棍的象形符号，义为"小击"，有举手做事之意，用作合体字的偏旁大多表示"手"。手至合体，会意为"给予"，如"致函""致电"。引申为"向对方表示礼节、情意"，如"致词""致贺""致谢"。又引申为"引起""达到"，如"招致""导致""学以致用"。正是这个"达到"义，导致"出奇制胜"错作"出奇致胜"。

24."仗义执言"常错作"仗义直言"

仗，形声字，从人丈声，本义"器仗"（《说文解字》），即刀戟等兵器的总称。南朝宋何承天《安边论》："千家之邑，战士二千，随其便能，各自有仗。"句中"仗"即兵器。引申为"仪仗""凭借"（仗势）"战斗"（打仗）等义。

义字是个多义字，《说文解字》释义为"己之威仪也"。《说文通训定声》认为："经传多以仪为之。"就是说，"义"原本是是"仪"的本字，表示"礼节""仪式""容貌""风度"等意思，因古代经传多用"仪"少用"义"，所以，后来"义"就同"仪"分了家，不再表示原义了。在古汉语里，义的含义有"适宜""正当""正派""公平""善""利益""公益性""死节""意义"等多项。现代汉语只用"公正合宜"（"正义""道义""义不容辞"）、"合乎正义或公益的"（"义举""义演""义工"）、"情谊"（"义父""义气"）、"意义"等义。

“仗义”一词，用作动词表示“主持正义”；用作形容词表示“讲义气”。在成语“仗义执言”里是动词，表示“主持正义”。

“仗义执言”语出明归有光《昆山县倭寇始末书》：“仪部王主政，不忍官民罹此荼毒，受此萋菲，挺身而出，仗义执言，乃至暴没，皆愤愤不平之所致也。”执，拿着。执言，“拿出主张”，引申为“坚持自己的话”。在“仗义执言”里，表示“敢于说公道话”，“仗义执言”即为主持正义而说公道话。

直言：毫无顾忌地说出来，如“直言不讳”，跟“执言”的含义完全不同。

25.“礼尚往来”常错作“礼上往来”

礼，繁体作“禮”，会意字，从示从豊，示义为“天垂象，见吉凶”(《说文解字》)，意思是“上天显现祸福征象”；豊，醴本字，祭祀用的酒；示豊合体，会意为“事神致福”，即敬神。由敬神仪式演变成“礼节”“礼貌”。“礼尚往来”中的“礼”，即礼节，对人表示尊敬的言语或动作，不是俗话说的“送礼”。尚：崇尚，注重。“礼尚往来”出自《礼记·曲礼上》：“礼尚往来。往而不来，非礼也；来而不往，亦非礼也。”倡导相互尊重，友好往来。后世把“礼尚往来”作为成语，表示对礼节的注重和崇尚。“礼尚往来”是中华民族的一种文化传统。

上与尚同音，但不同义，“上”没有“崇尚、注重”的含义。错作“礼上往来”容易被人误解为“相互送礼”。

26.“世外桃源”常错作“世外桃园”

“世外桃源”典出陶渊明的《桃花源记》。“桃花源”是作者虚构的世外幽境，那里土地平旷，良田美池，阡陌交通，人们与世隔绝，怡然自乐，“不知有汉，无论魏晋”。后世用“世外桃源”比喻幻想中的美好世界。可见此“桃源”非彼桃园。

27.“名副其实”常错作“名符其实”

副，形声字，从刀畐声，本义“判”（《说文解字》），判即剖，将物体一分为二。跟“一分为二”相对的是“合二而一”，由此引申出“相称”。“名副其实”中的“副”取“相称”义：名与实相称。“名副其实”是句成语，原作“名实相副”，出自《后汉书·孔融传》：“文举（孔融）盛叹鸿豫（郗虑）名实相副，综达经学，出于郑玄。”副字用作量词，也含有“合二而一”的义素，表示成双成对或配套的东西，如“一副手套”“一副对联”“一副碗筷”。

符，形声字，从竹付声，本义“信”（《说文解字》）。“信”即凭信。汉代用竹片做成符节，长六寸，两片对合，作为凭信。其用途有二：①古代朝廷封爵、置官、命使和调兵遣将的凭证；②古代出入门关的凭证。后又用作“契约，证券”。由凭信引申出“符合”“符号”等义。符字的“符合”义，与副字的“相称”义接近，因而人们误将“名副其实”写作“名符其实”。有的词典将“名不副实”释义为“名称或名声与实际不相符”，因此认为“名不副实”和“名不符实”是同义词。这个释义至少是不够准确的，因为“相称”和“相符”并不是同义词。

副、符二字，含义不同，读音也不同：副，音 fù；符，音 fú。

28.“再接再厉”常错作“再接再励”

“再接再厉”出自韩愈孟郊合写的即兴诗《斗鸡联句》。韩愈和孟郊一块儿看斗鸡，触发诗兴，便共同创作了《斗鸡联句》。两只鸡斗了几个回合，便无精打采地退出战斗。这时，鸡的主人就给鸡喷水，一喷水，两只鸡就像是睡了一觉醒来一样，又精神抖擞起来。但是，它们没有马上去厮斗，而是各自在地上磨喙。孟郊见此情景，脱口而出两句诗：一喷一醒然，再接再砺乃。

砺，磨刀石，是名词，在诗中作动词用，表“磨砺”义。“再接”，再斗；再砺，再磨砺；磨砺是准备再斗。厉是砺的本字，所以，成语“再接再砺”写作“再接再厉”。“再接再厉”比喻做事贵在坚持，要不断地努力。“厉”后来被“砺”取代，改义为“严格，猛烈”。人们不知厉字本义，以为“厉”是别字，妄改作“励”。

励，义为“劝勉，振作”，如“勉励”“鼓励”“奖励”“励志”“励精图治”，无“磨砺”义。

29.“青出蓝而胜于蓝”常错作“青出于兰而胜于兰”

“青出于蓝而胜于蓝”是句成语，出自《荀子·劝学》。句中的“青”，指一种深蓝色染料，又称“靛青”“靛蓝”。句中的“蓝”，指“蓼蓝”，是一种一年生草本植物，它的叶子是提炼靛青的原料。靛青取自蓼蓝，却比蓼蓝的蓝色更深，所以说“青出于蓝而胜于蓝”。荀子用这种现象作比喻，阐述一个人生哲理：学生应该超过老师、后人应该超过前人。

兰：“蘭”的简化字，兰花的简称。蓝，繁体作“藍”，因“監”简化作“监”，藍类推简化作“蓝”，“藍”不可简化作“兰”。

30.“共商国是”常错作“共商国事”

是，会意字，从日从正，日正（太阳升至中天）为直，会意为“正，直”，与“曲”相对（《说文解字》）。《易·未济》：“濡其首，有孚失是。”“失是”即失正。五代裴迪《宫槐柏》：“门前宫槐柏，是向欹湖道。”“是向”即直向。引申义有：法则，正确，肯定，表示肯定判断，匡正，凡是。“国是”中的“是”，含义是“大计”，即“治国理政的重大方针政策”，是“法则”的引申义，“国是”的含义是“治国大计”。例如：《新序·杂事》：“君臣不合，国是无由定矣。”君臣不齐心、不和谐，就难以谋划治国大计。“共商国是”的含义就是“共同商议治理国家的大政方针”。

事：事情，人类生活中的一切活动和所遇到的一切社会现象。“国事”即国家的事情，通常指“国家大事”。“国家大计”和“国家大事”，是两个不同的概念。

31.“危如累卵”常错作“危如垒卵”

累，本义“堆积”。《老子》第六十四章：“九层之台，起于累土。”《晏子春秋·内篇谏下》：“太山之高，非一石也，累卑然后高。”上引二句中的“累”，用的都是本义“堆积”。累卵：一层层堆起来的蛋，随时可能倒下摔碎。“危如累卵”出自《战国策·赵策一》：

“君之立于天下，危于累卵。”在古汉语里，于同如，故后世改为“危如累卵”，作为成语，比喻局势危险。例如《水浒传》：“大名危如累卵，破在旦夕；倘或失陷，河北县郡如之奈何？”

垒：用砖、石、土块等砌或筑。所以，军营的工事称作“壁垒”“堡垒”。垒有堆砌的含义，但“堆砌”与“堆积”不是同一概念，古往今来均未见“垒卵”这个词。

32.“色泽斑斓”常错作“色泽斑烂”

斑、斓二字均从文。文，本义“错画”，即“象文理交错之形”（徐灏《注笺》）。引申为“刻画”，如“文饰”“文身”。故斑、斓二字均与色彩交错有关。斑：斑点或斑纹。斓：色彩多。斑斓：灿烂多彩。

烂，本义“腐烂”，有“破碎”义，因而常用以形容多彩色，如“灿烂”“烂漫”。由于“烂”的此义与“斓”的“色彩多”义近，加之二字读音接近，故“斑斓”常错作“斑烂”。

33.“自暴自弃”常错作“自抱自弃”

“自暴自弃”出自《孟子·离娄上》：“言非礼义，谓之自暴也；吾身不能居仁由义，谓之自弃也。”句中“暴”作“糟蹋”解；“弃”即放弃。孟子这句话的意思是：一个人的言行若背弃仁义道德，就无异于自己糟蹋自己。后世用作成语，泛指自甘落后不求上进。例如，朱熹认为：“懈意一生，便是自暴自弃。”（《近思录·二·为学》）文天祥也说：“苟有六尺之躯，皆道之体，不可以其不可能，而遂自暴自弃也。”（《文山全集·一·何晞程名说》）“自抱自弃”无解。

34.“形影相吊”常错作“行影相吊”

形，形体；影，形体在日光下的影子；有形才能有影，影是伴随着形产生的。吊，本义“祭奠”，引申为“慰问”。形影相吊，直译是“自己慰问自己的影子”，形容孤独。类似的词语还有：形单影只，如影随形，形影相随，顾影自怜。

行，《说文解字》释义为“人之步趋也”。“步趋”即今之“行走”。引申为“路程”（行程）、“流通”（行销，发行）、“做，办”（执行，举行）等义。没有“行影”一词。

35.“各行其是”常错作“各行其事”

是，本义“直”（详见本节“共商国是”）。是非与直曲（习惯称“曲直”）是同义词：是即直，非即曲。所以，“直”有“正确的”“对的”含义。“各行其是”出自《庄子·徐无鬼》：“天下非有公是也，而各是其所是。”后世演变成“各行其是”。“各行其是”直译为各人按照自以为正确的去做。然而，自以为“正确的”不一定就是“正确的”。所以，“各行其是”这句成语含有贬义。写作“各行其事”（各人做各人的事）就没有这个意思了。

36.“关怀备至”常错作“关怀倍至”

备是“備”的简化字。甲骨文“备”字（），是“盛矢之具”的象形字，含义就是“具”（器具）。演变到小篆（），字形变了，变成形声字，从亻葡声，含义增加了“慎”。《汉书·史丹传》：“貌若傥荡不备，然心甚谨密。”句中“备”即慎。这样一来，“备”就兼有“具”“慎”二义。由“具”引申为“具有”（具备），又引申为“完全”（齐备）。由“慎”引申为“预”（预备）和“防”（防备）。如“有备（预备）无患”，“攻其无备（防备）”。“关怀备至”中的“备”，用的是“完全”义：关怀得全面周到。类似的成语还有“艰苦备尝”（什么艰难困苦都经历过）、“备受欢迎”（受到广泛的欢迎）。

倍是“背”的本字。古文里常用“倍”表示“反叛”，表示“背诵”。后来，“倍”为后造字“背”取代，而被假借表示“跟原数相等的数”，又引申为“程度比原来深得多”，如“倍感亲切”（感到格外亲切）、“倍加呵护”（格外呵护）、“干劲倍增”。倍和备，虽然都表示“程度”，但具体含义不同：备表示的是广度，倍表示的是深度。

37.“优哉游哉”常错作“悠哉游哉”

38.“优柔寡断”常错作“忧柔寡断”

“优哉游哉”错作“悠哉游哉”，“优柔寡断”错作“忧柔寡断”，均系误解“优”的含义所致。

优，繁体作“優”，形声字，从人憂声，本义“饶”，即吃饱了（详见本书上编汉字说源第五章“汉字含义的引申”）。由“饶”引申为“有余”，《论语》里有“优游有余裕”句，含义就是“有余”。“有余”有正反两个引申义：一个是“从容”，另一个是“犹豫”，由是演绎出两句成语：优哉游哉，优柔寡断。“优哉游哉”又作“优游”，出自《诗·小雅·采菽》：“优哉游哉，亦是戾矣。”形容从容不迫、悠闲自得的样子。“优柔寡断”原作“优游不断”，出自《汉书·元帝纪赞》：“而上牵制文义，优游不断，孝、宣之业衰焉。”后世改为“优柔寡断”，形容办事迟疑，犹豫不决，不能当机立断。

“优秀”是“优”的远引申义。由“有余”引申为“富裕”，由“富裕”引申为“优越”，又由“优越”引申为“优秀”。优字的本义及“有余”“从容”“犹豫”等引申义，在现代汉语里用得少，而“优越”“优秀”义则用得多，因此，人们只知“优越”“优秀”而不知“优游”“优柔”。

悠，形声字，从心攸声。关于悠字的本义，古代字书有两说：《说文解字》释义为“忧”；《尔雅》《广韵》都释义为“思”。古代诗文多用“思”义。例如，《诗·周南·关雎》：“悠哉悠哉，辗转反侧。”句中的“悠哉”显然是“思念”。因为日夜思念，所以“辗转反侧”，难以入眠。又如，南朝江淹《杂体诗三十首》：“西北秋风至，楚客心悠哉。”这个“悠哉”是“思虑”。由“思”引申为“辽远和深远的样子”，表此义时多叠用（悠悠）。例如：王勃《滕王阁序》中的名句“闲云潭影日悠悠”，崔灏《黄鹤楼》中的名句“白云千载空悠悠”。两句都是叠用（“悠悠”），都是形容辽远和深远的样子。古文里也有用单词的例子。例如，杜甫《龙门》："往还时屡改，川水日悠哉。"又如，五代韦庄《对雨独酌》："荷锸醉翁真达者，卧云逋客竟悠哉。"两句中的"悠哉"，都是"深远"的引申义：闲适的样子，跟"优哉游哉"的含义比较接近。但是，古代诗文中未见"悠哉游哉"的用法。

忧，憂的简化字，本义"愁"，如"忧愁""忧伤""忧郁"等，引申为"担心""困苦患难"，如"忧虑""忧心""忧患"。没有"忧柔"这个词。

39."岌岌可危"常错作"及及可危"

岌，形声字，从山及声，本义"山高貌"（《说文解字》）。引申为"危"（山高峻则危）。岌字叠用（岌岌），仍是上述二义。《离骚》："高余冠之岌岌乎。"岌岌：高貌。《孟子·万章》："于斯时也，天下殆哉，岌岌乎。"殆：危险。岌岌：非常危险。后世缩略为成语"岌岌可危"，形容形势十分危急，快要倾覆或灭亡。

及，小篆作"及"，会意字，从人从又（即"手"），会意为"逮"（《说文解字》）。郭沫若在《文史论集》中指出："及同逮，即逮捕之意。此为本义，后假为暨与之义，而本义遂失。"所以，后世用"及"的"到达"义，如"波及""由此及彼""力所能及"。引申义有：（1）连累，关连。如"城门失火，殃及鱼池"。（2）比得上。如"论才干，我不及他"。（3）赶上。如"望尘莫及"。（4）推及，顾及。如"爱屋及乌""攻其一点，不及其余"。没有危险的意思。及不能叠用。

40."走投无路"常错作"走头无路"

走字古今含义不一样。走的金文（走）和小篆（走）都是会意字，由"大""止"组合（上大下止）而成。大，表示人甩开双臂；止，即趾，代表脚；大止组合，表示甩手迈腿，会意为"疾行"，即跑、奔。《释名·释姿容》："徐行曰步，疾行曰趋，疾趋曰走。"投，也是会意字，由手和殳组合而成，殳，古代一种投掷兵器，用手掷殳，会意为"向目标掷去"，引申为"前去"。走投，意思是"奔去依靠别人"。本想投靠，却无人接纳，因而陷入绝境。这就是"走投无路"

的含义。

头，有“物体的顶端或末稍”的含义，引申为“起点或终点”，于是有了“走到头”这个词组。人们不知道“走投无路”的含义，误以为是“走到头发觉无路可走”，因而错写作“走头无路”。

41.“批亢捣虚”常错作“劈亢捣虚”

批，形声字，从手比声，本义“用手背反击”（《广雅·释诂》）。《左传·庄公十二年》：“（宋万）遇仇牧于门，批而杀之。”鲁迅《呐喊·阿Q正传》：“放下他的辫子，并且批他几个嘴巴。”上引二句的“批”用的都是本义。批是个多义字，除本义外，还有：（1）劈，削。杜甫《房兵曹胡马》：“竹批双耳峻，风入四蹄轻。”“竹批”即劈竹。（2）披露。《红楼梦》第一百一十四回：“妙玉扶乩，批出来众人不解。”“批出来”即披露出来。（3）批示，批语，批作业。（4）评论。如“批点”。（5）批评，批判。批字还有个引申义：双手共击。“批亢捣虚”即用此义。亢，本指颈，在“批亢捣虚”中表示“要害”。捣，本义“用棍子的一端撞击”，跟“批”组合成“批亢捣虚”，表示控制要害，攻击空虚薄弱环节。

劈，形声字，从刀劈声，义为“破”（《说文解字》），即用刀斧破开物体。“破”有“分开”的意思，因而引申出“裂开”“剖析”“分辨”等义。古文里有“皴劈”“劈析”“分劈”等词，“皴劈”即手脚龟裂，“劈析”即剖析，“分劈”而分辨。劈字没有“控制”义，“批亢”错作“劈亢”就没有“控制要害”的意思。

42.“迫不及待”常错作“迫不急待”

及，本义“到达”（详见本节“岌岌可危”），引申为“赶上，顾到”，如“来不及”（因时间短促无法赶上或顾到）。“迫不及待”直译是急迫得来不及等待。作为成语，形容事情非常紧迫不容片刻拖延。

急，小篆作“急”，形声字，从心及声，隶变讹为“急”，楷书依隶，遂成规范字形。本义“急速，迫切”，引申为“急躁”“危急”

等义，没有“赶上，顾到”的意思，“急待”无解。

43.“攻城略地”常错作“攻城掠地”

掠，形声字，从手京声，义为“夺取”（《说文新附》），如“掠夺”。略，形声字，从田各声，本义“经略土地”（《说文解字》）。引申义有：计谋（方略，策略，谋略，战略），要（史略，事略，要略）、简单（大略，粗略），夺取等。掠和略，都有“夺取”的含义，在古汉语里，表“夺取”义时掠、略通用。在现代汉语里，掠和略用法不同：夺取的对象不同。掠，夺取的对象是人、财、物，如“奸淫掳掠”；略，夺取的对象是土地、城池，“攻城略地”即攻占城池、夺取土地，所以不可写作“攻城掠地”。

44.“针砭时弊”常错作“针贬时弊”

针和砭都是名词，针指用作针灸治疗的针，砭指古代治病的砭石或砭石针。“针砭”在成语“针砭时弊”里作动词用，当“指出”讲。“针砭时弊”的意思是：指出弊端，以求改正。但用“针砭”表示“指出”，有批评的意味。

贬，会意字，从贝从乏，贝即货币，乏即缺少，贝乏合体，会意为“货币购买力下降”，即“贬值”。引申为“降低官职”（贬职、贬谪），“与褒相对”（贬低、贬责、贬义词）。“针贬”无解。

45.“声名鹊起”常错作“声名雀起”

声名，又作“名声”，义为“在社会上流传的评价”。例如“声名烜赫”形容名声很大，“声名狼藉”形容名声极差。

鹊，形似乌鸦，尾长，叫声嘈杂，相传鹊噪为喜兆，所谓鹊噪则喜生，故称“喜鹊”。人们用“鹊起”比喻兴起、比喻传扬。“声名鹊起”比喻知名度迅速提高。例如清李斗《扬州画舫录》：“（朱文先）先在徐班，以年未五十，故无所表见（现），至洪班，则声名鹊起，班中人称为戏忠臣。”

雀，小鸟，常见的有燕雀。雀飞不高，常栖居农家屋檐，古代文人用它比喻志短，有“燕雀安知鸿鹄之志哉”的名句，所以，“鹊起”不可写作“雀起”。

46.“沧海桑田”常错作“苍海桑田”

沧，形声字，从水仓声，本义“寒”（《说文解字》）。《逸周书·周祝》：“天地之间有沧热。”“沧热”即冷热。后被用作“苍”的通假字，但只表示深水的蓝色，多用于形容大海，于是有了“沧海”一词。“沧海桑田”直译是“大海变成陆地”，作为成语比喻世事（多指社会面貌）发生巨大变化。“沧海桑田”又省“沧桑”。清代诗人彭而述《再登黄鹤楼》云：“回首沧桑生感慨，孙刘兴废几茫然。”感叹朝代兴废、世事变化。

苍，形声字，从草仓声，本义“草色”（《说文解字》）。草色，翠绿色，如“苍松翠柏”（详见本章第一节“苍沧”）。后世用“苍”泛指绿色和蓝色，如称蓝天为“苍天”“苍穹”。《汉语大字典》指出：“沧，通苍，水深绿色。”但现代汉语不用“苍”形容水色，形容大海的深蓝色用“沧”不用“苍”。

47.“伶牙俐齿”常错作“伶牙利齿”

成语“伶牙俐齿”是由“口齿伶俐”转化而成的。“伶俐”，含义为“聪明，灵活”。口齿本义“说话的发音”。“口齿伶俐”本来是“说话流畅”的意思，转化为成语，改为“伶牙俐齿”，形容聪明伶俐，能说会道。例如《元曲选·杨氏女杀狗劝夫》：“一任你百样儿伶牙俐齿，怎知大人行，会断的这没头公事。”若写成“利齿”就变成牙齿锐利了。

48.“层峦叠嶂”常错作“层峦叠障”

嶂、障二字，都是形声字，形符都是“山”（“阝”是“阜”的变形，也是“山”），声符都是“章”，故音同义近。二字含义的区别是：嶂，形如屏障的险峰。障，义为“阻隔”“遮蔽”，如“障碍”“屏障”“障蔽”“障眼”等。在古文里，“障”还有“防范、防止、堤防”等义。如《吕氏春秋·上德》：“太华之高，会稽之险，不能障矣。”“不能障”即“不能防范”。又如《国语·周语》：“泽不坡障，川无舟梁。”“坡障”即“堤防”。障，虽从阜（土山），但无“山”或“峰”义，所以，“层峦叠嶂”不可写作“层峦叠障”。

49.“别出心裁”常错作“别出新裁”

心裁：心中的设计筹划。别出：“同出”的反义词，即独创一格，与众不同。“别出心裁”实际上是“心裁别出”，意思是“设计或筹划与众不同”。现代汉语词汇没有“新裁”这个词。古汉语词汇有“新裁”一词，它有两个含义：一指诗文、工艺的新的构思。如贾岛《雪》：“强起吐巧词，委曲多新裁。”另一指新体裁、新体制。如章学成《文史通义》：“何谓仍原题？诸史异同，各为品目，作者不为更定，自就新裁。”“心裁”和“新裁”，含义显然不同。没有“别出新裁”这句成语。

50.“沽名钓誉”常错作“估名钓誉”

“待价而沽”常错作“待价而估”

沽，形声字，从水古声，音gū，古水名（沽河，今名白河）。在古汉语里，沽是酤的通假字，作“买”“卖”“买卖人”解。“沽名钩誉”中的“沽”，是“买卖”的引申义：谋取、骗取。“沽名钩誉”的意思：故意做作或用某种手段骗取名誉。“待价而沽”原作“待贾而沽”。贾（gǔ）：识货的商人。沽：买卖。“待贾而沽”直译即“等待识货的商人来买”，作为成语比喻怀才不遇等待赏识者。后来演变成“待价而沽”，比喻等待好职位、好待遇。

估，形声字，从人古声，本义“评定物价的人”。估价与做买卖关系密切，故也有“经商”的含义。旧时衣肆出售的典当过期未赎之衣，就叫作“估衣”。估虽有“经商”义，但无“谋取”“骗取”“赏识”义，所以，沽、估不能通用。

51.“变本加厉”常错作“变本加利”

厉：严格，严肃，如“严厉”“厉色”。（详见本节“再接再厉”）“变本加厉”中的“厉”，当“更加深一层”或“更加严重”讲，表示程度变得比原先更加深一层或情况比原先更加严重。例如萧统《昭明文选·序》："盖踵其事而增华，变其本而加厉，物既有之，文亦宜然。"吴趼人《二十年目睹之怪现状》："久而久之，变本加厉，就闹出这邪说诬民的举动来了。"错作"变本加利"就变成放债了。

52."弥天大谎"常错作"迷天大谎"

弥，繁体作"彌"，形声字，从弓爾声，义为"弛弓"（《说文解字》），即放松弓弦。引申义主要有：（1）满，遍（如"弥漫""弥望"）；（2）极大（如"弥天）"；（3）填满，遮掩（如"弥补""弥缝"）。用作副词，表示"更加"，如"欲盖弥彰"。"弥天"语出三国魏应璩《报东海梁季然书》："足下顿弥天之网，收万仞之鱼，量之以溪谷，数之以陔兆，何其壮乎！"陔，音gāi，义为"层次"，"数之以陔兆"，即数以兆计，一网收"鱼"，"数以兆计""量以溪谷"，确实是"弥天大网"。"弥天大谎"意为极大的谎言。

迷，形声字，从辵（变形为"辶"）米声。《说文解字》释义为"或"。从辵，表示与走路有关，后代学者认为"迷"的造字本意当指"迷路"，所以，本义应为"惑"，或是惑的通假字。因为迷路，分辨不清，迷失方向，失去判断能力，以致陷入困惑。引申为"沉醉于某一事物"，因此有了"球迷""戏迷"等词。迷、弥二字，含义完全不同。

53."美轮美奂"常错作"美仑美奂"

"美轮美奂"语出《礼记·檀弓下》："晋献文子成室，晋大夫发焉。张老曰：'美哉轮焉，美哉奂焉。'"郑玄注云："心讥其奢也。"张老说的是反话，讥讽献文子的豪宅过于奢华。

"美轮美奂"有两个限制词：轮，奂。即轮美奂美，故又省作"轮奂美"。轮：轮囷，古代圆形粮仓，形容高大。奂：众多，光彩。众多粮仓矗立，高大宏丽，所以说"美轮美奂"。"美轮美奂"作为成语只能用于形容建筑物。例如宋楼钥《彭子美临海县斋》："厅事先落成，起望轮奂美。"又省作"轮奂"。例如《旧唐书·狄仁杰传》："（仁杰上疏谏曰）今之伽蓝（庙宇），制过宫阙，穷奢极壮，画缋尽工，宝珠殚于缀饰，环材竭于轮奂。"

仑，伦古字，义为“条理，伦理”。错作“美仑美奂”就不知所云了。

54.“故步自封”常错作“固步自封”

“故步自封”与“邯郸学步”有关。

“邯郸学步”源于一个典故：燕国寿陵的几个年轻人，听说赵国邯郸人走路的姿势优美，便相约去邯郸学步。学了一段时间，不但没有学会邯郸人走路的姿势，反而忘掉了自己原来是怎么走路的，只得爬着回到故乡。庄子把这个故事记在《庄子·秋水》里以警世人：“且子独不闻夫寿陵余子之学行于邯郸欤？未得国能，又失其故行矣，直匍匐而归耳！”《太平御览》摘引《庄子·秋水》这段话，两个“行”均作“步”，《汉书》转述此语亦作“故步”：“昔有学步于邯郸者，曾未得其仿佛，又复失其故步，遂匍匐而归耳。”“故行”“故步”，都指原先走路的姿态。后人把“邯郸学步”作为成语，告诫人们不要一味模仿别人而忘了自己的长处。人们反其意，用“故步”比喻旧法度、老一套、安于现状不思进取。例如，陆师《之官真州述怀》：“纵然违时趋，努力守故步。”张履祥《与陈乾初书》：“学者凡执一时之偶见，信一己之偏私，沾沾自喜，吝不肯舍，率因无所进步，是以故步不离耳。”于是产生了“故步自封”这句成语。

人们把“故步自封”错作“固步自封”，是因为故、固二字同音，且都有“原来的”含义。实际上，故、固二字的具体含义并不相同：“故”的“原来的”含义，表示的是“旧的”“以前的”意思，如“故都”“故道”；“固”的“原来的”含义，表示的是“原本就有的”“不变的”，如“固有”“固定”。因此，在表达“原来的”意思时，故、固二字是不可互代的，如“故都”“故道”不能写作“固都”“固道”，“固有”“固定”不能写作“故有”“故定”。所以，“故步自封”不应写作“固步自封”。

55.“按部就班”常错作“按步就班”

“按部就班”语出晋陆机《文赋》：“收百世之阙文，采千载之遗韵……然后选义按部，考辞就班。”部，指门类；班，指规则；“按部”和“就班”说的是选文和修辞，选文要分门别类，修辞要符合语言表达规则。后世将“按部就班”作为成语，引入学习和做事，强调学习要循序渐进，做事要遵循一定的程序。错作“按步就班”就不知何义了。

56.“金碧辉煌”常错作“金壁辉煌”

金与碧，指国画颜料中的泥金、石青、石绿。用这些颜料画出来的画，鲜亮耀眼。金碧辉煌：形容建筑物装饰华丽，光彩夺目。例如《醒世恒言》：“进了门楼，只见殿宇廓庑，一刬（chàn，一概，全部）的金碧辉煌，耀眼夺目，俨如天宫一般。”

璧，一种玉器，扁平，圆形，中心有小孔。成语“白璧无瑕”和“完璧归赵”中的“璧”，都指这种玉器。璧跟装饰建筑物的颜料无关。

57.“金榜题名”常错作“金榜提名”

古代科举考试，分为三个等级：乡试，会试，殿试。乡试在州府举行，参加者是秀才，考中后称作“举人”。会试在礼部举行，参加者为举人，考中后称作“贡士”。殿试由皇帝主考，参加者为贡士，考中后称作“进士”，其中前三名分别称作状元、榜眼、探花，合称“三鼎甲”。殿试是最高等级，录取名单用泥金书写在红纸上张榜公布，所以叫作“金榜题名”。题名：题写姓名。提名：在评选或选举前提出候选人姓名或候选事物名称。“题名”与“提名”含义不同。

58.“诡计多端”常错作“鬼计多端”

诡，繁体作“詭”，形声字，从言危声。关于它的本义，古代字书说法不一：《说文解字》释义为“责”，《玉篇》释义为“欺诈，虚假”。两种释义都有书证。现代汉语只用“欺诈，虚假”义及其引申义“奇异”，如“诡诈”“诡计”“诡辩”“诡谲”“诡秘”“诡异”等。“诡计多端”原作“诡变多端”，形容诡诈的权变层出不穷。语出苏辙《论吕惠卿》：“臣伏见前参知政事吕惠卿，怀张汤之辩诈，兼卢杞之奸凶，诡变多端，敢行非度，见利忘义。”后世多作“诡计多端”，形容狡诈的计策非常多。

没有“鬼计”这个词。“鬼”字有“怪异”义，但没有“欺诈、奸猾、狡诈”义。例如“鬼点子”有“坏主意”和“巧妙的主意”两个含义，“鬼才”指某种特殊的才能，“鬼雄”还用来称颂壮烈牺牲的人，都和“诡计”含义不同。

59.“责无旁贷”常错作“责无旁代”

代、贷二字音同义异。代，本义“替代”；贷，本义“借入或借出”。“责无旁贷”中的“贷”，取“守信”义，贷方要负起如期还贷的责任。“责无旁贷”出自林则徐《覆奏稽查防范回空粮船折》：“其漕船经过地方，各督抚亦属责无旁贷，着不分畛域，一体通饬所属，于漕船回空，加意稽查。”“责无旁贷”的含义是：自己应尽的责任，不能推卸给别人。“旁代”无此意。

60.“前仆后继”常错作“前扑后继”

仆，形声字，从人卜声，本义“顿首”。《论衡·儒增》：“当门仆头碎首而死。”“仆头”即顿首。引申为“向前倾倒”，成语“前仆后继”中的“仆”即此义。“前仆后继”原作“前仆后踣（bó 跌倒）”，后世多作“前仆后继”。前面的人倒下了，后面的人继续向前冲。形容不怕牺牲，勇往直前，英勇壮烈。例如秋瑾《吊吴烈士樾》：“前仆后继人应在，如君不愧轩辕孙！”

仆又是“僕”的简化字，僕，形声字，从人菐声，音 pú，即“奴仆”。“仆”是供人使役的，仆字叠用（仆仆），表示劳累。成语“风尘仆仆”，形容的就是“旅途劳累”。

扑是“撲”的简化字。撲，形声字，从手菐声，音 pū，本义“以杖击背”（《说文解字》）。汉代有“扑刑”，即杖击罪犯。引申为“打击”。《后汉书·荀彧传》有“摧扑大寇”句，“摧扑”即打击。由打击又引申为“拂”“拍”“拭”，如“清风扑面”“扑粉”“扑蝶”。扑还有“向前扑”的含义（如“扑向前”），这个含义与仆的“向前倾倒”有些接近，但没有“倒下”的意思。

有人将“前仆后继”改为“前赴后继”。其实，“前仆”和“前赴”含义是不同的：“前仆后继”义为“前面的倒下了（牺牲了），后面的继续向前冲”，视死如归，英勇壮烈。“前赴后继”义为“前面的上去了，后面的跟上去”，语意没有“前仆后继”那么壮烈。可见，“前仆后继”和“前赴后继”不是同义词。

61.“食不果腹”常错作“食不裹腹”

果，名词，即果实。在“果腹”里是形容词，形容饱足的样子。庄子在《逍遥游》中写道：“适莽苍者，三餐而反，腹犹果然。”“腹犹果然”，肚子像果实一样圆滚滚的，形容饱足的样子。“果腹”一词即由此而来。“食不果腹”反其意，表示“吃不饱肚子”，常用来形容生活贫困。

裹，形声字，从衣果声，本指在外部包扎、缠绕，如“包裹”“裹腿”。引申为“胁迫”，如“裹胁”。又引申为“停步不前”，如“裹足不前”。无“饱足”义。

62.“倚老卖老”常错作“依老卖老”

63.“倚老卖老”常错作“以老卖老”

《说文解字》：“依，倚也。”说明依、倚二字本义相同，都是“靠着”的意思。因此，“依赖”“依靠”也作“倚赖”“倚靠”。但是，除了上述二词以外，依、倚二字的用法是不同的，这是因为这两个字的引申义不相同。

“依”的引申义主要有：（1）傍（bàng）着，如“依傍”。唐代诗人王之涣的名诗《登鹳雀楼》：“白日依山尽，黄河入海流。”“依山尽”即傍着山落下去。（2）从，附，如“依从”“依附”。（3）仍旧，如“依然”“依旧”。（4）模仿，如“依样画葫芦”。（5）眷恋，如“依恋”“依依不舍”。“倚”没有这些引申义。

“倚”的引申义主要有：（1）仗恃、凭借，如“倚官仗势”“倚老卖老”“倚强凌弱”。（2）偏于一边，如“不偏不倚”。（3）依附，如“福兮祸所倚”。“依”没这些引申义。

以字本义作“用”解，如“以少胜多”“以一当十”“晓之以理”“以牙还牙”“以德报怨”。以也有“依照”的意思，如“以次就座”“以姓氏笔画为序”。两句中的“以”都有“依照”的意思，但没有“仗恃”的意思。

“倚老卖老”的意思：仗恃年纪大，卖弄老资格。依、以二字都没有“仗恃”的意思，所以，“倚老卖老”既不能写作“依老卖老”，也不能写作“以老卖老”。

64.“旁征博引”常错作“旁证博引”

表面看，是“征”错作“证”，其实，问题出在对“旁”字含义的误解上。

旁，小篆作“㫄”，会意字，从二（上本字）从冂（表示“左右”）从方，表示上下左右四方，会意为“溥”（《说文解字》）。溥即广泛、普遍。《书·太甲上》：“旁求俊彦，启迪后人。”“旁求俊彦”即广求人才。张衡《东京赋》：“撞洪钟，伐灵鼓，旁震八鄙。”旁震：广震。八鄙：四方与四角。旁震八鄙：震动八方边远之地。征是传承字，义为“走远路”，如“长征”“远征”。又兼作“徵”的简化字，义为“搜集”。“旁征”即“旁徵”。“旁征（徵）博引”的含义是：广泛搜集，大量引证。旁字还有个别义：侧边。在现代汉语里，旁字的本义很少使用，而“侧边”义则常用，致使许多人对“旁”字的含义，只知“侧边”而不知“广泛”，就自然地联想到“寻找旁证”，而将“旁征博引”错作“旁证博引”。“旁证”中的“旁”，取“侧边”义，“证”取“证据”义，“旁证”义为“主要证据以外的证据；间接的证据”。“旁证”与“旁征”含义完全不同，而且跟“博引”搭配不起来。

65.“莫名其妙”常错作“莫明其妙”

名、明二字同音，含义的区别却很大，前面“不可名状”有详解。“莫名其妙”中的“名”义为“说出”，“莫名其妙”的意思：没有人能说出其中的奥妙。可能是“明”有“了解”的含义，人们将“莫名其妙”误解为“莫明（不了解）其妙”。

66.“事必躬亲”常错作“事必恭亲”

躬，金文（[illegible]）和小篆（[illegible]）都是会意字，从身从吕，隶变“吕”讹为“弓”。“身”指人的身体，“吕”象人的脊梁骨之形，身、吕合体，含义还是“身体”。在古汉语里，“躬”和“身”是同义词，所以，《说文解字》用身和躬相互释义：“身，躬也。”“躬，身也。”《汉书·元帝纪》：“百姓愁苦，靡所错躬。”“靡”的意思是“无”，“错”同“措”，指置放。“靡所错躬”的意思是“没有地方安身”。由“身体”引申为“自身”。《史记·孝文本纪》：“百官之非，宜由朕躬。”“朕躬”是天子自称，“宜由朕躬”意思是“应该责备我自己”。由“自身”又引申为“亲自”。诸葛亮《前出师表》：“臣本布衣，躬耕于南阳。”“躬耕”即亲自耕作。了解了“躬”字的含义，“事必躬亲”的含义就明白了：不管什么事都要亲自去做。

恭，形声字，从心（变形为“⺗”）共声，《说文解字》释义为“肃”。段玉裁注云：“肃者，持事振敬也。”就是常说的“肃敬”“恭敬”。现代汉语仍在使用的“恭敬”“恭候”，用的就是本义。引申义有二。其一，事奉，奉行。例如《三国志·吴志·黄盖传》：“初皆怖威，夙夜恭职。”其二，端正。例如《红楼梦》第二十二回：“恭楷写了，挂于墙上。”此外，古代书面语言称“作揖”为“打恭”。“事必恭亲”无解。

67.“骨鲠在喉”常错作“骨梗在喉”

鲠，形声字，从鱼更声，《说文解字》释义为“鱼骨也”，俗称“鱼刺”。用作动词，表示“刺卡喉中”。“骨鲠在喉”直译为“鱼刺卡在喉咙里”，但作为成语，并非“刺卡喉中”，而是比喻有话憋在心里不吐不快。例如清袁枚《小仓山房尺牍·四·与金匮令》：“仆明知成事不说，既往不咎，而无如闻不慊心事，如骨鲠在喉，必吐之而后快。”

梗，也是形声字，从木更声，本义“某些植物的枝或茎”，用作动词表示“阻塞”，如“梗塞”。有人不知“骨鲠”的含义，把“骨鲠在喉”误为“骨头阻塞喉咙”，故错作“骨梗在喉”。

68.“既往不咎”常错作“既往不究”

咎，小篆作“𠷐”，会意字，从人从各。“各者，相违也。”（《说文解字》）人们各行其是，缺乏共识，就可能引发灾祸。所以，人各合体，会意为“灾”。例如《史记·屈原贾生列传》：“嗟苦先生兮，独离此咎。”唐岑文本《谏太宗勤政改过书》：“转祸为福，变咎为祥。”上引二句中的“咎”，皆为本义“灾难”。引申为“过失，罪过”，如“引咎自责”“咎由自取”。又引申为“责备，惩处”，“既往不咎”中的“不咎”即不责备、不惩处。

究，形声字，以穴九声，本义“穷”（《说文解字》）。这个“穷”不是“贫穷”，而是“穷尽”。《新唐书·历志三上》：“少阳之刚，有始，有壮，有究；少阴之柔，有始，有壮，有究。”句中的“究”即“终”，就是“穷尽”的意思。引申为“深入探求”“追查”，“追究”“究办”即此义。

咎的“不责备”有“不追究”的意思，但“不追究”与“不责备”含义不同，“不咎”与“不究”不是同义词，不能通用。

69.“要言不烦”常错作“要言不凡”

“要言不烦”语出《三国志·管辂传》：“辂为何晏所请，果共论《易》九事……时邓飏与晏共坐，飏言：‘君见谓善《易》，而语初六及《易》中辞义，何故也？’辂寻声答之曰：‘夫善《易》者不论《易》也。’晏含笑而赞之：‘可谓要言不烦也。’”

要是个多义字，用得多的有：（1）重大、主要；（2）想、希望；（3）简明。“要言”兼有（1）（3）两义，意思是：简要而又切中实际的话语。烦，会意字，从火从页，页，头本字，火页合体，会意为“头痛”。引申为“烦燥，烦闷”，又引申为“繁多”“混乱”。“要言不烦”中的“烦”，取又多又乱义。“不烦”反其义：不多不乱。“要言”与“不烦”组合，表示提倡简明、反对烦琐，说话、行文力求简明扼要。

凡，小篆作“𠘧”，会意字，从二从乃。二，偶也；乃，古文“及”；

二乛合体，会意为“最括”（《说文解字》）。“最括”是什么意思呢？段玉载解释说：“聚括之谓，举其凡，则若网在纲。”用现代语言来说，就是“大概”“要略”，如“大凡”“发凡”。引申为“一切”（如“凡是”）、“总共”（如“全书凡二十卷”）、“世俗的”（如“凡间”“凡夫俗子”“凡骨凡胎”）。又引申为“平常”，如“凡庸”“凡响”“平凡”。“平凡”有个相对的反义词：“不凡”。这个“不凡”与“不烦”同音，但含义完全不同：“不烦”义为“不烦琐”，“不凡”义为“不平常”。从现代汉语语法上讲，“要言”可以跟“不烦”搭配，而跟“不凡”搭配不起来。

70.“蛛丝马迹”常错作“蛛丝蚂迹”

蛛丝：蜘蛛结网的细丝。马迹：马踩过留下的蹄痕。“蛛丝马迹”语出唐杨筠松《龙经》：“引到平处如蛛丝，欲断不断马迹过。”原是形容地脉如蜘蛛之引丝，如马踏之留迹。后世缩略为成语“蛛丝马迹”，比喻隐约可循的线索或依稀可辨的迹象。

没有叫作“蚂”的动物。蜻蜓，方言叫“蚂螂”。蝗虫，方言叫“蚂蚱”。还有“蚂蜂”“蚂蚁”“蚂蟥”。这些昆虫，都不能简称“蚂”。所以，“蚂迹”词义不明。

71.“真知灼见”常错作“真知卓见”

灼，形声字，从火勺声，本义“火烧”，引申为“透彻”。灼见：正确而深刻的认识或见解。卓，会意字，日在十上，会意为“高”。“远见卓识”中的“卓识”，即高明的见识。“高明”和“透彻”含义不同：“高明”意为“（见解、技能）高超”；“透彻”意为“详尽而深入”。“灼见”是建立在“真知”基础上的，因而形成“真知灼见”这句成语。例如清张伯行《困学录集粹》：“若能真知灼见，而加以不息之功，其于造道也何难！”

72.“弱不禁风”常错作“弱不经风”

“弱不禁风”语出《隋书·柳调传》：“柳条通体弱，独摇不须风。”宋孔仲平在《续世说》中将“独摇不须风”改为“独摇不禁风”。后世缩略为成语“弱不禁风”。这个“禁”，不读 jìn，而读 jīn，含义也不是“禁止”或“监禁”，而是“承受”。“弱不禁风”形容的是嫩弱得连风都承受不起。原本用于形容花枝娇嫩，后转用于形容人的体质虚弱。《红楼梦》里的林黛玉，就是一个“弱不禁风”的少女典型形象。这个“禁风”和“经风雨”含义完全不同：“禁风”的含义是“承受风”；“经风雨”的含义是“经历风雨的磨炼”（这个“风雨”不是刮风下雨，而是比喻生活、斗争、磨难等）。

73.“相辅相成”常错作“相辅相承”

辅，形声字，从车甫声，本义作“木夹车”解（《说文解字通训定义》）。“木夹车”即绑在车轮外旁用以夹毂的两根直木，其作用是增强轮辐的载重力。由此引申出“佐助”义。相辅：互相辅助，互相配合。例如汉焦赣《易林·中孚之兑》：“百足俱行，相辅为强，三圣翼事，国富民康。”相成：互相补充，互相成全。例如《礼记·乐记》：“小大相成，终始相生。”“相辅”和“相成”合成“相辅相成”，意思是“互相补充，互相成全”。例如吕叔湘《〈中国文法要略〉重印题记》：“这两种写法各有短长，相辅相成，很难说哪一种写法准比另一种写法好。”

承，小篆作“𢍉”，上面是“卩”（节，信节），下面三只手，三手捧节，会意为“奉”，乃敬谨奉持之意（《说文解字》）。引申为“托着”“接着”“承担”“继续”“接受”等义，如“承重”“承办”“继承”“承受”“秉承”等，“相承”的含义是“先后继承，递相沿袭”。例如朱自清《经典常谈·说文解字·第一》：“秦以前是文化发生与演化的时代，字体因世因国而不同，官书虽是系统相承，民间书却极为庞杂。”“相承”没有“配合”的含义，跟“相辅”搭配不起来。

74.“轻歌曼舞”常错作“轻歌漫舞”

75.“轻歌曼舞”常错作“轻歌慢舞”

曼，形声字，从手（变形为“又”）冒声，本义作“引”解（《说文句读》）。“引”的含义是“使长”，即拉长，所以引申为“长”。屈原《离骚》名句：“路曼曼其修远兮，吾将上下而求索。”曼曼：形容很长很长。物长则柔，由此引申为“柔”，“曼舞”即柔美的舞姿。轻歌曼舞：轻快的音乐，柔美的舞姿。

漫，形声字，从水曼声，本义“水满外流”，如“洪水漫堤”。引申为“淹没”（漫流）、“遍”（漫山遍野）、“广阔”（漫长，漫天）、“不受约束，不拘形式”（散漫，漫谈，漫笔）等义。没有“漫舞”一词。

慢，形声字，从心曼声，本义“速度低”（跟“快”相对）。引申为“从缓”（且慢）、“不要”（慢说）。没有“慢舞”一词。

76.“皇皇巨著”常错作“煌煌巨著”

皇，最早出现在西周的金文中，是个象形字（𤽈），像王者戴冕端坐，本指传说中的“三皇”（《说文解字》）。秦灭六国，统一中国，嬴政自称“始皇”，从此，国家最高统治者均称“皇帝”。引申为“大”。如文天祥《正气歌》：“皇路当清夷，含和吐明庭。”“皇路”即大路。皇字叠用（皇皇），形容盛大。“皇皇巨著”形容著作之浩大。

“皇皇”还是“惶惶”和“遑遑”的异形词。惶惶：恐惧不安。遑遑：匆忙。“皇皇”作为“惶惶”和“遑遑”的异形词，当是古汉语的通假现象，与本义无关。按照“理据性”原则，表“恐惧”义当首选“惶惶”，表“匆忙”义当首选“遑遑”。

煌，形声字，从火皇声，义为“明亮”，如“辉煌”。煌字叠用（煌煌），还是形容明亮，如“明星煌煌”，没有“盛大”的意义。

77.“蓬荜生辉”常错作“蓬壁生辉”

蓬：飞蓬草的简称，如“蓬蒿”（飞蓬和蒿子，借指野草）。荜，同筚：用荆条、竹子编制的篱笆。蓬荜：“蓬门荜户”的省略词，直译即用蒿草、荆条、竹子修建的房屋，多用于形容房屋简陋。“蓬荜生辉”是谦辞，出自《醒世恒言》：“尼姑道：‘小尼僻居荒野，无德无能，谬承枉顾，蓬荜生辉。’”表示自己的陋室由于贵客光临而顿增光彩。

壁，墙壁，没有“简陋”的意思。

78.“卿卿我我”常错作“亲亲我我”

卿，形声字，从卯艮声，本义“高爵”（《说文徐笺》）。爵，爵位，古代官制；高爵，高官，辅佐皇帝节制诸侯的大臣。周制有六卿，汉制有九卿，是群臣之上的高官。后来演变为帝王对臣僚的爱称。《古今韵会举要》：“卿，秦汉以来，君呼臣以卿。”这个“卿”相当于“汝，尔”。《后汉书》有“卿曹”一词，“卿曹”即“尔曹”，用现代语言说就是“你们”。再后来，朋友之间也相互尊称“卿”。《后汉书·赵广汉传》：“不忘卿厚意。”《晋书·周颉传》：“足容卿辈数百人。”两句中的“卿”都是朋友之间的尊称，义同“公”“君”。旧时夫妻之间也相互称“卿”。例如《世说新语·惑溺》：“王安丰妇，常卿安丰，安丰曰：‘妇女卿墒（婿）于礼为不敬，后勿复尔！’妇曰：‘亲卿爱卿，是以卿卿，我不卿卿，谁当卿卿？’遂恒听之。”句中的“卿卿”，前一个“卿”是动词，义同“呼”，后一个“卿”是代词，义同“你”。这句话的意思是，王安丰的妻子常直呼王安丰的名字，王安丰说：“妻子呼丈夫的名字，于礼属于不敬，以后不要再这样呼我！”妻子说：“我亲你爱你，所以才这样呼你，我不这样呼你，谁当这样呼你？”王安丰听了，就听任她这样呼了。“卿卿我我”或源于此，直译就是“你你我我”。作为惯用语，“卿卿我我”是形容词，形容男女间非常亲昵，写成“亲亲我我”是错误的。

79.“绵里藏针”常错作“棉里藏针”

绵，丝绵。有四个引申义：（1）“延续不断”，如“绵延”“绵长”“绵连”“绵亘”。（2）“柔软”，如“绵软柔和”。（3）“微薄”，如“绵薄”“绵力”。“绵薄”常用作谦词，表示自己的能力薄弱，如“愿为家乡建设略尽绵薄”。（4）“细密周到”，如“文思绵密”。“绵里藏针”中的“绵”，用的是引申义“柔和”。“绵里藏针”是成语，它有两个比喻义：其一，比喻外貌柔和而内心刻薄；其二，比喻柔中有刚，常用来形容书法。

棉，棉花的统称，有陆地棉、海岛棉、树棉、草棉等品种。没有“柔软”的引申义。所以，“绵里藏针”不可写作“棉里藏针”。

80.“釜底抽薪”常错作“斧底抽薪”

釜，形声字，从金父声，古代炊具的名称。薪：柴。“釜底抽薪”语出明戚元佐《议处宗藩疏》：“谚云：扬汤止沸，不如釜底抽薪。”直译为：与其用扬汤的办法止沸，不如把锅底的柴抽掉。作为成语，比喻从根本上解决问题。

斧，形声字，从斤父声。斤，《说文解字》释义为“斫木也”，古代砍木工具，类似现代木匠使用的“斧头”。上古时代的“斤”，形状像斧头，但不是砍木工具，而是一种兵器。斧遂成了兵器和砍木工具的统称。后来“斤”被假借作量词，但在合体字里，仍表示本义。在书面语言里，“斧”常用作敬辞，表示请人修改文章，如“斧正”“斧削”。“釜底抽薪”错作“斧底抽薪”就不知何义了。

81.“谈笑风生”常错作“谈笑风声”

“谈笑风生”语出宋李之仪《姑溪居士文集》：“笑谈璀璨风生坐，翰墨纵横思涌泉。”“风”指风趣，“生”是动词，即产生、发生。“谈笑风生”形容人们兴致勃勃，谈笑自如，风趣盎然，“生”出欢快活跃的气氛。错作“谈笑风声”，意思就变了，变成谈笑“风声”，把“风声”作为“谈笑”的话题。

82.“姗姗来迟”常错作“蹒蹒来迟”

姗，形声字，从女删（省“刂”）声。姗字的含义，古代字书说法不一，《说文解字》和《集韵》释义为“诽（谤）也”，《广雅》《正字通》释义为“好貌也”。《说文解字系传》释义为“女臭也”（苗夔校勘记：“臭，疑作丑。”）姗字的上述三义，均可从古文里找到书证。现代汉语已不用姗字的上述三义，只叠用（姗姗），形容“动作缓慢的样子”。例如，朱自清《旅行杂记》中：“那时我总以为第二句应该开始了，岂知一等不来，二等不至，三等不到……四拍拍毕，第二句的第一个字才姗姗的来了。”“姗姗”也形容女子走路缓慢从容的姿态。例如，叶圣喃《隔膜·阿菊》：“伊姗姗地走入场中，给伊的小友做伴侣去了。”“姗姗”还形容人的气度飘逸潇洒。例如，《儿女英雄传》：“那老者生得童颜鹤发，仙骨姗姗。”成语“姗姗来迟”，是从“动作缓慢”引申出来的，表示因为动作缓慢而导致迟到。例如，《汉书·外戚传·孝武李夫人》：“是邪，非邪？立而望之，偏何姗姗来迟！”

蹒，形声字，从足删（省“刂”）声，本义“跛脚”，常用词有“蹒跚”，含义是“腿脚不灵便”。跚字不能叠用形容“缓慢”。

83.“湮没无闻”常错作“淹没无闻”

湮，埋没。“湮没”原作“湮灭”。“湮灭无闻”出自晋代文人习凿齿《襄阳耆旧记》：“羊公（祜）与邹闰甫（湛）登岘山，垂泣曰：‘有宇宙便有此山，由来贤达登此远望者多矣，皆湮灭无闻，不得而知。念此令人悲伤。’”作者感叹许多贤达不为后人所知。因灭、没同义，后世用作成语，改为“湮没无闻”。“湮没无闻”比喻人才或事迹被埋没。

淹，义为“大水漫过”。淹没：大水盖过，如“淹没农田”，无“埋没”义，且“淹没”和“无闻”搭配不起来。

84.“流言蜚语”常错作“流言非语”

蜚，一种有害昆虫，一说臭虫，一说蟑螂，一说秋蝗，总之是害虫。“流言蜚语”语出《明史·马孟桢传》：“臣子分流别户，入主出奴，爱憎由心，雌黄信口，流言蜚语，腾入禁庭，此士习可虑也。”句中的“流言蜚语”指背后散布带有诬蔑、诽谤或挑拨离间的坏话。明以前，“流言”和“蜚语”常见分开使用。如《礼记·儒行》：“并立则乐，相下不厌；久不相见，闻流言不信。”“流言”即散布毫无根据的话。所以，荀子曰：“流言止于知（智）者。”《史记·魏其武安侯列传》：“乃有蜚语为恶言闻上，为以十二月晦论弃市渭城。”

句中“蜚语”义与“流言”同。“流言”和“蜚语”同义反复，合成“流言蜚语”。古代“蜚语”同“飞语”，故“流言蜚语”又作“流言飞语”。“蜚”和“飞”都有“散布”义，非：错误，跟“是”相对。引申为“不合于”（非法）、“不是”（答非所问）、“反对”（非议）、“责备”（无可非议）等，而无“散布”义。

85.“流光溢彩”常错作“流光异彩”

溢，甲骨文作“”，小篆作“”，都是会意字，从水从益（从水从皿，表示“水满”），表示皿中水满流出，会意为“充满而流出来”。如“充溢”“溢洪”。引申为“过分”（如“溢美”）、“流露”（如“溢于言表”）、“流动”等义。“溢”在“流光溢彩”里是“流动”的意思。“流光”和“溢彩”，同义反复，形容光彩闪烁。

异，繁体作“異”，小篆作“”，会意字，从田从双手从丌，会意为“分”，“离异”中的“异”即本义。引申为“不同”“别的”“奇怪”等义，如“存异”“异样”“异味”“怪异”等。“异彩”的含义与“溢彩”含义不同，它形容“奇异的光彩”，比喻“突出的成就或表现”，如“大放异彩”“异彩纷呈”。没有“流光异彩”这句成语。

86.“贻笑大方”常错作“遗笑大方”

“贻笑大方”语出《庄子·秋水》。庄子讲了一个故事，说是秋水暴涨，黄河顿时变得宽阔起来，都看不清对岸的牛马了。黄河之神河伯沾沾自喜，以为黄河是天下最宽阔、最壮美的河。他顺河而下，不觉到了北海。向东望去，无边无涯，只见水天相连。这时，河伯才感到自己的渺小了，不禁望洋而叹曰：“吾长见笑于大方之家！”后世将“大方之家”缩略为“大方”，用以比喻行家里手，“见笑于大方之家”随之演变为成语“贻笑大方”，意思是“让行家里手见笑”。“贻笑”错作“遗笑”，原因是贻、遗二字同音，且都有“留下”义（详见本编第六章第一节“贻遗”）。贻、遗二字，虽然同音同义，但用法有所不同：表示一般“留下”义用“贻”，表示死人“留下”义用“遗”。“贻笑”表示的正是一般“留下”义，所以用“贻”

不用“遗”。

87.“黄粱美梦”常错作“黄梁美梦”

“黄粱美梦”原作“黄粱一梦”，典出唐沈既济的《枕中记》。作者在文中讲了一个故事：一位卢姓书生，在邯郸旅店里遇到道士吕翁，两人交谈之时，卢生自叹穷困。吕道士从囊中取出青瓷枕，让卢生枕着睡觉。这时旅店主人正在做黄粱（小米）饭。卢生很快进入梦乡，在梦中享尽荣华富贵。卢生一觉醒来，店主的黄粱饭还没煮熟。苏东坡将这个典故用在诗里：“只知紫绶三公贵，不觉黄粱一梦游。”（紫绶：古代最高一级系官印的丝带，在诗中指代高官和权势。三公：古代朝廷权位最高的三位大臣。）后世把“黄粱一梦”作为成语，比喻虚幻的梦境。

粱和梁同音，但形、义皆异。粱，从米，《本草纲目》：“粱即粟也。”俗称“小米”。梁，从木，本义“水桥”（《说文解字》）。段玉裁注云：“梁之字，用木跨水，则今之桥也。”现代汉语仍然使用的“桥梁”“津梁”，用的就是本义。引申为“屋梁”，即架在墙上或柱子上支撑屋顶的横木脊梁。物体中间隆起成长条的部分，也称作“梁”，如“脊梁”“鼻梁”“山梁”。“黄梁”无解。

88.“淡泊明志”常错作“淡薄明志”

淡，形声字，从水炎声，本义“味薄”（《说文解字》），即味道不浓，如“淡而无味”。引申为“稀薄”，如“天高云淡”，“淡薄”一词由此而来。又引申为“颜色浅”，如“淡青”“淡绿”。又引申为“不经心，不在意”，如“淡然置之”“淡然一笑”。又引申为“不热心”，如“冷淡”“淡漠”。又引申为“安静，娴适”，白居易《睡起晏坐》：“淡寂归一性，虚闲遣万虑。”陆游《浴罢》：“浴罢淡无事，出门随意行。”上引二句中的“淡寂”“淡无事”，都是安静娴适的意思。“淡泊”一词取“淡”的“娴适”和“泊”的“宁静”义（注：泊，本义“停靠”，引申为“宁静”，详见本章第一节“泊船”），表示清静无欲、远离名利。

“淡泊明志”语出诸葛亮《诫子书》：“夫君子之行，静以养身，俭以养德，非淡泊无以明志，非宁静无以致远。”告诫儿子，只有不为名利所羁，才能表现出高尚的志趣。淡泊：恬淡，不追求名利。《东观汉记·郑均传》：“（郑均）好黄老，淡泊无欲，清静自守。”“淡泊无欲”即不追名逐利。

淡薄：密度小（空气淡薄），味不浓（酒味淡薄），印象不深（印象淡薄），跟志趣、追求无关。

89.“偃旗息鼓”常错作“掩旗息鼓”

偃，形声字，从人匽声，《说文解字》释义为“僵也”。段玉裁注云：“凡仰仆曰偃，引申为凡仰之称。”元关汉卿《窦娥冤》第三折：“这枷纽的我左侧右偏，人拥的我前合后偃。”“后偃”即“后仰”。引申为“倒伏”。《礼仪·乡射礼》：“东面偃旗。”偃旗：把旗放倒。“偃旗息鼓”语出《三国志·蜀书·赵云传》：赵云杀出曹军包围圈，回到自己的营寨，“更大开门，偃旗息鼓”。曾操追到寨前，见此情景，恐有埋伏，不敢攻打，下令撤兵。这个“偃旗”，义为“把旗放倒隐匿”；鼓，战鼓，息鼓：停止击鼓。赵云利用曹操多疑个性，下令偃旗息鼓，从而智退曹军。

掩，形声字，从手奄声，本义为“遮蔽”，如“掩蔽”“掩口而笑”“掩人耳目”。引申为“盖住”（“掩盖”“掩理”）、“关闭，闭合”（“掩门”“掩扉”）、“乘人不备而袭击”，如“掩杀”。掩字有“隐藏”义，如“掩藏”，但没有“掩旗”一词。

90.“源远流长”常错作“渊远流长”

源，会意字，从水从原。原，也是会意字，从厂（音 hǎn，山崖）从泉，表示“泉出之处”。水原合体，表示“水之源头”。

“源远流长”直译为“源头很远，河流（河水主干）很长”。作为成语，比喻根源深远，历史悠久。从现代汉语语法上讲，“源远”和“流长”都是主谓结构，二者构成联合式成语。从语义上讲，“源远”和“流长”还有因果关系。白居易《海州刺史裴君夫人李氏墓志铭》：

“夫源远者流长，根深者枝茂。”因为“源远”所以“流长”。

渊，繁体作“淵”，它的古文（𣶒）是象形字，象水洄流之形，故本义“回水”（《说文解字》）。《篇海类编·地理类·水部》：“渊，水盘旋处为渊。”引申为“深潭”，如“深渊”。由深渊引申为比喻（学识）“深厚”，如“渊博”。又引申为泛指事物根源，如“历史渊源”。“渊”只有“深”义，没有“源头”义，所以，“源远流长”不可写作“渊远流长”。

91.“额手称庆”常错作“额首称庆”

额：发际以下眉毛以上的部分，俗称“脑门子”。额手：把双手合掌加额，是古人表示庆幸的一种动作。在书面语言里，常用“额手称庆”形容高兴、喜悦的情态。

首即头，额是首的一个部分，两者是包容关系，“额首”在逻辑上说不通。

92.“竭泽而渔”常错作“竭泽而鱼”

“竭泽而渔”直译：排尽湖泊或池塘里的水捕鱼，比喻贪图眼前利益，索取不留余地，不顾长远利益。

渔、鱼二字含义不同。鱼是象形字，含义就是“鱼”。渔的甲骨文（[illegible]）是会意字，由手、丝、鱼组合而成，意为“持丝钩鱼或撒网捕鱼”，含义就是“捕鱼”。演变成金文（[illegible]），“丝”换作“水”，意为“从水里捕鱼”，含义仍是“捕鱼”。演变成小篆（[illegible]），省略了“手”，剩下“水”和“鱼”，含义还是“捕鱼”。“竭泽而渔”即竭泽捕鱼，所以应该用“渔”，用“鱼”是错误的。《吕氏春秋·孝行览义赏》云：“竭泽而渔，岂不获得，而明年无鱼！”这句话既指出“渴泽而渔”的严重后果，也正确地表达了渔、鱼二字含义的区别。

93.“精兵简政”常错作“精兵减政”

“精简”的“简”，不能理解为“减少”。简，本义“竹简”，上古时代的书写材料（竹片）。把“简”用绳子穿起来就成了“书”，叫作“简册”。后来，人们在使用过程中，把“简”“柬”二字搞混了。柬，会意字，从束从八，束作“缚”解，八作“别”解，“别缚”就是开缚挑选。所以，柬字的本义就是“选择”。简、柬二字搞混后，人们把用竹简书写的请帖和书信错作“请柬”和“柬札”（本应作“请简”和“简札”），让“柬”代替了“简”；又把“柬”的“选择”义给了“简”，于是有了“简拔”（选拔，本应作“柬拔”）。“请柬”和“简拔”中的“柬”和“简”，实际上都是别字，但是，误用的人多了，误用的时间久了，纠正不过来了，只好将错就错，这叫作“约定俗成”。所以，简字就堂而皇之代替“柬”表示“选择”义，并由此生出许多新词来，如“简短”“简化”“简洁”“简明”“简要”“精简”等。“精简”的含义：去掉不必要的，留下必要的。精简的过程就是“选择”的过程。精简的目的，当然包括数量的减少，但更重要的是使机构更精干、人员素质更高。这才是“精兵简政”的意义所在。所以，把“简政”简单地理解为“减政”是错误的。

94.“噤若寒蝉”常错作“禁若寒蝉”

噤，会意字，从口从禁，会意为“闭口不言”。寒蝉：秋后的蝉。

到了秋后，天气渐冷，蝉鸣不再了。《后汉书·杜密传》：“刘胜位为大夫，见礼上宾，而知善不荐，闻恶无言，隐情惜己，自同寒蝉，此罪人也。”后世演变为成语“噤若寒蝉”，用“寒蝉”比喻为自保或被迫不敢作声。

禁，形声字，从示林声，《说文解字》释义为“吉凶之忌也”。“禁忌”即本义。引申为“禁止、制止”，如“禁烟”“禁赌”。又引申为“约束，使谨慎”，如《礼记·缁衣》：“君子道人以言而禁人以行。”孔颖达注：“禁，犹谨也。言禁约谨慎人以行，使行顾言也。”又引申为“监禁、囚禁”，因而也有“闭”义，但“闭”的是“人身”，即失去人身自由，没有“闭口不言”的含义。所以，“噤若寒蝉”不可写作“禁若寒蝉”。

95.“墨守成规”常错作“默守成规”

“墨守成规”中的“墨守”，是“墨子之守”的缩略语。这句成语有个典故：战国时期，楚惠王准备攻打宋国，要鲁班制造攻城器械。主张“非攻”、反对战争的墨子得知此事，立即前往楚国劝阻。可是楚惠王不听劝阻，执意攻打宋国。墨子便当着楚惠王的面，与鲁班较量攻守。鲁班设计了九种攻城器械，都被墨子一一破了。鲁班无计可施了，墨子却还有守城之策。楚惠王看了他们的攻守较量，终于放弃了攻打宋国的计划。因为墨子善于防守，人们便将牢守、固守称作“墨守”。但是，后世将“墨守成规”作为成语，改变了“墨守”的含义，比喻因循守旧不知变通。这个典故告诉我们：“墨守”并非“默默地守”。

96.“黯然销魂”常错作“暗然销魂”
“黯然失色”常错作“暗然失色”
“黯然神伤”常错作“暗然神伤”

暗、黯二字同音，本义也相同，都作“光线不足”解，跟“明”相对。所以，暗、黯二字在表示本义时可以通用，如“暗淡”也作“黯淡”，但二字的引申义却不相同。（详见本章第一节“暗黯谙”）

暗的引申义有：隐藏，秘密的，糊涂，不明白等。常用词有：暗藏，暗处，暗物质，暗访，暗探，暗合，暗疾，暗箭，暗算，暗道，暗害，暗号，暗箭，暗滩，暗礁，暗流，暗杀，暗伤，暗示，暗喜，暗笑，暗自，暗事等。这些词里的“暗”，都不可写作“黯”。

黯的引申义有：乌黑，昏黑，失去本色，情绪低落，极度伤感等。常用词有：黯黑，黯然。这些词里的“黯”，都不可写作“暗”。“黯然”虽然用的是“黯”的引申义，但与黑暗无关。

“黯然销魂”：比喻极度沮丧，好像失魂落魄。

“黯然失色”：比喻人物或事物衰落，仿佛失去原有的色泽或光彩。

“黯然神伤”：比喻极度沮丧，好像失魂落魄。

第六章　义近字词容易混淆错用

汉语语法修辞学有两个概念：同义词，反义词。“反义词”好理解，就是两个或多个词含义相反，例如“好”与“坏”、“白”与“黑”、“正”与“反”。那么，“同义词”是不是两个或多个词含义完全相同呢？其实，汉语词汇里完全同义的词是很少的，绝大多数所谓同义词，只是含义比较接近。即使是含义相同的词，它们的用法也不一定相同。著名语言学家吕叔湘、朱德熙在他们合著的《语法修辞讲话》里强调指出：“意义和用法完全相同的词是不大会有的，其间的区别往往很细微。这正是我们的语言丰富与精密的证明。我们爱惜我们的语言，就应该注意词的意义和用法，下笔的时候，要严肃地、细致地加以选择。”

本章分两节，分别辨析含义接近的单音词（义近字）和合成词（主要是双音词）意义和用法的细微区别。

第一节　含义接近的字容易混淆错用

汉字有多字同义的情况，但是，有些字含义相同但用法并不相同，有些字含义接近却并非同义，含义和用法完全相同的字其实很少，如果不准确掌握这些字的含义和用法，就容易混淆错用。下面列举最容易混淆的 35 组共 72 个字，并一一详加辨析。

1. 才　材

才，甲（𠂇）、金（十）、篆（扌）都是象形字，都是草木初生的象形符号，本义就是“草木之初”（《说文解字》）。草木初生，生命力旺盛，因而引申出“才能”的含义，于是有了“才干”“才学”“才思”“才华”“才智”“才学”“才德”“人才”“才子”“才女”等词。

在古汉语里，“才”还是“纔”的通假字，现代汉语将“才”作为“纔”的简化字，这个“才”含义是“以前不久”。它还有三个引申义：(1)表示只有在某种条件下然后怎样(只有……才……)；(2)表示发生新情况，原本并非如此(如“经他解释之后才明白缘由”)；(3)对比起来表示数量小、次数少、程度低(如“这家工厂创办时，全厂职工才10人。”)。

材，会意兼形声字，从木从才才亦声，本义“木梃”(《说文解字》)。南唐徐锴在《说文解字系传》中解释说：木梃，“木之劲直堪入用者”。今称“木材”。后泛指原料、材料，如“钢材”“材料”“食材”。引申为“资料”，如“教材”“题材”“素材”。又引申为“资质”，孔子主张的“因材施教”中的“材”即资质，“因材施教”即根据受教育者的资质施行教育。由资质又引申为“材能”，这个“材能”与“才能”同义，在古汉语里通用。在现代汉语里，“材”不再表“才能”义，“人才”“才干”“才智”“才德”“才思”“才华”等词中的“才”，不可换作“材”。“高才生”和“高材生”是一对同义异形词，该首选哪个词，学者们意见不一致。《现代汉语词典》首选“高才生”，释义为“成绩优异的学生”。《现代汉语规范词典》首选“高材生”，认为这个“材”指的是“材质”。

2. 长　常

长字的甲(𠂆)、金(𠇍)都是象形字，是人的一头长发形象。小篆(镸)是形声字，从兀从匕亾声。《说文解字》释析说：“兀者，高远意也。久则变化(“匕”即化)。亾(亡)声。”关于它的含义，古代学者有两种观点：其一，用长发表示“长度”；其二，用长发表示“生长”。两种观点都对。实际上“长”是一形二音二义：一音 cháng，义为“久远”(时间延伸和空间距离)；一音 zhǎng，义为“生长”。长远、长跑、长征、长期、长年累月、长夜、长治、长眠、长辞等词中的“长”，表示的都是“久远”义。由久远引申出“两点之间的距离”（长度）、“空间距离远”（长江，长城）、“高”（身长）、“大”（长风）、“辽阔”（长天，长空）、“专精”（特长，擅长，一技之长）、“长处，优点”（任人之长，扬长避短）、“深远”（意味深长）、深厚（恩情长）、“多余”（身无长物）等义。表“生长”义的“长”，有三个引申义。（1）年纪大的，排行最大的，辈分大的。如“比我长两岁”“长房”“长兄”“长子”“长辈”等；（2）老师，领导人。如“师长”“首长”“校长”等；（3）成年。《史记·孔子世家》：“孔子贫且贱，及长，尝为季氏吏。”及长：到了成年。现代汉语里的“长大”“成长”也是“成年”的意思。（4）增进，增加。如“增长”“长见识”“长力气”“吃一堑，长一智”。（5）尊敬，尊重。《孟子·告子上》：“彼长而我长之。”句中两个“长”含义不同：“彼长”是说“他比我年纪大”，“我长之”是说“我敬重他”。

常，形声字，从巾尚声，本义作“旗”讲（《说文通训定声》）。古代君王在府邸门前悬挂旗帜，上绘日月，象征崇高和尊贵，这种旗帜就叫作“常”。《释名·释兵》：“常，九旗之名，日月为常，画日月于其端，天子所建，言常明也。”常，形如长巾，长一丈六尺，是古代长度单位“寻”的一倍，因此，“常”也成了长度单位：两寻为一常。两寻为一常，是社会公认的长度单位，由此引申为“一般、平凡”，于是有了“平常”“寻常”“日常”“常人”“常识”等词。又引申为“经常”，如“时常”“常常”“常来常往”。又引申为“一定不变”，如“常性”“常态”“守常”“常数”“常规”。由常规又引申为“法令、伦理”，如“国常”（国家法令）、“伦常”（父母兄弟相处的原则）。不正常或违反常规的事称作“反常”，很不正常的事称作“非常”。

长的“久远”义和常的“经常”义比较接近，例如“细水长流”“长盛不衰”“长生不老”与“四季常青”“常胜将军”词义接近。但是，义近并不等于义同，它们的区别在于：“长”表示的是时间延伸的“久”和空间距离的“远”；“常”表示的是事情的发生不止一次而且时间相隔不久，或事情连续不断地发生。南朝诗人谢灵运有诗云：“不怨秋夕长，常苦夏日短。”诗中长、常二字的运用，正确地反映了它们含义的本质区别。

3. 凸　突

凸，象形字，是物体向上鼓起的形象符号，本义“物高起”（《说文解字》），即物体高于周围，跟“凹”（物下陷）相对。引申为“向上高出、向外伸出”，如“挺胸凸肚”“凸凹不平”“凸面镜”“凸透镜”“凸角”等。

突，会意字，从穴从犬，表示犬从穴中蹿出，会意为“突然跃出”，“突然”即本义。由突然引申为“意外的”（突发、突如其来）、“急剧的”（突变）、“超过一般”（突出）、“急速攻击或冲破”（突袭、突围、突进、突破）、“集中力量加快速度”（突击）等。

凸、突二字，都可跟出、起、显、现组词，形成若干同音近义词，容易混淆错用。因此，使用这些词时，必须准确掌握它们的含义和用法的区别。例如：

凸出：鼓出来或高出周围。

突出：超过一般或使超过一般。

凸起：高出周围或鼓出来。

突起：突然发生或高耸。

凸显：清楚地显露。

突显：突然地显露。

凸现：清楚地显现。

突现：突然出现或突然地显现。

4. 分　份

分，会意字，从八从刀。八是“分”的本字，一撇向左，一捺向右，不是“分”了吗！后来，“八”被假借用作数词，古人遂在“八”下加“刀”造新字，表示“以刀剖物使之两半”，这是分字的本义。分跟“合”相对，因而引申出“分配”、“分派”、“离散”（分离、分裂）、“离别”（分别、分手）、“散布”（分布）、“辨别，区分”（分辨）、“辩解”（分辩）、“隔离”（分隔）、“限度”（分寸）、“界限”（分界）等义。物质是可以无限分的，于是有了“百分比”“万分比”。物质的最小部分（微粒）称作“成分”，由此引申出“职权限度”，如“分内”“分外”“本分”“安分”“过分”“非分”“恰如其分”等。又引申为“人与人相处的情感、情义”（情分）、“人与人遇合的机会”（缘分）等义。“成分”及其引申义的“分”，不读 fēn，而读 fèn。

份，古代字书《说文解字》和《玉篇》都认为它是“彬”的古字，含义是“文质备”，即文（外露的才华）和质（内含的品德）兼备。清代文字学家段玉裁解释说：人应文质兼备，两者相伴，各得其宜，“此即为份”；份从人所指为“人”，从分有相半之义。《论语·雍也》：“文质彬彬，然后君子。”句中“彬彬”即“份份”，“份”是“彬”的古字。但是，在先秦古籍中，“彬”通行而“份”鲜用。到了汉代，份字的音义都变了，读音变成 fèn，含义变成“整体的一部分”。引申为“分摊的部分”（凑份子）、“表示搭配成组的东西”（份饭）。用作量词，表示报刊、文件的单位（一份报纸，合同一式两份）和划分的单位（省份，年份，月份）。这当系假借，与本义无关。

“成分”和“成份”，在表示个人早先的主要经历或职业时，是同义异形词，以“成分”为首选词形；在表示自身所处的地位或受人尊重的地位等意义时，本应用“身分”，但现在社会上多错作“身份”，尤其是“身份证”，涉及面广，改正很难，本着“通用性”原则，采用“身份”一词。但表示构成事物的各种不同的物质或因素的“成分”，如“化学成分”“营养成分”没有异形词，写成“成份”是错误的。

5. 订　定

订，本义“评议，评定”。《论衡·案书》：“两论相订，是非乃见。”“相订”即比较评议。引申为“经过商议而签约”（签订）、“预先约定”（订报、订货）、“文字修改校正”（修订、校订）等。

定，本义“安”，“安定”“稳定”“安邦定国”都是本义。引申为“固定的”（定式）、“不变的”（定论、定理、定数）、“必然地”（定然）、“最后的决定”（定稿、定案）等。

订、定二字，含义区别明显，一般不会混淆。但在“约定”“预定”意义上，使用时却往往把握不准。与“约定”相关的词，常用的有：订货—定货，订单—定单，订购—定购，订婚—定婚。本来这些词均应用“订”，表示“预先约定”；后来人们为了强调确定性，改“订”为“定”。其实，是不必要的。例如“订婚”，按照习俗“约定婚姻关系”，虽然双方（包括双方家长）认可，但并不是合法的“婚姻关系”，只是一种“婚恋关系”。

与“约定”相联系的词，常用的有：预订—预定，制订—制定，审订—审定。使用这些词时，要注意它们的含义和用法的细微差别：

预订：预先订购，以得到某种拥有权或使用权。

预定：预先规定或约定。

制订：突出拟订、草拟、创制。

制定：突出确定下来，正式实施。

审订：突出审阅修订。

审定：突出审查认定。

6. 记　纪

《史记·五帝本纪·索隐》：“纪者，记也，本其事而记之，故曰本纪。”纪、记通用的情况，在古籍里多见。例如：《左传·桓公二年》：“文物以纪之，声明以发之。”《列子·杨朱》：“太古至于今日，年数固不可胜纪。”《宋史·沈括传》：“又纪平日与宾客言为《笔谈》，多载朝廷故实，耆旧出处，传于世。”《徐霞客游记·滇游日记十一》：“余从之，坐栏上作纪。”上引各句中的“纪”均通“记”。

但是，从理据的溯源分析，记、纪二字的本义并无相通之处。

记，形声字，从言己声，本义为“录”（《玉篇》），即用文字把言语记录下来。“记录”“记述”都是本义。记录在脑子里叫“记忆”，用符号快速记录叫“速记”，摘要记录叫“摘记”，事后记录叫“追记”。引申义有：（1）标记，印章。如“记号”“印记”。（2）使印象不消失。如“记住”“铭记”“牢记”。（3）一种文体。如“史记”“传记”“游记”。

纪，形声字，从丝己声，本义为“丝别”（《说文解字》），即理出丝缕的头绪。《淮南子·泰族》：“茧之性为丝，然非得女工煮以热汤而抽其统纪，则不能成丝。”句中“统纪”即丝之端。因此，王筠在《说文句读》中断定：“纪者，端绪之谓也。”由“丝之端”引申为“事物的头绪、开端”。《列子·汤问》：“物之终始，初无极已，始或为终，终或为始，恶知其纪。”“恶知其纪”即很难了解事物的开端或终结。又引申为“要领”“纲要”。《吕氏春秋·论威》：“义也者，万事之纪也。”“万事之纪”即万事的要领、纲领。由纲领引申为“人伦之道”，古代称“三纲五常”为“人纪”。由人纪又引申为“法度”“准则”，如“纲纪”“法纪”“纪律”“军纪”“风纪”。纪还是古代纪年月的单位。例如《书·毕命》：“既历三纪，世变风移。”孔传：“十二年曰纪。”由此引申为“世，代”，公历“世纪”由此而来。

从上述辨析可知，记、纪二字的本义及引申义，并无相通之处，古代的“纪通记”，当属通假。在现代汉语里，“纪”只用于“纪念”“纪年”“纪元”“纪传”“纪要”“纪行”，其他地方均用“记”。把事情记下来叫“记事”，但作为一种文体的名称仍沿用古汉语用法，称作“纪事”，如“本纪”“纪事诗”“唐诗纪事”“纪事本末体”等。

7. 启　起

启，甲骨文（𠲶）由户和手组合而成。户，单扇门；户手合体，表示用手推门，会意为"开"。后演变成小篆"啓"，户下加口，手变形成"攴"，楷书依小篆写作"啟"（右偏旁"攴"变形为"攵"），含义还是"开"。引申为"打开""开始""开导""陈述""阐明事理"等义。现在这个"启"，是简化字，省略了右偏旁"攵"。常用词有：启程，启动，启幕，启用，启封，启齿，启蒙，启发，启示，启迪，启事等。

起，小篆作"䎦"，会意字，从走从巳（隶变时讹变作"己"）。走，动；巳，巳时，日出之时；走巳合体，表示将走，会意为"能立"（《说文解字》），即"起身"。《白虎通·五行篇》："太阳见于巳，巳者物必起。"引申义有：离开原来的位置，向上，开始，上路，最初，兴家立业等。常用词有：起身，起来，起点，起程，起航，起家，起重，起运，起止，起用，起始，起源等。

从上述辨析可知，启、起二字都有"开始"的含义，因此，在表此义时二字可以通用，"启程"同"起程"，"启运"同"起运"。启、起二字通用，只限于"开始"义，除此之外，即使同音也不能通用。例如"启用"和"起用"同音，但含义不同："启用"的含义是"开始使用"（如"启用新印章"），"起用"的含义是"重新任用"或"提拔使用"（如"大胆起用年轻干部"）。

8. 汲　吸

汲，形声字，从水及声，本义"引水于井"（《说文解字》），即从井里取水。引申为从各种水源取水。叠用（汲汲），形容心情急切、努力追求，如"汲汲于富贵"。

吸，形声字，从口及声，本义"内（纳）息"（《说文解字》），即以口鼻吸气入肺。引申为"收""引""附着""进食"等义，如"吸储"（吸收存款）、"吸力"（磁体等所表现的吸引力）、"吸附"（吸收附着）、"吸食"（用嘴或鼻吸进食物）等。

汲、吸二字，音义皆异，唯“汲取”和“吸取”含义接近，都有“吸收”的意思。但是它们的用法有细微差别：“吸取”强调吸收采纳，应用范围宽，如“吸取精华”“吸取养料”“吸取经验教训”等；“汲取”本指液体或营养的吸收摄取，也指知识和经验教训的吸收，但应用范围比“吸取”窄一些，常用词只有“汲取营养”“汲取经验”。有个词“汲引”，本义“引水”，多用于比喻举荐提拔。

9. 妆　装

妆，繁体作“妝”，会意兼形声字，从女从牀（省“木”，牀今简化作“床”）牀亦声，表示女子在闺房里梳妆打扮，本义即“女子梳妆打扮”。古代女子脸部美容材料是米粉，所以，妆字有个异体字：粧。女子化妆，敷面用粉，描眉用黛（青黑色颜料），因而又称女子为“粉黛”。敷面用粉有红白两色，因而“红粉”成了少女的代词。由红粉又演变成“红妆”。跟女子梳妆打扮有关的东西，也以“妆”称呼：梳妆的镜匣叫作“妆奁”，梳妆用的桌子叫作“妆台”，女子出嫁时娘家陪嫁的衣物叫作“嫁妆”。

装，繁体作“裝”，形声字，从衣壯（今简化作“壮”）声，本义“裹”（《说文解字》）。裹即包裹行囊，“轻装上阵”中的“装”即本义。包裹行囊里主要是衣服，因而第一引申义是“衣服穿戴”，如“装束”“服装”“军装”“西装”。人的穿戴，除了遮阳御寒外，还为了打扮。由打扮衍生出许多引申义：化装，装扮，装饰，包装，装配。

妆、装二字，本义不同，但都有“修饰打扮”的引申义，因而有了化妆—化装、妆饰—装饰、卸妆—卸装、红妆—红装等近义词。

它们虽然音同义近，但具体含义和用法是有区别的。

化妆：指女子梳妆打扮，目的是为了漂亮。

化装：也是打扮，但目的是为了改变本来面目。例如演员化装就是为了掩盖本来面目，使之符合角色的身份、年龄和剧情的需要。还有因为特殊需要，用化装的办法掩盖本来面目。例如20个世纪30

年代初，周恩来化装成郎中从上海前往江西苏区。

妆饰：指女子梳妆打扮和穿戴。

装饰：主要指物的粉饰点缀，也指演员化装时的穿戴。

卸妆：指女子卸除妆饰，洗去脸上的脂粉。

卸装：指演员卸除化装时穿戴涂抹。

“红妆”与“红装”是一对同义异形词，都指女子的艳丽装束，也指代青年女子。但在习惯上多用“红装”，例如毛泽东词句“不爱红装爱武装”。

10. 夙　宿

夙，小篆作“𡖍”，会意字，从夕从丮。“丮”是“执”的本字，义为“做事”，夕丮合体，表示“天不亮就起来做事”，会意为“早敬”（《说文解字》）。胡光炜在《说文古文考》里解释说：“象（像）人执事于月下，侵月而起，故其谊（义）为早。”早即早晨，成语“夙兴夜寐”中的“夙”即早晨。由早晨引申为“时间靠前”。《清史稿·世宗本纪》：“建储一事，理宜夙定。”“夙定”即早定。又引申为“最初的”“旧有的”“素有的”，于是有了“夙仇”“夙敌”“夙诺”“夙嫌”“夙怨”“夙愿”等词。

宿，原作“宿”，形声字，从宀佰（“夙”古字）声。《说文解字》：“宿，止也。”《玉篇》：“宿，夜止也。”徐灏笺：“夜宿乃此字本义。”“夜宿”即“夜间休息”，“住宿”“露宿”“借宿”皆本义。徐灏笺还指出：“凡经宿则久，故又引申为旧，如云宿草及宿将、宿学之类。”这就是说，宿字还有“旧有的”“一向的”等引申义。由旧有的又引申出“年老的”“久经其事”等义。例如：“宿敌”（一向对抗的敌人），“宿怨”（旧有的怨恨），“宿诺”（多年以前的承诺），“宿愿”（一向怀有的愿望），“宿根”（多年生草本植物的根），“宿将”（久经沙场的老将），“名宿”（有名望的人），“宿疾”（拖延多年难以治愈的疾病）等。宿字还有两个异音异义：（1）音 xiǔ，用作量词表示“一夜”。（2）音

xiù，天文学名词。我国古代天文学把天上分布于黄道、赤道带附近一周天的恒星分为二十八个集合体，称作“二十八宿”，如“斗宿”“箕宿”“心宿”等。

夙、宿二字，本义区别明显，但二字的引申义“旧有的”“一向的”却是相通的，于是形成六组同义异形词：宿仇—夙仇，宿敌—夙敌，宿诺—夙诺，宿嫌—夙嫌，宿怨—夙怨，夙愿—宿愿。关于这六组同义异形词的使用，《现代汉语词典》主张首选前者：宿仇，宿敌，宿诺，宿嫌，宿怨，夙愿。

11. 会　汇

会字的金文（會）、小篆“會”，都是象形字，用有盖器具形状，表示上下相合之义，本义为“合”。楷书讹变成“會”，今简化作“会”，但含义未变，还是“合”。“合”即“合在一起”，如“会合”“会集”“聚会”。由“聚会”引申为“联合”，如“会演”“会战”。又引申为“见面”，如“会见”“会晤”“会客”。人们聚会的场合、组织、人口密集的城市，都以“会”称呼，如“庙会”“灯会”“晚会”“帮会”“行业协会”“商会”“联合会”“都会”等。

汇，繁体作“匯”，其含义有两说：一说“器名”（一种器具的名称），这是《说文解字》的观点；另一说“堤”，理由是“从匚从淮”。清代文字学家段玉裁在《说文解字注》中认为：“大泽之外必有陂围之，如器之围物。”后世不用上述二义，而假借表“两水合流”义。

会和汇，都有“合”义，因此在表“合”义时，同音同义，可以通用，如“会合”与“汇合”、“会集”与“汇集”、“会聚”与“汇聚”、“会演”与“汇演”，都是同义词，都可以通用。但在特定语境里，会、汇二字用法却不相同。例如：“会师”“会面”“会见”“会客”，都是人的行为，用“会”不用“汇”；“汇流”“两河汇合”“汇涓为海”，都是水流聚集，用“汇”不用“会”。会字还有“共同”“一起”“理解”“懂得”“熟悉”“通晓”以及表示“有能力”和“擅长”

等义项，如“会考”“会谈”“会同”“会晤”“会诊”“体会”“误会”“心领神会”“意会”“能说会道”等。汇字没有这些义项，这类词不能用“汇”。现代金融术语“外汇”“汇价”“汇率”“汇票”“汇款”等词，用的是“货币流通”义，用“汇”不用“会”。

还有一个跟会、汇同音的字：彙，含义是“类聚、综合”。这个“彙”字，在汉字简化时用“汇”替代，如“字汇”“词汇”“汇报”“汇刊”“汇编”“汇展”等，这些词中的“汇”，是“彙”的替代字，属于假借，与汇字本义无关，也跟会字无关。

12. 采　彩

采，小篆作“[illegible]”，会意字，从爪（手）从木，表示手伸向果树，会意为“摘取”。后被假借表示“色”（颜色、神色、文辞华丽等）。所以，采是一形二字。后来，古人又造了个“彩”字，于是表示“色”就有两个字：采，彩。在古汉语里，采、彩通用。现代汉语让采、彩分工：采，偏重神色。如“神采”“风采”“丰采”“文采”“兴高采烈”。彩，偏重形色。如“五彩”“彩霞”“彩虹”“彩带”“彩照”“彩排”（化装排演）“挂彩”（受伤流血）。有些词难分神色、形色，如“光彩”：“光彩照人”偏于神色；“流光溢彩”则偏于形色。类似的还有“精彩”“喝彩”。为了使用方便，这类词统一用“彩”。

13. 决　绝

决，小篆作“[illegible]”，会意字，从水从夬从手。夬表示“左有缺”，水夬手合体，会意为“行流”（《说文解字》），即疏通水道使水畅流。《管子·君臣》：“决之则行，塞之则止。”“决之则行”意即除去壅塞水就畅流。隶变时讹为“泱”（省去夬下的“手”），后又简化为“决”。由“行流”引申为“大水溃堤或漫堤”。朱骏声在《说文解字通训定声》中指出：“人导之而行曰决，水不循道而自行亦曰决。”于是有了“溃决”“决堤”“决口”等词。又引申为“判断”“确定”“拿定主意”，于是有了“决断”“判决”“决意”“决计”“决定”“决策”“决议”等词。由溃决又引申出“冲破”“突破”“破裂”，如“决围”（冲破敌人的包围)、“决裂”(谈判失败、关系决绝、感情破裂)、“决战”、“决赛”(一决胜负,一决雄雌)等。又引申为“态度坚决果断”(如“决然”“犹豫不决”)、“必定”(如“决不翻悔”)。“决定”是个多义词,例如:“作出明确决定”,表示对如何行动拿出主张;“存在决定意识”,表示一事物成为另一事物的前提条件;“决定性”“决定因素”,表示客观规律促使一事物向一定方面发展变化。

绝,小篆作“[小篆]”,会意字,从丝从刀([小篆])从卩([小篆]),表示用刀将丝束断成长度相等(“卩”即节,表示有度),会意为“断”。《说文解字》:“绝,丝断也。”《广雅》:“绝,断也。”“断绝”“绝交”“绝缘”“隔绝”都是本义。反其义即“不断”,如“络绎不绝”“不绝于耳”。古诗诗体名称“绝句”,含义也是“断”。律诗有八句,而绝句只有四句,是截取律诗一半而成。由“断绝”引申为“净尽”“穷尽”,如“灭绝”“斩尽杀绝”。段玉裁注《说文解字》:“断之则为二,是曰绝,又绝到穷,故引申为极。”说的就是“由断绝引申为穷尽”。由“穷尽”又引申出“气息中止”(气绝、悲恸欲绝)、“独一无二”(绝无仅有)、“达到最高水平(空前绝后、绝伦、绝唱、绝技、绝学)、“无后续”(绝种)、“没有出路”(绝路、绝境)、“断然”(绝无此事、绝不答应)。用作副词表示“最”“极”,如“绝顶”“绝密”“绝妙”。

决、绝二字,含义区别很大,但它们用在否定词前面,含义却比较接近,都是“决断”的意思,容易混淆错用。它们的具体含义和用法的区别是:“决”用在否定词前面,表示不容怀疑、不可动摇,含有主观成分,如“决不退让”“决不妥协”;“绝”用在否定词前面,表示排除任何可能性,含有客观判断的意思,如“四个现代化绝非一朝一夕可以实现”。有个词叫作“决绝”,含义有二:其一,断绝关系。如“决绝一切往来”。其二,态度非常坚决。如“话说得十分决绝”。分析这两个含义可知:“决绝”一词中表示的还是决、绝二字本义的组合:“不容怀疑,不可动摇”;“断绝,断然”。

14. 作　做

“作”和“做”，含义相同，实际上是一字二形。但是，由于历史的原因，二字的用法不同。

“作”最早见于殷墟甲骨文，写作“𠂉”（乍），《说文解字》：“作，起也。”这个“起”，是“兴起”“开始”“出现”的意思。例如《论衡·佚文》：“周秦之际，诸子并作。”“并作”即“并起”，百家兴起。张衡《东京赋》：“坚冰作于履霜，寻木起于蘖栽。”“作于”“起于”同义：从微至著。现代汉语仍在使用的“作息”“兴风作浪”“枪声大作”中的“作”，都是“起”的意思。演变成小篆，“乍”的左旁加了个“人”，变成“作”，增加了“工作”的含义。这样一来，作字的本义就有了两个：起，工作。作字的引申义分别衍生于“起”和“工作”。由起引申出“振作”“发作”“动作”等义；由工作引申出“制造”“从事”“充当”“担任”“行为”“创作”“作品”等义。

“做”是后造字，据查到的资料，最早出现在宋代，但含义跟后来的“做”不同，当“即使”“播弄”讲。例如秦观《山城子》：“便做春江都是泪，流不尽，许多愁。”句中的“便做”是“即使”的意思。又如卢祖皋《蒲江词·谒金门·春思》：“做弄清明时序，料理春醒情绪。”句中的“做弄”是“播弄”的意思。明以前，偶见把“做”当作“担任、充当”，如宋邵雍《和人留题张相公》：“做了三公更引年，人间福德合居先。”句中的“做了”即“当了、担任了”。做字成为“作”的同义词并收入字书，最早见于明代，此时作字已经使用了两三千年。明末出版的《正字通》这样为“做”释义：“做，作俗字也。”这就是说，到了明代“做”才作为“作”的异体字在社会上流行。

现代著名语言文字学家吕叔湘先生认为：“做”字的流行，是一种“文白异读”现象。他指出：“古代只有一个‘作’字，是个入声字。后来在说话中变成去声，可是读书音还是入声，就有人造出一个‘做’字来代表说话的去声字音。”问题出在大多数北方方言没有入声，在普通话里“作”“做”都是去声，完全同音，这就给使用造成困难。那么，怎样区别“作”“做”的用法呢？吕叔湘先生提出：“区别的办法基本上还是用‘文’和‘白’做标准。”过了十几年，吕先生又在《现代汉语八百词》一书中，再次论述作、做二字的用法：“语音上二者在普通话里已经没有区别。习惯上，具体东西的制造一般写成‘做’，如‘做桌子，做衣服，做文章’，抽象一点的、书面语言色彩重一点的词语，特别是成语里，一般都写成‘作’，如‘作罢，作废，作对，作怪，作乱，作价，作曲，作文，作战，装模作样，认贼作父’。”吕先生还指出：“遇到没有把握时，宁可用‘作’不用‘做’。”

2011 年，语言学家们提出《作—做推荐用法》。中国社会科学院语言研究所编辑的《现代汉语词典》（第 6 版），采纳了这个推荐用法。

《作—做推荐用法》内容如下：

（1）首字是 zuò 的动宾词组，全用“做”。

做准备 / 做广告 / 做生意 / 做贡献 / 做事情 / 做手术 / 做检查 / 做父母 / 做文章 / 做实验 / 做朋友 / 做斗争 / 做游戏 / 做动作 / 做试验 / 做报告 / 做研究 / 做调查 / 做处理 / 做运动 / 做努力 / 做调整 / 做后盾 / 做表率 / 做模范 / 做分析 / 做实事 / 做决定 / 做活动 / 做解释 / 做比较 / 做买卖 / 做设计 / 做衣服 / 做保证 / 做交易 / 做演员 / 做服务 / 做表演 / 做好事 / 做报道 / 做医生 / 做顾问 / 做介绍 / 做项目 / 做保障 / 做抵押 / 做美容 / 做企业 / 做担保 / 做示范 / 做事业 / 做临时工 / 做市场

（2）首字是 zuò 的双音节词，按习惯用法。

做伴 / 做爱 / 做东 / 做法 / 做工 / 做功 / 做鬼 / 做活儿 / 做媒 / 做梦 / 做派 / 做亲 / 做人 / 做事 / 做寿 / 做戏 / 做作

作案 / 作罢 / 作弊 / 作别 / 作成 / 作答 / 作对 / 作恶 / 作伐 / 作法 / 作废 / 作风 / 作梗 / 作古 / 作怪 / 作家 / 作假 / 作价 / 作践 / 作乐 / 作

脸 / 作料 / 作乱 / 作美 / 作难 / 作孽 / 作弄 / 作呕 / 作陪 / 作品 / 作色 / 作势 / 作数 / 作死 / 作祟 / 作态 / 作痛 / 作为 / 作伪 / 作文 / 作物 / 作息 / 作兴 / 作业 / 作揖 / 作俑 / 作用 / 作战 / 作者 / 作准

（3）末字是 zuò 的双音节词或三音节词，全用“作”。

比作 / 变作 / 当作 / 读作 / 分作 / 改作 / 化作 / 换作 / 记作 / 叫作 / 看作 / 拼作 / 评作 / 认作 / 算作 / 听作 / 写作 / 选作 / 用作 / 装作 / 称作 / 释作 / 视作 / 分析作 / 化装作 / 解释作 / 理解作

（4）成语或四字格等固定结构中，有“做”或“作”的，按习惯用法。

白日做梦 / 敢做敢当 / 假戏真做 / 小题大做 / 做贼心虚 / 好吃懒做 / 亲上做亲 / 一不做，二不休

逢场作戏 / 胡作非为 / 从贼作父 / 始作俑者 / 述而不作 / 天作之合 / 为非作歹 / 为虎作伥 / 为人作嫁 / 无恶不作 / 兴风作浪 / 一鼓作气 / 以身作则 / 装聋作哑 / 装模作样 / 装腔作势 / 自作聪明 / 自作多情 / 自作自受

（5）在用“做”“作”两可的情况下，要做到局部一致。

用作—用做 / 做客—作客 / 作诗—做诗 / 作秀—做秀

这个《作—做推荐用法》，基本符合吕叔湘先生提出的标准，其中的“按习惯用法”，即遵循历史用法，用文、白做标准。可以作为规范用法。

15. 依　倚

《说文解字》用依、倚相互释义：“依，倚也。”“倚，依也。”说明依、倚二字本义相同。依、倚都是形声字，表义的形符都是“人”，本义都是“靠着，依赖”，所以，“依靠”也作“倚靠”，“依赖”也作“倚赖”。但是，除了上述二词外，即使是表示“靠着”的意思，依、倚也不能通用。例如，“倚门而望”“倚马可待”中的“倚”都是“靠着”的意思，都不可把“倚”换作“依”。这就是说，依、倚二字并不是同义字，只能在有限范围内通用。

依、倚二字的引申义，虽然都是从“靠着，依赖”扩展出来的，但各自表达的意思却不相同，更不可通用。

依的引申义有：（1）傍着。如“依傍”。王之涣《登鹳雀楼》中的名句“白日依山尽”，句中“依”即“傍着”，“依山尽”即傍着山落下去。（2）从。如“依从”“依允”“依顺”。（3）附。如“依附”“依存”。（4）按照。如“依照”“依次”“依法”“依循”“依样画葫芦”。（5）仍旧。如“依旧”“依然”。（6）眷恋。如“依恋”。此外，依字可叠用，表示“轻柔”或“留恋”。如“杨柳依依”“依依惜别”“依依不舍”。

倚字的引申义有：（1）仗着。如“倚仗”“倚势”“倚老卖老”。（2）偏于一边。如“不偏不倚”。（3）依托。如“福兮祸所倚，祸兮福所伏”。

使用依、倚的引申义时，要注意它们用法的区别，避免混淆错用。

16. 度　渡

度，会意字，从庶（省“灬”）从又。庶，庶民，又称百姓；又，“手”的变形；庶、手合体，表示“普通人的手”。这个“手”，虽然普通，却是表示长度、高度的标准。清代文字学家段玉裁指出：“周制寸咫尺寻常仞，皆以人体为法。”周代计量长度、高度以人体为标准：从手掌底部到手腕脉搏处（寸口）的距离为“寸”，八寸为“咫”，十寸为“尺”，两手向左右伸展两手中指之间的距离（一说六尺，一说八尺）为“寻”，两寻为“常”（长度）、为“仞”（高度）。所以，度字的原始含义是“计量长度、高度的标准”。引申为泛指一定的标准，如“尺度”“刻度”“广度”“深度”“幅度”“进度”。又引申为“治理国家的规矩”，如“法度”“制度”。“度”有由此及彼的含义，由此引申为“通过”，如“度日”“度岁”等。又引申为“超过，超越”。王之涣的绝句：“羌笛何须怨杨柳，春风不度玉门关。”句中的“不度”，即没有超过或超越。又引申为“胸怀，气质”，如“器度”“大度”“风度”。用作动词，表示“计算”“测量”“衡量”“程度”“限度”“谋虑”，如“度量”“忖度”“揣度”。成语“明修栈道，暗度陈仓”中的“度”，意思是“谋取”。成语“以小人之心，度君子之腹”中的“度”（音 duó），意思是“衡量”。古文里常见的“度之”，是个多义词，有的表示“计算”，有的表示“衡量”，有的表示“谋虑”。

渡，会意字，从水从度，水度合体，会意为“济”（《说文解字》），即过河（从水上通过）。引申为泛指“通过，跨过”。

度和渡，都有“由此及彼”的含义，但用法有区别：度表示“由此时及彼时”（时间）；渡表示“由此岸及彼岸”（空间）。因此，在表示“由此及彼”意思时，可以这样规范度、渡的用法：凡是表示“时间”意思的，用“度”不用“渡”，如“度假”“度日”“欢度春节”“度过一生”“虚度光阴”等；凡是表示“空间”意思的，用“渡”不用“度”，如“渡江”“渡口”“渡船”“渡过难关”等。只有“过渡”一词是个例外，如“过渡时期”表示的虽然是“时间”，却不能用“过度时期”，因为“过度”的含义是“超过适当的限度”，而“过渡时期”中的“过渡”，表示的是“事物由一个阶段或一种状态逐渐发展变化而转入另一个阶段或另一种状态”。类似的词语还有“过渡政府”“过渡地带”。

17. 沙　砂

沙和砂，都是会意字，均从少，古汉语少、小同义，“少”在沙、砂二字里都表示“细小”义，都指碎如粟的石粒。沙从水，砂从石，是指两种石粒成因不同：沙从水，表示它是水流冲击造成的；砂从石，表示它是石风化而成的。由上述解析可知，沙、砂二字含义相同。它们虽然同时流行，但是使用范围不同。

沙，使用范围宽泛，它不仅指沙子及与沙子有关的事物，如“沙子”“沙滩”“沙漠”“风沙”“沙金”“沙场”“沙雕”“沙尘”等，还指沙状物，如“豆沙”“沙眼”。沙还形容嗓音不清脆，如“沙哑”。至于“沙丁鱼”“沙皇”“沙俄”“沙龙”“沙文主义”“沙门”“沙弥”，都是外语音译，跟沙字本义无关。

砂字使用范围窄，只指金刚砂制作的东西，如“砂布”“砂轮”“砂浆”“砂纸”“砂型”。

18. 消 销

消，形声字，从水肖声，《说文解字》：“消，尽也。”即水流干涸的意思，“消失”即本义。引申为“完全不存在”，如“消灭”。所以，《广韵》认为：“消，灭也。”又引申为“除去，平息”，如“消愁”“消恨”“消气”。又引申为“衰退”，如《易》曰：“君子道长，小人道消也。”还引申为“排遣”（消遣）、“禁受”（消受）、“值得”（消得）等义。

销，形声字，从金肖声，《说文解字》：“销，铄金也。”即熔化金属。金属熔化后，固体化为液体，原来的形态不存在了，所以也有“消失”的含义，如“销毁”“销铄”。引申为“除去，解除”，如“注销”“撤销”“销户”“销账”“一笔勾销”。又引申为“花费掉”和“出售”，如“花销”“销货”“销售”。

由于音同义近，消、销二字在古汉语里通用。例如：张祜《悲纳铁》：“谁谓今来正耕垦，却销农器作戈矛。”白居易《答友人》：“置铁在洪炉，铁消易如雪。”同是“熔铁”，张祜用“销”，白居易用“消”。在表示“除去”“排遣”“值得”“禁受”等引申义项上，消、销也通用。例如：陆游《秋夜怀吴中》：“巴酒不能消客恨，蜀巫空解报国期。”《后汉书·五行志》：“日色赤黄，中有黑气如飞鹊，数月乃销。”同是“除去”，陆游用“消”，《后汉书》用“销”。秋瑾《黄海舟中日人索句并见日俄战争地图》：“浊酒难销忧国泪，救时应仗出群才。”曹植《感节赋》：“登高墉以永望，冀消日以忘忧。”同是“排遣”，秋瑾用“销”，曹植用“消”。晏殊《菩萨蛮》：“销得曲中夸，世间无此花。”柳永《凤栖梧》：“衣带渐宽终不悔，为伊消得人憔悴。”同是“值得”，晏殊用“销”，柳永用“消”。宋江《念奴娇》：“神仙体态，薄幸如何消得。”辛弃疾《摸鱼儿》：

“更能销几番风雨，匆匆春又归去。”同是“禁受”，宋江用“消”，辛弃疾用“销”。

在现代汉语里，消、销通用的范围大大缩小了，只在具有“消失”“除去”义项上通用。例如：取消—取销，消歇—销歇，消纳—销纳，撤销—撤消，销魂—消魂，现代汉语把它们作为同义异形词处理，并主张把“取消”“消歇”“消纳”“撤销”“销魂”作为首选词形。

“消声器”中的“消声”，“销声匿迹”中的“销声”，读音相同，且都有“声音消失”的意思，但两词含义并不相同：“消声”义为“降低或消除气流噪音”；“销声”义为“藏匿不露面”。“消除”和“销毁”，都有“使不存在”的意思，但用法不同：“消除”用于“除去不利的事物”，如“消除隐患”“消除误会”；“销毁”用于“毁掉有害物质或罪证”，如“销毁化学武器”“销毁黄色读物”“销毁罪证”。

19. 苍　沧

苍，形声字，从草仓声，本指“草色”（《说文解字》）。草色，应该是翠绿色，如“苍松翠柏”。引申为泛指青黑色（绿色和蓝色）。春夏间山是青绿的，可以由“苍山”来形容；草木苍翠茂盛，可以用“苍郁”来形容。《诗·王风·黍离》：“悠悠苍天，此何人哉！”“苍天”指蔚蓝色的天空，因“远视之苍苍然”（《毛传》）。由苍天而借指“天”，如“上苍”“苍穹”。引申为“凄凉”“空阔”“辽远”，于是有了“苍凉”“苍茫”“苍莽”等词。苍松是长寿的象征，故“苍”又被用来形容老人，如“苍老”。苍字叠用，是个多义词，常用的有如下四义：（1）形容青草茂盛。《诗·秦风》：“蒹葭苍苍，白露为霜。”“蒹葭苍苍”形容水草繁茂。（2）形容头发斑白。韩愈《祭十二郎文》：“吾年未四十，而视茫茫，发苍苍。”“发苍苍”形容头发斑白。（3）形容深绿色。如“松柏苍苍”。（4）形容空阔辽远。如“天苍苍，野茫茫”。“草繁茂”有“众多”的意思，从而衍生出“苍生”一词，泛称黎民百姓。

沧，形声字，从水仓声，本义“寒”（《说文解字》）。段玉裁注：“（与）滄字音义同。”《逸周书·周祝》：“天地之间有沧热。”“沧热”即冷热。现代汉语沧、滄二字音义皆不同：沧，音 cāng，义为“（水）深绿色”；滄，音 chuàng，义为“寒冷”。用“沧”形容水深绿色，在古文里亦常见，当是“苍”的通假字。扬雄《甘泉赋》：“东烛沧海，西耀流沙。”范云《之零陵郡次新亭》：“沧流未可源，高几去何已。”杜甫《秋兴八首》之五：“一卧沧江惊岁晚，飘回青琐点朝班。”“沧海”“沧流”“沧江”，都是形容水深绿色。但是，现代汉语少见用“沧”形容江河，多见用“沧”形容海，如“沧海桑田”“沧海一粟”。

20. 帖　贴

帖，形声字，从巾占声，音 tiè，义为“帛书署”（《说文解字》），即写在帛上的书签。有三个引申义：（1）铭功记事的文字，刻于石谓之碑，书于帛谓之帖。例如王羲之的《姑母帖》《兰亭帖》。（2）木刻、石刻的拓本，书画的临摹范本。例如字帖、画帖。（3）联语，对联。例如楹帖，春帖。

帖字还有两个异音异义：其一，音 tiě，义为“官府文书”，也泛指柬帖、票券、契据、执照，如“说帖”“请帖”“军帖”“券帖”“租帖”。其二，音 tiē，含义有三：（1）服从，顺从。如“服帖”。韩愈《应科目时与人书》：“若俛首帖耳摇尾而乞怜者，非我之志也。”俛即俯，“俛首帖耳”形容非常恭顺。（2）妥当。如“妥帖”。（3）黏附，靠近，挨着。书名题签要粘贴在封面上，因而有了“黏附”之义。例如《乐府诗集·木兰辞》：“当窗理云鬓，对镜帖花黄。”由黏附又引申为“靠近、挨着”。如苏轼《复官北归再次前韵》：“已出网罗羽毛在，却寻云迹帖天飞。”

贴，形声字，从贝占声，本义作“以物为质”解（《说文解字》），即以物抵押而借贷。《南史·孝义传》：“及伯父兄弟亡，贫无以葬，身自贩贴与邻里，供敛送终之费。”拿自己作抵押借贷安葬伯父兄弟。此古义今已不用，而用引申义：“贴换”（以旧加钱换新）、“贴现”（拿尚未到期的票据兑现或做支付手段）、“贴补”（从经济上帮助亲友，动用积蓄弥补日常消费）。此外，贴还有“粘”（剪贴）、“紧挨”（贴边，贴身）、“亲切”（贴己，贴心）、“恰当”（贴切，贴谱，贴疑）等义。

在古汉语里，表“顺认”“妥当”意义，帖、贴通用，“服帖”也作“服贴”，“妥帖”也作“妥贴”。现代汉语以“服帖”“妥帖”为规范词形。表黏附及其引申义“靠近”“挨看”的帖，今用“贴”不用“帖”，如“粘贴”“贴近”“贴身”。

21. 帐　账

帐，形声字，从巾长声。《说文解字》：“帐，张也。”《释名》：“帐，张也，张施于床上也。古亦借张字为之。”就是说，帐字的本义是“床帐”。引申为各种帐幕的统称，如“帐幕”“帐篷”。还用来形容形似帐幕的景象，如“青纱帐”，形容大面积高粱、玉米地如同青纱帐幕。

账是后造字，成书于东汉的《说文解字》上无此字。《康熙字典》收有此字，释义为“本作帐，计簿也”。“计簿”即关于货币、货物出入的记载。明末出版的《正字通》仍说：“今俗会计事物之数曰帐。”从先秦到明末，“记账”这个概念都是由“帐”来表示的。至清，才用新造的“账”字代替“帐”字。所以，在表示“记账”意义上，帐和账是同义词，记帐—记账、帐簿—账簿、帐房—账房、帐单—账单、帐号—账号、帐户—账户、帐目—账目等是同义异形词。鉴于帐是个多义字，专家们建议表“记账”义统一用“账”字。

22. 贻　遗

贻，从贝台（音 yí，“怡”的初文）声，本义“赠遗”（《说文新附》）。“赠遗”即赠与。《诗·邶风·静女》：“静女其娈，贻我彤管。”句中的“贻”即赠与。引申为“留下”。《书·五子之歌》：“有典有则，贻厥子孙。”句中的“贻”即留下。现代汉语仍然使用的“贻误”“贻害”“贻人口实”“贻笑大方”等词语中的“贻”，都是“留下”的意思：贻误，让错误留下去；贻害，留下祸害；贻人口实，给人留下可以利用的口实；贻笑大方，给内行留下笑话。

遗，形声字，从辵（用作偏旁，变形为“辶”）贵声，本义“亡”（《说文解字》）。亡，本义“逃”，这里说的“亡”，是其引申义“丢失”。“路不拾遗”中的“遗”即本义。引申为“漏掉”（拾遗补阙）、“留下”（遗训、遗嘱、遗著、遗作、遗篇、遗容、遗产、遗恨）、“忘记”（遗忘）、“落”（遗落）、“剩余”（遗毒）。由留下引申为“赠与”。毛泽东的词《念奴娇·昆仑》：“安得倚天抽宝剑，把汝裁成三截，一截遗欧，一截赠美，一截还东国。太平世界，全球同此凉热。”词中的“遗”即赠与（注：这个“遗”读作 wèi）。可见，遗字的引申义也兼有“赠与”和“遗留”两个义素。

贻、遗二字，在“赠与”和“遗留”意义上是同义词，但是它们在相关词语里却不能互换。例如：贻误、贻害、贻人口实、贻笑大方等词语中的“贻”，都不能换作“遗”；同样，遗训、遗嘱、遗著、遗作、遗篇、遗容、遗产、遗恨等词语中的“遗”，也都不能换作“贻”。“遗赠”一词古今含义不同：古代汉语中的“遗赠”，是双音词，同义反复，含义是“赠与”；现代汉语中的“遗赠”是偏正词，“遗”表“死后”，“赠”表“赠与”或“留下”，“遗赠”的含义是“死后留赠”或“死后留下”。

23. 查　察

关于查字的音义，古代文字学家观点不一致。有的认为，查是楂的异体字，义为“浮木，木筏”。有的认为，查同槎，义为“树木砍伐后留下的伐桩”。其实，两说都是对的，因为古代查、楂、槎通用。刘禹锡《晚岁登武陵顾望水陆怅然有作》：“跳鳞避举网，倦鸟寄行查。”句中“查”同楂，“行查”即航行中的木筏。李白《送祝八之江东赋得浣纱石》："浣纱古石今犹在，桃李新开映古查。"句中"查"同槎，"古查"即旧树桩。随着汉字的演变，查、楂、槎渐渐分家，查字的原义消失，改为表示"推究"（查究）、"察访"（调查）、"翻检"（查检）等义。

察，形声字，从宀祭声，《说文通训定声》释义为"复审"。这个"复审"的意思是：反复推究然后审定。引申为"仔细看"（察看）、"检验"（察验）、"调查"（察访）、"明鉴"（明察、洞察）等义。

从上述辨析可知，查、察二字含义非常接近，但仍有细微差别。

查、察与"检"分别组成"检查""检察"，与"考"分别组成"考查""考察"，它们的含义是不同的：

——检查：为了发现问题而用心查看，或对工作中的失误进行检讨，或翻检查考书籍或文件。检查者是具体行业具体事项的业务人员，如"质量检查员""卫生检查员"。

——检察：查验、审核，专指司法机关审查被检举者的犯罪事实，决定是否起诉、逮捕。人民检察院履行这种职能。检察员是国家司法人员，其职责是执行检察工作。

——考察：实地调查，或仔细察看。

——考查：用一定标准来检查衡量。

24. 佳　嘉

《说文解字》："佳，善也。"《广雅》："佳，好也。《类篇》："佳，美也。"《说文解字》："嘉，美也。"《广雅》："嘉，善也。"佳、嘉二字同义，但在使用习惯上，同是表示"美，好"意义的合成词，有些词用"佳"，有些词用"嘉"。例如：佳人，佳丽，佳偶，佳作，佳句，佳话，佳酿，佳肴，佳境，佳期，佳节；嘉辰，嘉音，嘉宾，嘉礼，嘉言，嘉禾、嘉木，嘉草。"约定俗成"是同义异形词选用的一条规则，所以使用佳、嘉二字，要遵循习惯用法。

嘉字可以用作动词，表示"夸奖，赞许"，于是有了"嘉奖""嘉许”“嘉勉”“嘉纳”等词。佳字不能用作动词，因此没有“夸奖，赞许”的含义，嘉奖、嘉许、嘉勉、嘉纳等词中的“嘉”不可换作“佳”。

25. 舐　舔

舐、舔是同义字，含义都是“用舌头接触或取东西”，但二字的读音却不同，用法也有别。

舐，小篆作“舓”（舓），会意字，从舌从易，义为“以舌取食”（《说文解字》）。隶变后成了形声字，从舌氏声。舐，音 shì，本义“以舌取食”，后泛指用舌头接触东西，如“舐糠”“舐犊”“舐痈”“舐痔”。古代文人多用“以舌舐物”比喻某种事物或情感。例如：用“舐糠及米”比偷侵夺。《史记·吴王濞传》：“今者主上兴于奸，……侵夺诸侯之地，征求滋多，诛罚良善，日以益甚。里语有之，‘舐糠及米’。”用“舐糠及米”比喻由蚕食进而并吞。唐代学者司马贞一语点破：“言舐糠尽则至米，谓削土尽则至灭国也。”又如“舐犊情深”，用老牛舐犊比喻父母对子女的关心和疼爱。再如“吮痈舐痔”，用吮痈舐痔比喻无耻的谄媚行为。

舔，后造的形声字，从舌忝声，音 tiǎn，义为“用舌引物入口”，如“舔钵”“舔盘子”。引申为“以舌拭擦”，如“猫舔爪子”“舔伤口”“舔笔”。

26. 联　连

《说文解字》：“联，连也。凡相连属之称，周人用联，汉人用连，古今字也。”就是说，联和连是古今字，周代人用“联”，汉代人改用“连”，两字形异而义同。《说文解字》的作者许慎是东汉人，他对联、连二字的释义，在当时是对的，在先秦和两汉的著作中可以找到很多书证。

随着语言文字的发展，联、连两个同义字逐渐“分道扬镳”，发展成为含义不同的两个字：联，表“联合”义；连，表“连续”义。以“联播”“连播”二词为例：“联播”的含义是“联合播出”，即若干电台或电视台同时转播某台播出的节目，或同时播出同一节目，如全国各地电视台同时转播中央电视台的《新闻联播》；“连播”的含义是“把内容较长的节目分成若干次连续播出”，如长篇电视剧连播。

联、连二字分工后，分别与其他语素合成含义不同的词。

联字的“联合”义及其引申的“结合”义，构成“联合”“联播”“联欢”“联办”“联保”“联防”“联建”“联盟”“联邦”“联系”“联络”“联赛”“联唱”“联动”“联名”“联产”“联销”“联想”“联网”“联机”“联宗”“联姻”等词。

连字的“连续”义及其引申的“连结”义，构成“连续”“连播”“连篇”“连载”“连任”“连年”“连天”“连日”“连阴天”“连轴转”“连射”“连声”“连台”“连带”“连亘”“连环”“连锁”“连接”“连累”“连襟”“连理”“连衣裙”“连脚裤”等词。

由于联、连二字原义相同，它们的某些引申义难以彻底分割，所以，现代汉语中仍然存在许多同义异形词。例如：连属—联属，联翩—连翩，联结—连结，连绵—联绵，连贯—联贯，连缀—联缀，等等。语言文字学家把它们列入“异形词”，并提出各组前一个词为首选词形。

27. 著　着

著，会意字，从草从者，音 zhù，本义“明显”。古代文字学家认为：从草，表示“多而常见”；从者，者字本义“别事词”（即有别于其他事物的词，此义今被“这”取代）；草者合体，表示虽然多而常见，但很容易跟其他事物区别开，会意为“明显”。常用的“显著”“昭著”“卓著”“著名”“著称”等词中的“著”，表示的都是本义。在古文里，“著”常单独使用。例如：“惟天下之静者，乃能见微而知著（明显）。”（苏询《辨奸论》）“揜（掩）其不善而著（宣扬）其善。”（《礼记·大学》）“此臣素著（著称），狂直于世。”（《汉书·朱云传》）“伐国不言围邑，此其言围，何也？病郑也，著（表现，显露）郑的之罪也。”（《穀梁传·僖公六年》）由“表现”引申为“撰述，写作”，于是有了“著作”“名著”“新著”“译著”“合著”“著作权”等词。

着字在《说文解字》里找不到，最早出现在唐诗里，说明它是汉以后造的新字。

着是个多音多义字：

着，由羊和目组合而成，揣摸造字意图，当与“穿着”有关，所以，本音 zhuó，本义“穿着”（衣着、着装）。引申为“接触”（附着、着陆、不着边际），“使接触”（着墨、着眼），“下落”（着落），“注重、致力”（着意、着重、着力）。

着字还有三个异读音，读音不同，含义有别：

（1）zhe（轻声），用作助词表示动作正在进行或存在方式，如“打着”“撑着”“说着”“敲着”“放着”。用在动词或表示程度的形容词后面，表示祈使，如“你听着”“步子迈大着点儿”“轻着点儿”“变化着”。常跟“呢”连用表示程度深，如“好着呢”“怪着呢”。加在某些动词后面，使变成介词，如“顺着”“沿着”“朝着”“照着”“为着”。

（2）zhāo，可以作名词用，也可以作动词用，表示“下棋落子”或“计策”。如“一着不慎，全盘皆输”“支着儿”“高着儿”“三十六计，走为上着”。作动词用于应答，表示“同意”。如“这话着哇！”“着，就这么办！”

（3）zháo，表示“接触”（上不着天，下不着地）、“感受、受到”（着风、着凉、着迷、着恼）、“燃烧、发光”（点着了、灯着了、着火了）。用在动词后面表示“目的或效果”（睡着了、猜着了、管不着）。

上述着、著二字的本义和引申义，均无相通之处。但著字还有两个异读音（·zhe，zhuó）却跟“着”同音同义。就是说，著字读 zhe（轻声）、zhuó 时，跟“着”是同义词。但在用法上一般用“着”不用“著”。

28. 振　震

振、震二字，都是会意兼形声字，都以“辰”为形符兼声符，故音同义近。

关于“辰”的含义有两说：一说“辰，震也”，指“三月阳气动，雷电振，民勤农事，万物化生，百皆震动”而言。这是《说文解字》的观点。另一说认为，“辰”是古“蜃”字，蜃，海中大蛤，能伏能动，“许书（指《说文解字》）‘辰，震也’似非造字之本义”。这是近代学者吴绍瑄的观点。两说各执一词，但有一个共同点：辰作为振、震二字共同形符，均含有“动”的义素。振、震二字的区别在于：振从“手”，震从“雨”，两者动因及动的强度不同。

振，从手，表示动因为“手”，动的强度小，义为“摇动、挥动”。《楚辞·王褒〈九怀尊嘉〉》：“秋风兮萧肃，舒芳兮振条。”“振条”即摇动百草。李白《泾川送族弟全舒錞》：“蓬山振雄笔，绣服操清词。”“振笔”即挥笔。引申为“奋起”，如“振作”“振臂”“振奋”“振翅”“振兴”。

古代也有学者认为，振是“赈”的本字，本义“举救”（《说文解字》）。此说从古籍中可以找到不少书证。例如，《易·蛊》：“君子以振民育德。”《礼记·月令》：“命有司发仓廪，赐贫穷，振乏绝。”《辽史·圣宗纪》：“庚午，以岁旱，诸部艰食，振之。”上引各句中的“振”，都是“赈济”的意思。振字的此义，当系“赈”的通假，跟振字的本义无关。

震，从雨，雨从天降，在震字里表示动因来于自然，动的强度大，威力非常，故义为“霹雳”，如“地震”“震慑”“震惊”“震怒”“震古烁今”。

“震耳欲聋”和“振聋发聩”，从字面上看，都有“耳朵禁受强烈震感”的意思，但作为成语，“振聋发聩”跟“震感”无关，而是用“振”的“奋起”的引申义“唤醒”，比喻唤醒麻木的人。所以不可写作“震聋发聩”。

振动与震动，振荡与震荡，很能反映振、震二字含义的区别：

振动，振荡，指物体通过一个中心位置不断作往复运动，摆的运动就是振动、振荡。

震动，震荡，指激荡、颤动，如“春雷震动山谷”“社会震荡”。

29. 陨　殒

陨，形声字，从阜（土山，变形为“阝”）员声。《说文解字》释义为“从高下也”，《尔雅》释义为“坠也”，《玉篇》释义为“落也”。三书释义相同：从高处坠落。陨字多用于形容流星。《左传·庄公七年》：“四月辛卯，夜，恒星不见，星陨如雨。”“星陨如雨”即流星雨。流星体没有烧毁而落在地球上，叫作“陨星”，其中石质或含石质多的叫作“陨石”，铁质或含铁质多的叫作“陨铁”。流星体在大气层中毁灭了，称作“陨灭”。由陨灭引申为“死亡”。文天祥《癸亥上皇帝书》：“坐受斧钺，九陨无悔。”“九陨”即九死。又引申为“毁坏”。《淮南子·览冥》：“庶女叫天，雷电下击，景公台陨，及体伤折，海水大出。”《史通·外篇疑古》：“世济其美，不陨其名。”“台陨”“陨名”中的“陨”，都是毁坏的意思。古人还用“陨”形容“落泪”。祢衡《鹦鹉赋》：“音声凄以激扬，容貌惨以憔悴，闻之者悲伤，见之者陨泪。”“陨泪”即落泪。

殒，形声字，从歹员声。歹，甲骨文（𣦵）和小篆（𣦶）字形相似，都是将“骨”字去掉一部分，表示“死亡”。歹字的这个原始含义，后来没有使用，但作为合体字的形符大多仍表示“死亡”。因此，殒字的本义就是“死亡”，如“殒命”“殒身”。

综上所述可知，陨、殒二字本义区别很大，但陨字的引申义“死亡”，跟殒字的含义相同，所以，《说文通训定义》说“陨，亦作殒”。在古文里，在“坠落”意义上，殒也通陨，当系通假；现代汉语“陨落”不再作“殒落”。

30. 添　填

添、填二字，读音近似，且都有“补充”的意思，“添补”和“填补”的含义更加接近，但是，它们的用法不同。

添，形声字，从水忝声，本义“益”（《玉篇》）。这个“益”的意思是“增加使满足”，即增益。“增添”“添彩”“添仓”“如虎添翼”等词语中的“添”，表示的都是“增益”。由增益引申为“增加”，如“添人”“添水”“添乱”“添枝加叶”“添油加醋”等。由增加又引申为“生育”，如“添丁”“添口”。

填，形声字，从土真声，本义“塞”（《说文解字》）。塞，以物或土充实空虚处。是故，填有了“补充”的含义，如“填充”“填料”“填塞”等。又引申为“填补空出的或空着的”，常用词有：填空（填补空出的或空着的位置、职务等），填写（在印好的表格、单据空白处，按照项目、格式写上应写的文字或数字），填报（填写报表），填词（按词牌的格律选字用韵作词），填房（女子嫁给死了妻子的男人）等。“填空”还是一种教学测验和考试的命题形式：把问题写成一句话，而把要求回答的部分留空，让应试者将答案填在留空处，这种题型叫作“填空题”，又叫“填充题”。

添补、填补二词，含义接近，但用法不同。添补：用于增置衣物，如“添补棉衣”“添补炊具”。填补：用于补足空缺或缺欠，如“填补空白”“填补缺额”。

31. 混　浑

混，形声字，从水昆声，音 hùn，本义“丰流”（《说文解字》），即水势浩荡。司马相如《上林赋》：“汩乎混流，顺阿而下。”“混流”形容水势浩荡。引申为“并”（合而为一）。《水经注·河水二》：“东北同为一川，混涛历峡。”“混涛”即二川汇合奔流而下。又引申为“杂糅”。《老子》第十四章：“此三者不可致结，故混而为一。”“混而为一”即杂糅在一起，义同“混合”“混沌”“混成”。由混合引申为“把本质上有区别的人和事物同等看”，或“把不同的人和事为混在一起”，于是有了“混一”“混同”“混杂”“混为一谈”“混淆是非”等词语。又引申为“冒充”“隐蔽本来面目”，如“混充”“蒙混”“混迹”。由混充引申为“苟且过活”（混日子）、“密切相处”（混熟了）。又引申为“混浊”。例如《史记·屈原贾生列传》：“举世混浊而我独清，众人皆醉而我独醒，是以见效。”由混浊引申为“糊涂”。例如《荀子·儒效》：“乡也，效门室之辨，混然曾不能决也，俄而原仁义，分是非，图回天下于掌上而辨黑白，岂不愚而知矣哉！”“混然”即糊涂，是非不分，黑白不辨。混字叠用“混混”，古今音义皆不同：混混，古音 gǔn·gǔn，义同“滚滚”，形容水流不绝。《孟子·离娄下》：“源泉混混，不舍昼夜。”《晋书·傅玄传附傅咸》：“江海之流混混，故能成其深广。”上引二句中的“混混”，都是水流不绝的意思。“混混”今音 hùn·hùn，义为“流氓，无赖”。

浑，形声字，从水军声，音 hún，本义“水浊”（《说文解字》），“浑浊”即本义。引申为“自然的、质朴的”，即没有雕琢加工的，自然状态的，如“浑朴”“浑厚”。又引申为“全、满、完整、很”，如“浑身”“浑然”“浑如”“浑似”“浑圆”等。人的头脑浑然一体，就是“糊涂”，因而引申为“糊涂”“不明事理”。于是有了“浑浑噩噩”“信口浑说”。

混、浑二字，本义不同，但混字的引申义“水浊”跟浑字的本义相通，二字的引申义“糊涂”“不明事理”也相同，于是产生几组同义异形词：浑浊—混浊，浑水摸鱼—混水摸鱼，浑蛋—混蛋。语言学家推荐以“浑浊”“浑水摸鱼”“浑蛋”为首选词形。

32. 值　植　殖

值、植、殖三字，形似音同，由于含义不同，单独使用一般不会混淆。但作为语素合成“增值”和“增殖”、“繁植”和“繁殖”，读音相同，含义接近，很容易混淆。

值，会意字，从人从直，人直合体，会意为“措”（《说文解字》）。《集韵》：“值，措置也。”清代学者洪显煊在《论说文》中指出：“值与置同，故《说文》训值为措，训措为置，互相转注，其音义并同。”

《中文形音义综合大字典》认为："乃指人之所为适当而言，故从人。又以直作正见解，有正确的见解而后有适当的措置，故值从直。"因此可以这样理解：值，本义"行为正当"。"值得"表示的就是"值"的本义，意思是所作所为正当，有意义。由"正当"引申为"当"（恰逢），如"值此盛世""值此危难之际"。由"有意义"引申为"价值"，"增值"一词由此而来，含义是"价值增加"或"资产增加"。

植，会意字，从木从直，会意为"户直"（《说文解字》）。上古时代房屋多为单扇门（称作"户"），立直木于门旁，用来关门上锁，这根直木就叫作"户植"。后来发展成"门框"。门框的顶部横木称作"楣"，下部横木称作"槛"，两侧的竖木仍称"植"。由立木引申为"栽种"，于是产生"植树"一词。又由植树引申为"繁衍"，于是产生"繁植"一词。植后来成了木本、草木生物的统称：植物。植也有"放置"义，现代汉语仍在使用的"误植"中的"植"即此义，"误植"即"误置"，放错了地方。铅字排版，常发生误植错误。如鲁迅《书信·致增田涉》："只有三处误植，已代为订正。"

殖，形声字，从歹直声。歹，本义"残骨"，后演变成表示好的反面：坏，恶。但是，歹作为合体字的形符，仍表示"残骨"这个本义，所以，"歹"作偏旁的合体字，大多跟"死亡"有关。如"死"，"毙"，"殉"（埋葬），"殁"（死亡），"殒"（死亡），"歼"（消灭），"殇"（未成年死亡），"殡"（葬），"殃"（致命灾祸），"殍"（饿死的尸体）等。歹直合体，义为"脂膏久"（《说文解字》），即尸体腐败，如"骨殖"。死与生相反相成，古人取"死"的反义"生"，赋予"殖"以"播种""垦耕""生财"等新义，于是有了"耕殖""垦殖""繁殖""增殖"等词。

这样一来，就出现了前面列举的"增值"和"增殖"、"繁植"和"繁殖"两组音同义近词。仔细分析，它们各自的含义是有区别的：

——增值：价值增加或资产增加。

——增殖：生物繁衍。

——繁植：植物繁衍。

——繁殖：生物繁衍。由于“繁殖”包括动物和植物繁衍，所以专指“植物繁衍”的“繁植”渐被“繁殖”取代。

还有一个“腐殖质”，常错作“腐植质”。“腐殖质”指死去的生物（包括动物和植物）体在土壤里经微生物分解而形成的有机物质，写作“腐植质”是错误的。

33. 辞　词

辞，繁体作“辭”，会意字，从𤔔从辛。𤔔，义为“理”；辛，罪犯（详见本编第五章第一节“辨辩”）；𤔔辛合体，会意为“讼”（《说文解字》），即诉讼。《书·吕刑》：“民之乱，罔不中听狱之两辞。”孔传：“民之所以治，由典狱之无不以中正听狱之两辞，两辞弃虚从实，刑狱清则民治。”疏：“单辞谓一人独言，两辞谓两人竞理也。”“两辞”即起诉和辩护。引申为“言词、文词”。《荀子·正名》：“心合于道，说合于心，辞合于说。”杨倞注：“言经为说，成文为辞，谓心能知道，说能合心，辞能成言也。”于是有了“辞藻”“辞令”“辞章”“辞费”“辞典”等词。《洪武正韵》：“辞，却，不受也。”就是说，辞字还有“推却、不受”的引申义，如“推辞”“辞谢”“婉辞不受”。又引申出“借口”“解雇”“遣去”“告别”“离开”“去世”等义，如“托辞”“欲加之罪何患无辞”“辞退”“辞呈”“辞工”“辞职”“辞聘”“辞别”“辞世”等。辞还是我国古代的一种文体：辞赋。

词，形声字，从言司声。《说文解字》：“词，意内而言外也。”段玉裁注云：“言者，文字之声也；词者，文字形义之合也。”现代著名语言学家吕叔湘、朱德熙合著的《语法修辞讲话》指出：“词是什么呢？跟字有什么分别呢？粗疏一点说，字是形体和声音的单位，词是意义单位。一个字可能也是意义的单位，那个字就同时是一个词。但是许多词是两个字合成的，有些词是三个或四个字合成的。前者我们管它叫单音词，后者我们管它叫多音词。”综上所述，我们可以得出结论：词是语言中最小的可以自由运用的独立音义单位。这是词字的本义。词字还有几项别义：（1）话。如《西游记》三十五回："安寝洞中，一夜无词。"（2）文辞。《字汇》："词，文也。"（3）诉讼。在古文里，诉讼又作词讼。（4）文体名称：①古代乐府诗体的一种；②始于唐盛于宋的一种诗体，又名"诗余""长短句"；③泛指说话或诗歌、文章、戏剧、歌曲中的语句，如"戏词""义正词严""词不达意"。

鉴于辞和词在语义上有许多重叠，《现代汉语词典》在"辞"条"注意"项内特别提醒读者："在很多合成词里，辞也作词。"这就是说，辞和词属于有限同义词，在"很多"（而非全部）合成词里"辞也作词"。例如，"辞藻""辞章""辞赋""辞讼""辞令""辞讼"等合成词里，辞也作词，但在使用习惯上首选"辞"。"辞典"和"词典"，内容有宽窄之分：以字词为内容的称作"词典"，也作"辞典"；以知识、散文、诗词等为内容的称作"辞典"，不作"词典"。字典、词典、辞典等工具书，统称"辞书"，不作"词书"。词语、词组、词汇、词素、词形、词频、词序、词法、词根、词句、词头、词尾、词缀、词曲、词类、词条、词目、词形、词义等合成词里，词不作辞。"词"没有"推却，不受"义，因而推辞、辞谢、辞让、辞岁、辞行、辞退、辞呈、辞职、辞工、辞聘、辞别等合成词里，辞不作词。

34. 嘈　噪

嘈、噪二字，都有"喧闹"的意思，但含义和用法不同。

嘈，形声字，从口曹声，本义"喧"（《集韵》），即声音繁杂。王延寿《梦赋》："鸡知天曙而奋羽，忽嘈然而自鸣。"杨修《许昌宫赋》："钟鼓隐而雷鸣，警铎嘈而响起。"两句中的"嘈"，都是"繁杂喧闹"的意思。现代汉语仍使用的"嘈杂"一词，出自《抱朴子·刺骄》："或曲宴密集，管弦嘈杂。"意思是：众声喧杂，莫辨音律。今多用于形容城市的喧闹。

噪，本字作"喿"，会意字，从木从品，表示树上群鸟争鸣。王嘉《拾遗记·鲁僖公》："晋文公焚林以求介子推，有白鸦绕烟而噪。”王维《酬诸公见过》：“雀噪荒村，鸡鸣空馆。”两句的“噪”说的都是鸟鸣。由群鸟争鸣引申为“喧哗、吵闹”，如“聒噪”“鼓噪”“噪音”。又引申为“（名声）广为传扬”，如“声名大噪”。

在用法上，嘈形容“声音杂乱”，噪形容“声音喧闹”。因此，“嘈杂”不可写作“噪杂”，“鼓噪”不可写作“鼓嘈”。

35. 暴　曝　爆

暴字的小篆，有两个字形：㬥，暴。

㬥，会意字，由日、出、双手、米组合而成，表示“日出时双手捧米”，会意为“晒”（《玉篇》）。这个字形后来演变成“曝”，音 pù，义为“晒”，如“曝晒”“一曝十寒”。引申为“露在外头”（曝露）、“显露”（曝光）。

暴，也是会意字，由日、出、双手、夲组合而成。夲，音 tāo，义为“进疾”。日、出、双手、夲合体，表示“日出时甩开双手疾行”，会意为“疾”。这个字形后来演变成“暴”，音 bào。引申为“不能自制”，如“暴虐”“暴戾”。又引申为“极端”（暴怒）、“凶残”（暴徒）、“突然发作”（山洪暴发、暴发户）等义。这样一来，一字二形变成形声义皆异的两个字。

在古代，暴、曝二字通用。《玉篇》：“暴，晒也。曝，俗。”它认为“曝”是“暴”的俗字，形异而义同。所以，“曝晒”“曝露”“曝光”“一曝十寒”，也作“暴晒”“暴露”“暴光”“一暴十寒”。1985年12月，国家语言文字工作委员会发布《普通话异读词审音表》，对暴、曝二字的用法做出规范：曝（pù）只用于“一曝十寒”，“曝露”“曝光”“曝晒”等词中的“曝”，用“暴”不用“曝”。近几年，由于港台的影响，内地媒体多改用“曝光”。

爆，会意字，从火从暴，会意为“灼”（《说文解字》）。这个“灼”是什么意思呢？王筠在《说文句读》中解释说：“今俗谓火迸散为爆。”《集韵》认为，“爆”是“火烧物声”。现在的鞭炮旧时叫作“爆竹”，用的就是火烧竹子引发的迸裂炸响的意思。因此，爆字的本义当系“猛然破裂迸散”。现代汉语词汇里的“爆炸”“爆破”“爆冷门”等词，用的都是“爆”的本义。

暴、爆二字，本义区别明显，一般不致错用。但是，暴、爆二字跟“发”合成的“暴发”和“爆发”，却容易混淆错用。要区别暴发、爆发二词的含义，还得从解析暴、爆二字的含义入手。如前所述，暴，有“突然”的意思；爆，有“猛烈”的意思。暴发，义为“突然发作”。例如：以不正手段陡然发财或得势，称作“暴发户”；一场大雨后山洪突然发作称作“山洪暴发”。爆发，义为“猛烈发作”。例如：火山发作，来势猛烈，称作“火山爆发”；体育竞赛，无名选手一举淘汰种子选手，成了爆炸性新闻，称作“爆冷门”；表演或讲演十分精彩而引发掌声，常用“爆发一阵掌声”来形容。

第二节　含义接近的合成词容易混淆

字和词有什么区别？本书“上编·汉语的字与词”中有详解。简略地说：字是形体和声音的单位，词是意义的单位。一个字可能也是意义的单位，那个字就同时是一个词。在古汉语里，绝大多数字是“意义的单位”，是词，所以，古代汉语词汇里以单音词为主；在现代汉语里，许多在古代汉语是词的字，不再是词，因为现代汉语词汇里以复音词为主。复音词是两个字或多个字合成的，所以又称“合成词”。在汉语词汇里，有许多这样的合成词：由两个字组成，一个字形相同，一个字义接近，有些合成词甚至读音相同。这类合成词，含义接近，有些被定为同义词而收入同义词典，有些在词典里相互转注。然而，如前所述，意义和用法完全相同的词是不大会有的，其间的区别往往很细微。合成词是两个或多个字组合而成的，参与合成的字称作“词素”，又叫“语素”，它们都在合成词里起表义作用。所以，辨析合成词的含义和用法，也要从辨析字形字义入手。

含义接近的合成词混淆错用，在媒体和出版物中极为常见。下面选择容易混淆错用的87组近义词（共215个合成词），简析它们之间意义和用法的细微区别。

1. 大致—大概—大约

这三个词含义非常接近，许多词典都用它们相互释义。例如《现代汉语词典》："大致"条释义为"大概，大约"，"大概"条释义为"大致的内容或情况"。三个词都表示推测的语气，用于对情况或数量的推测，但在用法上有细微差别：

——"大致"偏重于肯定，有"大体上、基本上"的意思。例如："这件事的来龙去脉大致如此。"

——"大概"偏重于猜测，不十分精确或不十分详尽。例如："听口音，你大概是苏北人吧？"

——"大约"表示估计，虽不十分精确，但有很大的可能性。例如："今年水稻产量大约比去年增加两成。"

2. 工夫—功夫

"工夫"指占用的时间或空闲的时间，也指时候。"功夫"本指本领、技能、造诣，还指中国武术。在表"时间"义上，"功夫"同"工夫"，两者是一对同义异形词，专家推荐首选"工夫"，"功夫"只用于表示"本领、技能、造诣"。例如："过些日子再聚吧，这几天实在是没有工夫。""看了他的武术表演，才知道他的功夫了得。"

3. 不肖—不孝

"不肖""不孝"两词同音，但不同义。

肖，本义"骨肉相似"（详见本编第五章第一节"肖　萧"）。志趣同父辈一样称作"肖子"，"不肖"反其义，本指志趣不似父辈，但在用法上，不肖子孙通常指"品行不端、辱没祖先"的子孙。

孝，会意字，从老（省"匕"）从子，表示"父母在上，儿子在下"，会意为"善事父母"。善事父母之道称作"孝道"，善事父母的人称作“孝子”，“不孝”反其义，不善事父母，不孝顺。旧时为父母办丧事，儿子自称“不孝男”，这个“不孝”不一定真的不孝顺父母。可见“不孝”和“不肖”含义是不同的。

4. 化妆—化装

“化妆”“化装”二词同音，但不同义。化：动词，义为“变化，使变化”。妆：指女子梳妆。装：本义“着”，引申为“装扮”（详见本编第五章第一节“妆 装”）。“化妆”和“化装”，都是梳妆打扮，但目的不同：“化妆”的目的是“为了漂亮”，所以专指女性梳妆打扮。“化装”的目的是“掩盖本来面目”，通常指演员装扮，使符合角色的身份、年龄和剧情需要；也指因特殊需要而改变本来面目。

5. 分辨—分辩

“分辨”“分辩”二词同音，但不同义。辨，义为“判别，区分”；辩，义为“解说，争论”（详见本编第五章第一节“辨 辩”）。分辨、分辩二词含义的区别，源于辨、辩二字含义的区别：分辨，义为“辨别”；分辩，义为“辩解”。

6. 心情—心绪—心理

“心情”“心绪”“心理”三词，都指思想情感状态，它们的区别在于作为语素的“情”“绪”“理”三字的含义不同。

情，《说文解字》释义为“人之阴气有欲者”。这句话是什么意思？《论衡·本性》上有段话可以作为注解：“情，接于物而然者也，出形于外，形外则谓之阳，不发者则谓之阴。”就是说，“情”是发于内心的情感。“心情”即内在的情感状态，如“心情舒畅”“心情沮丧”。

绪，本指“丝之端”，比喻事情的开端。复杂的事情难以理出头绪，就用“千头万绪”来形容，所以，“绪”往往跟紊乱联系在一起。“心绪”的含义虽然和“心情”的含义相同，但在用法上多就不安定或紊乱而言，如“心绪不宁”“心绪乱如麻”。

理，从玉里声，本义“治玉”（《说文解字》）。引申为“治理”“修整”，又引申为“条理”。《荀子·儒教》：“井井兮其有理也。”后世演变为成语“井井有条”。“心理”的含义是“人的头脑反映客观现实的过程”，如感觉、知觉、思维、情绪等。“心情”和“心绪”指的都是人的情感状态，而“心理”指的是人的思想、感情等内心活动。有一门学科，专门研究认识、情感、意志等心理过程及其规律，叫作“心理学”。

7. 以至—以致

“以至”和“以致”，都是连词，都用在下半句的开头，表示由上半句而形成的结果，但它们各自表示的内涵不同。

“以至”表示上半句所说的动作、情况的程度很深而形成的结果，如“事态发展迅猛，以至很多人都感到意外”。“以至”还表示在时间、数量、程度、范围上的延伸，如“实践，认识；再实践，再认识；循环往复，以至无穷”。

“以致”表示下文由上述原因所形成的结果，上半句与下半句是一种直接的因果关系，如“他由于没有认真备考，以致高考名落孙山”。

8. 毛贼—蟊贼

“毛贼”中的“毛”，取“小”义，“贼”取“偷”义，“毛贼”即小偷。

“蟊贼”中的“蟊”和“贼”，都是为害植物的害虫。《尔雅》：“贼，食根；蟊，食苗心。”但“蟊贼”指的不是害虫，而是比喻危害国家或人民的人。

9. 文萃—文粹

“文萃”“文粹”二词同音，且都有“文章编辑”的意思。但具体含义不同。萃字的含义是“聚集”；粹字的含义是“精华”（详见本编第五章第一节“粹 萃”）。由此可知：“文萃”的含义是“文章汇编”；“文粹”的含义是“文章选编”。

10. 丰富—丰满—丰裕—丰盛

“丰富”“丰满”“丰裕”“丰盛”四词里都有个“丰”字，因而都跟“丰”有关系。

丰，是一形二字，是“丰”字，又是“豐”的简化字。

丰，金文作“丯”，小篆作“丰”，都是象形字，《集部》释义为“草盛貌”。司马相如《长门赋》：“罗丰茸之游树兮，离楼梧而相撑。”句中“丰茸”形容的就是青草繁茂。古代文人也用“丰”形容人丰满。如《诗·郑风·丰》：“子之丰兮，俟我乎巷兮！”还可用以形容人的仪表举止，例如“丰度”“丰姿”“丰韵”。“丰度”“丰姿”“丰韵”又作“风度”“风姿”“风韵”。

丰，又是豐的简化字。豐，指事字，下面是豆（上古时代的盛物器皿），上面是丰满的象形符号，表示“豆（盛物器皿）内东西充足”，本义“豆之丰满”（《说文解字》）。引申为“大”（丰碑，丰功）、“厚”（丰厚）、“富饶”（丰饶，丰裕）、“收成好”（丰收，丰产，丰年）等义。

满，形声字，从水㒼声，本义“盈溢”（《说文解字》），所以，“丰满”有“充足”的意思，但它的“充足”有特定的内涵。“丰满”有两个含义：其一，形容富足。如“囤里粮食丰满”。其二，形容人（主要是女人）的体态，表示“胖得匀称好看”。

富，是个多义词，古代字书有“备也”（完备）、“盛也”、“多也”、“丰于财也”、“使富裕”等多种释义。所以，“丰富”指物质财富多，也指精神生活充实，还指学识广、经验多。例如：“物产丰富”“丰富多彩”“丰富的学识和经验”。“丰富”和“丰满”用法的差别在于：“丰满”一般只用来形容有形的东西。

裕，《说文解字》释义为“衣食饶也”。所以，“丰裕”只指家境富足，生活富裕。

盛，《说文解字》释义为“黍稷在器中以祀者也”，即放在祭器里的谷物。“丰盛”直译就是“祭器里堆满了谷物”，用作形容词只能形容物质方面丰富，如“物产丰盛”“丰盛的酒宴”。

11. 反映—反应

“反映”的“映”，形声字，从日央声，本义“明”，指光线照射而显出物体的形象。引申为“照射”（映照）、“衬托”（映带）。“反映”的含义有二：其一，反照，比喻把客观事物的实质表现出来，如“这部小说反映了新时代农村的现实生活”；其二，告诉，把情况、意见告诉上级或有关部门，如“他反映的情况值得我们重视”。

“反应”的“应”，繁体作“應”，形声字，从心鹰（省“鸟”）声，本义“合”。“得心应手”的“应”就是“合”的意思，即心与手合。由合引申为“配”。杜甫诗句“此曲只应天上有”中的“只应”即“只配”（不是“应该”）。合和配，都是双方的事，因而引申出“答对”（应答）、“回声”（响应）。“反应”的“应”取“回响”义，即事情引起的回响（意见、态度或行动）。又引申为“机体受到体外的刺激而引起的相应的活动”。

12. 目眩—炫目

眩：两眼昏花，视物摇晃不定。炫：耀眼。（详见本编第四章第一节“眩 炫”）“目眩”的含义是“两眼昏花”，如“头晕目眩”。“炫目”的含义是“光彩耀眼”，如“装饰华丽炫目”。

13. 产生—发生

产，繁体作“産”，形声字，从生彦（省“彡”）声，本义“出生”。“产生”的含义：从已有事物生出新的事物。如“从委员中选举产生常务委员”。

发，繁体作“發”，形声字，从弓从殳癸（省作“癶”）声，本义“张弓射箭”，如“百发百中”“引而不发”。“发生”的含义：原来没有的事物出现了，如“发生塌方事故”。

“产生”和“发生”，都是动词，都指出现了新的事物，但用法上有区别：“产生”强调从已有事物中生出新的事物，过程较长，对象较广，可以是抽象事物，也可以是具体事物，还可以是人。“发生”强调原来没有的事物出现了，出人意料，过程较短，对象较窄，只能是事物，不能是人。

14. 发愤—奋发

《说文解字》："愤，懑也。"《论语·述而》："不愤，不启，不悱，不发。"朱熹注云："愤者，心求通而未得之意。"即郁结于心。引申为"愤怒，怨恨"。又引申为"引发"。《淮南子·脩务训》："愤于中则应于外。"心中的郁结、怨恨、愤懑必然引发相应的行为。"发愤"即取此义，意思是"决心努力"，如"发愤读书""发愤图强"。

奋，繁体作"奮"，会意字，从大从隹（鸟）从田（大地），表示"大鸟展翅翱翔"，会意为"振作"。"奋发"的含义就是"精神振作，情绪高涨"，如"奋发向上""奋发有为"。

15. 发明—发现—发觉

发明："发明"的语意重点在"明"。"明"有"通晓""聪明""贤能"等多义，所以"发明"是个多义词。"发明"最初的含义是"使聪明"。宋玉《风赋》里有"发明耳目"，《后汉书·马融传》里也有"发明耳目"句，两句的意思，都是"开耳目之明"，"使聪明"。现代意义的"发明"，是近代才出现的，《汉语大词典》引用的书证，是晚清文学家吴趼人创作的小说《二十年目睹之怪现状》，含义是：创造一种新的事物。例如："毕昇发明活字印刷术。"活字印刷术，过去没有过，是毕昇创造的新事物。

发现：找到了原本存在却不为人知晓的事物。例如："哥伦布发现新大陆。"美洲大陆是客观存在，只是欧洲人不知道它，而被哥伦布找到了。鲁迅在《热风随感录·三十三》这样解释"发明"与"发现"含义的本质区别："查出了前人未知的事物叫发见（现），创造了前人未知的器具和方法才叫发明。"

发觉："发觉"的语意重点在"觉"，即察觉，故其含义是"隐藏的或以前没注意到的事现在察觉到了"。例如："火灾扑灭了，他才发觉自己受了伤。"在紧张的救火过程中，他没有意识到伤痛，待到火灾扑灭后，才感觉到痛，发觉自己受了伤。

16. 必须—必需—须要—需要

须，指事字，页（头本字）侧加毛的象形符号“彡”，本义就是“胡须”。《说文解字》：“须，面毛也。”孔颖达解释说：“须是上须，（附）于面。”《汉书·高帝纪上》：“高祖为人，隆准而龙颜，美须髯……”颜师古注云：“在颐曰须，在颊曰髯。”颊：脸的两侧从眼角到下颌的部分。就是说：口腔上（上颌）、下（下颌）的胡须称作“须”，脸上两颊的胡须称作“髯”。后来人们把须、髯统称“胡须”。“须”除指人的“胡须”外，还指动植物及其他物体上像须的东西，如触须、须根、花须等。“胡须”的“须”后来被“鬚”取代，转而表示他义。20世纪推行汉字简化，废除“鬚”恢复“须”。因此，“须”成了一形二字。

在古汉语里，“须”的主要义项有六：（1）要求，寻求。《广韵》：“须，意所欲也。”（2）等待。《释诂》：“须者，待也。”（3）用。苏轼《与范子丰六首》：“昏（婚）嫁所须，不可奈何。”“所须”即所用。（4）是。王安石《见鹦鹉戏作》：“直须强学人间语，举世无双解鸟音。”“直须”即直是。（5）片刻。《荀子·王制》：“罢不能，不待须而废。”“须”即须臾。（6）事实上或情理上的必要，相当于“应”。义项（1）与“需”同；义项（6）与“需”近。

在现代汉语里，“须”的主要义项有三：（1）用作动词或助动词，表示“一定要”。如“须要”“须知”。（2）用作名词，表示“对所从事的活动应当知道的事项”。如“考试须知”。（3）片刻。如“须臾”。

需，形声字，从雨而声，本义“少待”（遇雨暂止少待）。《易》曰：“云上于天，需。”意思是乌云满天，雨将至，暂止少待。引申为“等待”。清包世臣《文谱》云：“略举数端，以需善择。”“以需善择”即以便等待选择。又引申为“索取”“给用”等义，于是有了“需用”“需求”“需要”“军需”等词。

“必须”跟“必需”、“须要”跟“需要”，含义接近，容易混淆，使用时要注意它们含义和用法的细微差别。

必须：副词，表示“事理上和情理上必要”。例如：“教师必须诲人不倦。”

必需：动词，表示“必不可少，一定要有”。例如：“教师是教育工作必需的人才。”

须要：助动词，表示“一定要”。例如：“教育儿童须要耐心。”

需要：用作动词，表示“应该有”或“一定要有”。例如：“我们需要一支强大的科学技术队伍。”用作名词表示“对事物的欲望和要求”。例如：“一切从群众的需要出发。”

17. 布置—部署

布，有“安排，分布”义；部，有“安排，处置”义。在“安排”意义上，布和部同义。置和署，也都有“安排，处置”的意思。“布置”和“部署”，在“安排”意思上是同义词。所以，《现代汉语词典》将“部署”释义为“布置”。但是，这两个同义词的用法并不相同，通常不能互相置换。

布置：在一个地方安排和陈列各种物件，使之适合某种需要，如“布置会场”“布置展台”。“布置”还指对具体活动做出安排，如“布置业务学习”。“布置”所安排、处置的事要小一些、具体一些。

部署：对一些大事做出安排和处置，如“战略部署”。“部署”所安排、处量的事要大一些、宏观一些，并多带郑重色彩。

18. 内含—内涵

“内含”和“内涵”，表面文意都有“里面含有”的意思，因而容易被误认为是同义词。其实，它们是两个含义和用法都不相同的词。

先说“内含”。《现代汉语词典》未收这个词，《汉语大词典》收有这个词，释义为：内心所具有的，内部包含着。书证是：《南史·刘遵传》：“其孝友淳深，立身贞固，内含玉润，外表澜清，言行相符，始终如一。”句中的“内含”指“内心所具有的”。郭沫若《文艺论类集·文学的本质》：“纯文学的内含，分诗、小说、戏剧三种。”句中的“内含”指“里面包含着”。

再说“内涵”，上述两种词典都收有此词，释义相同：一个概念所反映的本质属性的总和。例如：“人’这个概念的内涵是能制造并使用工具进行劳动的动物。”“内涵”还有个别义：内在的涵养。例如：“他是一位内涵深厚的青年。”

跟“内含”相对的是“外表”，即表面。跟“内涵”相对的是“外延”，“外延”是逻辑学的一个概念，指一个概念所确指的对象的范围。例如：“人”这个概念的外延指古今中外一切的人。”

19. 包含—包涵—包括

“包含”“包涵”“包括”，都有个“包”字。《说文解字》：“包，象人裹妊。”林义光在《文源》里解释说：“包，当即胞的古文，胎衣也。”引申为“裹扎”“容含”“承担任务”“据有”等义，于是有了“包裹”“包含”“包容”“包括”“包工”“包产”等词。

含，本义“东西放在嘴里，不咽也不吐”。引申为“容纳”。

涵，本义“水泽多”，即含合众水。引申为“容”，如“涵容”“涵盖”。

括，本义“结扎、捆束”。引申为“包容”，如“总括”“概括”。

综上所述可知，含、涵、括三字，都有“容”的意思。这三个字和“包”分别合成“包含”“包涵”“包括”三个词，含义也接近，但有细微差别。

“包含”的含义是“里面含有”，“包涵”的含义是“包容”，含义十分接近。在古汉语里，“包含”和“包涵”二词通用。例如：《北史·徐则传》：“包涵二仪，混成万物。”“包涵”即“包含”。在现代汉语里，“包含”和“包涵”不再通用。“包涵”只用于自谦，表示请求对方宽容、原谅，如“多多包涵”。

“包括”的含义是“总体上含有”，跟“包含”的“里面含有”接近，都有“含有”的意思。但是它们的用法却有区别：①指向的对象不同。

“包含”的“含有”，强调“里面含有”，着眼于事物的内在关系，多用于抽象事物，如“这一成果包含着（里面含有）许多人的心血”。“包括”的“含有”，强调“总体上含有”，着眼于部分和总体的关系，既可以用于抽象事物，也可以用于具体事物。②表示的总体和部分的关系不同。“包含”的部分和总体不可分解，如“蔬菜中（总体）包含多种（部分）维生素”。“包括”的总体由部分组成，如“人体的内脏（总体）包括心、肺、肝、脾、胃、肾（组成部分）”。

20. 本义—本意

“本义”和“本意”，都表示“本来的意义”，但它们的具体含义和用法却有区别。

本义：指“字词的原始的或较早的含义”，多用于解析字词，是跟“引申义”“假借义”相对的。“引申义”是“从本义出发扩展的词义”；“假借义”是“同音假借而与本义无关”。例如：“厉”是“砺”的本字，本义“磨刀石”，引申为“磨砺”，后被假借表“严格、严肃、猛烈”等义。

本意：指“原来的意思或意图”，常用于人的语言、行动和想法等。例如：“他的本意是好的，只是说得重了些。”“他的意见本意并非如此，被人们曲解了。”

21. 汇合—会合

“汇合”与“会合”，同音同义，可以通用。但在特定语境里用法又有差别：两军会合，是人的行为，用“会合”不用“汇合”：两河汇合，是水的合流，用“汇合”不用“会合”。（详见本编第五章第一节“会 汇”）

22. 而后—尔后

“而后”和“尔后”，都是连词，表示承接关系，连接分句或句子，但含义和用法不同。

而：连接动词、形容词或动词性词组、分句，表示两种性质或两种行为的联系。而后：相当于“以后”“然后”，侧重时间连接，多用在句中动词前面。其功能除连接分句和句子外，还可连接动词性词语，如“确有把握而后动手”。

尔：用作指示代词，相当于“这样”“如此”“那”。尔后：“此后”“从此以后”。常用在句首，一般不连接词语，有较浓的文言色彩，如“去年春节见过他一面，尔后他就杳无音信”。

23. 关心—关怀—关注

“关心”“关注”“关怀”三词都有个“关”字。关，繁体作“關”，本义“以木横持门户”（《说文解字》）。顾炎武认为：“关者，所以拒门之木。”“拒门之木”今称“门闩”。由关门引申为“牵系”。“关心”“关怀”“关注”三词中的“关”，都是“牵系”的意思。

心：在“关心”一词中表示“思想情感”。古人云：“心之官则思。”关心：内心牵系，常放在心上。对象可以是别人，也可以是自己，还可以是事物。例如：“关心群众生活”“关心国家大事”。

怀：在“关怀”一词中表示“心里存有”。关怀：在意，操心。对象只能是人，而且多用于长辈对晚辈、上级对下级、组织对个人。例如：“关怀青年人的成长。”“组织上对她关怀备至。”

注：视线集中。关注：表示重视，对象一般是重要的事情。例如：“……事件引起全国人民的关注。”

24. 出台—出笼

“出台”和“出笼”，都有“公开与世人见面”的意思，但使用的对象不同。

出台，本指“演员上场”，后用来比喻政策、措施等公布或予以实施。

出笼，本指“从笼屉取出蒸熟的食品”，也指“动物从笼子里出来”，后用来比喻某些事物出现，但多用于贬义，如坏作品发表或伪劣商品上市。

25. 价值—价格

价，繁体作“價”，会意字，从人从贾（gǔ，做买卖），会意为“物之所值”（《说文解字》），即物价。“价值”“价格”二词，都是从“物之所值”衍生出来的，所以都跟买卖有关。

“价值”的本义是：体现在商品里的社会必要劳动。引申为“人的品位、资望”。又引申为“用途或积极作用”，如“人生价值”“学术价值”“借鉴价值”。

“价格”的含义：商品价值的货币体现。此义跟“价值”的本义接近，但“价格”没有“品位”“资望”“用途”“积极作用”等引申义。

著名语言学家吕叔湘、朱德熙指出：“‘价值’的意义比较抽象，说一件事物‘有价值’，等于说它有用处，有重要性，或有意义。对于商品，我们只说‘价钱’或‘价格’，不说‘价值’。”（《语法修辞讲话》）这就是价值、价格二词含义和用法的本质区别。

26. 权力—权利

“权力”和“权利”，都有一个“权”字，因此都跟“权”有关系。权，古代字书释义为“秤锤”（俗称“秤砣”）。古代的杆秤，用一根木棍制作，秤杆头部上安秤毫，下安秤钩，秤杆身上镶有计量的秤星。测定物体重量时，用秤钩钩住物体，用手提起秤毫或用扁担穿过秤毫抬起物体，这时秤杆会向上翘，计量者便将秤砣套在秤杆上，把翘起的秤杆压下来，然后徐徐移动秤砣，使秤杆保持水平状态，系秤砣的绳子压住的秤星所表示的重量即物体的重量。俗话说：“秤砣虽小压千斤。”小小的秤砣，作用如此之大，所以，这秤砣便成了秤的代词。《孟子·梁惠王上》：“权，然后知轻重；度，然后知长短。”后来，“权”演变为“政治上的强制力量”。于是有了“权柄”“权势”“权欲”“强权”等词。“权力”和“权利”也是由此而衍生出来的词

“权力”“权利”二词的区别在于“力”和“利”的含义不同：

——力，在这里作“力量”解，“权力”就是“政治上的强制力量”。

——利在这里作“利益”解，“权利”就是“公民和法人代表

依法行使的权力和享有的利益”。

27. 传诵—传颂

“传诵”和“传颂”，都有个“传”字。传，形声字，从人专声，本音 zhuàn，本义“驿站”。《后汉书·陈忠传》：“发人修道，善理亭传。”句中“传”即驿站。驿站是古代传送公文、消息的使者中途休息或更换车马的处所，故引申为“转达”“递送”，又引申为“传扬”“流传”。这个“传”不读 zhuàn，而是读 chuán。“传诵”“传颂”用的就是此音此义。因此，“传诵”“传颂”二词，都有“辗转传布”的意思，但它们传布的内容和方式不同。这是因为：

——诵：读出声音来。如“朗诵”“背诵”。“传”和“诵”合成“传诵”，含义是“辗转传布诵读”。例如：“《诗经》传诵了几千年。”

——颂：本指“先秦祭祀活动配乐的歌词”，引申为“颂扬”，如“歌颂”。“传”和“颂”合成“传颂”，含义是“辗转传布颂扬”。例如：“秦始皇统一中国的历史功绩，从两汉传颂至今。”

28. 讲究—讲求

“讲究”和“讲求”，都有个“讲”字。

讲，繁体作“講”，形声字，从言冓声，本义“和解”。《战国策·秦策四》：“三国之兵深矣，寡人欲割河东而讲。”句中“讲”即本义“和解”。现代汉语仍有“讲和”一词。在古汉语里，讲与和，含义有细微差别。段玉裁在《说文解字注》里说：“不合者调和之，纷纠者解释之，是曰讲。”讲就是通过解释处理纠纷。因而引申出“讲解”“论说”“评议”等义。“解释”“论说”都是“相与论说”，由此引申出“谈说”，此义成了现代汉语讲字的主要含义，于是有了“讲话”“讲演”“讲课”“讲座”“讲堂”“讲学”“讲授”“讲义”“讲稿”等词。讲的目的是使知晓事实、明白道理，所以古文里常见用“讲”表“明白”义，如《礼记·礼运》：“协于艺，讲于仁，得之者强。”孔颖达疏：“讲，犹明也。”又由此引申出“重视”义。我们常说的“讲文明”“讲卫生”，不是说文明、说卫生，而是重视文明，重视卫生。于是有了“讲求”“讲究”二词。

究、求二字，都有“探求，追求”的含义，所以，二字与“讲”分别合成的“讲究”“讲求”二词，含义比较接近，但有细微差别，而且用法不同：

——“讲究”用作动词，表示“注重”，如“讲究实效”。用作名词，表示“值得注重或值得研究的道理、方法”，如“翻译的技术大有讲究”。还可用作形容词，表示“精美”“高雅”，如“房屋布置得很讲究”“穿着很讲究”。

——“讲求”只能用作动词，表示“重视某一方面，并设法使它实现”，如“学习和工作都要讲求效率”。此义与“讲究”的“注重”义十分接近。

29.交纳—缴纳

交，小篆作“[illegible]”，会意字，从大从乂，大是人的形象，乂表示“相交”，大乂合体，表示“人的双胫相交”，会意为“交胫”（《说文解字》）。引申为“交叉，交错”，又引申为“交往”“交易”，由“交易”引申为“付出，付给”。

缴，形声字，从丝敫声，音 zhuó，义为“生丝缕”（《说文解字》）。《列仙传·赤将子舆传》：“赤将子舆者，黄帝时人……时时于市卖缴，亦谓之缴父云。”“卖缴”即出售生丝。古代射鸟，在箭尾上系根丝线，这根丝线也称作“缴”。后来，缴字被假借表“交付”义，读音改为 jiǎo。今已不用“缴”的本义，而用假借义“交付”。

交、缴二字，都有“付出”的含义：纳，含义是“接受”；“付出”和“接受”，构成“交纳”“缴纳”二词，所以，《现代汉语词典》把它们列为“同义词”，用“交纳”为“缴纳”释义。“交纳”和“缴纳”，虽然都有“向某某交付”的意思，但用法不同。缴，有“强制”的意思，因而“缴纳”有“强制交付”的意思，如“缴纳税款”“缴纳罚金”。交，没有“强制”的意思，“交纳”是自觉履行义务的行为，如“交纳党费”“交纳团费”。所以，什么地方该用“交纳”，什么地方该用“缴纳”，要分析语义。如果实在分不清语义，就用“交纳”，“交纳”可以替代“缴纳”，但“缴纳”不可替代“交纳”。

30. 交换—交流

交，是个多义字，义项之一是“相互”。所以，“交换”和“交流”都有“相互”的意思。它们含义的差别在于：“换”和“流”含义不同。

换，本义“易”（《说文解字》），所以，“交换”的含义是“互易”，即拿出自己的换取对方的，如：“交换意见”“交换纪念品”。

流，本义“水流”。所以，“交流”的本义是“河流交错流淌”。引申为“相互供给”，如“物资交流”“文化交流”“经验交流”。

“交换”和“交流”，含义接近，但使用的对象有明显的区别。“交换”多用于具体事物，“交流”多用于抽象事物，如思想、知识、文化、情感、经验等。例如：足球比赛开赛前，两队相互交换队旗，只能用“交换”不能用“交流”。两省联合召开“乡村振兴研讨会”，交流乡村振兴经验，只能用“交流”不能用“交换”。

31. 华丽—壮丽

“华丽”和“壮丽”，都有个“丽”字。丽，繁体作“麗”，从鹿丽声，本义是什么？古代学者各说不一，有“旅行”“成对的”“结伴”“美丽”等多说。现代汉语主要用“美丽”义及其引申义“美好”，如“丽人”“丽日”“丽质”。

华，繁体作“華”，花的本字，后被假借表“光彩”“光辉”义。“光华”即此义。引申为“美丽”。三国魏钟会《孔雀赋》：“五色点注，华羽参差。”“华羽”即美丽的羽毛。

壮，繁体作“壯”，从土爿（省木）声，本义“大”（《说文解字系传》），指人体高大强健，“强壮”“健壮”“壮汉”皆本义。引申为“有气势，有气魄”。

“华”和“丽”合成“华丽”，“壮”和“丽”合成“壮丽”。“华丽”和“壮丽”，都形容美丽，但含义和用法有差别：“华丽”

突出光彩夺目，含义是“美丽而有光彩”，多用于形容服饰、建筑物。“壮丽”突出气势雄伟，多用于形容河山。例如：形容苗族少女的服饰光彩夺目，用“华丽”不用“壮丽”；形容泰山的雄伟气势，用“壮丽”不用“华丽”。

32. 收获—收成

“收获”和“收成”，都有“收”字。收，形声字，从攵丩声，本义“捕”（《说文解字》），即逮捕、拘捕。现代汉语仍在使用的“收监”即此义。引申为“获取”“聚集”“接受”等义，于是有了“收获”“收集”“收受”“收回”“收容”“收成”等词。

“收获”和“收成”都有“获取”的意思。但是，“获”和“成”含义不同，所以，二词的含义和用法都不同。

获，是“穫”“獲”二字的共同简化字，因此“收获”兼有“收穫”“收獲”二词的含义。穫，从禾，义为“取得成熟的农作物”，“收穫”义为“收取成熟的农作物”。獲，从犬（变形为“犭”），义为“猎得”，“收獲”本义“猎得之物”，引申为泛指“得到”。“收成”中的“成”，取“成绩”义，“收成”义为“农民收获的成绩”。

在用法上，“收获”是动词，如“春天播种，秋天收获”。也可以用作名词，比喻心得、战果等，如“畅谈学习收获”。“收成”是名词，不能作动词用，如“今年风调雨顺，收成肯定好如往年”。

33. 问世—面世—应世

问世、面世、应世，都有“产品与世人见面”的意思，但各自的含义和用法并不相同。

“问世”专指出版物等精神产品与读者见面。

“面世”的对象没有限制，既指精神产品与世人见面，也指物质产品与世人见面。

“应世”中的“应”，是“适应”的意思，“应世”特指商品适应市场需求上市出售。

34. 考查—考察

“考查”和“考察”，都有“考”字。考字的含义是“推求，研究”，就是说，这两个词都和“推求，研究”有关系。二词的区别在于查、察二字含义不同（详见本章第一节“查 察”）。

查：查看。“考查”的含义是“用一定标准检查衡量（行为、活动）”。在用法上，“考查”侧重检查评定，对象多是人们的一般所作所为，如工作业绩、学习成绩等。例如：调查了解学生的学业成绩，用“考查”不用“考察”。

察：仔细看。“考察”的含义是“实地观察了解”或“细致深入地观察”。在用法上，“考察”侧重观察了解，对象多为重大的客观事物，如山川、地质、工程以及重大事件。例如：调查了解水利工程，用“考察”不用“考查”。

35. 利害—厉害

“利害”和“厉害”，都有一个“害”字。害字的含义是什么？古代字书众说不一：《说文解字》释义为“伤也”；《字汇》释义为“祸也”；《玉篇》释义为“残也”。应该说，三个释义都是对的。现代汉语仍在使用的“伤害”“损害”“祸害”“灾害”“残害”“杀害”，就是分别表示伤、祸、残三义的。

利，会意字，从禾从刀，会意为什么呢？有两说：一说“收割稻谷，会意为‘赢’”；一说“用刀割禾，会意为‘锐’”。两说都有道理。现代汉语仍用此二义：利益，锐利。

“利”和“害”是一对矛盾，于是有了“利害”这个词。人们做事要趋利避害，所以必须权衡利害。社会公德倡导利人，反对损人利己，又要求人们“不计利害”。正确处理“利”与“害”这一对矛盾，就成了做人的要义。

厉，繁体作“厲”，是“砺”的本字，本义“磨刀石”。磨刀石有粗、细两种，粗的为“砥”，细的为“厉”。后来，“厉”被新造字“砺”取代，假借表“严肃，严格”等义，于是有了“严厉”（严肃）、

“厉行”（严格执行）、“雷厉风行”（严格而迅速）、“声色俱厉”（猛烈）、“厉鬼”（恶鬼）、“厉色”（愤怒的表情）和“厉害”等词语。“厉害”的含义有三：①表示难以对付或难以忍受，如“天冷得厉害”。②形容剧烈、凶猛，如“心跳得厉害”。③严厉，如“新来的老师很厉害”。

综上所述可知，“利害”和“厉害”，其实并非一对近义词，它们的含义完全不同。因为二词同音，且都有“害”字，故也易混淆错用。

36. 佚事—轶事—逸事

佚，会意字，从人从失，失有“遗落”义，人失合体，会意为“逸民”(《说文解字》)，即隐居不仕之人。苏轼《题郭熙画秋山平远图》：“伊川佚老鬓如霜，卧看秋山似洛阳。”“佚老”即隐居老人。引申为“散失的”。《论衡·正说》：“宣帝之时，得佚《尚书》及《易》《礼》各一篇。”句中的“佚”即“散失的，失传的”。此义通“逸”。

轶，会意字，从车从失，本义“车相出”（《说文解字》）。“车相出”即“后车超越前车”。引申为“超越”。《史记·秦楚之际月表》：“然王迹之兴，起于闾巷，合从（纵）讨伐，轶于三代。”“轶于三代”即“超越三代”。茅盾《虹》：“她问的很古怪，常常轶出了梅女士知识的范围。”“轶出”即“超出”。又引申为“散失的，失传的”。《史记·五帝本纪》：“《书》缺有閒（同“间”，即时间）矣，其轶乃时时见于他说。”“其轶”即“散失的内容”。此义同“逸”。

逸，会意字，从辵（变形为“辶”）从兔，表示“兔子逃走”，会意为“失”（《说文解字》）。引申为“散失的，失传的”。如“逸文、逸诗”（遗失、失传的诗文）。此义同“佚”“轶”。

综上所述，佚、轶、逸三字，本义区别很大，但都有“散失的、失传的”的引申义，在“散失的、失传的”意义上三字同义。因此，佚事、轶事、逸事三词同义，都指“世人不大知道的关于某人的事迹”

（多指不见于正传的），《现代汉语词典》首选“逸事”。

37. 声明—申明

“声明”和“申明”都有“说明”的意思，但两词的含义和用法是有差别的。“声明”用作动词，表示“公开表示态度或说明真相”。用作名词义同“文告”，例如两国元首会谈后发表《联合声明》。“申明”用作动词，表示“申述”，说明理由。不能用作名词。

38. 学历—学力

“学历”和“学力”，都有一个“学”字，说明它们都跟学习、学识有关系。决定二词含义区别的是：历、力二字含义不同。

历，繁体作“歷”，形声字，从止（止即“趾”，表示与行动有关）厤声，本义“经历”（《广韵》）。“学历”即“学习的经历”。“学历”通常以最后取得的学位文凭表示，如最后取得大学本科毕业文凭，为“大学本科学历”。

力：力量。“学力”中的“学”指“学识”，“力”取“力量”的引申义“水平”，“学力”即“学识水平”，学识上实际达到的程度，通常以“学历”为参照。比如，某某虽然没有上过大学，可是经过刻苦自学，学识水平达到大学本科毕业水平，就可以说他具备了大学本科的“同等学力”。

39. 位置—地位

“位置”和“地位”，都有个“位”字。《说文解字》：“位，从人从立，列中庭之左右谓之位。”段玉裁指出：“庭当作廷……中廷犹言廷中。”这个“廷”指朝廷，古代皇帝早朝，群臣面对皇帝按等级排列而立，谓之“朝位”。这就是位字的本义。引申为“官爵”“地位”（如“职位”“禄位”“位卑”“位次”）、“特指君王、诸侯之位”（如“即位”“篡位”）、“所在的位置”（如“座位”“席位”“舱位”）等义。

位置：本指“所在或所占的地方”，如“指定的位置”。引申为“人的地位”或“事物的重要性”。例如：“《狂人日记》在五四以来的新文学中占有特别重要的位置。”在这种场合，“位置”和“地位”同义，“特别重要的位置”也可以写作“特别重要的地位”。这就是说，“位置”“地位”只在有限的场合同义。例如，在战场上，上级指挥员询问下级指挥员：“你们什么时候到达指定位置？”句中的“位置”不能置换成“地位”。

地位：个人、团体或国家在社会关系中所处的位置。例如：“学术地位”“国际地位”“地位平等”。在这种场合，“地位”不可写作“位置”。

40. 服法—伏法

“服法”和“伏法”，都有个“法”字。法，原作“灋”，会意字，从水从廌从去。廌，即獬豸。《论衡》：“獬豸者，一角之羊，性识有罪，皋陶治狱，有罪者令羊触之。”水，取“水平”义。水廌合体，会意为“刑”，即刑法。

“服法”中的“服”，取“承认，听从”义。“服法”的含义：承认罪行，服从判决。

“伏法”中的“伏”，取“倒下”义。“伏法”的含义：执行死刑。

41. 饱满—饱和

“饱满”“饱和”二词里都有个“饱”字，“饱满”一词里，有个“满”字，要弄清它们的含义，必须从辨析饱、满二字入手。

饱，形声字，从食包声，本义“满足了食量”，即常说的“吃饱了”。由“吃饱”引申为“充满”“最大限度”“丰富”“充足”等义。

满，繁体作“滿”，形声字，从水㒼声，本义“盈溢”，即“达到容量的极点”。

“饱”与“满”合成“饱满”，本义“谷物籽粒充足”。

和，本义“相应”（详见本编第五章第一节“和 合”），引申为“两数相加所得的数”。“饱”与“和”合成“饱和”，表示“在一定温度和压力下，溶液所含溶质的量达到最大限度，不能再溶解”。也泛指“事物在某个范围内达到最大限度”。例如：“目前市场上电冰箱的销售已接近饱和。”

42. 违反—违犯

违：本义“离”（《说文解字》），即离别，如“久违”。引申为“不依从”，如“违背”。（详见本编第四章第一节“讳 违 韪”）

反：颠倒的，方向相背的。“违”和“反”合成“违反”，含义是不遵守或不符合（法则、规章、制度等）。

犯：本义“侵”（《说文解字》），如“侵犯”“来犯”。引申为“违背”。“违”和“犯”合成“违犯”，含义是违背和触犯（法律、法规）。

“违反”和“违犯”，都有“不遵守”或“不依从”的意思，但用法上有差别：“违反”表示跟客观规律、行为规范、规章制度等不合，如“违反客观规律”“违反职业道德”；“违犯”表示触犯法律、法规，如“违犯宪法”“违犯禁令”。

43. 实验—试验

“实验”和“试验”，都是动词，都表示“为察看结果而进行某种活动”。它们的区别，在于活动的性质和目的不同：

——“实验”是科学活动，偏重于“研究”，目的是“检验某种科学理论或假说的正确性”。

——“试验”是实践活动，偏重于“应用”，目的是“察看某事物的结果或性能”。

44. 希望—期望—期待—期许

《现代汉语词典》这样为希望、期望、期待、期许四词释义：“希望：心里想着达到某种目的或出现某种情况。”“期望：希望。”“期许、期待：期望。”用“希望”解释“期望”，用“期望”解释“期许”“期待”。那么，这四个词的含义和用法到底有没有差异？

吕叔湘、朱德熙《语法修辞讲话》在谈及“希望”和“期望”的区别时指出：“‘期望’是对别人的，如父母对子女的期望，老师对学生的期望。‘希望’可以对自己，也可以对别人。”书中还列举一个误句作例：“每一个社会工作者……也必然热烈的期望担负起这项条文所指示的任务。”显然，句中的“期望”应该改为“希望”，因为“期望”是对别人的，“希望”可以对自己。这个“别人”，还包括“别的事物”。例如：“期望这条铁路早日建成通车。”

至于“期待”和“期许”，虽然都有“期望”的意思，但在用法上有差别：“期待”重点在于“等待”，如“期待着你早日学成归来报效祖国”。“期许”重点在于“称许”，含有“很高的、美好的期望”的意思，多用于长辈对晚辈。例如：梁启超《上粤总督李傅相书》：“启超自顾愚陋，固不足以当我公之期许。”

45. 含义—含意

“含义”和“含意”，都指“包含的意义”，但具体含义和用法有明显的区别。

“含义”多指较明确的、客观的意义，在用法上多指字、词、句所包含的意义。例如：“寒”字的含义是“冷（跟‘暑’相对）”；“寒心”的含义是“因失望而痛心”。

“含意”多指隐含的、主观的意义，在用法上多指诗文、说话等含有的思想和意味。例如：“我实在猜不透她这话的含意。”“这首诗含意深刻，耐人回味。”

46. 质疑—质问—置疑

质，繁体作“質”，会意字，从所从贝。斤，斧本字；所，即双斧。两斧砍物，此起彼落，有“两相等比”的意思。贝，指“财货”。所贝合体，会意为“以物相赘”（《说文解字》）。朱骏声在《说文通训定声》中解释说：“以钱受物曰赘，以物受钱曰质。”用现代语言说，“质”就是“抵押”。《战国策·赵策四》：“于是为长安君约车百乘，质于齐，齐兵乃出。”用人、车为“质”。北魏薛虎子《上疏请宽省徵调》：“或有货易田宅，质妻卖子，呻吟道路，不可忍闻。”用妻儿为“质”。由此引申出“本体”“底子”“禀性”“诚信”“淳朴”“验证”等义，于是有了“本质”“性质”“品质”“对质”“质地”“质朴”等词。由对质引申为“提出”“责问”，于是有了“质疑”“质问”这两个词。

“质疑”和“质问”，都有“提出问题”的意思，但口气和目的不同：“质疑”是“提出疑问”，即心有所疑提出以求解答，带有讨论的意味。例如《南史·儒林传·顾越》：“弱冠游学都下，通儒硕学，必造门质疑，讨论无倦。”朱光潜《克罗齐哲学述评》：“现在所要说的只是个人读克罗齐所遇到的一些疑难，分条陈述，聊当质疑。”“质问”的含义有二。其一，询问以正其是非。例如《汉书·刘歆传》：“时丞相史尹咸以能治《左氏》，与歆共校经传。歆略从咸及丞相翟方进受，质问大义。”颜师古认为，这个“质”是“正”的意思。其二，责问，指依据事实加以询问，带有责备的口气。例如巴金《家》：“‘你们有什么理由没收我的报纸？’张惠如气愤地质问道。”

置，会意字，从网（变形为“罒”）从直。网：法网；直：刚正。如果“网”了刚正的人就应赦免释放，此即“置”的本义。《国语·郑语》：“裒人裒姁有狱，而以为入于王，王遂置之。”“置之”即赦免释放。由赦免释放引申为“免除，废弃”。古文里有“置租赋”句，“置租赋”即免除租赋。还有成语“置本求末”，“置本”即弃本。又引申出“停下”“安放”“设立”“备办”“表示”等义。于是有了“搁置”“安置”“置放”“设置”“购置”“置办”“置若罔闻”“置之不理”“置之度外”“赞叹不置”“不置可否”等词语。“置疑”的“置”取“设立”义，“置疑”即设疑、怀疑。“置疑”常用于否定式句子，如“毋庸置疑”（无须怀疑）、“无可置疑”（没有什么可怀疑的）。

47. 保障—保证

保，小篆作“[illegible]”，是从金文“[illegible]”演变而来的，古文字学家认为：右偏旁不是“呆”，而是“象保衣（褓）之形”，与左偏旁“亻”（人）组合，表示“负子于背”，所以，《说文解字》释义为“养”。“养”

即养育，现代汉语里的“保护”就是从“养育”衍生出来的，意思是“尽力照顾，使不受损害”。后由保护人发展到保护物。由此引申为“守卫”（保卫），又引申“负责，担保”，“保障”“保证”二词中的“保”，都取此义。

障，形声字，从阜（变形为“阝”）章声，《说文解字》：“隔也。”即“阻隔”（如“障碍”）。引申为“遮蔽”（如“障蔽”），又引申为“防范”。“保障”中的“障”，即取此义。“保障”用作动词，表示“对于已有的东西加以维护，不使受损害”。例如：“只有坚持百花齐放、百家争鸣的方针，才能保障社会主义文化艺术不断发展繁荣。”用作名词，表示“起保障作用的事物”。例如：“安全是生产的保障。”

证，形声字，从言正声，本义“谏”（《说文解字》）。《战国策·齐策一》：“士尉以证靖郭君，靖郭君不听。”句中“证”即谏正。证还是“證”的通假字。在现代汉语里，证字的本义已不用，而成了“證”的简化字。證，形声字，从言登声，本义“告”（《说文解字》），即“告发”。《论语·子路》：“其父攘羊，而子证（證）之。”“证之”即告发，引申为“验证”。由验证引申为“证据，证明”，即“用可靠的材料表明或断定人或事物的真实性”。“保证”中的“证”（證）取“可靠、真实”义，表示“说到做到”。“保证”用作动词，表示“担保做到”或“担保不折不扣地实现既定的要求和标准”。例如：“保证完成任务”“保证产品质量”。用作名词，表示“作为担保的事物”。例如：“坚持改革开放是中国特色社会主义事业不断发展的保证。”

48. 秩序—次序

秩、序、次三字，都有“排列”的意思，因此，它们合成的“秩序”“次序”，含义也比较接近。

秩，形声字，从禾失声，本义“积”（《说文解字》），即聚积。《管子·国蓄》：“故人君御谷物之秩相胜，而操事于其不平之间。”尹知章注云：“秩，积也。”引申为“官吏的职位或品级”，由官职又引申为“依次排列”“有条理”，“秩序”一词由此而来。

次，小篆作“[illegible]”，会意字，从二（后世讹作“冫”）从欠。二，跟“一”相对，处于“一”后；欠，跟“全”相对，表示有残缺；二欠合体，会意为“不前不精”（《说文解字》）。《说文句读》解释说：“不前者，逗留不进也。精者，择也，不择，则粗，是次也。”就是说，次字的含义有二：落在后面，不是精品。引申为“排列，顺序”。

序，形声字，从广（音 yǎn，作为部首表示“房屋”）予声，表示跟房屋有关系，本指“堂屋东厢、西厢之墙”，后又指“正室两侧东西厢房”，所以，古代房屋东西厢房又称“东序”“西序”。引申为“位次”“长幼”“季节”等义。“位次”“长幼”“季节”都有“排列”“顺序“的意思。

秩、次二字分别和序合成“秩序”“次序”，虽然都有“排列”“顺序”的意思，但两者的含义却不同。“次序”的含义是“事物在空间或时间上排列的先后”，是就事物排列的先或后说的。“秩序”的含义是“有条理，不混乱”，是就事物的整齐或混乱说的，跟“先后”没有关系。

49. 常常—往往

“常常”和“往往”都是副词，都指情况经常发生，但词义侧重点和造句搭配要求有所不同。

“常常”表示动作行为次数多，而且时间间隔不久，但不一定有规律性，它既可以是客观情况的反映，也可以是主观意愿，既可以是过去的，也可以是未来的。

“往往”表示某种情况通常在一定条件下才会出现或发生，是对于到目前为止所出现的客观情况的总结，这些情况有一定的规律性，不能用于主观意愿，时间上多指过去的。在造句搭配要求方面，用“往往”的句子具有预测的含义，所以要指明与动作有关的情况、条件或结果，而“常常”没有这个限制。

50. 事实—事态

事：事情，人类生活中的一切活动以及所遇到的一切社会现象。

实：真实，实际。事和实合成“事实”，含义为“事情的真实情况”或“符合实际的情况”。事实是既成的，所以不能改变，不能扩大或缩小。例如：“事实胜于雄辩。”

态：繁体作“態”，会意字，从心从能。内心之所能，必见于外，使人易知其意。所以《说文解字》释义为“意态”。段玉裁注云：“意态者，有是意因有是状，故曰意态。”即发内心而形于外的神情、举止、动作。引申为“姿态”“情状”等义。事和态合成“事态”，多指局势或坏的情况。因为还在发展过程中，所以事态是变化的，可以扩大或者缩小，恶化或者缓和。例如：“事态十分严重，正在扩大和恶化。”

51. 盈利—赢利—营利

盈，会意字，从皿从夃，皿，盛物器具，夃，“秦以市买多得为以夃”（《说文解字注》）皿夃会体，会意为“满器”，即“溢出”，引申为“增加”。“盈利”取“增加”义，即抵本有余。

赢，形声字，从贝㠯声，本义“有余”。“赢利”即获得利润。“盈利”和“赢利”，是一对同义异形词，专家推荐首选“盈利”。

营，繁体作“營”，形声字，从宫（省“宀”）熒（省“火”）声，本义“帀（zā，环绕）居”（《说文解字》），即“四围垒土而居”。引申为“建造”（营造，营建），又由建造引申为“经营”（营业，国营，私营），又由经营引申为“谋求”。“营利”中的“营”，取“谋求”义，“营利”即“谋求利润”，指以谋求利润为目的的经营活动。“某某出版社今年盈利超过去年。”“某某出版社以出版学术著作为主，是非营利出版单位。”这两个例句，正确使用了“盈利”和“营利”。

52. 刹那—霎时

“刹”字收入字书，最早见于南朝《玉篇》，被释义为“柱”。但是，这个“柱”指的不是房屋的梁柱，其具体含义有两说：一说是佛塔上藏舍利的“石柱”，一说是佛塔顶部的“相轮”。两说都跟佛塔有关系，故“刹”又指佛塔。“刹”还是梵文 ksetra（佛地）的音释（刹多罗）省称，所以，佛教寺庙也称作“刹”（如“古刹”）。“刹那”是梵文 ksana 的音译。佛经有“一念有九十九刹那”之说，“刹那”乃“一念的九十九分之一”，表示“时间极短”。

霎，会意字，从雨从妾。妾，表“小”义，雨妾合体，会意为“小雨”（《说文新附》），这是本义。引申为“时间极短促”，所以，古代字书多释义为“片时，倏忽”。“霎时”即取此义，表示“时间极短”。

“刹那”和“霎时”，是一对同义异形词，不同的是：“刹那”是外来语，“霎时”是本土话。由于有了两个表示“时间极短”的词，人们在使用时容易混淆，常见把“霎时”错作“刹时”。

53. 品位—品味

“品位”和“品味”二词同音，但并不同义。因为两个“品”并非同义词，二词中的“位”和“味”更不是同义词。

“品”是个多义词。品，由三个“口”组合而成。口，可以指代“人”，年轻夫妻又称“小两口”，夫妻子女合称“四口之家”。三人为“众”，三口为“品”，众、品同义。所以，《说文解字》释“品”为“众庶也”。贾谊《鹏鸟赋》云：“夸者死权兮，品庶每生。”“品庶”指的就是“众人”，老百姓。这句话的意思是：追求势位虚名的人为权力而死，平常之辈则贪生。人多了，就会出现各种群体，所谓“人以群分”。于是，“品”的含义就由“众庶”引申为“种类”，如种族、民族、性别、老少、职业、师生、白领、蓝领等等。宋曾巩《郊祀庆成》：“外物虽多品，天心在一纯。”“多品”即多种。由种类又引申出“等级”“官阶”，于是有了“品位”这个词。品：等级。位：位置。品位：官吏的等级，引申为“物品内在的质量，艺术作品达到的水平”。

品字还有一个义项：尝尝。于是有了“品味”这个词。“品味”

的本义就是“尝尝滋味”。“品味”还是一种评比、鉴别的方法，如“品酒”“品茶”。引申为“评论”，如“品评”。品味须仔细体会，是故，“品味”又作“体味”。

“这是一部品位很高的文学作品，它的深刻内涵，值得人们反复品味。”这句话里，正确使用了“品位”“品味”二词，“品位”表示作品的内在质量，“品味”表示反复体味。

54. 品格—人品—品行—品性

品字义项之一是“等级”，由等级引申为“人的德行、风貌”。于是有了“人品”“品格”“品行”“品性”等词。这四个词都跟人的道德行为有关，但它们各自的含义有细微的差别。

品格：指“人的品性”，也指“文学、艺术作品的质量和风格”。例如：“他是一位品格高尚的老师。”（句中“品格”指品性）“他的书画新作和以往的书画品格迥异。”（句中“品格”指风格）

人品：指“人的品质”，也指“人的仪表”，如“人品高尚”（品质高尚），“人品出众”（仪表堂堂）。

品行：有关道德的行为，如“品行端正”“品行不端”。

品性：品质性格，如“品性敦厚”“品性豪放”。

55. 蜕化—退化

蜕：蛇、蝉等脱皮，鸟类换毛。蜕化，本义“虫类脱皮”，后用来比喻人的腐化堕落，如“蜕化变质”。

退，本义“向后移动”，跟“进”相对。退化：本指“生物体在进化过程中某一部分器官变小，构造简化，功能减退甚至完全消失”，后泛指“事物由优变劣、由好变坏”。

“蜕化”和“退化”不是同义词，因而不能通用。

56. 表扬—表彰

表，本义“外面”（跟“里面”相对），如“表里”“外表”。引申为“显示出来”，如“表露”“表现”。

扬，本义“高举”，引申为“传播出去”。“表”和“扬”合成“表扬”，含义：公开赞扬。

彰，本义“明显，显著”，如“昭彰”“欲盖弥彰”。引申为“显扬”，即鲜明地显示，如“彰显”。“表”和“彰”合成“表彰”，含义：隆重表扬。

“表扬”和“表彰”，都是表扬好人好事，但表扬的对象和方式有差异，因而用法上有差别。“表扬”的对象是一般的好人好事，“表扬”的方式多样，如口头表扬、张榜表扬、颁发奖状等。“表彰”的对象是杰出人物和殊功伟绩，“表彰”的方式隆重庄严。

57. 留传—流传—传承

“留传”“流传”“传承”三词，都有个“传”字，所以都和“传”有关系。传，繁体作“傳”，形声字，从人專声（專今简化作“专”，傳类推简化作“传”），本义“驿站”（《说文解字》）。驿站是古代专供传递政府文书的人中途歇脚或更换车马的地方。驿站的作用是“传递信息”，即“由一方交给另一方”，因而引申出“转达”“传授”“传扬”等义。传在“留传”“流传”“传承”三词里，表示的正是上述引申义。但是，这三个词并不是同义词，因为作为语素的“留”“流”“承”三字含义不同。

留，大篆作“[illegible]”，小篆作“[illegible]”，两者形体有别。因此，文字学家认知不同；有的认为是“从田卯（柳）声”，有的认为是“从田丣（酉）声”。但对其本义为“止”则无异议。这个“止”，意思是“停止在某一处所或地位上不动，不离去”。引申为“保留”“遗留”。“留传”的含义是“遗留下来传给后代”。在用法上侧重“遗存”，对象包括道德传统、习俗、秘方、技艺、书画、器皿等。例如：“中华传统美德留传几千年。”

流，会意字，从水从㐬。从水，表示跟水有关系；㐬，“突忽也”（《说文解字》）；水㐬合体，会意为“水行”（《说文解字》），即“液体移动，流动”。引申为“传播”。“流传”的含义是“顺着时间往下传”，或“扩大空间向外散布”，在用法上侧重“散布”，对象主要是消息、事迹、说法、故事、笑话等。例如："消息很快就流传开来。"

承，有"接受，承担，接续"义（详见本编第五章第二节"相辅相成"）。"传承"又作"承传"，含义是"接受并继承使流传下去"，在用法上侧重"承继"，对象主要是文化遗产，例如"传承非物质文化遗产"。

58. 界限—界线

"界，境也。"这是《说文解字》对"界"的释义。段玉裁作了如下注解："界之言介也。介者，画（划）也；画（划）者，介也。象田四界，聿（笔）所以画（划）。"就是说，界是会意字，从田从介。介即划分，田介合体，表示"田的四界"，会意为"边境疆界"。"边界"即本义。引申为"区划""境域"等义，如"分界""接界""界别"等。

限：指定的范围，不许超过。界限：本义"不同事物的分界"，如"划清界限""界限分明"。引申为"限度"，如"不可突破界限"。

线，有"边际"和"边缘交界的地方"等含义。界线：两个地区的分界线，如"两国边境的界线"。

"界限"和"界线"，都指"不同事物的分界"，但两者的含义和用法有差异："界限"的分界比较模糊，通常用于抽象事物；"界线"的分界比较具体，通常用于具体事物。

59. 通信—通讯

人们用文字、电波、光波互通消息，互致问候，称作"通信"，又作"通讯"。从含义上说，"通信"和"通讯"应该是同义词，应该通用，但在使用习惯上却是有区别的。人们互通消息称作"通信"，通信双方的收信地址却称作"通讯处"，记载通讯处的簿册称作"通讯录"。新闻媒体报道消息的文章，旧时称作"通信"，现在称作"通讯"。采访和编辑新闻供媒体使用的宣传机构称作"通讯社"，应邀给新闻媒体反映情况、报道新闻的人称作"通讯员"。

跟“通讯员”音近的“通信员”，职责却不同于“通讯员”，是担任递送公文等联络任务的。利用电波、光波等信号传递文字、图像称作“通信”。军队有专门的通信联络的兵种，叫作“通信兵”。为什么意思相同，有的称作“通信”，有的称作“通讯”呢？从字词含义方面找不到区别的理由，当是约定俗成的缘故吧。

60. 接受—接收

接，本义“交接，会合”（《说文解字》：“接，交也。”）引申为“连接”“相继”“对付”“承受”等义。

受，本义“相付”（《说文解字》）。“你付给我”是“你付我得”，“我付给你”是“我付你得”，相付相得。所以，“受”既有“付出”的含义，又有“得到”的含义。韩愈《师说》：“师者，所以传道受业解惑也。”句中的“受”表示的是老师对学生的“付出”。表此义的“受”，后世多用“授”。林义光《文源》：“授、受二字，古皆作受。”《书·大禹谟》：“满招损，谦受益。”句中的“受”表示的是“得到”。“接受”一词中的“接”取“承受”义，“受”取“得到”义，合起来含义为“领受，采纳”。例如：“接受教育”“接受批评”“接受教训”“接受建议”。

收，本义“捕”（《说文解字》），即逮捕、拘捕。《后汉书·张衡传》：“衡下车，治威严，整法度，阴知奸党名姓，一时收禽（擒），上下肃然，称为政理。”“收禽”即拘捕。引申为“聚集”（收集）、“收获，收割“（春种秋收）、“接受，收受”（接收、收留、收养）、“取回”（收回）、“容纳”（收容）、“收拾”等义。“接收”一词中的“收”，含义有三项：①收受。如“接收信号”。②接纳，吸收。如“接收新生”。③依法接管（机构或财产）。如“接收敌产”。

“接受”和“接收”，都有“收受”的意思，它们的区别在于：“接受”是应承他人所施与的行为或要求，所指动作行为多带被动意味，对象多是抽象事物。“接收”一般是为了使用、管理等目的而收下，所指动作行为多带主动意味，对象多为具体事物。

61. 确当—确切

“确当”的含义是“正确恰当”。“确切”的含义是“准确恰当”。

“正确”和“准确”含义有细微差别：“正确”指“符合事实、道理和某种公认的标准”。例如：“你的答案完全正确。”“实践证明这种方法是正确的。”“准确”指“行动的结果完全符合实际或预期”。例如：“计算准确。”“准确地击中目标。”所以，“确当”和“确切”的含义和用法有细微的差别：

——“确当”强调“正确”。例如：“你的论文立论确当。”就是说，论文的立论正确而恰当。

——“确切”强调“准确”。例如：“你的论文用词确切。”就是说，论文用词准确而恰当。

62. 情景—情境

情：情形，情况，情感。景：景象。境：情况，环境。

“情”和“景”合成“情景”，含义是特定时间和特定空间的具体情况与景象。例如：《红楼梦》第十八回：“母女姊妹，不免叙些久别的情景，及家务私情。”魏巍《东方》第六部第一章：“虽然事情过去了几年，那幅情景仍然历历在目。”“情景”还有“情感和景象”的意思，如“情景交融”，形容文学作品把写景和抒情结合起来。

“情”和“境”合成“情境”，含义是人们在进行某种行动时所处的社会环境，是人们社会行为产生的具体条件。例如：李大钊《工人国际运动史》：“所以，工人的国际运动只能出现于现代资本主义者情境之下。”

综上所述可知，“情景”和“情境”含义的区别在于：“情景”所表示的是“具体场合（特定的时间、空间）的情况或景象”；而“情境”所表示的是“人们在一段时间和空间从事活动所遇到的情况和环境”。

63. 溶化—融化—熔化

“溶化”“融化”“熔化”三词，都有“使化”的意思，它们的区别在于适用对象不同。

溶，从水，义为“化解”。“溶”和“化”合成“溶化”，指“固体在液体中溶解”，如“把砂糖放在热水里溶化”。

融，从鬲。鬲是古代的炊具。《说文解字》：“融，炊气上出也。”即像烟囱里冒出的烟一样消散在空气中。所以，“融”字的含义是“消散”。“融”和“化”合成“融化”，指“冰雪受热化为液体，冰雪消散在水中”，如“河里的冰开始融化了”。在此意义上，“融化”也作“溶化”，可以通用，但专家们主张首选“融化”。

熔，从火，义为“以高温使固体物质转变为液态”，如“熔铁”“熔炼”。“熔”和“化”合成“熔化”，指“固体加热到一定温度而变为液体”，如“铁加热至1530℃以上就熔化成铁水”。

64. 熔合—融合

“熔合”和“融合”，都有“合为一体”的意思，它们的区别也在于适用对象不同。

熔合：指“几种不同的固态金属熔化后合为一体”。

融合：指“几种不同事物合成一体”，如“民族融合”“文化融合”。

65. 胜地—圣地

“胜地”和“圣地”都是令人向往的地方，但它们的含义并不相同。要弄清“胜地”和“圣地”的区别，得从解析“胜”“圣”二字入手。

胜，繁体作“勝”，会意字，从朕从力。朕，人称代词，秦以前指“我”或“我的”，自秦始皇起专用作皇帝的自称。朕力合体，会意为“任”（《说文解字》），即“有能力承担”，如“胜任”。引申为“超过”，如“略胜一筹”。又引申为“击败对方”，如“打胜仗”。又引申为“优美的”“雅的”，如“胜友如云”“躬逢胜饯”（王勃《阁王阁序》）。用作名词，表示“优美的山水和古迹”。如苏辙《快哉亭记》：“即其庐之西南为亭，以览江流之胜。”这可能是“胜地”的由来。“胜地”指“风景优美的地方”。

圣，小篆作“𦔻”（楷书依篆作“聖”），由耳、口、人、土四字组合而成，表示“一个人站在地上竖起耳朵听别人讲话”，会意为“通”。“通”即通达、明白。古人云：“兼听则明。”耳顺的人才能成为通达、明白人。所以，《白虎通》说：“闻声知情，故曰圣也。”《孟子·公孙丑》里记述了一段孔子和子贡关于“圣”的对话，子曰：“圣则吾不能，我学不厌而教不倦也。”子贡曰：“学不厌，智也；教不倦，仁也。仁且智，夫子既圣矣乎。”这就中华民族传统的圣贤观。圣，在中国传统文化中，是“精通”“深明”“至高无上”的代词。圣人是至高无上的人，圣地是神圣而崇高的地方。我们说井冈山、延安是革命圣地，是因为它们在中国现代革命史上具有崇高的地位。

66. 推脱—推托

“推脱”和“推托”，都是动词，都有“设法拒绝，不肯承担”的意思，但两词的含义和用法都不相同，它们的差异源于“脱”“托”二字含义不同。

脱，从肉（变形为“月”），本义“消瘦”（《说文解字》），引申为“肉去皮骨”（脱骨）、“离”（脱离）、“逃避”（逃脱）等义。“推脱”的“脱”，取“逃避”义。“推脱”的含义：推卸，摆脱，使跟自己无关，如“推脱责任”“推脱干系”。

托，从手，本义“用手掌或其他东西向上承受（物体）着”，如“用茶盘托着茶壶”。引申为“凭借，依赖”（依托，托庇）、“找借口”（托故，托词）等义。“推托”的“托”取“找借口”义。“推托”的含义：“借故拒绝或推辞”，如“推托嗓子不适婉拒唱歌”。

67. 惊爆—惊曝

“惊爆”和“惊曝”，都有“令人震惊”的意思，但各自的含义并不相同，原因是“爆”“曝”二字含义不同（详见本编第五章第一节“暴 曝 爆”）。

爆，义为“猛烈而突然发作”。“惊爆”侧重于“爆发”，含义：令人震惊地突然传出（多指新闻、内情等），或令人惊讶的、出人意料的。例如："惊爆黄金价格暴跌。"

曝，义为"露在外头"。"惊曝"侧重"暴露"，含义：暴露的程度和内容令人惊讶。例如："惊曝官商勾结、权钱交易内幕。"

68. 经心—精心

经，繁体作"經"，形声字，从丝巠声，本义"织"（《说文解字》）。织布用的纵线叫作"经"，横线叫作"纬"，经纬交织而成布。引申为"南来北往的道路"，又引申为"通过"。"经心"的"经"取"通过"义，"经心"的含义：在意，留心。反之即不经心，如"慢不经心"。

精，形声字，从米青声，本义"择"。段玉裁注云："择米，谓䆃（dào，择）择之米也。"即优质纯净的米。引申为"经过提炼或挑选的"，如"精粹""精盐""精品"。引申为"细"（跟"粗"相对），如"精密""精巧"。"精心"的"精"取"细"义，"精心"的含义：细心，特别用心。例如："精心打造""精心治疗"。

69. 尊敬—尊重

"尊敬"和"尊重"，都有"尊"字。尊，本是古代盛酒的礼器，用于祭祀或宴请宾客之礼。引申为"敬重""推崇""拥戴""重视"等义，如"尊崇""尊奉""尊重"。

敬，本义"肃"（《说文解字》），即恭敬、严肃。"尊"和"敬"合成"尊敬"，含义是"推崇敬重"。如"尊敬师长"。用作形容词，表示"可尊敬的"，只用于对人，多用于下级对上级、晚辈对长辈、学生对老师，也用于对尊贵的客人。

重，本义"重量"，用作动词表示"重视"，"尊重"的"重"即用此义。"尊"和"重"合成"尊重"，含义有三：（1）敬重。表此义的"尊重"，含有"恭敬"意味，如"尊重老人"。（2）重视并严肃对待。如"尊重历史""尊重事实""尊重风俗""尊重人权"等。（3）用作形容词，表示"庄重"（指行为），如"放尊重些"。

70. 蒸气—蒸汽

"蒸气"和"蒸汽"，是表示两种不同概念的科技名词。蒸气：

液体或固体（如水、汞、苯、碘）因蒸发、沸腾或升华而变成气体。如“水蒸气”“苯蒸气”。蒸汽：水蒸气。有一种机车叫作“蒸汽机”，有一种锻锤叫作“蒸汽锤”，都是利用水蒸气产生动力的。因此，“蒸汽机”“蒸汽锤”不可写作“蒸气机”“蒸气锤”。

71. 监察—检察—检查

这三个词里有四个含义不同的字：监，检，察，查。

监，小篆作“監”（楷书依篆作“監”，今简化作“监”），会意字，从臣从人从皿，臣和人表示人目，皿表示盛水的容器，古人用“一人用盛水容器做镜子正容”，表示“审视”或“察看”的意思。所以，监字的含义是“审视”。

检，小篆作“檢”，形声字，从木僉声。从木，表示跟“木”有关系。古代官府的重要文书，盛在特制木函中然后加封、标签，以便保密。这种特制木函就叫作“检”。检字的这个古义今已不用。检字的今义：考查（检查）、验证（检验）、“约束”（检点）、“反省”（检讨）等。

察，有“仔细看”“调查”“明鉴”等义。

查字有“推究”（查究）、“察访”（调查）、“翻检”（查检）等义（详见本章第一节“查 察”）。

了解了监、检、察、查四字的含义，监察、检察、检查三词含义的区别就容易明白。

监察：监督，审视。指监督各级国家机关和公务员的工作，检举失职、违法的机关和公务员。国家监察部履行这种职能。监察部是政府监督部门。

检察：查验，审核，专指司法机关依据法定程序，审查被检举者的犯罪事实，决定是否逮捕、侦查、提起公诉。人民检察院履行这种职能。检察院是国家司法机关。检察员是国家司法人员，其职责是执行检察任务。

检查：含义有三：①为了发现问题而用心查看；②对工作中的

失误进行检讨；③翻检查考书籍或文件。

72. 缺少—缺乏

“缺少”和“缺乏”，都有“短缺”的意思，它们含义的区别在于“少”“乏”二字。

少：用作形容词，表示“数量不够”，通常是一种客观现象的揭示，着重于数量上的短缺，多用于可以计量的人或物。例如：“缺少熟练工人”“庄稼缺少雨水”“企业转型缺少经费”。

乏，《说文解字》释义为“匮也”，即“竭尽”。“缺乏”的含义是“没有”或“严重不足”。多指所需要的人或物没有或严重不足，往往带有消极色彩，多用于不可计量的事物或比较抽象的对象。例如：“缺乏信心”“缺乏经验”。

73. 签字—签名—签署

签，本义“签书文字”（《篇海类编》）。苏轼在《乞罢详定役法劄子》上用了“签书”这个词：“臣既不同，决难随众签书。”那么，“签书”是什么意思呢？《汉语大字典》释义为“在文件或单据上署名或题写文字以为标识”。现代汉语里的“签署”“签字”“签名”“签单”“签发”“签收”等词，用的都是此义。“签字”“签名”二词中的“字”和“名”，指的都是姓名；“签署”中的“署”意思是“署名”，即签上自己的名字。所以，这三个词的含义相同，都是“写上自己的姓名”。

但三者使用的场合和目的不同：

——“签字”多用于严肃的或正式的场合，目的是表示愿意承担某种责任或义务。例如：“在文件上签字。”

——“签名”多用于非正式场合或娱乐场合，目的是为了表示来到、友好或纪念。例如：“在报到簿上签名”“粉丝们纷纷要求明星签名”。

——“签署”也是在文件上签字，但有更加郑重的意味，表示“在重要文件上签字”，如“签署联合公报”。

74. 搜集—收集

“搜集”和“收集”，都有“汇集”的意思，两者含义的区别在于：“搜”“收”二字含义不同。

搜，义为“寻找”。“搜集”的含义是“寻找（事物）并聚集在一起”。在用法上侧重“寻找”，对象是手头没有的东西，需要搜寻考证。例如：“搜集革命烈士遗书”“搜集《红楼梦》的各种版本”。

收，义为“聚集”，即为“把外面的事物拿到里面，把摊开的或分散的东西聚拢”。“收集”的含义是“使聚集在一起”。在用法上侧重“收拢”，对象是现成的东西，只需收拢整理。例如：“收集资料”“收集废品”。

75. 聚积—聚集

“聚积”和“聚集”，都有个“聚”字。聚，形声字，从众（变形为“来”）取声，本义“会”，即“会合，集合”，“聚会”“聚合”“聚居”“聚餐”都是本义。引申为“凑在一起”，于是有了“聚集”和“聚积”二词。但这两个词的具体含义和用法并不相同，因为“积”“集”二字的含义不同：积，“積”的简化字，从禾责声，表示“谷类的积蓄”，义为“累积”。集，小篆作“雧”，木上三隹，象征“群鸟栖树”，义为“会合”。隶变将木上三隹省作一隹，楷书依隶作“集”。

“聚积”侧重“累积”，指一点一滴、由少到多的积攒，着眼点是“时间”，对象多为具体事物。例如：“聚积零散资金”“聚积企业的经济实力”。

“聚集”侧重“集合”，指“由分散到集中”，着眼点是“空间”，对象是人或具体事物。例如：“游客聚集在故宫”“乌云聚集，大雨将至”。

76. 雄伟—宏伟

“雄伟”和“宏伟”，这两个词里都有“伟”字。伟，形声字，从人韦声，本义“奇”（《说文解字》）。《管子·任法》：“无伟服，无奇行。”《汉书·东方朔传》：“朔文辞不逊，高自称誉，上伟之。”两句中的“伟”，含义都是“奇异”。引申为“卓越”“高大”，如“伟绩”“伟岸”。所以，“雄伟”“宏伟”都是形容词，都表示“气势不凡”，但各自的含义和用法却有区别。二词的区别在于：“雄伟”突出“雄”，“宏伟”突出“宏”。

雄，从鸟，本义“公鸟”（《说文解字》：“雄，鸟父也。”）。后泛指生物中的雄性。“雄伟”是形容词，形容男性高大魁梧，也形容事物的气势磅礴。如“身材高大雄伟”“雄伟的人民英雄纪念碑”“雄伟的泰山”。

宏，从宀，本义“屋深广”（《说文解字》）。引申为“广大”，如“宏大”“宏观”“宏图”。“宏伟”取“广且高”义，形容宏大的规模和场面，如“宏伟的三峡工程”。还用于形容规模宏大的建设蓝图，如“宏伟的科技园区建设规划”。

77. 凄凉—凄切

凄，本作“淒”，“凄”是俗字，后通用“凄”。淒，从水妻声，《说文解字》释义为“云雨起也”。书证是《诗》曰：“有渰淒淒，与云祁祁。”颜师古却认为，“淒淒”形容的是“云行貌”。后世多用“寒凉，悲凉”义，形容冷落萧条和悲伤痛苦，于是有了“凄凉”“凄切”二词。

“凄凉”侧重“凉”，即“清寂”，含义是“孤寂冷落”，多用于形容环境、景物和身世。例如：“残垣断壁，一片凄凉。”金赵献之《浣溪沙》：“落木萧萧风似雨，竦棂皎皎月如霜，此时此夜最凄凉。”“此时此夜最凄凉”，道尽词人倚窗对月的孤寂心境。

“凄切”侧重“切”。切，有“悲悽”的含义。例如：南朝徐陵诗句“横笛短箫悽复切”。杜甫诗句“新亭举目风景切，茂陵著书消渴长”。两句中“切”，都是“悲悽、哀伤”的意思。“凄切”的含义是“凄凉而悲伤”，形容内心的悲伤。例如周实《中秋偕棠隐对月》：“相对默无言，中肠各凄切。”还形容悲伤的声音，如柳永《雨霖铃》："寒蝉凄切，对长亭晚，骤雨初歇。"

78. 截止—截至

"截止"和"截至"，都有"到某时为止"的意思，但两者词性不同，含义有细微差别，用法也各异。

从词性上说，"截止"是不及物动词，"截至"是及物动词。

从含义上说，"截止"表示终止或结束；"截至"表示"到某时为止"，还没有终止或结束。

从用法上说，"截止"后面不能带宾语，表时间的词语一般用在"截止"前面，只能说"到某日截止"，不能说"截止某日"；"截至"后面必须带宾语，表时间的词语一般用在"截至"后面，只能说"截至某日"，不能说"到某日截至"。

79. 解密—揭秘

解：揭晓。揭：揭开。秘、密同义，合成为"秘密"。解密：公布秘密。揭秘：揭开秘密。两个词的含义非常接近。那么，为什么"解密"用"密"，而"揭秘"用"秘"？原因在于秘、密二字的含义和用法有细微的差别。

密，从山，《说文解字》释义为"山如堂者"。"堂"即堂屋。堂屋即旧式房屋的厅堂，后面是墙，两侧是厢房。"山如堂者"即三面环山，形如堂屋，表示"环境封闭"。我们常用"密不透风"来形容封闭的环境，用的就是本义。由此引申为"隐蔽"，如"密谋""密电""密码"。又引申为"与疏相对"，如"精密""紧密""亲密"。

秘，祕的俗字，后秘行而祕废。辨析此字，仍应复原作"祕"，从示必声。从示，表示"与鬼神有关"，《说文解字》释义为"神也"。鬼神之事，变幻莫测，人不可知。于是有了"神秘""奥秘""诡秘"等词。

秘字的"神秘"和密字的"隐蔽"含义非常接近。但是，仔细推敲，会发现二字的含义有细微的差别：秘，是鬼神的事，侧重点在"不可知"；密，是环境造成的，侧重点在"不让知"；秘，内容隐蔽，是客观的；密，隐蔽内容，是主观的。

综上所述可知，“解密”“揭秘”二词含义的区别在于：

——“解密”解开的是人为秘密，是保密部门故意不让人知的，“解”是自觉揭晓，解除对文件、档案的保密措施，给经过加密的信息除去密码。类似的词还有：保密、机密、绝密、密封、泄密等。

——“揭秘”揭开的是客观秘密，如大自然不为人知的奥秘，历史遗存的疑案，“揭”是探索、研究、揭示过程。类似的词还有：探秘、秘史、秘闻等。

有时，即使是人为的秘密，但为了强调神秘感，也用“秘”而不用“密”，如“秘而不宣”“秘不示人”。

80. 暴发—爆发

暴、爆二字的含义有细微差别（详见本章第一节“暴 曝 爆”）：暴，义为“突然发作”；爆，义为“猛然破裂或迸出”。“暴发”侧重于“突发性”，如“山洪暴发”“暴发传染病”。“爆发”侧重于“猛烈性”，如“火山爆发”“爆发战争”“爆发经久不息的掌声”。

81. 辨正—辩正

“辨正”和“辩正”，都指“辨明是非，改正错误”。《现代汉语词典》把这两个词作为同义异形词：“辨正也作辩正。”其实，这两个词在用法上还是有细微差别的。“辨正”侧重于“辨”，即“识别”，“辩正”侧重于“辩”，即“陈述”。

82. 辨证—辩证

“辨证”和“辩证”，作为动词，都指“辨析考证”，在这个意义上可以通用。但，作为名词，则是两个完全不同的概念。“辨证施治”是中医术语，意思是根据病人的发病原因、症状、脉象等，全面分析，对症施治。“辨证施治”不可写作“辩证施治”。“辩证法”是哲学名词，是关于事物矛盾的运动、发展、变化的一般规律的哲学学说，是跟形而上学相对立的世界观和方法论。“辩证法”不可写作“辨证法”。

83. 熟悉—熟习

熟，形声字，以火孰声，本义“食物加热到可以食用的程度”。引申义有：（1）植物果实完全长成，如“成熟”；（2）由于常见或常用而知道得很清楚，如“熟知”。“熟悉”和“熟习”二词中的“熟”，均用引申义（2）。两个词含义的区别在于“悉”“习”二字的含义不同。

悉，会意字，从心从釆（古“辨”字），会意为“详尽”。引申为“知道”（如“知悉”“洞悉”），“熟悉”中的“悉”即取此义。“熟悉”的含义是：知道得很清楚。

习，甲骨文作“[illegible]”，会意字，从羽从日，《说文解字》释义为“数飞也”，即“鸟类频试飞”。引申为“学习”“训练”“了解”等义。“熟习”中的“习”取上述引申义。“熟习”的含义：由于长期学习和反复练习，精通某项业务，熟练地掌握某项技术，或深刻地了解某门学问。

84. 谦虚—谦逊

谦：不自足。跟“自满”相对。古人云：“满招损，谦受益。”用的就是本义。

虚：空着，有容。“谦”和“虚”合成“谦虚”，含义：能虚心接受批评，肯听取不同意见。“谦虚”侧重于“虚”，表示有自知之明，不自满，肯接受意见和批评。毛泽东有句名言：“谦虚使人进步，骄傲使人落后。”谦虚不同于虚伪，是一种为人做事的科学态度。

逊，本义“退让”，引申为“恭顺”。“谦”和“逊”合成“谦逊”，含义：谦虚恭谨。“谦逊”侧重于“逊”，表示行为、态度谦让，有礼貌。

“谦虚”和“谦逊”都是形容词，但“谦虚”可以用作动词，如“他谦虚了一番”。

85. 繁华—繁荣

“繁华”和“繁荣”，都是形容词，都形容“兴旺昌盛”，但所形容的对象不同："繁华"形容城镇、街市人气旺盛、商业发达，意义比较具体。例如："王府井是北京最繁华的商业街"。"繁荣"形容经济或事业蓬勃发展，兴旺昌盛，意义比较抽象。例如："改革开放以来，我国经济快速发展，大江南北一派繁荣景象。""繁荣"可以用作动词，"繁华"不能用作动词。例如：使经济文化繁荣，可以说"繁荣经济""繁荣文化事业"，不能说"繁华经济""繁华文化事业"。

86. 勤劳—勤奋

勤，从力，本义"辛劳"（《说文解字》）。引申为"努力"，即尽心尽力地去做，跟"懒"相对。

劳，也从力，《说文解字义证》释义为"力极也"。"力极"即使出全部力气。因此，《尔雅》认为："劳，勤也。"把"劳"视作"勤"的同义词。"勤"和"劳"合成"勤劳"，含义是努力劳作，不怕苦累。"勤劳"是一种行为和品德，多用于对人、对民族的赞美。

奋，本义为"振翅疾飞"（详见本节"发愤—奋发"），引申为"振作"，即精神饱满、情绪高涨。"勤"和"奋"合成"勤奋"，含义是不懈地努力工作或学习。"勤奋"是一种精神状态，多用于对劲头、表现的肯定。

87. 整个—全部—全体

"整个""全部""全体"三词，都有"全"的意思，它们含义和用法的区别，在于个、部、体三字含义不同。

个，义项之一是"单独的"，如"个体"。"整个"侧重于"个"，含义是"一个整体的东西"。例如："整个学校""整个北京市"。

部，义项之一是"部分"，如"局部"。"全部"侧重于"部"，含义是"各个部分的总和"。如"全部存货""全部资料"。

体，本义"身体"，也指"身体的一部分"，如"肢体"。"全体"侧重于"体"，虽然也指"各个部分的总和"，但多指人，如"全体师生""全体指战员"。

上面列举的例句都很典型，可以帮助我们明了“整个”“全部”“全体”三词含义和用法的区别。

汉字说趣

读了前两编，大家就会发现，汉字是一种非常独特的文字。其独特性在于：

第一，方块形，单音节，组成句子可以横写也可以竖写，可以顺念也可以倒念。

第二，绝大部分是合体字，合起来是一个字，拆开来是两个或多个字。

第三，许多字一字多音，一字多义。

第四，许多字多字同音，多字同义。

第五，一个合成词的两个语素，排列位置互易，就变成了含义不同的词。

汉字的这种独特性，使它具有独特的游戏性。汉字的文字游戏，不但具有趣味性，更具有益智性，通过文字游戏，可以使人增长知识，陶冶情操，这更是世界上独一无二的。

本编分为五章，分别讲述有关“炼字”“对联”“同音与谐音”“谜语”“杂体诗”的趣闻轶事，和读者一起分享汉字的妙趣。

第一章　炼　字

古代文人写作，讲究锤炼文字，尤其是作诗填词，更是字字斟酌，不但给后人留下许多千古名句，而且给后人留下许多锤文炼字的动人故事。

五言与一字

唐代诗人作五言诗，特别重视句子中重要的字，谓之“句眼”，总是反复推敲，用心选择。若找到一个精妙的字，则往往令人拍案叫绝，回味无穷。

以杜甫的两首五言诗为例：

其一，《春宿左省》：

星临万户动，月傍九霄多。

“多”字是句眼，因为高入九天，所以接受月光多。用“多”突出宫殿地位高，实在精妙绝伦。

其二，《晚出左掖》：

楼雪融城湿，宫云去殿低。

同样是为了突出宫殿地位高，上诗用“多”字，本诗却用“低”字，因为上接云霄，所以云离宫殿低。用“低”突出宫殿地位高，也是妙不可言。

两首诗都形容宫殿的高大雄伟，一个用“多”，一个用“低”，异曲而同工。

春风又绿江南岸

宋代诗人王安石由镇江（京口）乘船横渡长江，停泊在对岸的瓜洲，即兴赋诗一首：

泊船瓜洲

京口瓜洲一水间，钟山只隔数重山。
春风又绿江南岸，明月何时照我还？

王安石写到“春风”句时，反复推敲，数易一字。初写“春风又到江南岸”，圈去“到”字，注道“不好”，改为“过”。又圈去“过”改为“入”。又圈去“入”改为“满”。如此圈圈改改，先后换了十几个字，最后才决定用“绿”字。一个“绿字”，使“春风”句成了千古绝唱。

高蝉正用一枝鸣

宋代诗人黄庭坚《登南禅寺怀裴仲谋》诗云：

归燕略无三月事，高蝉正用一枝鸣。

诗中的“高蝉”句，也因为一个字改了六次。初写“高蝉正抱一枝鸣”，写罢觉得不好，改为“正占”，又改为“正在”“正带”“正要”，最后改为“正用”。好一个“正用”，令人回味无穷。

骑驴推敲

唐代诗人贾岛骑驴进京赶考。一天，他在驴背上想出两句诗：鸟宿池边树，僧推月下门。觉得“推”字不妥，想改为“敲”。是用“推”字好还是用“敲”字好？他一时拿不定主意。他骑在驴背上，沉浸于文字推敲之中，不断地自言自语：“僧推月下门”“僧敲月下门”，竟忘了驭驴。这时，吏部侍郎兼京兆尹韩愈乘轿路过，那驴驮着贾岛，冲进韩愈的轿队。卫兵把贾岛拉下来，推到韩愈轿前。贾岛说：“我正为诗句的一个字犯难，不知不觉冒犯了大人。”韩愈好奇地问：“什么字让你犯难？”贾岛就把两句诗告诉韩愈，说：“不知道该用‘推’还是该用‘敲’？”韩愈很欣赏眼前的年轻学子，也跟着推敲起来，他斟酌良久后，说：“用敲字好！”说完，让贾岛跟着轿子同行，两人一边走一边讨论写诗。后来，两人成了忘年交。贾岛的这个故事，成了“推敲”一词的典故。

填字加腰

一日，苏东坡、苏小妹、黄庭坚三人一同赏一画，见画上题联各空一字：

轻风__细柳

淡月__梅花

小妹建议填字加腰，凑成五字联句。苏东坡文思敏捷，立刻填了“摇”“映”二字，凑成五字联句：

轻风**摇**细柳

淡月**映**梅花

徐徐的轻风，摇动着细柳；淡淡的月光，映照着红梅。诗情画意跃然纸上。

黄庭坚思索片刻，也填了两个字：舞，隐，凑成五字联句：

轻风**舞**细柳

淡月**隐**梅花

细柳在轻风中翩翩起舞，红梅因月光朦胧隐去。一个“舞”一个“隐”，另有一番意境。

苏小妹听了，说：“二位所填，虽都不错，但似觉不理想。”苏东坡忙问：“小妹以为当填哪两个字？”小妹脱口而出：

轻风**扶**细柳

淡月失梅花

苏东坡、黄庭坚听了，都鼓掌称妙。“轻风扶细柳”，一个“扶”字，写出了风的轻柔和柳的纤弱；“淡月失梅花”，一个“失”字，突出了月皎梅洁融为一色。

第二章　对　联

对联，是汉语特有的一种文体。对联由上下两句组成，上句叫作“上联”，下句叫作“下联”。上下两联，要求文句互相对偶，上联末字声调必仄（相当于现代汉语拼音的三声、四声），下联末字声调必平（相当于现代汉语拼音的一声、二声）。以黄鹤楼名联为例：

上联

何时黄鹤重来且自把金樽看洲渚千年芳草

下联

今日白云尚在问谁吹玉笛落江城五月梅花

这两联，对仗工整贴切：“何时”对“今日”，“黄鹤重来”对“白云尚在”，“且自把金樽”对“问谁吹玉笛”，“看洲渚”对“落江城”，“千年芳草”对“五月梅花”。两联末字上仄下平，也符合对联平仄规则。显然，这是一副标准的对联。

对联要求竖写，贴在、刻在或悬挂在门上、柱上，按照汉字竖写阅读习惯，上联在右，下联在左。对联贴在、刻在或悬挂在不同的地方，起着不同的作用，因而名称也不同。贴在或刻在大门上的对联，叫作“门联”，在一定程度上是家庭社会地位的象征。悬挂在亭台楼阁柱子上的对联，叫作“楹联”，多是文人墨客借景抒怀之作，上述黄鹤楼的名联，就是这种楹联。悬挂在佛寺道观柱子上的对联，也叫作“楹联”，多是宣扬佛道哲学的，也有调侃人生的。春节时，家家户户都在大门两侧贴上大红对联，这种对联叫作“春联”，都是喜庆话，反映人们辞旧迎新向往幸福的心愿。此外，还有用于祝寿的寿联，张贴在寿星家厅堂正中；用于寄托哀思的挽联，张贴在灵堂四壁。

因为对联文句互相对偶，对仗工整，是一种特殊的语言文字艺术形式，所以成为一种独特的文字游戏。做这种文字游戏，常常表现出参与者语言文字的修养和才情思维的敏捷，为历代文人所喜爱。

下面介绍若干精妙对联和对联游戏故事，供读者玩赏。

变音变义联

山海关有座孟姜女庙，庙门面对大海，大门上有副令人玩味不已的楹联：

海水朝朝朝朝朝朝朝落

浮云长长长长长长长消

楹联的作者，巧妙地利用"朝""长"二字各有二音二义，叠用7个"朝"字、7个"长"字，形象地描写潮起潮落、云涌云消的壮丽景色。上联7个"朝"字，2、3、5、7读zhāo，义为"早晨"，1、4、6读cháo，义同"潮"；下联7个"长"字，2、3、5、7读cháng，义同"常"，1、4、6读zhǎng，义同"涨"。因此，这副楹联应是：

海水潮，朝朝潮，朝潮朝落

浮云涨，常常涨，常涨常消

如果将这副楹联的读音和断句稍作变动，就会有多种读法和含意。例如：

海水潮，朝朝潮，朝朝潮落

浮云涨，常常涨，常常涨消

海水潮，朝潮朝潮，朝朝落

浮云涨，常涨常涨，常常消

海水朝朝潮，朝潮朝朝落

浮云常常涨，常涨常常消

通过改变读音、改变断句来改变对联的含意，只有单音节、多音多义的汉字能够做到。

添字联

所谓添字联，即在原有对联上添字，添字后，要求上下联依然对仗工整、平仄规范。

明代洪武年间，江西吉水出了个神童，名叫解缙，五岁便能吟诗作联。长大后中了进士，成了《永乐大典》的主编。他小时候，家境清贫，住在陋巷，面对尚书曹府竹园。一年春节，小解缙写了一副春联，贴在自家大门两侧：

门对千竿竹

家藏万卷书

消息传到曹府，曹尚书十分恼怒，下令将竹园里的竹子砍去一截。次日清晨，小解缙打开大门，见曹府竹园的竹子短了一截，知道是曹尚书要看他的笑话。他跑回房中，裁了两截红纸，分别写了“短”“长”两个字，贴在上下联的下面。这样，上下联各添一字，变成了：

门对千竿竹短

家藏万卷书长

曹府派来看笑话的人见了，回去报告，曹尚书气急败坏，即令家丁将竹园竹子全部砍掉。小解缙见了，又在春联上添了两个字：无，有。于是，对联变成了：

门对千竿竹短无

家藏万卷书长有

曹尚书没想到，小解缙竟有如此才华，便派人登门邀解缙过府相见。小解缙应邀来到尚书府，见正门关闭，只开旁门，知道是曹尚书有意戏弄他，当即拒绝进门，说："正门未开，非迎客之礼也！"家丁进去报告，曹尚书冷笑地说："想走正门不难，须先对上我的上联。"家丁出来传话，说上联是：

小犬无知嫌路窄

解缙一听，这分明是在侮辱他，便应声回击：

大鹏展翅恨天低

曹尚书听了，震惊不已，只得打开正门迎客。

明代有位杰出的文学家，名叫徐渭。他家乡的富绅经常利用迷信活动搜刮民财。有一年，为了搜刮民财，那富绅做起水陆道场，请来和尚道士，吹吹打打，好不热闹。富绅打着"劝人行善"的幌子，特意请徐渭写一副"劝人行善"的对联，以便欺骗乡民。徐渭看清富绅的丑恶用心，便提笔写了一副对联，上书：

经纤可超生

纸钱能赎命

富绅如获至宝，连声道谢。徐渭说："不要急着谢，我还有几字相送。"富绅忙说："多多益善。"徐渭微微一笑，提笔在上下联各添七个字，对联的内容就全变了：

经纤可超生岂有阎罗怕和尚

纸钱能续命分明菩萨是贪官

此联一出，不胫而走，一时传为佳话。

苏东坡少年时，才智过人，面对越来越多的赞誉，不免有些飘飘然。他写了一副对联，贴在自家大门上，对联上书：

识遍天下字

读尽人间书

几天后，一位白发老翁来访，口称"特来向苏公子求教"。见面后，老翁递给苏东坡一本书。苏东坡翻开书一看，竟然一字不识。他恍然大悟，连忙向老翁认错:“恕学生一时狂言。”说罢，提笔跑到门口，在上下联各添二字，将对联内容改成：

发愤识遍天下字

立志读尽人间书

老翁看了，点头称赞。

拆字成联

拆字联，是利用汉字可合可分的特点，出句应对的文字游戏。

明代苏州有位神童叫蒋焘，聪慧机敏，善对对联。一年冬日，家里来了一位客人，同父亲谈得很投机。这时，屋外下起小雨，溅湿了窗户。客人触景生情，即兴出了一句上联求对下联。上联是：

冻雨洒窗东二点西三点

此联新奇有趣：将“冻”“洒”二字拆成“东二点”“西三点”，不仅表现了娴熟的文字技巧，还颇有几分诗意。小蒋焘想了好一阵子，还是想不出下联对句。为了稳定情绪，他到厨房抱出一个西瓜，准备切瓜待客。就在刀触西瓜之际，小蒋焘突然来了灵感，脱口说出下联：

切瓜分客横七刀竖八刀

小蒋焘用的也是拆字法，将“切”“分”拆作“横七刀”“竖八刀”。“切瓜分客”对“冻雨洒窗”，“横七刀竖八刀”对“东二点西三点”，不仅对仗工整，而且妙趣横生。客人听了，拍手称好。

从前有座山寺，山门上有上联而无下联。上联是：

竹寺等僧归双手拜四维罗汉

这上联是个连环拆字对:“竹寺”合成“等”,“双手”合成“拜”,“四维”合成“羅”（今简化作“罗”）。很多岁月过去了，始终无人能对。一日，来了一位游客，看了这句上联，沉思良久，忽然又看到寺后双峰并立，灵感顿至，对出下联：

木门闲客至两山出大小尖峰

也是连环拆字对："木门"合成"闲"，"两山"合成"出"，"大小"合成"尖"。"木门闲客至"对"竹寺等僧归"，"两山出"对"双手拜"，"大小尖峰"对"四维罗汉"，对得不但巧妙而且贴切。

传说乾隆皇帝微服下江南，在镇江一家酒楼与告老还乡的大学士张廷玉对饮。席间，一个歌女演唱助兴，一曲歌罢，余音缭绕，乾隆不禁脱口出句，要张廷玉对。乾隆的出句是：

妙人兒倪家少女

"人""兒"合体为"倪"，"妙"字拆分则成"少女"，"妙人兒"拆合成"倪家少女"。张廷玉苦苦思索，难以应对。站在一旁的歌女不知出句者竟是当今皇帝，脱口对出下联：

大言者诸葛一人

"言者"合成"诸"，"大"字拆分成"一人"。"大言者诸葛一人"对"妙人兒倪家少女"，对仗工整，表意确当。乾隆不禁击掌称妙，遂命张廷玉给歌女赏酒三杯。不料，壶空酒尽，张廷玉斟酒时只滴了几滴。歌女见此情景，笑着对乾隆说：

冰冷酒一点两点三点

这也是个拆字联，冰字古代也写作"氷"，左旁是一点；冷字左旁是"两点"；酒字左旁是三点。"冰冷酒一点两点三点"，既道出"冰""冷""酒"三字的偏旁，又嵌着"一、二、三"三个数字。这句上联着实把自恃才高的乾隆爷难住了。恰在这时，楼下传来"丁香花"的叫卖声，张廷玉灵机一动，说出下联：

丁香花百头千头万头

"丁香花"三个字的字头，分别是"一"（百字头）、"丿"（千字头）、"艹"（萬字头，萬今简化作"万"）。"丁香花百头千头万头"，既道出"丁""香""花"三字的字头，又嵌着"百、千、万"

三个数字，跟上联对可谓贴切。乾隆悄悄地对张廷玉说："张爱卿，你今日可救了朕的驾啦！"据说乾隆从此不再出对戏弄人了。

清代进士阮元，是位著名学者，聪慧过人。有一天，他去朝见嘉庆皇帝。嘉庆觉得"阮元"二字有趣，名比姓只少一"耳"，便出句要阮元对。嘉庆的出句是：

阮元

阮元脱口而出，对出下句：

伊尹

伊尹是商初贤相，名比姓只少"一人"，用"伊尹"对"阮元"，对得巧妙。后来有人据此跟阮元开玩笑，问：

阮元何故无二耳？

阮元不假思索，立即答道：

伊尹从来只一人！

"阮元""无二耳"，"伊尹""只一人"，对得更是巧妙。

顶针对联

一巡按升堂审案，看着跪在堂下的死囚，突然心血来潮，出联索对。他念道，我的上联是：

水上冻冰冰积雪雪上加霜

堂下官吏差役，面面相视，无人能对。这上联确实难对，它以自然景象入题，由三句组成，采用顶针修辞手法，上句末字跟下句首字相同，末句又是成语且语带双关。忽然，堂下死囚说："老爷，我能对。"巡按好奇，说："你如对上，免你死罪。"死囚不慌不忙地说，我的下联是：

空中腾雾雾成云云开见日

也以自然景象入题，也采用顶针手法，末句也是成语，且语带双关。巡按一听，不禁拍案叫好，当堂兑现诺言，免除死囚死罪。

人名地名联句

1953年，著名科学家华罗庚、钱三强、赵九章等一同乘火车出国访问。在旅途中，华罗庚出句征对。他出的上联是：

三强韩赵魏

“三强”是钱三强的名字，又指战国七雄中的三雄韩国、赵国、魏国。众人都觉得这上联出得巧妙，但一时无人应对。华罗庚见无人应对，便自己对出下联：

九章勾股弦

“九章”是赵九章的名字，又指《九章算术》，勾、股、弦是该书的内容。众人听了，无不拍手称妙。

北京旧时流传一副用地名串缀而成的对联：

密云不雨旱三河虽玉田也难丰润

怀柔有道皆遵化知顺义便是良乡

上联中的“密云”“三河”“玉田”“丰润”，下联中的“怀柔”“遵化”“顺义”“良乡”，都是北京附近的县名，串缀巧妙，只是内容有些消极。1984年，三河县成立书画社，在成立大会上，有人建议修改这副旧联，到会的著名书法家刘炳森立即响应，将旧联改为：

密云布雨引三河灌玉田万年丰润

平谷移山填静海建乐亭百世兴隆

上联续用旧联中的“密云”“三河”“玉田”“丰润”四个县名，下联改用“平谷”“静海”“乐亭”“兴隆”四个县名。这副新联不但串缀巧妙，而且一改消极语意，赋予改造山河的时代气息，使得对联意趣两佳。

1983年9月，在我国香港召开的中国古文字学研讨会上，来自北京、台北的两位学者同名同姓，都叫“高明”。这使来自美国的周策教授顿生灵感，戏拟两位“高明”问答，出了个上联：

高明问高明：高明不高明？高明答高明：高明，高明！

来自法国的学者黎翁迅即对出下联：

田汉语田汉：田汉非田汉。田汉学田汉：田汉，田汉！

田汉是我国著名剧作家，《义勇军进行曲》（今作国歌）的词作者。他曾说过：“我是假田汉，应向真田汉（农民）学习。”黎翁先生以这件轶事应对，既极切出句，又妙趣横生。

数字嵌联

对联游戏中，有一种数字嵌联，即在对联中嵌进数字。这种对联的上下联，必须数字对数字，所以难度较大。

清代嘉庆年间，新科状元罗洪先，与几位朋友同游九江。船夫慕名求教，说是有一句上联多年无人应对，请状元续对。罗洪先自恃才高，没把船夫放在眼里，就叫船夫快快说出上联。船夫说：

一孤舟二客商三四五六水手扯起七八叶风篷下九江还有十里

这上联出得奇妙，不仅嵌进一至十，十个数字，而且按顺序排列。罗状元迟迟不能应对，同船的文人墨客个个目瞪口呆。恃才狂傲的状元郎，竟被一介船夫难倒了。

事情过去两百多年，一位学者见到一种名叫“九丈香”的名贵木材，顿时受到启发，才对出下联：

十里远九丈香八七六五号轮虽走三四年旧道只二日胜似一年

对句倒嵌十至一，十个数字，并且按倒序排列，虽然对仗尚欠工整，总算使绝对不绝。

传说古时有位书生进京赶考，因为旅途不顺，迟到了一步，被主考官拦住，进不了考场。他苦苦哀求，请主考官高抬贵手。主考官喜欢撰联，就让他作个对联，考考他的才华。书生想起旅途的艰辛，便脱口说出上联：

一叶孤舟坐了二三个旅客启用四桨五帆经过六滩
七湾历尽八颠九簸可叹十分来迟

巧嵌一至十，十个数字，诉说来迟一步的原因，希望得到主考官的理解。主考官听了，觉得出句有趣，一时难以应对，便令书生将数字倒序作出下联。书生没想到会要自己对下联，后悔出句太难。在无可奈何之中，他又想到十年寒窗之苦，终于触发灵感，对出下联：

十年寒窗进了九八家书院抛却七情六欲苦读五经
四书考了三番二次今日一定要中

主考官被他的才华和志向感动，破例让他进入考场。

两个顺十、倒十嵌字联，实有异曲同工之妙，但就其内容和技巧而言，后者更胜一筹。

《警世通言》里有一篇《王安石三难苏学士》，说的也是嵌字联，出联者和应对者，都是宋代才华横溢的大家。王安石两度出任宰相，又是著名诗人；苏东坡博学多才，是闻名遐迩的才子。王安石出句要苏东坡应对，一是为了考考他的才气，二是为了杀杀他的傲气。王安石说："久闻子瞻（苏东坡字子瞻）善对，今年闰八月，正月立春，十二月又是立春，是个两头春，老夫就以此为题出句求对。"说罢，提笔写出上联：

一岁二春双八月人间两度春秋

苏东坡一时寻对不出，羞得满脸通红。王安石接着问道："子瞻从湖州至黄洲，可从苏州经过？"东坡答道："此是便道。"王安石又问："苏州金阊门外，至于虎丘，这一段路，叫作山塘，约有七里之遥，其半路为半塘。润州古名铁瓮城，临于大江，有金山、银山、玉山，这叫作三山，俱有佛殿僧房。子瞻都曾游览？"东坡答道：

"是。"王安石说："老夫再以苏润二州为题，各出一句，求子瞻对之。"说罢，又提笔写道：

苏州对

七里山塘行到半塘三里半

润州对

铁瓮城西金玉银三山宝地

东坡思考多良久，愧不能对，只得告退。可叹旷代才子，竟被王安石三次难倒。

王安石的三句上联实在绝妙："一岁二春双八月人间两度春秋"，出句简明，数字用得自然，又真实地反映了闰八月、两立春。"七里山塘行到半塘三里半"，"山塘""半塘"是两个地名，"半塘"位于七里山塘之半，正好"三里半"。"铁瓮城西金玉银三山宝地"，"铁瓮城"是地名，"金""玉""银"是山名，都是佛教圣地，称得上"三宝地"。要对三句上联，既要切地名山名，又要切数字，是十分困难的。据说，一千年来，许多文人学士都曾试笔应对，但至今未见理想的下联。

联中夹谜

以对联形式出谜语，是一种很有趣的文字游戏，既要联对，又要猜谜。传说古代有两位文人，都喜爱对联，时常在一起联对。一日，文人甲出上联求对：

白蛇过江头顶一轮红日

文人乙思考片刻，对出下联：

乌龙上壁身披万点金星

"乌龙"对"白蛇"，"上壁"对"过江"，"身披"对"头顶"，"万点金星"对"一轮红日"，对仗工整巧妙，令甲不禁暗暗叫绝。甲见乙十分得意，便说："我出的上联可是个谜语。"乙说："知道，谜底是油盏灯。我的下联也是个谜语，仁兄可知道？”甲指了指挂在墙上的一杆秤，两人相视而笑。

“白蛇过江头顶一轮红日”，谜底是：油盏灯。旧时照明使用油盏灯，一个铁质或瓷质灯盏，内盛食用油（豆油、茶籽油或菜籽油），油中置一根灯芯（灯芯草或棉花捻，都是白色的），灯芯浸在油里，一端伸出盏外，点燃后一团火苗。甲把它比作“白蛇过江头顶一轮红日”，既形象，又生动。

“乌龙上壁身披万点金星”，谜底是：杆秤。杆秤通常挂在墙上，它是一根漆成青色的木杆，杆身嵌有十几排金色圆点，叫作“秤星”，是计量标志。乙把它比作“乌龙上壁身披万点金星”，也是奇妙无比。

古时有位学者酷爱谜语，为了结交猜谜高手，便在自家大门两侧贴了一副对联。

上联：话不老

下联：镜中人

横批：中者进

意思是这副对联是个谜语，猜中者方可进来。过往行人都猜不出谜底。一日，来了一个九岁儿童，见了此联，二话不说，径直走进大门。学者十分赞赏九龄童的才智，把他留下做自己的书童。

不是说猜中谜底者方可进去吗？是的。九龄童用径直走进大门的行动，答出了谜底：请入。上联“话不老”，话者言也；不老者青年也；言青合体便是“请”。下联“镜中人”，人字在镜子里是反的，正好是“入”字。上下联的谜底合成词，就是“请入”。既然“请入”，岂有不走进之理。

北宋宰相吕蒙正，小时候家里很穷。有年春节，财主家灯红酒绿，吕家却冷冷清清。小蒙正出于对社会贫富不均的愤懑，写了一副春联贴在自家门上，春联上书八个数字：

上联：二三四五

下联：六七八九

横批：南北

过往行人，好生奇怪，却不解其意。后来，一邻居猜出了其中的奥秘。原来小蒙正用的正是缺字谐音的方法，诉说家境贫困：上联“二三四五”，缺“一”，“一”谐音“衣”，暗示“缺衣”；下联“六七八九”，少“十”，“十”谐音“食”，暗示“少食”；横批“南北”，四方中没有“东西”，暗示家徒四壁。这副春联向世人暗示：缺衣少食，没有东西。

寺庙里的诙谐楹联

寺庙是楹联最多的地方，其内容，或记神话故事，或赞寺庙盛景，或劝人弃恶从善，或宣扬宗教道义，有的庄重典雅，有的诙谐风趣。其中诙谐风趣的楹联，寓人生哲理于诙谐风趣之中，更值得玩味。

大凡佛寺，进门必有弥勒殿，大肚弥勒佛，袒腹笑迎善男信女。弥勒殿两侧的楹联，大多诙谐风趣，但透过字里行间，有心人不难悟出联中真谛。三联如下：

整日解其颐笑世事纷纭曾无了局

终年袒乃腹看胸怀洒落却是上乘

大肚能容容天下难容之事

开口便笑笑世间可笑之人

大肚包容了却人间多少事

满腔欢喜笑开天下古今愁

人们求神拜佛，无非求福求财，可有的财神庙里的楹联，却劝人与其求神拜佛不如做点儿实事，切勿贪婪奸邪而要正直行善：

只有几文钱你也求他也求给谁是好
不做半点事朝也拜夕也拜教我为难

佛祖笑拈卜贪婪忘义财无路
陶朱多积善舍得兼仁自有财

处事奸邪任你焚香无用
为人正直见我不拜何妨

第三章　同音与谐音

汉字是以表意为主的文字，通过可视的字形显示语义，是汉字的本质特征。即使是形声合体字，也存在着明显的象形因素，它体现在表义的偏旁——形旁上。汉字里的同音字，只听声音是分辨不清的，例如治病——致病，因为——音位，绘画——会画，石油——食油，蜜蜂——密封，期中考试——期终考试，只有看字形才能把它们区分开来。

奇妙的同音短文

20世纪二三十年代，国内冒出一股汉字拉丁化风潮，不少文人学士把中国的积贫积弱归罪于汉字，主张废弃汉字。年轻的学者赵元任，站出来反对汉字拉丁化，他巧妙地利用汉字谐音，写了一篇奇妙的短文，题曰《施氏食狮史》，全文91个字，读音都是shi：

> 石室诗士施氏，嗜狮，誓食十狮。氏时时适市视狮。十时，适十狮适市。是时，适施氏适市。氏视是十狮，持矢势，使十狮逝世。氏拾是十狮尸，适石室。石室湿，使侍拭石室。石室拭，氏始试食是十狮尸。食时，始识是十狮尸，实十石狮尸。试释是事。

赵大师用91个同音字，编写了一个生动有趣的故事：

> 住在石屋的诗人施先生，喜欢吃狮子肉，发誓要吃掉十头狮子。为此，他经常去集市上转悠，希望找到狮子。某日十时，

集市上正好出现了十头狮子，恰好施先生又来到集市。施先生见到十头狮子，便持弓射杀了那十头狮子。施先生把十头狮子的尸体拖到他的石屋里。石屋很潮湿，便叫仆人拭擦石屋。石屋终于擦干了，施先生开始试吃十头狮子。这时，才发现那十头狮子"尸体"，原来是十座石头狮子。

短文最后，施先生要读者"试着解释这件事"。假如你只听读音而不看字形，能解释这篇短文的内容吗？当然不能。赵元任先生利用同音汉字，玩了一把文字游戏。古往今来，文人墨客利用同音汉字编造了许多谐声故事，读来妙趣横生。

王羲之智断诈案

一家贫苦农民父亲去世，无地埋葬。村里的地主见到敲诈的机会来了，便将一小块荒地给他葬父，言明只要"一壶酒"。丧事办完后，贫农提着一壶酒登门道谢，没想到地主翻了脸，要他还"一湖酒"。贫农被逼无奈，便求人写了状子告到太守衙门。时任太守是当时有名的书法大家王羲之。王太守看了状子后，便到地主家探访。地主久仰其名，求赐墨宝。王太守爽快地答应了，挥笔写就《乐毅传》。地主喜出望外，问何以答谢。王太守脱口而出："一活鹅足矣！"地主即令仆人抓来一只活鹅。王太守把脸一沉："我要一河鹅，为何送来一只鹅？"当地方言活、河同音。地主不解，说："鹅以只计数，哪有以河计数的？"王羲之冷笑一声，从袖口掏出贫农的状子，说："难道酒可以湖计数？"地主无言以对，只得认错。

妙联怒斥大汉奸

1940 年 3 月，大汉奸汪精卫卖国求荣，在南京成立伪"国民政府”，大小汉奸纷纷献联“祝贺”，一时间，汪伪政府四壁挂满贺联。一位匿名老人也送来一副“贺联”，上书：

昔有盖世之德

今有罕见之才

汪精卫看后大加称赞。后来有人反复揣摩，终于发现个中奥秘。原来老人利用汉字谐音，在对联中痛斥汪精卫卖国求荣：

昔有该死之德

今有汉奸之才

老人巧妙地利用“盖世”与“该死”谐音、“罕见”与“汉奸”谐音，骂得痛快淋漓。

“道是无晴却有晴”

唐代巴、渝一带，流传一种民歌，叫作竹枝词。唱时，以笛、鼓伴奏，声调婉转动人。刘禹锡任夔州刺史时，依调填词，写了几组新词，其中的一组脍炙人口，传诵千年。诗云：

杨柳青青江水平，闻郎江上唱歌声。

东边日出西边雨，道是无晴却有晴。

它写的是一位沉浸在初恋中的少女心情。她爱上了一个小伙子，却不知道对方的态度，因此既抱希望又有疑虑。诗人用这位少女的口吻，巧妙地表达她微妙复杂的内心世界。全诗四句。第一句写她所见：杨柳青青江水平。第二句写她所闻：闻郎江上唱歌声。接着第三、第四句，写她听到熟悉的歌声之后的内心活动：郎呀，你怎么像晴雨不定的天气，“东边日出西边雨，道是无晴却有晴”，让人捉摸不透？尤其是借用“晴”和“情”的谐音，一句“道是无情却有情”，把少女初恋的期盼、迷惘、不安的心理，刻画得淋漓尽致。

第四章　谜　语

谜语起源于民间口头文学，是一种大众喜闻乐见的游戏形式。由于文人学者的参与，利用汉字形声义的变化制谜，而发展成为一种文字游戏。

何谓“谜语”？南朝文学理论家刘勰在《文心雕龙》中是这样解释的：“谜也者，回互其辞，使昏迷也。”译成现代语言就是说采用隐晦、曲折、含蓄的词语，使人迷惑不解，不易猜出它的真实含意。

谜语的结构，分为三个部分：谜面，谜目，谜底。谜面，即说明谜底的词语；谜目，即指示谜底的破解范围；谜底，即谜语的答案。猜谜就是根据谜面给出的隐晦暗示，和谜目给出的破解范围，通过联想、分析、综合、推理等思维活动，进行推断，从而寻求符合谜面的答案。举一个简单的字谜：两边都听到（打一字）。“两边都听到”是谜面，“打一字”是谜目。谜底是什么？分析、推理：两边都听到，前提当是两边都有“耳”。推断：左边一个耳，右边一个耳，谜底当是“耶”字。左边是“耳”，右边的“阝”并非“耳”，但因其形像耳俗称“右耳”，“耳”“阝”合体成“耶”。

谜语的形式多样，例如字谜、成语谜、物谜、人名地名谜等等。鉴于本编的主题是“汉字的趣味”，所以只介绍文字谜。猜文字谜，要利用汉字的特点，通过对汉字形声义的分析，寻求合理的谜底。猜字谜，方法多种多样，例如会意法、拆字法、象形法、别解法、谐音法等等。总之，要动脑多思，善于联想。所以说，制谜和猜谜是一种益智的文字游戏。

门中活

传说汉末时，木匠为丞相曹操的府邸安装大门，门刚安好，曹操正好路过，提笔在门上写了一个字：活。木匠们都没有在意，继续安装。这时，曹操的主簿杨修来了，看到曹丞相的题字，忙命木匠们把门拆下来改窄。木匠们不理解，杨修说："你们没有看到丞相在门上写了'活'字吗？门字中间加个'活'字是阔字，丞相嫌门阔了。"原来曹操在门上题字，是给木匠们出的字谜。

井字谜

南朝文学家鲍照，制过许多谜语，其中之一是：

二形一体，四支八头，五八一八，飞泉仰流。

（打一字）

谜底是"井"字。

试分析：

"二形一体，四支八头，五八一八"，说的是"井"字形体。井字由两横两竖组成，所以说"二形一体"；横竖四条线交叉出现八个头，所以说"四支八头"；把井字拆开是四个"十"字，"五八"正好是"四十"；"一八"是什么意思呢，指的是"一体八头"。最后一句"飞泉仰流"，是形容人们用桶吊水的。水本是从高处向低处流的，而人们用桶将井中的地下水提上地面，岂不是让"飞泉仰流"吗！

鲍照的谜面过于隐曲，后代学者参照原意，将谜面作了多种修改。

明代一位学者改为：

四十又零八头，一头还对一脚。

中间全无肚肠，外面许多棱角。

清代的一位学者改为：

一字四十八个头，内中有水不外流。

改来改去，看来都不如鲍照的谜面。

以谜破谜

北宋宰相王安石和他的好友王吉甫，都是制谜、猜谜的高手。一天，两人又在一起制谜猜继。王安石出了一则字谜，谜面是：

画时圆，写时方，冬时短，夏时长。

王吉甫略思片刻，说：

东海有条鱼，无头亦无尾，更除脊梁骨，便是你的谜。

王安石听了，捧腹大笑。

原来王吉甫是以谜破谜，两人的谜，谜底都是“日”字。日，画时是圆的，可日字却是长方形的。所以说“画时圆，写时方”。冬天昼短夜长，日照时间短；夏天昼长夜短，日照时间长。所以说“冬时短，夏时长”。王吉甫以谜破谜，是在“鱼”字上做文章。鱼字去头去尾，是“田”字；再抽去“田”的脊梁骨“丨”，剩下的就是“日”字了。

王安石又出了一则字谜，谜面是：

左七右七，横山倒出。

王吉甫仍以谜破谜：

一上一下，春少三日；你谜我谜，恰成一对。

“妙哉！一夫一妇，真成一对。”王安石连声称赞。

原来王安石的谜，谜底是“妇”字。妇字的繁体作“婦”。“左七右七”是“女”字，山字横放是“彐”，出字倒写形似“帀”，女、彐、帀合体为“婦”。王吉甫猜出谜底，却不直接回答，而是出了与“妇”搭配成对的“夫”字谜，说是“你谜我谜，恰成一对”。王吉甫制谜，采用的是“离合法”：“一上一下”是“二”，“春少三日”剩下“人”，二、人合体为“夫”，正好跟“妇”搭配成对。

王安石、徐文长字谜十一则

王安石是宋代的宰相，徐文长是明代的文学家，两人都酷爱制谜。他们制的字谜，都抓住汉字结构特点，既准确而贴切，又浅显而生趣。下面抄录他们制作的几则奇妙字谜，请读者猜：

王安石制谜四则，各打一字：

其一

目字加两点，不作貝字猜。

其二

貝字欠两点，不作目字猜。

其三

四个口，尽皆方，加十字，在中央。

不作田字道，不作器字商。

其四

兄弟四人二人大，一人立地三人坐。

家中更有一两口，便是凶年也好过。

徐文长制谜七则，亦各打一字：

其一

何可废也，以羊易之。

其二

二画大，二画小。

其三

长十八，短十八，八个女儿下面立。

其四

两下里做人难。

其五

先写了一撇，后写了一横。

其六

上又无画，下又无画；上又在上，下又在下。

其七

四山纵横，两日绸缪。富是它落脚，累是它起头。

这十一则字谜，谜底各是什么字？你猜出来了吗？

纪晓岚巧作猜谜联

纪晓岚是清代大学者，曾主纂四库全书。他擅长对联，又爱制作谜语。他把对联和谜语结合起来，巧妙地制作了一则对联谜语（上下联各打一字）：

黑不是白不是红黄更不是和狐狼猫狗仿佛既非家畜又非野兽

诗也有词也有论语上也有对东西南北模糊虽是短品却是妙文

谜底：上联谜底是“猜”字，下联谜底是“谜”字，上下两联的谜底是：猜谜。

先释上联：“黑不是白不是红黄更不是”，则是蓝绿，蓝绿合色为“青”；“和狐狼猫狗仿佛”，自然从“犭”，“犭”“青”合体为“猜”。猜，义为“推测，揣度”，虽从犭，却非狐非狼非猫非狗。

再释下联：“诗也有词也有论语上也有”，诗、词、论、语四字共有“言”字旁；“对东西南北模糊”，寓意一个“迷”（迷失方向）字。言、迷合体为“谜”，谜语作为文学作品，“虽是短品，却是妙文”。

字谜集锦

下面集录名谜 20 则，供玩赏。

1. 手无寸铁（谜底：控。会意：手中空。）

2. 二八佳人（谜底：妙。会意：少女）

3. 十月十日（谜底：朝。拆分：十、十、日、月合体）

4. 十五天（谜底：胖。会意：半个月）

5. 一人腰上一把弓（谜底：夷。拆分：一、人、弓合体）

6. 一夜又一夜（谜底：多。拆分兼会意：两夕）

7. 二小姐（谜底：姿。拆分：次女）

8. 亲兄弟（谜底：捉。会意：手足）

9. 秦时明月（谜底：胡。会意：古月。）

10. 水上人家（谜底：沪。会意：户在水上。）

11. 七十二小时（谜底：晶。会意：三日。）

12. 半青半紫（谜底：素。拆分：青上紫下，合体为“素”。）

13. 除去一半还有一半（谜底：途。拆分：除字一半是“余”，还字一半是“辶”，辶、余合体为“途”。）

14. 欲话无言听流水（谜底：活。拆分兼会意：话字无言为“舌”，舌、水合体为“活”。）

15. 依山傍水（谜底：汕。拆分：一边是“山”，一边是“水”。）

16. 金木水土（谜底：炊。会意：五行“欠火”。）

17. 十日谈（谜底：询。会意兼拆分：十日为“旬”，谈又作“言”，旬、言合体为“询”。）

18. 宋字除去宝盖（谜底：李。拆分：宋、字二字都除掉“宀”，剩下“木子”，木子合体为“李”。）

19. 东边日头西边雨（谜底：汩。会意：左水右日。）

20. 不是姻缘也并头（谜底：韻，今简化作“韵”。谐音：“音员”与“姻缘”谐音。）

［释王安石、徐文长字谜］

王安石字谜四则谜底：賀（贺），資（资）、圖（图），儉（俭）。

其一，“目字加两点”，大家都会猜作“貝”（贝），但是，王安石要求“不作贝字猜”。只能在“加”字上做文章。目、加、两点（八），合体为“贺”。

其二，“貝字欠两点”，应当是“目”，但王安石要求“不作目字猜”，只能在“欠”字上找答案，貝（贝）、欠、两点（冫）合体为“资”。

其三，“四个口，尽皆方，加十字，在中央”，王安石想到人们会猜“田”字，所以特别限定：“不作田字道”。这就增加了猜谜的难度。那么，谜底是什么字？是“圖”字。圖是图的繁体字，它由四个“口”和一个“十”组合而成，大口套小口，小口又套小口，十字在中央。

其四，谜底是“儉”字。儉是俭的繁体字，它左旁是“立人”，右旁上“一大人”、下“二小人”，正如谜面所说：“兄弟四人二人大，一人立地三人坐”。两个“小人”上面，还有“一”“口”“口”三字，所以，谜面说“家中更有一两口”。从字形结构上说，谜底是“儉”无疑。王安石觉得不够明确，又加了一句“便是凶年也好过”，点明“节俭”的意义。

徐文长字谜七则，谜底分别是：佯，秦，楼，入，孕，卜，田。

其一，“何可废也，以羊易之。”何字删去“可”再换成“羊”，便成“佯”。

其二，“二画大，二画小。”“二”“大”合起来是“夫”，“二”“小”合起来是“禾”，夫、禾合体为“秦”。

其三，“长十八，短十八，八个女儿下面立。”“长十八”是“木”，短十八是“米”（倒着看像“十八”），“米”下是“八女”，合起来是“楼”。

其四，“两下里做人难。”“两下里”可以理解为“两画”，“做人难”可以理解为“不是人字”，那么就是“入”字。

其五，“先写了一撇”，写完“了”字加一撇，是“乃”字；“后写了一横”，写完“了”又加一横，是“子”字；乃、子合体为“孕”。

其六，“上又无画，下又无画”，即“上无一画，下无一画”，上、下二字都删去“一”，剩下“卜”。“上又在上，下又在下”，在上字的上面，在下字的下面，还是“卜”。

其七，田字横看竖看，里面有“四山”，此即所谓“四山纵横”；“富”字底部是“田”字，“累”字的上头也是“田”，此即所谓“富是它落脚，累是它起头”。这句话还有一个寓意：种田虽累却能致富。

第五章　杂体诗

古代诗坛流传一类杂体诗，利用汉字音意结合、可以拆分的特点，不仅诗意浓深，而且妙趣横生，乃中华文化大树之一奇葩。这类杂体诗，形式多种多样，最值得玩赏的有藏头诗、一字诗、回环诗等。

藏头诗

藏头诗，又名“藏头格”。它有三种形式：其一，前六句皆不点破题意，直到结句才点出主题。其二，利用汉字中合体字可以拆分的特点，将诗头句首字藏于结句末字中，以后各句首字藏于前句末字中，是故又称“拆字藏头诗”。其三，将各句首字连起来读，就是作者心声的表达，藏头诗由此而得名。藏头诗首先是诗，必须符合诗的格律要求，又是一种特殊诗体，将作者题意隐藏在诗中，不易为读者所注意，一经解读则令人恍然大悟，不由得拍案叫绝。

宋代诗人宋平仲写的一首诗，兼有一、二两种形式特色。其诗云：

高会当年喜得曹，日陪宴衎自相劳。
力回天地君应惫，心狭乾坤我尚豪。
豕亥论书非素学，子孙干禄有东皋。
十年求友相知寡，分付长松荫短蒿。

前六句只是写景抒情，回忆当年得子的喜悦，和为儿孙打拼的辛劳，到结句才吐露心声：“分付长松荫短蒿”。用“长松”比喻长辈，用“短蒿”比喻晚辈，嘱咐好友悉心庇护儿孙。这符合第一种形式的要求。这首诗还符合第二种形式的要求，是一首标准的拆字藏头诗：头句首字“高”藏于结句末字“蒿”中，二、三、四、五、六、七、八句首字“日”“力”“心”“豕”“子”“十”“分”，分别藏于一、二、三、四、五、六、七句末字“曹”“劳”“惫”“豪”“学”“皋”“寡”中。

白居易的名诗《游紫霄宫》，也是一首“拆字藏头诗”。其诗云：

水洗尘埃道未甞，甘于名利两相忘。
心怀六洞丹霞客，口诵三清紫府章。
十里采莲歌达旦，一轮明月桂飘香。
日高公子还相觅，见得山中好酒浆。

白居易访游道观，触景生情，以诗铭志：“心怀六洞”“口诵三清”，如同“水洗尘埃”，“名利两相忘”。这首诗的拆字藏头，也是妙不可言。头句首字“水”藏于结句末字“浆”中，二、三、四、五、六、七、八句首字“甘”“心”“口”“十”“一”“日”“见”，分别藏于二、三、四、五、六、七句末字“甞(尝)”“忘”“客”“章”“旦”“香”“觅”中。

古代的藏头诗，还流传许多趣闻佳话。

传说有个叫伦文叙的人，有文才且睿智机敏。一日深夜，他忽然酒瘾发作，来到一家酒肆，敲门索酒。店家有意刁难，指着对门柴店的招牌“有柴出卖”，要他以此四字作藏头诗一首。伦文叙不假思索，脱口而出：

有心披星戴月来，柴门紧闭未曾开。
出声高叫惊邻里，卖酒人家快出来。

四句诗首字连起来是“有柴出卖”，店家只好开门卖酒。

传说明代江南才子唐伯虎，一见钟情，爱上了富户丫鬟秋香，遂化名到富户当仆人，以便接近秋香。他写过一首藏头诗，表达自己对秋香姑娘的爱慕：

我画蓝江水悠悠，爱晚亭上枫叶愁。
秋月溶溶照佛寺，香烟袅袅绕经楼。

表面看是写景，蓝江水静静地流向远方，爱晚亭旁的枫叶已经发红了，朦胧的月光笼罩着照佛寺，袅袅的香烟环绕着藏经楼。好一幅晚秋夜色。但是，这一切都不是诗的主题，诗的主题藏在四句首字里：我爱秋香。

半年后，二人情投意合，唐伯虎遂携秋香溜出后门，准备登舟出走。秋香觉得如此出走不妥，说道：“你这位大才子，没对主人说一声，就挟婢私逃，太不光彩了。”唐伯虎听了，觉得有道理，大丈夫应当敢做敢当。便挥笔在后门门旁粉壁上题诗一首：

六艺抛荒已半年，如飞归马快加鞭。
去将花坞藏春色，了却伊人三笑缘。

巧妙地用四句藏头诗告诉主人：六如去了。（注：唐伯虎自号“六如居士”）

明代文学家徐文长，也写过藏头诗。有一年八月十五，他只身来到西湖，在湖边饮酒赏月，几杯闷酒下肚，忽然想起朋友说过西湖孤山望湖亭是赏月的好地方，便向望湖亭走去。猛然听到望湖亭传来吟诗声，抬头望去，但见亭上红烛闪烁，人们正在饮酒赏月吟诗作画。徐文长信步走来，惊动了亭里的文人雅士。一人起身拱手招呼：“今日中秋佳节，西泠诗社在此饮酒赏月，兄台如有雅兴，不妨稍坐片刻。”徐环顾四壁诗画，皆是平庸之作，遂一言不发。那人说：“乞望兄台赐墨，为诗社增色。”徐也不谦让，来到书案前，铺开宣纸，饱蘸浓墨，唰唰几笔，一幅平湖月色跃然纸上。接着他题诗一首：

平湖一色万顷秋，湖光渺渺水长流。
秋月圆圆世间少，月好四时最宜秋。

四句首字暗藏画作主题：平湖秋月。引发一片叫绝声。

一字诗和数字诗

一字诗，并非一字成诗，而是一首诗中重复出现多个一字，每个一字后面一般都跟着景物或动作。这种杂体诗，别有一番情趣。

传说苏东坡一次要过江访友，谁知到了渡口，却见渡船刚刚离岸，东坡急忙喊船家掉头回来，接自己过河。船家不认识大诗人，故意为难他：“你若即景赋诗一首，并且诗中须有十个一字，我才回船接你。”苏东坡思索片刻，便脱口吟出诗句：

一帆一桨一渔舟，一个渔翁一钓钩。
一俯一仰一场笑，一江明月一江秋。

好一个渔翁独钓秋江！一船人为之叫好。

唐伯虎也写过一字诗。一天，他乔装打扮成乞丐，外出登山游玩。来到山前，见几个秀才在赋诗，便去凑热闹，说：“我也来作一首诗。”秀才们铺好纸让他写，他握起笔来，歪歪扭扭写了“一上”二字，见秀才们冷笑，便又写了“一上”二字，接着又写“又一上”三字。“一上一上又一上”，这也是诗？秀才们禁不住大笑起来。

唐伯虎不以为意，问秀才们："有酒否？有酒才能赋诗。"秀才们给他斟了一碗酒，他端起一饮而尽，然后挥笔疾书：

一上一上又一上，一上上到高山上。
举头红日向云低，五湖四海皆一望。

众秀才看了，一个个目瞪口呆。

与一字诗有关的，还有一种数字诗，读来也颇为有趣。最著名的数字诗有两首。其一是《蒙学诗》，是旧时蒙学课本上的一首诗，形象而巧妙地通过一首朗朗上口的五言诗，教学童认识从一到十十个数字。其诗云：

一去二三里，烟村四五家，
亭台六七座，八九十枝花。

其二是郑板桥的《吟雪诗》。其诗云：

一片二片三四片，五片六片七八片，
九片十片十一片，飞进芦花都不见。

平实无奇的语言，却把南国初雪描摹得惟妙惟肖。

传说西汉蜀中才子司马相如，与才女卓文君星夜私奔，遂成夫妻。后来，相如去了京师长安，谋得高官，自觉身价倍增，起了休妻邪念，于是差人给文君送去一封家书，上书：

一二三四五六七八九十百千万，
万千百十九八七六五四三二一。

文君拆开信一看，顺写、倒写两组数字皆无“亿”（“意”的谐音），明白丈夫变心了（反正无意），遂挥毫写了一首诗，把来书中的两组数字嵌进诗句。诗云：

一别之后，二地相思，
只说是三四月，又谁知五六年。
七弦琴无心弹，八行书不可传，
九连环从中折断，十里长亭望眼穿。
百思想，千系念，
万般无奈把郎怨。

万语千言说不完，
百般聊赖十倚栏。
重九登高看孤雁，
八月中秋月圆人不圆。
七月烧香秉烛问苍天，
六月伏天人人摇扇我心寒。
五月石榴如火，
偏遇冷雨浇花端。
四月枇杷未黄，
我欲对镜心意乱。
急匆匆，三月桃花随水转，
飘零零，二月风筝线儿断。
噫！郎呀郎，
巴不得下一世你为女来我为男。

卓文君这首数字诗，把一至万，十三个数字，从小到大又从大到小，巧妙嵌入诗中，缠绵悱恻，凄婉哀绝，曲尽衷肠，表达了一个女子对负心人又爱又恨的复杂情感。司马相如阅诗后，惭愧不已，悔恨不已，遂用驷马高车亲迎卓文君来长安，夫妻恩爱如初。

回环诗

回环诗，一作回文诗，它是汉语特有的一种使用词序回环往复的修辞方法，正读倒读皆成章句。古代文人雅士，常把回环诗作为一种游戏，留下许多动人故事。

一天下午，苏小妹偕兄苏东坡荡舟西湖，忽有人呈上丈夫捎来的一封信。苏小妹拆开信，原来是一首诗。诗云：

静思伊久阻归期，久阻归期忆别离；
忆别离时闻漏转，时闻漏转静思伊。

苏小妹被丈夫的痴情感动，心中荡起无限相思，便仿丈夫诗体，写了一首诗，托来人捎回。诗云：

采莲人在绿杨津，在绿杨津一阕新；
一阕新歌声漱玉，歌声漱玉采莲人。

历史上是否真有苏小妹其人？这两首诗是苏小妹夫妇之作还是后人杜撰？我们无从考证。但这两首诗，确实是典型的回文诗，二、四句中前四字（“久阻归期”“时闻漏转”“在绿杨津”“歌声漱玉”），都是前句中的后四字，三句中的前三字（“忆别离”“一阕新”）是二句中的后三字，末句的后三字（“静思伊”“采莲人”）又回到首句前三字。回环往复，妙趣横生。

传说苏东坡一次专程造访好友秦观，不巧秦观外出游玩未遇，于是留下一封信。秦观回来读了东坡的信，立即回信给他。东坡拆开只见信中只有十四个字，而且排成一个圆圈：

东坡看后，不禁连声叫好。

原来秦观写的是一首回环诗：

> 赏花归去马如飞，去马如飞酒力微；
> 酒力微醒时已暮，醒时已暮赏花归。

秦观在信中告诉东坡：自己策马赏花，途中乘兴饮酒，因为不胜酒力，几杯下肚便醉了，待到酒醒时已入暮，以至于晚归没能见到老友。

苏东坡也写过一首回环诗。那是宋神宗熙宁四年（1071），苏东坡遭受诬陷，自请外放，赴任杭州通判。途中，苏东坡路过镇江金山寺，触景生情，挥笔写了《题金山寺》：

> 潮随暗浪雪山顶，远浦渔舟钓月明。
> 桥对寺门松径小，槛当泉眼石坡清。
> 迢迢绿树江天晓，霭霭江霞海日晴。
> 遥望四边云接水，碧峰千点数鸿轻。

这是一首典型的回环诗，倒过来读，还是一首好诗：

轻鸿数点千峰碧，水接云边四望遥。
晴日海霞江霭霭，晓天江树绿迢迢。
清坡石眼泉当槛，小径松门寺对桥。
明月钓舟渔浦远，顶山雪浪暗随潮。

正读、倒读两首诗，一样的对仗工整，一样的景随字现，一样的雄奇飘逸。

宋朝诗人李禺，名不见经传，但他写的一首回环诗却奇妙无比。诗题为《两相思》。诗文如下：

枯眼望遥山隔水，往来曾见几心知？
壶空怕酌一杯酒，笔下难成和韵诗。
途路阻人离别久，讯音无雁寄回迟。
孤灯夜守长寥寂，夫忆妻兮父忆儿。

诗人漂泊在外，孤灯夜守长寥寂，思妻思儿之情跃然纸上，分明是首情真意切的思妻诗。但是，把这首诗倒过来读，却是另一番情意：

儿忆父兮妻忆夫，寂寥长守夜灯孤。
迟回寄雁无音讯，久别离人阻路途。
诗韵和成难下笔，酒杯一酌怕空壶。
知心几见曾来往？水隔山遥望眼枯。

诗里的主角变了，变成长守孤灯思念丈夫的妻子。同样的孤灯长守，同样的遥望眼枯，同样的情真意切。一首诗，顺读、倒读，变成两首主题不同的诗，实在妙不可言。题为“两相思”，确切！确切！

明末浙江才女吴绛雪写了一首《四时山水诗》，其诗云：

莺啼岸柳弄春晴夜月明，
香卷碧水动风凉夏日长。
秋江楚雁宿沙洲浅水流，
红炉透炭炙寒风御隆冬。

读起来不像是诗，但采用回环往复的读法，则是春夏秋冬四首山水诗。试解读如下：

原句：莺啼岸柳弄春晴夜月明

解读：

咏春

莺啼岸柳弄春晴，柳弄春晴夜月明；（正读回环）
明月夜晴春弄柳，晴春弄柳岸啼莺。（倒读回环）

原句：香卷碧水动风凉夏日长

解读：

咏夏

香卷碧水动风凉，水动风凉夏日长。（正读回环）
长日夏凉风动水，凉风动水碧卷香。（倒读回环）

原句：秋江楚雁宿沙洲浅水流

解读：

咏秋

秋江楚雁宿沙洲，雁宿沙洲浅水流。（正读回环）

流水浅洲沙宿雁，洲沙宿雁楚江秋。（倒读回环）

原句：红炉透炭炙寒风御隆冬
解读：

咏冬

红炉透炭炙寒风，炭炙寒风御隆冬。（正读回环）
冬隆御风寒炙炭，风寒炙炭透炉红。（倒读回环）

这样一解读，顿觉诗情画意跃然纸上，别有一番情趣。

广东高州县观山寺石壁上刻有一首诗。其诗云：

悠悠绿水傍林偎，日落观山四望回。
幽林古寺孤明月，冷井寒泉碧映台。
鸥飞满浦渔舟泛，鹤伴闲亭仙客来。
游径踏花烟上走，流溪远棹一篷开。

此诗妙在正读是诗，倒读也是诗：

开篷一棹远溪流，走上烟花踏径游。
来客仙亭闲伴鹤，泛舟渔浦满飞鸥。
台映碧泉寒井冷，月明孤寺古林幽。
回望四山观落日，偎林傍水绿悠悠。

王安石也写过一首回环诗。其诗云：

泊雁

泊雁鸣深渚，收霞落晚川。
柝随风敛阵，楼映月底弦。
漠漠汀帆转，幽幽岸火然。
壑危通细路，曲沟绕平田。

短短八句，有景有情，有声有色，好一幅宁静月夜的图画。如果把八句诗倒过来读，还是一首诗：

雁泊

田平绕沟曲，路细通危壑。
然火岸幽幽，转帆汀漠漠。
弦底月映楼，阵敛风随柝，
川晚落霞收，渚深鸣雁泊。

读后不禁让人拍案叫绝，不仅音韵依然谐和，而且意境更加清新幽深。

《中编·汉字说例》细目索引

第一章　奇妙的数字

第一节　原始记数符号

第二节　同音假借数字

第三节　多位数数字

第四节　数字的用法

第二章　容易写错的字

第三章　容易读错的字

第一节　形声字错读

第二节　多音字误读

第四章　形似字容易混淆错用

第一节　字形近似容易混淆

第二节　常见成语错用形似别字

第五章　音同字容易混淆错用

第一节　读音相同或近似容易混淆

第六章　义近字词容易混淆错用

第一节　含义接近的字容易混淆

第二节　含义接近的合成词容易混淆